北京大学
史学丛书

历史语境下的德国与欧洲

李 维 胡晓琛 主编

社会科学文献出版社
SOCIAL SCIENCES ACADEMIC PRESS(CHINA)

前　言

　　2017 年 7 月 1—2 日，德国史博士研究生学术论坛在京举行。此次论坛由北京大学研究生院主办，北京大学历史学系承办。来自北京大学、清华大学、中国人民大学、北京外国语大学、浙江大学、南京大学、华东师范大学、武汉大学、柏林自由大学、法国加香高等师范学校等海内外高校的青年学子参加了论坛。来自中国社会科学院、中央编译局、德国大使馆文化处、艾伯特基金会等中外机构的学者、嘉宾出席了论坛，发表了精彩的演讲。本届论坛的主题为"历史语境下的德国与欧洲"，力求借鉴吸收历史学、哲学、德语文学、国际关系、政治学、社会学、法学、经济学等人文社科领域的理论和成果，实现跨学科的积极互动。青年学子们在会上开展了广泛的交流，进行了深入的探讨。会议结束后，我们收集、整理了 30 余篇论文，大致涉及以下五个论题，呈现给广大读者。

　　论题一"欧洲历史上的德国与法国"，共收录 5 篇论文。柏林自由大学博士研究生黄超然的《海涅"夜思"缘何：简析海涅眼中的德意志与法兰西》一文，结合海涅的个人经历及时代背景，探讨其诗作中表现出的对德意志祖国的热爱，以及对法兰西自由的向往。中国政法大学硕士研究生管晓晨、宿永庆的《〈马贩子米歇尔·戈哈斯〉中主人公戈哈斯自行审判的合法性问题——以反抗权和私战权为例》一文，以启蒙运动初期的德意志为时代背景，分析了戈哈斯自行审判的合法性问题，同时探讨了拿破仑入侵德意志对作者克莱斯特的影响。北京大学国际关系学院硕士研究生李矛宁的《封建主义、法律传统、文化民族——浅论德意志民族国家建构的历史根基与叙事结构》一文认为，有别于英美模式和法兰西模式，近代德国代表了一种独特的民族国家建构模式。北京大学历史系博士研究生刘梦佳的《论普法战争对法国殖民政策的影响》一文，说明普法战争影响了法兰西第三共和国政治精英们的民族主义观念，从而影响了他们对殖民政策的态度。华东师范大学国际冷战史研究中心博士研究生徐之凯的《与敌同眠：论二战后法国在德占领者对德历史仇恨的认知及其演变》一文指出，法国为实现对占区的有效治理，缓和了对德的"非亲善"政策，向德国人灌输全新的"全体责任"理念，这为后来的法德和解创造了条件。

论题二"思想文化与德意志特殊道路问题"，共收录 6 篇论文。北京大学历史学系博士研究生吴愁的《奴役与自由：路德的宗教改革思想与纳粹主义关系辩驳》一文认为，路德思想不是纳粹主义的罪魁祸首，与纳粹主义的产生没有必然联系。北京大学哲学系博士研究生冯子龙的《黑格尔〈精神现象〉学中的"绝对真理观"》一文表明，黑格尔对绝对真理的推崇与其对近代西方哲学的批判是联系在一起的，同时也是由哲学的特点决定的。复旦大学国际关系与公共事务学院博士研究生秦立志的《从大陆守成到海陆并重：德国的地缘战略转型及其对中国的启示》一文认为，在威廉二世时期，德国的战略从大陆守成逐渐演变为海陆并重，这为一战的失败和德意志第二帝国的覆灭埋下了伏笔。北京大学历史学系博士研究生栗河冰的《韦伯的方法论作品与德国学科争论》一文指出，韦伯方法论作品中的"机缘之作"文章，展现了那个时代德国学者关于学科争论的思想生活。北京大学德语系博士研究生薄一荻的《布莱希特的寓意剧〈图兰朵或洗白者大会〉中的历史影射》一文认为，该剧讲述了布氏版本的中国公主图兰朵的故事，却充满了对魏玛共和国和第三帝国历史的影射，表达了作家对纳粹的批判、对知识分子的批判以及对德国革命未成功的遗憾，旨在呼吁观众思考年轻的民主德国的道路。北京大学德语系博士生何雨露的《德国选择党缘何成为"眼中钉"？——从历史视角分析德国媒体对选择党的态度》一文，尝试从新的历史视角探寻德国媒体"过度正确"背后的深层原因。媒体对选择党的严苛态度不仅出自对二战的罪责反思，还跟一战有着千丝万缕的联系。德国对整个近代史的书写和记忆方式也是一个重要因素。

论题三涉及第三帝国时期的德国，共收录 7 篇论文。上海市社会科学院世界史专业硕士研究生虎恩博的《从猎巫运动到纳粹大屠杀——一种基于历史共性的探索》一文认为，15—18 世纪的猎巫运动，与 20 世纪发生的纳粹大屠杀，其思维逻辑近乎一致。北京大学历史学系博士研究生宋昊的《纳粹时期德国工人的欧洲旅行——以"欢乐是力量之源"组织的欧洲旅行为中心》一文，主要使用未发表的原始档案材料，展示了"欢乐是力量之源"组织德国工薪劳动者进行欧洲旅行的历史原貌。指出这类旅行活动具有明显的政治导向色彩，反映了极权政体对民众生活及观念的影响。北京大学历史学系博士研究生胡晓琛的《纳粹党的意识形态培训与对民众战时生活秩序的操纵（1939—1945）》一文，主要使用未发表的原始档案材料，展现了纳粹党培训总局进行的各类意识形态培训活动。揭示了纳粹通过党员干部，逐步控制德国民众的战时生活秩序，促使民众奉行民族社会主义世界观，并以所谓"族民共同体"理想塑造所谓的战时"生活秩序"。上海理工大学助理研究员徐璟玮的《"种族"一词在德国历史叙述中的演进刍议》一文，追溯了"种族"这个词的起源、发展和兴衰，着重归纳了该词在德国历史叙述中的演进，并总结了一些后"种族"时代发生的变化及其启示。北京大学历史学系硕士研究生宋舒杨的《希特勒政治宣传中的普鲁士》一文指出，希特勒对普鲁士历史的宣传具有选择性，只强调了其中能够加强纳粹统治的内容，为此不惜扭曲史实。仅凭这些选择性宣传的内容，不足以论证普鲁士和纳粹德国之间的联系。山东大学德语系硕士研究生李岫的《从纳粹军队的欧洲志愿者看二战时期德国和欧洲的文化认同》一文认为，促使欧洲志愿者加入纳粹军队的文化因素有思想、宗教、历史传统以及这类人群与纳粹德国之间的共识等因素，这些都可以反映出当时德国与欧洲之间所存在的文化认同。德国吉森大学大屠杀文学研究所博士研究生房春光的《跨学科视野下的纳粹施害者研究》一文，追溯了不同学科中的施害者概念的不同，明确突出这一概念的认知对具体话语语境的依赖。

　　论题四"德国的欧洲还是欧洲的德国"，共收录9篇论文。云南大学历史与档案学院历史系硕士研究生王林的《对教派化运动解释力的争论初探——兼论神圣罗马帝国在欧洲的特殊情况》一文，关注了教派化运动的历史和相关学术争论，对是否存在教派化、如何看待教派化理论等问题做出了回答。北京大学历史学系硕士研究生祁丽媛的《德国社会民主党的"欧洲观"（1946—1966）》一文，以德国社会民主党年鉴、党代会会议记录和机关报《前进报》为基础，分三个阶段，对社民党"欧洲观"的演变及其国际政治动因进行了实证研究。北京大学国际关系学院博士研究生张豫洁的《二战后德国民族国家认同与欧洲认同的融合及其成因探析》一文认为，在历史因素与利益因素的双重影响下，德国民族国家认同与其欧洲认同呈现出融合特征。这既体现为德国政府欧洲政策的连续性，也反映在普遍舆论之中。北京大学历史学系博士研究生范继敏的《民主德国统一社会党"两个民族理论"的理论探索——以〈新德意志报〉（1971—1989）为基础》一文指出，"两个民族理论"是民主德国1971—1989年内政外交政策的重要理论基础和官方意识形态背景，在分析、解读民主德国的德国政策时，应该被纳入研究视角。文章以民主德国统一社会党中央委员会机关报《新德意志报》为基础，具体考察了"两个民族理论"的发展演变和理论探索。北京大学历史学系硕士研究生程援探的《德国绿党对北约的批判（1980—2005）》一文以德国柏林绿党档案馆所藏原始材料为基础，分三个阶段进行实证研究。认为绿党虽有妥协，但并没有沦为"机会主义政党"。在思想观念上，它对北约的批判贯穿始终，少有改变。北京外国语大学德语系博士研究生孙嘉惠的《欧盟东扩进程中德国的"波兰代言人"角色解析》一文表明，联邦德国积极支持东邻波兰加入欧盟这一立场背后，有其安全和地缘战略、经济、政治、历史道义四方面的影响，是其国家利益和价值观要求综合作用的结果。北京大学国际关系学院硕士研究生陈楚珂的《浅谈欧洲的"建军大业"——从欧洲军团的运作看欧洲的防务合作进程》一文认为，欧洲军团的能力和权力呈现出两方面的特点：内容上的有限性与地位上的辅助性，归根结底在于一种"欧洲安全特性"的缺位，取而代之的是对现状的肯定和对美国的依赖。兰州大学历史文化学院硕士研究生马伟军的《逆全球化视野下德国与欧盟的命运》一文，从德国与欧盟的历史出发，通过对当前德国政治和国际政治形势的分析，认为德国将继续与法国携手积极应对全球化并推进欧盟改革。南京大学德语系硕士研究生李强实的《英国脱欧背景下"德国问题"再思考》一文指出，"德国问题"的实质是，德国出于对在欧洲以及全球范围内被边缘化的恐惧，竭力追求影响力和话语权的问题。

论题五"当代德国政经外交"，共收录7篇论文。中国人民大学德语语言文学专业硕士研究生孙怡雯的《以侨为桥：德国侨务外交模式探析》一文以德国对外关系学院为例，探究了德国侨务外交的演变及现行模式，并提出其对于中国侨务外交有效开展的可借鉴之处。中国人民大学德语语言文学专业硕士研究生刘湘君的《论重新统一以来德国极右翼势力的发展特点及影响》一文，认为在与民主制度博弈的过程中，德国极右翼势力的成员与组织结构已开始逐渐告别"区域性"、"低素质"、"不科学"的标签，其意识形态与动员方式也随着时代背景的变化时变时新，越发具有欺骗性与诱惑力。北京外国语大学德语语言文学专业博士研究生陈扬的《后危机时代的"德国问题"新探——地缘经济现实下的中等强国理论视角》一文指出，德国在地缘特性与经济实力的内外因素下，其外交主要呈现如下特点：以经济外交为核心，欧洲政策中的现实政治至上，重视灵活的双多边合作，不谋求世界及区域霸权，外交政策主动性提高，在特定政策领域国际影响力增大。中国人民大学德语语言文学硕士研究生王丹妮的《默克尔政府与记忆文化建构》一文认为，默克尔政府在继承历代德国记忆文化建构模式的基础上，做出了一定的发展创新。默克尔任期下的德国，总体上营造了一种可资效仿且有利于国际政治的记忆文化氛围。北京外国语大学德语语言文学博士研究生梅霖的《德国政府对土耳其政策的两难困境》一文表明，德国政府对土耳其政策面临两难困境，一方面两国在新闻、言论自由和民主法制方面价值观矛盾深重，另一方面土耳其在经济、社会和政治领域对德有重要影响，且"欧盟—土耳其协议"对缓解难民危机起到重要作用。武汉理工大学传播系硕士研究生魏立豪与该系副教授李银波的《中国公众对于德国的国家印象（2012—2016）》一文，以新浪微博作为中国网络公共舆论场的典型，研究了近五年来中国公众对德国的国家印象，构建出中国公众印象中的德国国家形象。武汉理工大学传播系硕士研究生王益嘉与该系副教授李银波的《中国媒体中的德国形象——以2016年〈人民日报〉关于德国的报道为例》一文，分析了《人民日报》对德国报道的数量、趋势、信源、主题、内容及语气等方面，从跨文化的角度考察中国官方媒体中的德国形象及其成因。

　　上述论文具有跨学科和侧重史学研究的特点。来自文学、哲学、国际关系等研究领域的文章，能够关注历史问题，注重历史背景的影响，注意到时间线索带来的发展变化，进行了跨学科的探索尝试。史学论文则展示了扎实的基本功，能够使用原始材料，特别是用大量未发表的原始材料，做科学创新的研究，提供了新的知识方面，夯实了本学科的基础。这些文章虽未对当下德国与欧洲的问题提供直接答案，但时刻从自己的领域出发，关怀、思考着现实问题。正是这些具体的基础研究，为进一步的理论探讨做好了细致、认真的准备，使之不至流于空泛。

　　本书收录的论文，代表了作者本人的学术见解。从论坛的召开，到论文集的出版，我们得到了北京大学研究生院、北京大学历史学系的大力支持，得到学界各位师长的关心鼓励，得到社会科学文献出版社宋荣欣、邵璐璐两位编辑老师的热情帮助，在此一并表示感谢！

李　维

2018 年 7 月于北京大学承泽园

目　录

·当代德国政治、经济与外交·

欧洲历史上的德国与法国

海涅"夜思"缘何：简析海涅眼中的德意志与法兰西

黄超然[*]

引　言

曾长期担任海涅研究所所长的著名学者约瑟夫·克鲁泽①，在其《海涅时代》一书中强调了海涅作为欧洲公民乃至世界公民的重要性，同时他也无法否认：海涅"对于祖国与故乡、流亡与他乡、德意志与法兰西的看法和印象"，正是"优秀德意志传统"的代表，也是海涅"有意识地将自己列入德意志人文主义思想继承人之列"的表征。② 这一论述虽不是克鲁泽行文的重点，却也一语道出了海涅眼中的德意志与法兰西这一母题的重要性，体现在其诗《夜思》之中，更是意蕴深远。

海因里希·海涅（1797—1856）出生于杜塞尔多夫的一个犹太商人家庭。③ 他的家乡在 1801 年结束法军统治后，几经周折，于 1808 年被移交到荷兰国王未成年的长子手中，而这个孩子的监护人便是拿破仑。因此，"这

---

　* 黄超然，柏林自由大学德语系日耳曼语言文学专业 2017 级博士研究生。

①　https://de. wikipedia. org/wiki/Joseph_Anton_Kruse, 2017. 10. 21.

②　Joseph A. Kruse, *Heine-Zeit*. Stuttgart/Weimar 1997, S. 186 f.

③　Gerhard Höhn, *Heine-Handbuch. Zeit*, *Person*, *Werk*. Dritte, Überarbeitete und erweiterte Auflage. Stuttgart/Weimar 2004, S. 504.

里完全是按照法国的方式在进行统治，拿破仑在占领区推行法国的民法，从法律上消灭了对犹太人的歧视，规定了宗教信仰自由"，这受到莱茵河畔犹太人的欢迎。海涅对拿破仑的崇拜由此而生，后期对法国的好感与此也有一定关联。青年时期，海涅虽曾去商店当学徒，但无意经商，便在富商叔叔的资助下，在波恩、哥廷根、柏林大学学习法律，同时研究文学与哲学，曾师从奥·威·施莱格尔和黑格尔。1825 年获得法学博士后，虽痛恨基督教，但为了获得"欧洲文化圈的入场券"，他接受了基督教洗礼，却依然无法进入德国的主流社会。在其最著名的《诗歌集》（*Buch der Lieder*，1827）和《游记集》（*Reisebilder*，1826－1831）出版后，海涅成为家喻户晓的作家，但最终他离开德国，移居法国。①

1830 年，法国爆发七月革命，这标志着海涅所深恶痛绝的欧洲保守势力已无法抵挡法国大革命后激扬的民族主义及自由主义浪潮。② 这一事件令一大批德国知识精英感到振奋，许多人前往巴黎亲抵现场。海涅出于各方面因素的考虑，亦决定如其在 1832 年写给弗里德里希·默克尔的信中所说，去"亲眼见证世界的历史"，甚至是参与其中。③ 海涅前往巴黎，事实上早有计划，而这一最终决定，无论对他的生活还是创作都产生了重要的影响。前往巴黎对于海涅来说，也就意味着要离开家人、朋友与故乡数年之久，陷入痛苦的流亡之中。④

抵达巴黎后的数年间，海涅创作了一大批文学评论和政论文章，包括《法兰西现状》、《论浪漫派》和《论德国的宗教和哲学史》等。1840 年，海涅发表《路德维希·伯尔纳——一份备忘录》（*Ludwig Börne：Eine Denk-schrift*），这标志着其与以伯尔纳为代表的 30 年代德国资产阶级知识分子的彻底清算和决裂。此后，海涅又重新致力于诗歌创作，作品包括《新诗集》（*Neue Gedichte*，1844）以及《阿塔·特罗尔——一个仲夏夜的梦》（*Atta Troll. Ein Sommernachtstraum*，1843）和《德国——一个冬天的童话》（*Deutschland. Ein Wintermärchen*，1844）两部讽刺叙事诗。1848 年后，海涅

① 参见任卫东、刘慧儒、范大灿《德国文学史》第 3 卷，译林出版社，2007，第 353—355 页。
② https://de. wikipedia. org/wiki/Julirevolution_von_1830，2017. 6. 28.
③ Gerhard Höhn, *Heine-Handbuch. Zeit，Person，Werk*. S. 12.
④ Gerhard Höhn, *Heine-Handbuch. Zeit，Person，Werk*. S. 13.

完全瘫痪，加之 1848 年革命失败，肉体与精神的双重折磨使他在诗集《罗曼采罗》和晚年的诗歌中逐步流露出悲观情绪。①

一

《夜思》创作于 1843 年上半年，收录在《新诗集》中，是"时代的诗"（Zeitgedichte）组诗中的一首。② 凭借这首诗，"海涅奠定了自己作为政治抒情诗人的地位"，但他并不像许多所谓政治抒情诗人那样进行"口号式的宣传鼓动"或是"夸张的煽情蛊惑"，"而是对事物进行讽刺性的揭露，或者进行讥讽性的陌生化的表现"。他认为，政治抒情诗只有通过其艺术性和鲜明的审美特点，才能避免沦为"押韵的政论文"。③《夜思》一诗便是在抒发诗人"夜思"情感的同时，运用讽刺的语言表达其观点与看法。

从诗歌形式上来看，这首诗共 10 个诗节，每个诗节由 4 个四音步抑扬格诗行组成，诗歌的韵律总体较为规整，读来朗朗上口。仅有的两处特殊的格律结构，便凸显出诗歌的情感变化。由于诗中抒情主人公的叙述与海涅本人的经历一一对应，因此无须做特别区分。

从诗歌内容上来看，全诗可分为四个部分，分别为第一诗节、第二至五诗节、第六至九诗节和第十诗节。海涅在第一部分开篇点题，写道：

> 夜里我想起德意志，
> 我就不能安眠，
> 我的热泪滚滚流出，
> 我再也不能闭眼。④

第一诗节的诗行，可以说是海涅诗歌中除《罗累莱》的开头诗行外最

---

① 参见任卫东、刘慧儒、范大灿《德国文学史》第 3 卷，第 356—357 页。

② Heinrich Heine, *Historisch-kritische Gesamtausgabe der Werke.* Hrsg. v. Manfred Windfuhr. Bd. 2. Neue Gedichte. Bearb. v. Elisabeth Genton. Hamburg 1983，S. 768.

③ 参见任卫东、刘慧儒、范大灿《德国文学史》第 3 卷，第 364—365 页。

④ 本文所引用的《夜思》译文参见《海涅诗选》，冯至译，人民文学出版社，1962，第 114—116 页。

著名的语句，1945 年后更是为人们经常引用。首行中的第一音步虽然按格律规定，重音应在代词"我"（ich）上，但从语言习惯上来说，重音应在动词"想"（Denk）上，如此前三个音节便形成了"扬抑抑"的"更富有音乐性"的格律节奏，[1] 使音步得以延伸，诗人的爱国情怀更显浓烈。

　　然而，令海涅挂念的不仅是自己的祖国，还有他的母亲。诗歌的第二部分译文如下：

> 一年年来了又去！
> 自从我离开了母亲，
> 已经过了十二年；
> 渴念和想望与日俱深。
>
> 渴念和想望与日俱深。
> 这个老人把我迷住，
> 我永久想念着她，
> 这个老人，愿上帝保佑！
>
> 这个老人这样爱我，
> 我在她写给我的信里，
> 看出母亲的心怎样感动，
> 她的手是怎样战栗。
>
> 母亲永久在我的心里，
> 十二个长年在那儿流，
> 十二个长年都已流去，
> 自从我不把她抱在心头。

---

[1]　Eckhard Heftrich, "Der Mutter Land," in *1400 Deutsche Gedichte und ihre Interpretationen*. Hrsg. v. Marcel Reich-Ranicki. Bd. 4. Von Heinrich Heine bis Theodor Storm. Frankfurt am Main und Leipzig 2002, S. 259 - 261, hier S. 260.

海涅对自己的母亲感情很深。而母亲年事已高，自其父去世后独自一人生活在汉堡，住所在 1842 年汉堡大火中被损毁，当时又受到病痛的折磨。海涅曾写信给母亲倾诉思念与记挂之情："你不会想象到我有多么想念你"；"亲爱的母亲，你的病情让我非常担心"。① 海涅离开母亲已经十二个年头，他对母亲的爱没有因为时间和距离淡化，而是与日俱增。他在黑夜中独自想念着母亲，阅读母亲寄给自己的信件，心中充满了对母亲的依恋。如此纯粹深沉的爱与其对德意志的矛盾情感形成了一种对照。如果说诗人在第一部分表达了对祖国的热爱之情，那么紧接着在第三部分，诗人就带着这一组对照，对德意志进行了讽刺性的描述：

> 德意志将永久存在，
> 这个国家永久顽健；
> 它和它的榭树、菩提树，
> 我总会能够再见。
>
> 若是母亲不在那里生存，
> 我不会这样渴望德意志；
> 祖国总不会衰朽，
> 可是母亲能够死去。
>
> 自从我离开了祖国，
> 那里许多我爱过的人
> 都沉入坟墓——我若数一数，
> 我的心血就要流尽。
>
> 可是必须数——我的苦恼
> 随着死者的数目高涨，
> 好像尸体滚到我的胸上——
> 感谢上帝！尸体最后都消亡！

---

① Heinrich Heine, *Historisch-kritische Gesamtausgabe der Werke*. Bd. 2. Neue Gedichte. S. 776.

第六诗节的开头便是第二处特殊格律结构。"德意志"（Deutschland）一词的词重音在前，从而使得第一诗行起始三个音节同样构成"扬抑抑"的格律，音步的延伸再一次带来语气上的转折、情绪上的加强，诗人借此由对母亲纯粹的想念，转入对德国现状的讽刺。无论社会政治如何混乱，德国还是那个"顽健"的德国，还是以浪漫主义诗歌常用的意象"榭树"和"菩提树"作为标志。诗人所热爱、所牵挂的似乎不过是自己病痛中的母亲，而不会是任自己所爱的人——逝去的德国。想到自己多年未见的亲友、师长，如黑格尔、高特（Johann Friedrich, Freiherr Cotta von Cottendorf）、伊默尔曼（Karl Immermann）等①都已相继离世，诗人的心情愈发沉重。然而，"尸体"终将消亡。虽然作者在最后一句用了"感谢上帝"一词，却丝毫感受不到情绪的好转，至多只是一声苦笑，因为逝者已去，远在家乡，直到尸体消亡，亦无法再见。诗人对德国的失望尽显无遗。

海涅对19世纪40年代初德国政治状况的厌恶与抵抗，多次体现在这组"时代的诗"中。1843年4月12日，他在写给弟弟马克西米利安的信中说道："我绝不也永不再回德国。"② 虽然之后因探望母亲和叔叔分别于1843年下半年和1844年归国，但这的确也是海涅最后两次回国。

海涅对德国的批判包含了多方面的内容。由于其犹太人的身份，海涅自青少年起就感受到德国由来已久的反犹主义。在中学时，海涅就因自己身上的犹太宗教烙印受到同学的讽刺挖苦。而在哥廷根大学，他不仅因此被驱逐出学生社团，更因侮辱性的反犹言论与人决斗，在受到学校法庭审判后被劝退。③ 1822年，实施长达十年的诏令被撤销，犹太人将不被允许在普鲁士的大学中担任教职。少时的经历，加上现实对犹太知识分子的种种限制，促使海涅在三年后改信基督教并改名，希望借此取得"欧洲文化圈

---

① 海涅曾在信件中对逝去的友人进行列举，具体如下：Hegel, Gans, Cotta, Immermann, Michael Beer, Schenk, Arnim, Chamisso, Fouquè, Frau v. Varnhagen, Roberts, Maltiz［…］nicht zu vergessen Grabbe［…］（Heinrich Heine, *An Julius Campe in Hamburg*. in Heinrich Heine. Werke, Briefwechsel, Lebenszeugnisse. Säkularausgabe. Bd. 22. Briefe 1842 – 1849. Bearb. v. Fritz H. Eisner. Berlin/Paris 1972, S. 99 – 102, hier S. 100）。

② Heinrich Heine, *Historisch-kritische Gesamtausgabe der Werke*. Bd. 2. Neue Gedichte. S. 776.

③ Gerhard Höhn, *Heine-Handbuch. Zeit, Person, Werk*. S. 34.

的入场券"。但他很快便发现，自己依然无法摆脱社会对犹太人的偏见和限制。①

德国令海涅失望的不仅有宗教种族问题，更有政治制度问题。1814—1815 年的维也纳会议压制法国大革命所提出的自由主义和民权，恢复了拿破仑战争时期被推翻的各国旧王朝及欧洲封建秩序。德意志虽然未能恢复神圣罗马帝国，但组成了德意志邦联，莱茵河地区由普鲁士统一管理。② 这样的封建复辟潮流冲击了海涅等一大批追求自由民主的文人和知识分子，海涅成为 "德意志复辟后墓地般沉寂中最为重要的批评家"。③

而德意志邦联内部严格的审查制度，又在文字发表上彻底地限制了知识分子追求自由的脚步。海涅在 1827 年就经历了首次禁书事件，1835 年更是因普鲁士联邦议会对一批 "青年德意志" 作家写作和发表作品的禁令，受到严重打击。这类禁令在十年后甚至延伸到对其人身自由的限制，1844年普鲁士国王宣布，一旦这位 "《新诗集》和《德国——一个冬天的童话》的作者" 踏入国境，便予以逮捕。④ 这恐怕也是海涅自 1844 年之后便再也没有回到德国的原因之一。

这些对德意志的批判与无奈，加上法兰西本身的因素，促使海涅移居巴黎。

二

那么，诗人是否能在法兰西获得真正的安慰与救赎呢？《夜思》的最后一部分写道：

> 感谢上帝！从我的窗户射进
> 法兰西爽朗的晨光；
> 我的妻子走来，清晨般的美丽，
> 她的微笑赶走了德意志的忧伤。

---

① Gerhard Höhn, *Heine-Handbuch. Zeit*, *Person*, *Werk*. S. 35.
② https://de. wikipedia. org/wiki/Wiener_ Kongress, 2017. 10. 18.
③ Gerhard Höhn, *Heine-Handbuch. Zeit*, *Person*, *Werk*. S. 6.
④ Gerhard Höhn, *Heine-Handbuch. Zeit*, *Person*, *Werk*. S. 35.

从诗中来看，在"夜思"之后，法兰西的晨光与妻子的微笑赶走了心头德意志的忧伤。赫弗特里希在《母亲的国》一文中引用海涅最后两个诗行的法文版本，指出"我那美丽如朝霞般的妻子"是海涅现实中实实在在的"希望"。① 而海涅全集的评论也点明："虽然对法国持有一些批判意见，但这个海涅选择的流亡地对于他来说是其政治和宗教自由的体现。"② 从推行民法、消除对犹太人歧视的拿破仑到七月革命，海涅所看到的都是政治和宗教自由的希望。他向往这样的社会和生活，也希望德意志能够发生同样的革命。

但正如海涅对德国又爱又恨一样，他对法国的情感也并不是单纯的向往和喜爱。初到巴黎时，他似乎很适应法兰西的生活，毫不费力地就融入了这个城市的文化圈，与巴尔扎克、雨果、肖邦、李斯特等人均有来往，更是与著名作家巴尔扎克、乔治·桑、泰奥菲尔·戈蒂耶都结下了深厚的友谊。③ "海涅在巴黎似乎不仅找到了一个新的故乡，还找到了一个新的身份。"④ 但移居巴黎约十年后，海涅的流亡感逐渐浮现。

1840 年发表的《路德维希·伯尔纳——一份备忘录》虽然标志着海涅与以伯尔纳为代表的 19 世纪 30 年代德国资产阶级知识分子的决裂，但其中对流亡生活的感受却是海涅与伯尔纳所共有的体验。海涅在书中写道："谁若不熟悉流亡，便无法理解它是如何狠心地给我们的伤口撒盐，它是如何将黑暗与毒药注入我们的思想……也只有经历过流亡生活的人才知道，什么是对祖国的爱，以及那随之而来的对甜蜜的恐惧与思念的忧虑！"⑤ 海涅因德国混乱的政治形势而痛苦，不得不流亡在外的无能为力和对故乡的思

---

① Eckhard Heftrich, *Der Mutter Land.* S. 261.

② Heinrich Heine, *Historisch-kritische Gesamtausgabe der Werke.* Bd. 2. Neue Gedichte. S. 776.

③ Michael Werner, *Ansichten des Exils. Zu einem Grundthema bei Heine.* in, … und die Welt ist so lieblich verworren Heinrich Heines dialektisches Denken. Festschrift für Joseph A. Kruse. Hrsg. v. Bernd Kortländer und Sikander Singh. Bielefeld 2004, S. 175 – 189, hier S. 179.

④ Helmut Koopmann, *Heimat, Fremde und Exil im 19. Jahrhundert.* in Das verschlafene 19. Jahrhundert?: Zur deutschen Literatur zwischen Klassik und Moderne. Hrsg. v. Hans-Jörg Knobloch, Helmut Koopmann. Würzburg 2005, S. 25 – 42, hier S. 31.

⑤ Heinrich Heine, *Ludwig Börne. Eine Denkschrift.* in Historisch-kritische Gesamtausgabe der Werke. Hrsg. v. Manfred Windfuhr. Bd. 11. Ludwig Börne. Eine Denkschrift und kleinere politische Schriften. Bearb. v. Helmut Koopmann. Hamburg 1978, S. 9 – 132, hier S. 105.

念更使他伤感，这样的情感注入《夜思》中，便成为开头的热情呼唤与之后的无奈讽刺。

幸运的是，海涅发现法国与德国有许多相似之处，如"同样的气候、同样的植被、同样的生活方式"等。① 这或许是"夜思"之后法兰西晨光与妻子的微笑能给其带来些许安慰的真正原因。如本文开头所述，海涅自小的生活环境便与法国有着千丝万缕的联系，那么融入法国的生活，自然就比融入别的流亡地要轻松得多。然而，法兰西始终不是德意志，对于文人来说，"故乡便是语言"及其背后的感受和思考方式。生活在巴黎的海涅终日所说、所写甚至夜间所叹都是法语的、法式的，他的"思想在流亡，流亡在一种陌生的语言之中"。② 这种"因语言维度的流亡而产生的痛苦和随之而来的异化感"融入海涅的作品中，成为其中不容忽视的重要主题。③

单从《夜思》这首诗来看，笔者认为，最后一个诗节的晨光与微笑也始终不如第一诗节的热泪那么饱含深情。海涅带着自己"家乡的思考与感知方式"，身处一个思考与感知方式与己大相径庭的民族中，愈发感到孤立无援。④ 海涅眼中的法兰西，是理想却也还是他乡。

而他眼中的德意志，是他乡却也还是祖国。在《德国——一个冬天的童话》首版前言中，海涅深情地表达了自己对祖国热切的情感，表示正是"因为这种爱"，自己在流亡中度过了余生十三年，也"就是因为这种爱"，自己或将永世流亡。⑤ 这种爱也并非十多年后才被激发出来，早在流亡初期的文字中，海涅就曾记录道："站在德国的边境上便开始感受到对德意志祖国的爱，尤其是在他乡看到德意志的灾祸。"⑥《夜思》便是因见到这灾祸后

　① Heinrich Heine, *Ludwig Börne. Eine Denkschrift*. S. 105.

　② Heinrich Heine, *Ludwig Börne. Eine Denkschrift*. S. 115.

　③ Michael Werner, *Ansichten des Exils. Zu einem Grundthema bei Heine*. S. 182.

　④ Heinrich Heine, *Historisch-kritische Gesamtausgabe der Werke*. Hrsg. v. Manfred Windfuhr. Bd. 12/1. Französische Maler-Französische Zustände-Über die französische Bühne. Bearb. v. Jean-René Derré u. Christiane Giesen. Hamburg 1980, S. 239.

　⑤ Heinrich Heine, *Vorwort ＜Zum Einzeldruck von 1844＞*. in Historisch-kritische Gesamtausgabe der Werke. Hrsg. v. Manfred Windfuhr. Bd. 4. Atta Troll. Ein Sommernachtstraum-Deutschland. Ein Wintermärchen. Bearb. v. Winfried Woesler. Hamburg 1985, S. 300 – 302, hier S. 301.

　⑥ Heinrich Heine, *Vorrede ＜Zu＞ Salon ＜1, 17. 10. 1833＞*. in Historisch-kritische Gesamtausgabe der Werke. Hrsg. v. Manfred Windfuhr. Bd. 5. Almansor-William Ratcliff-Der Rabbi von Bacherach-Aus den Memoiren des Herren von Schnabelewopski-Florentinische Nächte. Bearb. v. Manfred Windfuhr. Hamburg 1994, S. 369 – 375, hier S. 373.

胸中对祖国亦如对母亲的依恋、深情背后的无奈，久久难以平息，转而落于笔端的作品。其中，化作热泪的思念与叹息表达得分外浓烈而又发人深省，自是传世佳作。

1846 年，海涅为自己写下遗书，作别德意志与法兰西："再见，你这德意志故乡，满含谜团与伤痛的国度；愿你前景光明而幸福。再见，有修养的好法兰西人，我曾经是那么爱你们！谢谢你们令人愉悦的热情款待。"①对法兰西这"他乡"的感激和对德意志这"故乡"的深情，展露无遗。

最后回到这首诗作结，海涅"夜思"缘何？缘于对老母亲的思念，缘于对德意志的热爱，缘于在法兰西的迷惘。

---

①　Heinrich Heine, *Dieses ist mein Testament, wie ich*, 27. 9. 1846/26. 2. 1847. in Historisch-kritische Gesamtausgabe der Werke. Hrsg. v. Manfred Windfuhr. Bd. 15. Geständnisse, Memoiren und kleinere autobiographische Schriften. Bearb. v. Gerd Heinemann. Hamburg 1982, S. 204 – 206, hier S. 206.

《马贩子米歇尔·戈哈斯》中主人公戈哈斯自行审判的合法性问题

——以反抗权和私战权为例

管晓晨　　宿永庆[*]

一　《马贩子米歇尔·戈哈斯》作者及文本

1. 海因里希·冯·克莱斯特生平简介

1777 年，克莱斯特出生于一个普鲁士军官家庭，祖上是古老的波希米亚贵族世家。早年，师从家庭教师、神学家马蒂尼，这位老师一直评价他为"热情洋溢的人"，因他常常容易动感情，遇事敏感，生性开朗，但天赋高，求知欲强。在他十一岁时，父亲病逝。按照传统，克莱斯特长大后应该走上军官之路。因此，在不满十五岁时，克莱斯特作为军校学生进入波茨坦封建近卫团。一年后，他母亲也病逝，时值反动势力纠集在一起发动反对法国的干涉战争。克莱斯特根本不理解这次进军的社会和世界历史意义，也参加了反对法国的战争。1795 年《巴塞尔和约》签订之后，克莱斯特回到波茨坦，这时他内心对军人生活产生了矛盾。之后虽被提升为军官，但反对军人这种职业、厌恶军队生活的情绪越来越严重。1800 年夏，克莱

---

*　管晓晨，中国政法大学德语语言文学专业 2016 级硕士研究生；宿永庆，中国政法大学国际法学院国际私法专业 2016 级硕士研究生。

斯特离开军队来到柏林，追求真理和知识。其间他萌生了走创作之路的念头，并受到康德学说的影响。康德学说在当时的德国是最新的哲学，同时也在德国范围内广泛传播，康德的不可知论在克莱斯特追求知识和真理的心中起了作用。那个时期的克莱斯特思想上波涛汹涌，计划上变化无常，但是创作了很多作品。

后来几经辗转，克莱斯特回到了故乡。但是普鲁士官场压抑的氛围使克莱斯特透不过气，最终他辞去官职，重操旧业搞起文学，《马贩子米歇尔·戈哈斯》就是在这个时期成型的。当时德国国内外形势急遽变化，拿破仑在窃取法国大革命的果实之后加冕称帝，进而进攻柏林。而德意志内部则因分裂为许多小公国，人心涣散，很不团结，各公国诸侯为了保全自身利益，纷纷投降依附拿破仑；德意志西部十六个小国组织起"莱茵联盟"，成为拿破仑的直接保护国，而拿破仑则在这些保护国中赤裸裸地掠夺搜刮，在被侵占区实施高压政策，公国百姓痛苦不堪。克莱斯特目睹这些场景，内心燃起熊熊怒火，对侵略者和叛徒痛恨得咬牙切齿，投笔从文，号召人民起来反抗侵略者。最终，由于在对抗拿破仑的运动中看不到希望，在饥寒交迫中看到当局的凶残和受到亲友的冷落，深感人生无望的克莱斯特于1811年开枪自杀于柏林近郊万湖湖滨的树林中。①

2.《马贩子米歇尔·戈哈斯》文本概述

《马贩子米歇尔·戈哈斯》创作于克莱斯特反对拿破仑侵略统治时期，是作者所有小说中的杰作。内容写的是16世纪住在哈弗尔河戈哈斯桥畔的一个马贩子，在他驱赶马群到邻近小公国的市场上出售时，沿途碰到大地主土仑卡设的关卡，要他付"买路钱"才能通过。地主的刁难和压迫使他感到痛苦，他想向上告发，但因官官相护，他走投无路，便下决心变卖家产，购买武器武装家人，准备向地主复仇。结果地主逃亡，起义队伍越聚越多，惊动了选帝侯。统治者通过马丁·路德向他发招安书，他因相信统治者至圣至尊，甘愿放下武器，束手就擒，最终被判处死刑，落得个悲惨下场。

---

① 叶文：《译本序》，外国文学名著丛书编辑委员会编《克莱斯特小说戏剧选》，上海译文出版社，1985，第1—12页。

二　两个时代背景

1. 克莱斯特创作《马贩子米歇尔·戈哈斯》的时代背景

1810 年，《马贩子米歇尔·戈哈斯》一书在德国面世。1804 年，拿破仑窃取了法国大革命的果实，自称皇帝，次年又挥戈东进，长驱直入，攻入柏林。克莱斯特想方设法逃出被法军侵占的普鲁士领地，但被法军抓获，投入狱中，被关押了半年。1807 年，克莱斯特来到萨克森首邑德累斯顿，萨克森这时虽已沦为保护国，但仍和德意志各邦中唯一保持独立的奥地利有着联系。1809 年，奥地利向拿破仑宣战，但是节节败退，最终被迫求和。奥地利失败后，克莱斯特把希望寄托在了普鲁士身上，但是普王腓特烈·威廉二世变本加厉，竟与拿破仑结盟，这浇灭了克莱斯特的最后一丝希望。①

出身军官世家的海因里希·冯·克莱斯特坚定地反对拿破仑，同时也是改革的坚定拥护者。在《马贩子米歇尔·戈哈斯》这部作品中，克莱斯特表达了他的法律政治主张，但是由于人物性格的软弱和阶级的局限性，他并没有要求政治革命。

同时，《马贩子米歇尔·戈哈斯》也将这样一个问题摆到纸面上，那就是，公国公民是否同样享有政治上的反抗权，以及这样的反抗权应该如何取得？这也是"1808 年至 1810 年期间，即《马贩子米歇尔·戈哈斯》创作期间在欧洲范围内讨论最激烈的、具有现实意义的法哲学问题"。②

2. 戈哈斯故事发生的时代背景

戈哈斯生活在 16 世纪早期，即专制主义国家初具雏形时期，但彼时中世纪的国家权力思想还未失去它的影响力。在这一背景下，专制主义国家的公民寻求自救根本没有出路，因为这与中世纪时期的社会基本法则相违背。在描述与当权者不合法的统治行为做斗争时，中世纪时期的《萨克森

---

① 叶文：《译本序》，《克莱斯特小说戏剧选》，第 1—12 页。
② 保尔·米夏埃尔·吕策勒：《海因里希·冯·克莱斯特：米歇尔·戈哈斯》（Paul Michael Luetzeler，"Heinrich von Kleist：Michael Kohlhaas"），《德国浪漫主义时期的小说和散文新的释义》（*Romane und Erzaehlungen der deutschen Romantik. Neue Interpretationen.*），雷克拉姆出版社，1981，第 229 页。

明镜》不仅描写了权利，而且解释了个人义务。从这个视角出发，在《马贩子米歇尔·戈哈斯》的故事里，中世纪和早期专制主义国家的法律解释是相悖的。[①] 这部中篇小说的故事背景主要渗透在中世纪的社会环境之中，因此中世纪时期的法律制度在分析本文时可以起到非常重要的作用。

从地理的角度来看，当时的萨克森从属于神圣罗马帝国。神圣罗马帝国包括为数众多的小邦国。

此外，从宗教的角度出发，马丁·路德在16世纪发起了宗教改革运动，并借此获得了极高的社会地位。在《马贩子米歇尔·戈哈斯》中，马丁·路德对故事的发展起着推动作用。

三　戈哈斯和土仑卡地主冲突的经过及戈哈斯追求正义之路上的障碍

1. 戈哈斯和土仑卡地主冲突的经过

马贩子米歇尔·戈哈斯原本是一位正直守法的资本家，他拥有一笔相当数目的经济资本，即马匹。为了扩充自己的资本，戈哈斯提前做好了计划。他认识很多贵族阶层也就是统治阶级的朋友，就像与勃兰登堡城防司令官亨利·冯·格绍之间的友谊。格绍在知道戈哈斯在生意上遇到不公正对待之后，曾试图将他从困境中解救出来。

戈哈斯一直在萨克森地区做着贩马生意。突然有一天，在土仑卡地主的领地上出现了一个拦路木栅，就立在萨克森邦的边界线上，据看守木栅的税吏称，"这是选帝侯授予温策尔·冯·土仑卡老爷的特权"。[②] 当戈哈斯给了小费，带着马匹准备跨越国境时，城堡的堡长拦住了他，刁难道："没有选帝侯的特许证是不能放马贩子带着马匹过境的。"[③] 他还称这项法令是在土仑卡老地主死去之后颁布的。据戈哈斯言，老地主是"一位令人敬重的老爷子，关注人们的往来、商业和交通，只要他能够做得到的，他便赞

---

① 保尔·米夏埃尔·吕策勒：《海因里希·冯·克莱斯特：米歇尔·戈哈斯》（Paul Michael Luetzeler, "Heinrich von Kleist: Michael Kohlhaas"），第121页。
② 克莱斯特：《马贩子米歇尔·戈哈斯》，商章孙译，《克莱斯特小说戏剧选》，第3页。
③ 克莱斯特：《马贩子米歇尔·戈哈斯》，《克莱斯特小说戏剧选》，第4页。

助"。① 但是他的继任者、容克贵族温策尔·冯·土仑卡却突然修改了父辈制定的法令，因为他想为自己提供经济上的便利。拦路木栅和限行法令随之产生。

堡长称通行证是由德累斯顿城秘书厅颁发的，并同城堡管事一起，要求戈哈斯把令他们心生觊觎的两匹黑马留在土仑卡堡，之后拿着通行证来赎回。土仑卡大地主目睹了整个经过，但他袖手旁观，完全没有制止，甚至助长这种行为。于是，拗不过的戈哈斯只得把他的两匹黑马牵到堡长指定的马厩，并留下一名马夫照顾马匹。但是，戈哈斯抵达秘书厅之后，他认识的秘书厅参事却告诉他，"通行证这件事完全是胡扯淡"，② 戈哈斯这才知道自己上了当。

另一边，在土仑卡堡滞留期间，戈哈斯的两匹黑马却被不正当地使用和遭虐待，外表走样，失去了原有的价值。他的马夫赫尔泽也被城堡里的人肆意借故打成重伤，被赶出城堡。

戈哈斯希望维护自己和马夫的正当权益，于是开始寻求合法的维权途径。他先是向德累斯顿法院起诉，然后又想尽办法，希望能够亲自告到萨克森选帝侯面前。但是由于当权者之间错综复杂的裙带关系和盘根错节的利益关系，诉状始终无法在法庭之上得到公正的裁决，甚至连法庭都呈不上去。

在戈哈斯的第一次上诉中，他前往德累斯顿城，并且在相熟的法学家帮助下拟好了一个状子，其中他详细列明了大地主温策尔·冯·土仑卡对他本人及马夫赫尔泽所犯的罪行，并要求：

> 对土仑卡依法判罪；
> 恢复马匹原来的状态；
> 赔偿戈哈斯个人和马夫的损失。③

克莱斯特也在文中讲述道："这诉讼事件实在是非常清楚的。"④ 但是数月过后，甚至一年过去了，戈哈斯的案子始终没有得到任何回应。"律师在

---

① 克莱斯特：《马贩子米歇尔·戈哈斯》，《克莱斯特小说戏剧选》，第 4 页。
② 克莱斯特：《马贩子米歇尔·戈哈斯》，《克莱斯特小说戏剧选》，第 7 页。
③ 克莱斯特：《马贩子米歇尔·戈哈斯》，《克莱斯特小说戏剧选》，第 15 页。
④ 克莱斯特：《马贩子米歇尔·戈哈斯》，《克莱斯特小说戏剧选》，第 15 页。

答复马贩子惊异地问他原因在哪里的回信里说：大地主温策尔·冯·土仑卡同两位贵人——沈慈·冯·土仑卡和孔慈·冯·土仑卡是亲戚，其中一位在选帝侯身边任司酒，另一位当侍从。"①

最终，那位受人敬仰的律师还建议戈哈斯：

> 与其再向法庭告状，不如设法领回他在土仑卡堡的马匹；
> 如果他对这件事还不肯罢休的话，至少别再委托他办理这件事了。

第一次上诉失败了，但戈哈斯没有放弃。当时的勃兰登堡城防司令亨利·冯·格绍在听闻他的遭遇之后，主动向戈哈斯提供帮助，让戈哈斯草拟请愿书，叙明事情经过，附上律师信件，呈给勃兰登堡选帝侯，希望勃兰登堡选帝侯能够将其转呈萨克森选帝侯，以助其在德累斯顿法庭伸张正义。

但是戈哈斯的第二次上诉同样以失败告终，因为勃兰登堡选帝侯把请愿书转给了他的宰相柯海姆伯爵，而这位伯爵与萨克森公国土仑卡大地主正好有姻亲关系，于是戈哈斯的第二次上诉也不了了之。

戈哈斯的第三次上诉结局比较悲惨，他的爱妻丽丝珀被选帝侯身边的骑士重伤，不幸去世。在前两次上诉宣告失败之后，戈哈斯最终决定亲自把诉状送到萨克森选帝侯面前。他的妻子丽丝珀原本想借助她和萨克森宫内总管的旧交来促成诉状的递交，但是这项计划却使她付出生命。丽丝珀弥留之际，把《圣经》上的一句话"饶恕你的敌人；而对于仇恨你的人们，你也要这样做"指给戈哈斯看，② 然而，戈哈斯心里却想："上帝却永远不会这样饶恕我的，就像我饶恕大地主一般。"③

戈哈斯的正当利益受到统治者的非法侵害，他只是想要维护自己的正当权利，然而所有的合法路径都被阻断。最后，戈哈斯决定寻求自主审判，并不惜借助暴力手段。

2. 戈哈斯在追求正义之路上的障碍——当权者之间的关系网

在戈哈斯生活的时代，当权者之间存在利益关系密切的或者说是互为姻

---

① 克莱斯特：《马贩子米歇尔·戈哈斯》，《克莱斯特小说戏剧选》，第 15 页。
② 克莱斯特：《马贩子米歇尔·戈哈斯》，《克莱斯特小说戏剧选》，第 24 页。
③ 克莱斯特：《马贩子米歇尔·戈哈斯》，《克莱斯特小说戏剧选》，第 24 页。

亲的关系网。在故事的开头，戈哈斯的诉状之所以一直不能递交到法庭接受公正的审判，很大程度上就是这个牵一发而动全身的关系网在起作用。戈哈斯案件中，被告人土仑卡大地主的各路亲戚帮助他把戈哈斯的诉状压了下来，使其不能成功地被递交至法庭之上。故事中当权者的关系网如图 1 所示。

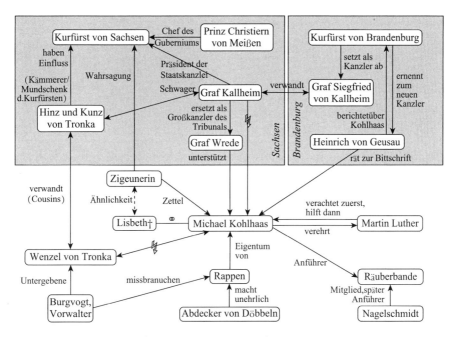

图 1　《马贩子米歇尔·戈哈斯》中的人物关系

根据上海译文出版社 1985 年出版的《克莱斯特小说戏剧选——马贩子米歇尔·戈哈斯》，图中萨克森方面出场人物按照社会阶级排序依次为萨克森选帝侯（Kurfürst von Sachsen）、亲王克里斯坦·冯·迈森（Prinz Christiern von Meißen）、柯海姆公爵（Graf Kallheim，萨克森内阁总理，沈慈·冯·土仑卡和孔慈·冯·土仑卡与柯海姆伯爵为姻亲关系）、沈慈·冯·土仑卡和孔慈·冯·土仑卡（Hinz und Kunz von Tronka，选帝侯的司酒和侍从）、魏勒德伯爵（Graf Wrede，萨克森司法部长）；勃兰登堡方面出场人物排序依次为勃兰登堡选帝侯（Kurfürst von Brandenburg）、宰相弗里德·冯·柯海姆伯爵（Graf Siegfried von Kallheim）、海因里希·冯·格绍（Heinrich von Geusau，勃兰登堡城防司令官）。其他人物还有马丁·路德（Martin Luther）、温策尔·冯·土仑卡（Wenzel von Tronka，大地主）、堡长或城堡管事（Burgvogt, Verwalter）、米歇尔·戈哈斯（Michael Kohlhaas）、丽丝珀（Lisbeth，戈哈斯的妻子）、剥皮匠（Abdecker von Döbbeln）、吉普赛老妇人（Zigeunerin）、强盗团伙（Räuberbande，戈哈斯在自行审判中纠集的同伙）、纳格施密特（Nagelschmidt，强盗团伙成员，戈哈斯去世之后成为领袖）、黑马（Rappen）。

资料来源：《马贩子米歇尔·戈哈斯》中的人物关系图（Die Personenkonstellation von Michael Kohlhaas），https://de. wikipedia. org/wiki/Michael_ KohlhaasJowereit，最后访问日期：2017 年 9 月 20 日。

而正是这错综复杂的关系网，最终导致戈哈斯决定使用暴力来自行审判、维护自己的正当利益。

四 戈哈斯自行审判的合法性来源

1. 反抗权和康德哲学

在克莱斯特生活的年代，康德的哲学作为最新的哲学，在德意志流传最广。学习了康德的哲学之后，克莱斯特的思想状态有了很大的改变，那个时期克莱斯特思想上波涛汹涌，计划上变化无常。因此，在研究克莱斯特的作品时，不可忽视康德的思想起到的作用。在《马贩子米歇尔·戈哈斯》这部中篇小说之中，戈哈斯为了争取自己的正当权益，在万般无奈的情况下使用了私战权，最终走上了暴力反抗的自行审判的道路。而分析这种自行审判的合法性时，反抗权将为其提供合理的理论支撑。恰巧在康德的著作中，反抗权也是一个被讨论的话题。

首先需要对康德所讨论的反抗权进行界定。康德所反对的反抗权主要是从积极的暴力反抗意义，即试图推翻现存政治秩序这样一种革命的意义来讲的，并不包括现代政治哲学所讲的一般的所有意义上的抵抗，如公民不服从或良心抵抗，也并不包括那种日常性的反抗，如犯罪和一些违法行为。[①]

康德的哲学中，关于公民的服从义务的观点与关于人之自由的论述之间存在极大的紧张和矛盾。在反抗权问题上，康德认为人们有义务去忍受统治者，哪怕是权力的滥用达致无法忍受的程度，而且任何对统治者的反抗都不能作为一种权利，反而是极大的罪行。[②]

康德在其法哲学著作《法的形而上学原理》（1797）和《论通常的说法：这在理论上可能是正确的，但在实践上是行不通的》（1793）中反对把反抗作为一种权利，他主要从两个角度对此进行论证，一是从以道德形而上学为总体构架的权利原则出发，认为反抗作为一种权利是自相矛盾的，这一论证深深地根植于康德所分析的绝对命令的论证逻辑之中。[③] 二是从国

① 吴彦：《康德的反抗权理论》，硕士学位论文，吉林大学，2007，第2页。
② 康德：《法的形而上学原理》，沈叔平译，商务印书馆，2005，第148页。
③ 彼得·尼克尔森：《康德关于不要反抗君主的理论》（Peter Nicholson，"Kant on the Duty Never to Resist the Sovereign"），《伦理道德》（Ethics），1976，第215页。

家合法性基础出发，他接受了主权性质的预设，即承认法律实证主义者所否定的那种最高的主权还可能有更高的法权加以约束的理论，并认为国家的合法性基础并不是基于契约的合意或更高的自然法原则，而是基于一种事实的关系，所以否定了那种基于国家合法性的丧失而支持反抗权利的论证。①

康德反对反抗权的理论基础在于他的国家观念，即认为国家的存在本身在道德的意义上是先于个人的。康德认为，每个城市都应该由自由权利和平等权利来规制，而这些权利都是由公民宪法来提供保障，并认为"因为公民基本法的建立不是公民的幸福，而通常情况下只是一种保证法律状态的手段"。②

在反对反抗权的论述中，康德并没有在暴力反抗（革命）与非暴力反抗（抵抗）之间做出明确区分，尽管如此，"他还是对某些形式的抵抗持赞成态度"，③ 比如康德对公民的言论自由就持这种观点，认为言论自由是"人民权利的唯一守护神"，"因为要是想否定人们的这种自由，那就等于不仅剥夺了他们对最高统帅有任何权利的全部要求，而且取消了最高统帅有关他得以自我纠正的全部知识并把他置于自相矛盾的地位"，④ 因此康德是支持基于言论自由的"反抗"的。这被康德解释为"私战权"，并认为"私战的自由是反抗的一种合法手段"，⑤ 也就是说，公民享有把自己关于立法的看法公开表述的自由。但是，他还是仅支持受限制的反抗形式，特别是公民只能进行保证正常现行秩序的批评。⑥

2. 私战权和自行审判的权利

自行审判和法律面前的公民平等地位是分析本文主题的关键。而中世

---

① 吴彦：《康德的反抗权理论》，第 42 页。

② 吴彦：《康德的反抗权理论》，第 5—14 页。

③ 杰弗里·墨菲：《康德：权力的哲学》（Jeffrie Murphy, *Kant：The Philosophy of Right*），摩斯大学出版社，1994，第 117 页。

④ 康德：《历史理性批判文集》，何兆武译，商务印书馆，2005，第 211 页。

⑤ 莫妮卡·弗洛莫尔：《公民权利可容忍性安全的矛盾：关于权利和无意义行动的斗争》（Monika Frommel, "Die Paradoxie vertraglicher Sicherung buergerlicher Rechte. Kampf ums Recht und sinnlose Aktion"），《克莱斯特年鉴》（*Kleist-Jahrbuch*），1988—1989，第 107 页。

⑥ 克尔斯汀·沃尔夫冈：《合秩序的自由——伊曼努尔·康德的权利和国家哲学》（Wolfgang Kersting, *Wohlgeordnete Freiheit-Immanuel Kants Rechts · und Staatsphilosophie*），1993，第 471 页。

纪的法律体系可以用来分析题目所阐述的问题，不仅是因为这个故事发生在中世纪，也是因为其产生与中世纪的法律和条款有关。

中世纪时期盛行的私战权为自行审判的合法性提供了解释空间。私战针对的是"个人针对切实存在的或者是假想中的一个时代的、一个国家的……不被法律和秩序保证的不公平"。① 私战的斗争对象不仅是"不公平"或"对国家秩序的扰乱"，而且将最终涉及"针对国王和地主的反抗权，即他在主仆附庸关系中不再尽作为奴仆的义务"。② 因此，对于私战存在严厉的法律规范。

自 1235 年《美因茨帝国和平法令》颁布以后，一场合法的私战都要提前三天宣布，但这项权利仅仅局限于贵族，普通市民不被允许享有私战权。长此以往，私战逐渐"被州和平运动取代"，最终，在 1495 年，也就是中世纪末期，出于对王朝和平利益的考虑，私战基本被禁止。值得一提的是，这种专属于贵族的私战仪式流传到民间。统治者甚至解释道："对于破坏和平者的处罚……不仅是法官的责任，而且是全民的责任。"③

回溯私战仪式，一直到中世纪早期，这种明显的法的不确定性仍旧存在，直至 1532 年，查理五世的"尴尬的法庭秩序"仍仅仅被评价为"死刑之下糟糕的私战"，但是"糟糕"究竟应该如何精确定义，尚无从考证。④

3. 戈哈斯自行审判的正义性

戈哈斯的自行审判之路始于他的妻子被武力迫害、重伤致死。他先是凭借自己"天赋的权利"⑤ 向土仑卡大地主送去自行拟定的判决书，并要求他三天之内予以答复。期限满之后，未收到任何答复的戈哈斯开始放火，向土仑卡堡施以报复，大地主逃跑。在追捕土仑卡大地主的过程中，戈哈斯先是发布了"戈哈斯的告示"，阻止任何想要窝藏、包庇土仑卡大地主的行为；后又相继发布告示，控诉大地主的卑劣行径，公布自己的行动计划，

---

① 乌维·维瑟尔：《权利的历史：从早期形式至今［2000］》（Uwe Wesel, *Geschichte des Rechts. Von den Fruehformen bis zur Gegenwart* ［2000］），贝克出版社，2006，第 10 页。

② 乌维·维瑟尔：《权利的历史：从早期形式至今［2000］》，第 12 页。

③ 布罗伊尔：《在正直的人和纵火犯之间》（Breuer, "Zwischen Rechtschaffenheit und Mordbrennerei"）。

④ 布罗伊尔：《在正直的人和纵火犯之间》（Breuer, "Zwischen Rechtschaffenheit und Mordbrennerei"）。

⑤ 克莱斯特：《马贩子米歇尔·戈哈斯》，《克莱斯特小说戏剧选》，第 24 页。

呼吁大家一起反抗。在戈哈斯暴力反抗的过程中，附近村庄的部分居民也因饱受压迫加入进来，但大多数平民百姓遭了殃。借助马丁·路德的社会影响力，戈哈斯的第一次暴力反抗被压制下去，统治阶级承诺给予其公正的答复。

戈哈斯维权之路的起步阶段，完全符合康德对反抗形式的合法规定，他把自己局限在书面形式之内，尝试通过书面控告来表达不满，争取正当权利。他还向土仑卡大地主发出天赋权利之下的"判决书"，并给其答复期限。在这个阶段，戈哈斯的行为是没有影响到社会秩序的。

从另一个角度看，戈哈斯的行为也契合中世纪时期的私战权，因为书面控告、判决书和答复期限也与中世纪时期的私战规则契合。

然而，当戈哈斯开始向土仑卡大地主施以报复时，戈哈斯的道德表现发生了彻底改变。他以社会安全为代价主导了这场自行审判。从这个角度来说，虽然自行审判是"官逼民反"的走投无路之举，但是戈哈斯的合法维权却损害了公众利益，并非合法。

五 结语

当人们读这本书时，一定会被其中的各种矛盾吸引。故事的复杂性不仅在于各位人物或者说是当权者之间的关系，而且在于戈哈斯通过自行审判来追求个人合法权益到底有多少正当性。

通过对故事的分析，笔者认为，戈哈斯追求自行审判的过程是天使与恶魔共存的灰色状态，"他是一个最正直又最可怕的人物"，[①] 所做之事并非完全合法，也并非全然不合法。故事的开头，马贩子戈哈斯遭遇了不公平的对待，并蒙受了经济损失。但是戈哈斯所追求的黑马、围巾、钱币、内衣，以及马夫赫尔泽的抚恤金却完全是合法的。

但是由于政府的腐败，戈哈斯的案件起初并没有能够得到公平的裁决，因此他走上自行审判的道路。在故事的结尾，选帝侯帮助戈哈斯拿到自己应得的一切之后，对他说："戈哈斯，马贩子，现在对你就这样赔偿了损失；皇帝的陪审官站在这里，因你破坏了他国内的治安，你现在预备好赔

---

① 克莱斯特：《马贩子米歇尔·戈哈斯》，《克莱斯特小说戏剧选》，第1页。

偿皇帝的损失吧!"①　而戈哈斯也表示,"我在世间最大的愿望实现了",②
甘愿接受绞刑而死。

戈哈斯本属于当时德国上升的市民阶级,他到各个公国去做贩马生意,
而买主往往是各地的封建地主,所以他本来也愿意和土仑卡大地主做买卖,
实在是因为后者起了黑心,对他敲诈勒索,想夺取他的马,逼得他走投无
路,他才奋起反抗。他之所以起来反对土仑卡大地主,是因为他自身的利
益受到侵犯。要戈哈斯彻底否定封建公国制度,那是根本谈不上的,他也
没有对现存封建社会的法治制度产生怀疑。他原是一个循规蹈矩、恪守本
分的普通生意人,如果地主们让他的生意顺利做下去,不加阻挠和刁难,
那么他也不会反对他的顾主。

由于自身阶级的局限性,诚如小说开头所说,戈哈斯始终是一位正直
守法的公民,"正义感把他变成了强盗和凶犯"。③　在愿望实现之后,他也准
备好为自己所引起的国家混乱付出代价,由此,可以说戈哈斯确实是一位
最正直又最可怕的人物。

---

① 克莱斯特:《马贩子米歇尔·戈哈斯》,《克莱斯特小说戏剧选》,第88页。
② 克莱斯特:《马贩子米歇尔·戈哈斯》,《克莱斯特小说戏剧选》,第87页。
③ 克莱斯特:《马贩子米歇尔·戈哈斯》,《克莱斯特小说戏剧选》,第1页。

封建主义、法律传统、文化民族

——浅论德意志民族国家建构的历史根基与叙事结构

李矛宁[*]

一　历史的复调：德意志民族建构再认识

历史关乎毁灭与新生。欧洲封建主义在中世纪末期的血雨腥风中坍塌为一片废墟，民族国家体系却从瓦砾中脱胎。利维坦不再是基督教封建世界上空盘旋着的幽灵，而是借助主权国家这一全新法权宪制结构的外壳，在历史的分娩剧痛中，以民族这一全新的想象共同体，在基督的精神王国中实实在在地建立起自己专属的统治秩序。近代世界由此拉开序幕，人类进入一个变动不居的激荡的新时代。

在这一时代大戏中，我们见证了民族国家的建构浪潮：英吉利、美利坚、法兰西、德意志等一个又一个民族接连诞生；更是见证了这一浪潮在世界范围的传播——我们至今仍然生活在其余波中。在这一历史进程中，我们大致可以分辨出几种不同的民族建构类型——盎格鲁－撒克逊模式、

---

* 李矛宁，北京大学国际关系学院 2016 级硕士研究生。

法国模式、德国模式，其分别代表截然不同的历史路径。而在这些类型中，德国民族建构模式的展开最为曲折，最为沉重而惨烈，甚至将全人类卷入世界大战的漩涡中。

毫无疑问的是，相较于英国、法国，德国民族建构背后的历史线索更为复杂。然而，其历史过程却往往被简单化处理。这种简单化体现于一些常见的观点，例如，德意志统一于第二帝国，意味着普鲁士王国的绝对主义扩展至全德国，纳粹极权的兴起与普鲁士军国主义一脉相承；而第二帝国是集权且专制的，帝国宪法甚至被形容为"围绕普鲁士国王和首相设计的"。①

这种观点颇具代表性，那么为何说其过于简单化呢？下文将会具体说明，像这类观点，尽管具有相当的合理性，却难以掩盖其根本缺陷：在考察政体变化时，它没有以一种历史连续性的视角，将其置于社会历史形态即政治社会学意义的演进脉络中加以处理。或许是受到通常的启蒙主义叙事的影响，对政治史的探究有时会容易脱离政治社会学的语境，而在德国问题上，这一点可能尤为严重。

再如，"文化民族主义"这一概念被用来描述德意志的民族建构路径。这无疑是准确的。以此来解释德国历史上畸形的民族主义与纳粹主义等历史悲剧的关联也是合理的。但诸多解释尚未深入触及文化民族主义作为一种民族叙事的内在机理，而探究其内在机理即叙事结构的工作，势必是要在政治哲学的层次上进行的。

正是为了克服上述关于德国民族建构历史的简单化理解，本文试图重新梳理其背后的诸多历史线索，并发现新的研究面相。本文的工作是，一方面，引入政治社会学的维度，考察德意志民族建构背后的历史根基，然后探讨封建主义向主权民族国家转型这一历史过程的发生学机制；而本文认为，上述历史根基正是封建主义，而"法治国"（Rechtsstaat）传统是理解德国向主权民族国家转型过程最关键的制度要件，由此引出关于德国法律传统的讨论。另一方面，本文要考察文化民族主义的叙事结构，而其中

---

① 泮伟江：《民族与宪政的双重变奏——以德国宪政的生成与法治为例》，《学海》2013 年第6 期，第98 页。

要特别挖掘的就是这样一种民族叙事与上述德国法律传统之间的内在联系，可以说，法律传统构成理解其民族叙事逻辑的很重要的面相，但目前对它的探究却相对较少。

因此，对于德意志民族建构这一问题域，本文的研究对象主要有两个，即历史根基与民族叙事结构，这二者将被分别置于政治社会学和政治哲学的分析层次加以处理；而封建主义、法律传统、文化民族构成考察上述问题的三重相互交织的线索。最后还要强调的是，本文对德国的考察将在与法、英两国进行比较的框架下进行。

二　封建主义：德意志民族国家的历史形态母体

把握德意志民族建构的特点，不可能脱离对封建主义这一宏观历史背景的探讨。原因首先就在于，封建主义构成欧洲所有民族国家形成的共同社会历史前提，尽管从前者向后者的过渡转化方式存在结构性差异。而更重要的原因便事关这种差异，即德意志民族建构的历史起点与英国、法国大不相同，这一工作是在一个相当完整的封建体系基础上直接进行的：法国在大革命建立共和国以前的近代早期就已然是高度中央集权的绝对主义君主国，既有封建结构基本上已被摧毁殆尽；英国的中央集权进程更早，在诺曼征服之后的中世纪中早期便与欧陆封建体系分道扬镳，其独特的封建体系通过普通法这一特殊途径演化为自己的主权与民族。英、法的情况都与德意志世界形成鲜明反差——后者仍然是大小邦国林立、领地法团交叉纵横、自由城市穿插其中的传统封建格局，而这也在相当程度上奠定了德意志民族历史发展的路径依赖。

封建体系实质上是一个巨大的契约网络。契约具有私法性质而非公法性质，各等级身份团体是契约网络中的基本单位。契约的私法性质决定了政治关系以司法方式调节，而缺少中心化的立法—官僚机构自上而下地执行贯彻规范；同时，各主体在契约框架下形成了自身特殊的权力形态，发育为各政治实体，例如以特许状和宪法性自治章程为法律基础而具有法人人格的自由市镇，如汉堡、吕贝克、不来梅、法兰克福。

也就是说，在封建体系下，现代意义上的公法性主权是模糊的，即基本上不存在一个中央集权性质的、完全基于领土地域、具有排他性管辖权并通过垄断暴力实施规范的中心化实体；权力不是单一均质化的，由中央单方面自上而下地授予地方，而是高度异质多元，处于分立、竞争的去中心化状态，继承自历史性的横向契约体系。

上述封建性特点即使在形式上统一的主权民族国家——德意志第二帝国也体现得十分明显：帝国的政治实体高度多元，各主体之间的特殊契约关系使其基于特殊的历史性契约法权拥有各自特殊的宪法地位，外化为第二帝国混合宪制与邦联性色彩鲜明的宪法结构。像汉堡这样的汉萨同盟成员是作为自由市镇这一特殊契约主体与普鲁士王国缔结军事保护关系的；而北德新教邦国和南德天主教邦国与普鲁士又有着极为不同的契约关系。前者与普鲁士的关系以由关税同盟发展而来的北德意志邦联这一经济共同市场为基础；而后者像巴伐利亚一样，与普鲁士的关系相当疏远，仍然拥有部分独立的外交权和独立武装力量，其与普鲁士王国之间为军事同盟关系，其军队在战争时期根据同盟义务接受普鲁士的统一指挥部署。

帝国层面的政治机构，如联邦议会，与其说是内政机构，不如说是邦国间的外交机构。可以说，帝国的权力恰恰很小，主权仍然在各邦国。这还有其他体现，例如，帝国无法直接向人民征税，只能要求各邦国分税。可见第二帝国的主权色彩仍然较弱，封建邦联性较强。

因此前文提到的那种常见观点，即第二帝国等同于由普鲁士专制扩展而成的集权帝国，可以说缺乏依据。的确，这种暗示了德国可以从一个长期分裂涣散的马赛克化的封建政治空间，在普鲁士军国的刺刀下被"格式化"，而短时间内变为整齐划一单元的观点，可以说是完全忽视了德国这一政体演化的历史根基，以及由这一历史基础所决定的路径依赖。

况且，德国统一于第二帝国，作为政治变革，其从根本上区别于以法国大革命为代表的、以自下而上的社会革命方式实现的政治创世纪一般的变革，而是以王朝战争、现实外交这种自上而下的方式完成的变革，政治法统在此过程中并未中断，历史连续性很强。因此，上述这种认为德国因统一而产生根本性变化的观点难以成立。而这也从反面证明了对变革的历史形态学基础进行政治社会学考察的必要。

接下来，我们将在比较社会历史的框架下分析从封建主义向民族国家转变，其发生学的某些一般性机理是什么；德国的历史转型相较于英、法而言，又呈现何种独特性；而其路径的历史逻辑展开，通向了何种现实。

三　主权民族国家的制度要件发育：德式"法治国"

德国历史的复杂性就在于，一方面其继承的是封建邦国体系，另一方面它却在主权民族国家所需要的制度要件方面高度发育。后者便体现在其"法治国"的法律传统上。

在封建时代，契约权利依托于具体的身份，在主权国家下脱离身份对权利的普遍保护管辖并不存在。这一转变很关键：利维坦，必定要将传统纽带拆解并斩断，从而使国家建立在原子化个体的基础之上。国家以强力制造出独立而平等的同质化个体公民，使之摆脱传统义务的束缚而获得自由。这样的自由通过一套普遍的规范，即高度发达的形式理性法律得以提炼，通过罗马法意义上的权利和义务获得具体规定性，进而表达为独立平等法律主体间的自由契约关系。而这就意味着具体的、人格化的身份性契约权利转化为抽象的自然权利，以及在公民这一全新而抽象的自然权利法律主体基础上产生抽象的社会契约。这一社会契约的法律属性便是公法意义上的主权，由它缔造出利维坦这一全新政治共同体——民族国家作为认同和效忠对象。

我们看到，这一历史逻辑推演的终点便是诞生于法国大革命的法兰西共和国——人类历史上最早的标准民族国家。英国则属于另一历史演化分支，其主权是通过普通法扩张的司法中心主义方式建立的，其普通法保留了大量日耳曼封建习惯法成分，典型性远逊于法国。像英国这样通过司法演化出的、以普通法的统一程序和正义规则为载体，而实体性内容却高度多元、高度地方性的半封建混合宪制主权结构是一个罕见的历史特例。以法国为代表的一般情况便是，以立法—行政中心主义方式构建主权的社会契约，而契约以罗马法体系为载体，外化为一套普遍的一元化实体性规范进行社会有机整合，如《拿破仑法典》。

另一方面，这套规范非人格化的抽象性和超越地方性的普遍性的内在属性，决定了其由主权国家而不是传统共同体来提供并以暴力垄断实施第三方强制。这样主权国家的法理基础从根本上被理解为"自由契约的汇聚"、"普遍的社会性联合"①或涂尔干意义上的"有机团结",即个体自由通过契约性质的社会规范与国家主权相统一。这样二者便成为同义重复,即同一个硬币的两面。

在德国,上述这点便体现于其"法治国"传统:国家不被视为自由的障碍,而是自由赖以生长的保障和源泉;法律就是其实现途径。②而这一"国家主义"传统在黑格尔的法哲学中亦得到呼应:国家被看成绝对精神展开过程中的伦理环节,从而获得神圣性。值得注意的是,这种"法治国"的国家主义传统不同于盎格鲁-撒克逊的"法治"传统,因为后者保留了更多的封建性——国家与社会的关系更加紧张,社会通过普通法宪政的方式自下而上地"驯化"国家,即实现"社会权力对国家的渗透和改造",③而不是国家以罗马法的方式自上而下地规训社会。

的确,罗马法传统构成民族国家形塑过程中最重要的法律工具。可以说,在罗马法瓦解封建法这一点上,德国和法国是类似的,与英国对比鲜明。例如,德意志最重要的邦国——绝对主义的普鲁士王国,便以罗马法为基础建立了最符合韦伯描述的极为发达的理性官僚制——法理型统治,在欧洲政治军事角逐中脱颖而出,成为德意志邦国中的模范小民族国家,为日后成为德国统一领导者奠定了坚实的物质基础。而自19世纪以来,在德国统一运动的最高潮,最强大的呼声便是编纂一部统一的德国民法典。

因此,尽管"法治国"被看作极富德国特色的传统,但事实上,其背后所反映的却是从封建主义瓦解到民族国家兴起过程中相当具有一般性的发生学逻辑。另一方面,德国与法国的情况又有着非常显著的差异。罗马法传统作为德意志民族建构当中最重要的历史资源,其所发挥的作用与法国不尽相同。而这又必须联系德意志文化民族主义的民族叙事加以把握。

---

① 李猛:《"社会"的构成:自然法与现代社会理论的基础》,《中国社会科学》2012年第10期,第89—91页。

② 劳东燕:《自由的危机:德国"法治国"的内在机理与运作逻辑》,《北大法律评论》2005年第1期,第541—563页。

③ 泮伟江:《英格兰宪政与现代理性官僚制问题——重访韦伯的"英国法问题"》,《天府新论》2013年第5期,第10—13页。

四　欧陆罗马法传统下的两种民族叙事：
德意志文化民族与法兰西政治民族

在封建社会中，政治认同形式是基督教认同，即文明认同而非民族认同。这一认同区别于民族认同的地方特殊主义。德意志帝国的前身神圣罗马帝国便是一个基督教文明共同体而非民族共同体。

然而，民族国家这一认同形式却并非基于天然的共同体纽带，而是主观、武断、抽象地划定而成，正如安德森所说，民族是"想象的共同体"，是一种社会心理实体。这就是为何谈论民族国家形成时所使用的动词是"建构"，因为它并非天然存在，而是人为虚拟创制的产物。而我们将看到，德意志"文化民族"的"建构"色彩恰恰最为浓重。

如上文所说，罗马法是德意志民族建构最核心的原材料。由于神圣罗马帝国继承了罗马帝国的衣钵，德国的罗马法传统根基牢固，自中世纪以来就是罗马法复兴的重镇。而毫无争议的是，今天在大陆法系中，在罗马法基础上发展而来的德国法又是所有国家中体系化程度最高、最发达且最严密的法律。

在德国和法国的民族建构中，罗马法都起到了关键作用，但其作用方式有着根本上的不同。概括起来，罗马法在法国基本上发挥的是政治整合的工具性功能；而在德国，罗马法除了相似的功能性作用外，更是被赋予神圣的精神文化价值——它被视为特殊的德意志"民族精神"的历史文化载体。这便进而反映出德国与法国本质上属于两种迥异的民族：德国属于"文化民族"，而法国则是"政治民族"。

上述分类得到广泛认可。但应指出的是，这并不是说法兰西民族叙事就没有属于作为自身民族文化灵魂的民族精神——任何民族叙事都围绕自己独特的民族精神展开，成为民族认同的来源，根本上区别于基督教文明认同；换句话说，任何民族都是广义上的"文化民族"。法国的民族精神便是世俗启蒙理性主义，凝练为"自由、平等、博爱"的理念。这里，普遍性与特殊性以奇异的方式结合在一起。一方面，启蒙理性主义被认为是人类进步共同方向的指引；另一方面，法兰西民族特殊的存在意义并不在于其自身的某些神秘的文化特质，而是在于其作为现代文明担纲者和历史进步的急先锋角色，通过建立现代政治共同体的方式将启蒙理性转化为现实。可以看出，法兰西实现民族整合的方式是政治上的，本质上不是凭依文化特殊性。

然而，德国的"民族精神"（Volksgeist；本文中，一般意义上的民族精神不加引号，而加引号的"民族精神"特指德国的民族精神）的含义却大为不同，这一源自德国浪漫主义运动的概念，假定日耳曼民族是一个特殊的精神、文化、历史实体。

众所周知，德意志民族叙事正是依托于这一日耳曼"民族精神"。不像法国在革命前已然通过绝对主义王权实现了政治的高度统合从而为法兰西共和国提供了现实条件，德国一直是政治上四分五裂的封建邦国体系，政治碎片化程度高。因此，不难理解在德国先有观念上的统一民族，而后才有现实中政治上的统一民族。也就是说，观念建构色彩更加明显的"文化民族"先于"政治民族"培育并锁定了其民族建构的路径，而这一特殊民族文化的内核，就是德意志特有的"民族精神"。

德国"民族精神"的特点在于其不可分解、还原为简单机械的理性教条，如法国启蒙哲人的历史信条；它是一个特定的先验而神秘的实体性存在，本质上，它就是德意志的全部历史。这里我们发现德国与法国民族精神的差异：德国"民族精神"被看作一个特殊的历史实体，它就是其特殊历史本身；而法国的民族精神则是理性教义，某种程度上，理性教义的实现恰恰就建立在与自身历史决裂的基础上，因此法国的民族精神具有超历史性。

罗马法在德意志民族建构过程中的重要作用只有通过这种"民族精神"才能得到更深层次的理解。而罗马法传统与"民族精神"的关联在德国历史法学派当中得以彰显。德国历史法学派的代表、普鲁士王国法学家萨维尼正是在二者之间建立联系的关键人物。

萨维尼认为，德国历史悠久、底蕴深厚的罗马法传统正是"民族精神"的核心组成部分。一种法律传统被提升至如此高度，原因在于它是一个社会内生的有机组成部分，而"民族精神"恰恰就是要在"社会有机体"的层次上寻找其自身的历史载体。因此，如上文所提到的，"民族精神"不可能像被还原为法国启蒙主义的若干干瘪空洞的超历史教条那样肤浅，其载体必然是一个在民族历史中自发生长出的、与整个民族文化交织融合的有机社会传统——正如罗马法的特点是理性演绎，而德国人将其发挥至其他任何国家都难以企及的水平，这极大地塑造了德国民族文化性格中严谨精确、富于逻辑的特点。而韦伯从德国发达的法律传统中抽象出"法理型支配"，以这一社会学理想类型把握整个近代西方世界的"理性化"主线，更是反映了德国法律传统在社会有机体中的"灵魂地位"。

德国的法律传统更是与德国文化民族主义的源泉——德国古典哲学紧密交织在一起，并在黑格尔的法哲学中得到升华："民族精神"被整合进宏大的辩证法体系，法律传统在"绝对精神"的自我演绎当中找到了自身的历史哲学本体。

五　特殊主义民族叙事的两种形式：罗马法传统与普通法传统下的民族精神

根据上文描述，或许我们可以认为，罗马法传统之于德国人，正如普通法传统之于英国人。的确，像德国这种法律传统承载民族精神、二者互为表里的特殊关系在法国并不存在，而在世界范围内，民族叙事为法律传统所证成，可能只有在英国才能找到最佳对应物，如辉格史观所展示的那样。然而，在这一点上，德国与英国又有着根本差异。

英国思想家伯克曾说，他不知道"人的权利"，他只知道"英国人的权利"。而"英国人的权利"正是来自英国普通法。伯克所言完美地反映了普通法与英国民族性的内在联系：英国的民族叙事，与法国民族叙事的启蒙理性主义取向不同，它具有非常鲜明的地方性、高度的历史性，孕育出这种高度特殊主义的民族精神，而其母体正是英国的普通法法律传统这样一套独特的规范生成机制。正如前文所讲，德国"民族精神"的取向同样是特殊主义。然而，承载德国"民族精神"的德国罗马法传统与英国普通法传统，是对立的两极。

我们知道，普通法是对日耳曼封建习惯法体系的发展和完善。与欧陆罗马法的建构理性主义体系相异，地方性习惯，即经验习俗和惯例才是普通法规范的源头。从法律属性来看，罗马法本质上是行为规制性法律，依赖于中心化的立法—行政机构实施，其创制基于理性的逻辑演绎；普通法本质上则是救济性法律，不预设行为模式，受司法调节，从互动博弈中自发产生，其创制基于经验性归纳，即体现为判例。①"经验—习俗主义"进路可以描述普通法规范的核心特征。

普通法正是从权力结构松散、社会组成多元、高度去中心化的封建体系中发展出的一套发达而完备的法律技术，即规范生成机制。它所追求的不是法律实体内容的统一而是程序上的统一，在此基础上将纷繁的地方性习俗惯例有机整合为法律规范，即"英国人的权利"。普通法植根于多元的地方性经验，这也构成英国民族精神特殊主义的内生条件。

换言之，英国民族精神之所以天然是特殊主义取向的，是因为英国普通法的基石本身是经验性的习俗和惯例，而经验天然不具有普遍性，其天然属性就是地方特殊性及开放性，因为经验演化是向社会历史开放的，而不是理念范畴内的思维闭环。但罗马法并不具有经验主义性质，相反，它是一套抽象的理性体系。因此，在罗马法传统（以及更高层次的德国古典哲学传统）下诠释德意志文化民族"民族精神"的特殊性，只能以先验而抽象的、建构理性的思辨方式，而不像在普通法传统下，民族精神根植于表现为习俗惯例的开放经验载体，最终锚定于超越性的基督教神意秩序，民族叙事展开为一套去实体化的程序性规则，在大英帝国全球经略中外化为一套普遍而包容的抽象的法权结构，如苏格兰启蒙思想家所描述。②

可以说，这里便埋着日后德国政治悲剧的种子。纳粹极权主义居然是在一个法律的国度发迹，而令韦伯赞叹不已、倍感自豪的发达的"法理型统治"对阻止其兴起竟然无能为力。事实上，这绝不仅仅是技术性原因如魏玛宪制可以解释的。根本原因就在于上文所述的罗马法传统下以先验建构理性的思辨方式把握"民族精神"的内生性质：封闭性和武断性。一方面，"民族精神"封闭于理念世界，本质上隔离于开放的经验世界；另一方面，对"民族精神"的诠释又是高度武断而任意的，因为其诠释高度取决于理性特定的抽象演绎方式。

我们看到，在德意志历史上，"民族精神"的封闭性在将法律传统本体化的黑格尔法哲学历史辩证法那里达到顶点：法律传统、"民族精神"都被看作先验的抽象的精神实体严格按照目的论公式展开的自我演绎；按照沃

---

① 李红海：《普通法的历史解读——从梅特兰开始》，清华大学出版社，2003，第347—375页。
② 施展：《迈斯特政治哲学研究——鲜血、大地与主权》，法律出版社，2012，第180—196页。

格林的描述，这一过程即"谋杀上帝"，是典型的"灵知主义"，历史通过切断与经验世界、超验世界的关联，即封闭化，从而实现自我神圣化，使"民族精神"彻底实体化、排他化。① 以这种方式完成的德意志民族特殊性论证，其逻辑终点是狭隘的德意志民族主义；与国家主义传统一经结合，孕育出纳粹这个恶魔便顺理成章。的确，极权悲剧绝非德国历史中从天而降的意外片断，而是上述德意志特殊主义民族叙事的自然产物。

武断性更是在纳粹党"桂冠法学家"施密特的宪法学说"决断论"那里体现得淋漓尽致：民族的"主权者"可以实施"决断"，以清除共同体内部的"敌对异己"力量，捍卫民族共同体的纯洁性。那么，谁是德意志民族的"主权者"？以何种名义实施"决断"？谁又是"异己"？施密特的答案分别是纳粹党、德意志民族的名义、劣等民族。尽管他的论证极尽理性之能事，以地道德国法学家的严密和周全完成了法理上的推演，然而，人类见证了犹太人等少数族群被以最有组织、最高效、最符合韦伯所定义的工具理性的方式，遭到人类历史上从未有过的系统性屠杀，历史以其残酷最终证明，不论这种理性论证看上去多么符合逻辑，它仍是武断而毫无依据的，这种民族性的自我论证是不可理喻的。

当然，有必要指出的是，第二次世界大战之后，通过设立德国联邦宪法法院行使宪法审查权的途径，普通法判例传统被引入德国，使这个罗马法传统最为发达的大陆法国家打开了普通法传统的缺口。② 这样，在另一种法律传统的制衡下，罗马法传统的上述弊病得到相当程度的克服。

---

① 施展：《迈斯特政治哲学研究——鲜血、大地与主权》，第204—207页。
② 骆正言：《德国的"马伯里诉麦迪逊案"的启示》，《西安电子科技大学学报》（社会科学版）2008年第2期，第145—151页。

论普法战争对法国殖民政策的影响

刘梦佳[*]

1870—1871 年的普法战争，不论是对于交战的德法双方还是对于整个欧洲来说，都有着至关重要的意义。战争直接导致交战一方国内政权的垮台，却为另一方民族和国家的统一奠定了基础。整个欧洲的政治局势也随之发生了巨大的改变：德国通过此次战争登上欧陆霸主宝座，而法国却因割地赔款元气大伤，倍感屈辱，只好潜心蛰伏、等待时机。欧陆这两大强国之间的敌对和冲突直接为第一次世界大战的爆发埋下了祸根，相关方面的论述已经十分丰富，此处无须赘述。

然而，普法战争对法国殖民政策的确立也产生了十分重要的影响，这一点鲜为人所论及。① 诚然，在 19 世纪后半期的欧洲，殖民扩张是众多欧洲强国对外政策的题中之义，但是对于法国来说，其殖民政策在确立的过程中却受到普法战争结果的深刻影响，而且并不完全是促进作用。长期以

---

* 刘梦佳，北京大学历史学系法国史专业 2013 级博士研究生。

① 目前国内学界有关普法战争的影响的研究，多集中于它对欧洲国际关系、法德两国的经济发展［如王丽君《论普法战争对法国第二次工业革命的影响》，《黑龙江史志》2014 年第 17 期；连玉銮、张运城：《普法战争以后欧洲格局的重组》，《西南民族大学学报》2003 年第 11 期；乔丽萍：《普法战争对法德两国经济发展的影响》，《山西大同大学学报》（社会科学版）2011 年第 6 期］，或它对法国民族主义思想的影响（黎英亮：《普法战争与厄内斯特·勒南的民族主义思想》，博士学位论文，华东师范大学，2008），而关于普法战争对法国殖民政策的影响，则没有文章论及。在国外学界，则只有法国历史学家拉乌尔·吉拉尔代在他的专著中提到过普法战争对法国殖民政策的影响，但是也没有展开论述［Raoul Girardet, *Le nationalism français 1871－1914*（Armand Colin, 1966）; Raoul Girardet, *L'idée coloniale en France de 1871 à 1962*（La Table Ronde, 1972）］。

来，第三共和国的政治精英中就存在殖民派与非殖民派两大阵营的对立，而且这两大派别的划分超越了传统的"左"与"右"的政治分野。那些在推行殖民政策一事上表现得最积极的，正是以朱尔·费里（Jules Ferry，亦译作"茹费里"）为代表的机会主义共和党人，而在对殖民政策最为抗拒的人当中，我们会发现不少激进左派与保守右派的身影。他们选择各自立场最根本的出发点，都是为了维护法国的国家利益。为什么同样是从国家利益的角度出发，他们却得出完全不同的观点？笔者认为，这与他们对普法战争的不同解读有密切关系。

普法战争中法国军队的惨败给了骄傲的法国人致命一击，帝国时代培育和滋长的自信顿时烟消云散。与此同时，失败带来的耻辱以及对失去领土的愤怒也激发了法国人强烈的民族主义情感，但是这种情感却导向了两种不同的对外政策取向：一派积极主张对外征服扩张的殖民政策，这派人士以机会主义共和党人朱尔·费里为代表，他们认为对外扩张是恢复法国的荣誉、彰显法国的力量的一种有效方式；另一派则反对殖民，他们认为殖民会分散法国的精力，浪费法国的钱财，不利于国内建设，也不利于对德复仇的实现，因而他们要求将法国对外政策的焦点集中在欧洲大陆。

自法国于19世纪80年代加快殖民扩张的步伐以来，这两种针锋相对的意见就一直存在，并在法国进行殖民决策的重要时刻展开了激烈的交锋。本文试图通过对第三共和国成立至第一次世界大战爆发前法国在制定殖民政策时这两种观点的对立乃至最终合流的情况进行分析，探究在法国殖民政策确立的过程中普法战争的结果究竟是如何发挥影响的。

一　普法战争与法国的民族主义

如果说拿破仑在欧洲的征战曾经激起欧洲各国的民族主义情绪的话，那么普法战争对法国人的民族主义也起到了同样的作用。骄傲的法国人在这次战败中感受到深深的屈辱：他们一直引以为豪的军队在普鲁士人的强兵健将面前不堪一击，皇帝拿破仑三世俯首就擒，成为敌人的俘虏，而阿尔萨斯和洛林两省也被割给德国……这一切，都点燃了法国人心中对德复仇的火焰，并在第三共和国建立的最初几十年中一直影响着法国对外政策的走向。

　　当然，这并不是法国民族主义的第一次展现。早在大革命时代，在抵抗由欧洲大陆君主组建的反法联盟的斗争中，在拯救"在危机中的祖国"之时，法国民众心中就已经滋生与爱国主义、革命的普世主义交织在一起的民族主义的萌芽。不过正如法国学者拉乌尔·吉拉尔代所言，1871 年的这次惨败对于法国民族主义的发展起到了至关重要的作用：

　　　　1871 年的失败，让法国的民族主义在舆论中产生了更为广泛和深刻的影响，也从此奠定了它十分特别的基调；1871 年的惨败为法国的民族主义提供了新的话题，滋生了新的狂热。特别是它激起了很多人道主义者的懊悔情绪，使他们重新回到一种对一个备受羞辱和伤害的祖国的排他且狂热的爱当中。①

　　法国的民族主义，因为继承了大革命中雅各宾派的传统，包含了尚武的沙文主义与人道的救世主义这两个相互冲突的因素，并且一直延续下来。1848 年左右，吉内（Edgar Quinet）和米什莱（Jules Michelet）等历史学家还将解放受压迫的人民看作法国近乎天赋的使命。米什莱写道："法国不仅是我们光荣的母亲，还应该孕育所有自由的民族！"② 然而 1871 年的惨败，却让法国的民族主义思想发生了决定性的变化——失去土地的痛苦与受辱的激愤让尚武的沙文主义在法国的民族主义思想中占据了上风，从此之后，法国的民族主义者们不再像从前那般关注"孕育所有的自由民族"，而是将对德复仇当作他们展现爱国主义的第一要务。

　　普法战争的悲剧性后果一方面激起了法国人强烈的民族主义情感，另一方面也让更多的法国人意识到了法国的衰弱。如果说在帝国时代，繁荣的经济和颇为成功的海外扩张滋长了法国作为一个强国的雄心和野望的话，那么经过普法战争，这个强大的法国的幻象便破灭了，法国的"衰退"（Décadence）得到更为广泛的认同。

　　其实，早在拿破仑第二帝国末期，就有人提出这样的观点。例如，法

---

①　拉乌尔·吉拉尔代：《法国的民族主义（1871—1914）》（Raoul Girardet, Le nationalism français 1871－1914），阿尔芒·柯兰出版社，1966，第 14 页。

②　拉乌尔·吉拉尔代：《法国的民族主义（1871—1914）》，第 13 页。

国自由主义思想家普雷沃－帕拉多尔（Prévost-Paradol）在其于 1868 年出版的《新法国》（*La France nouvelle*）一书中，就对时下世界的新局势以及法国的衰退进行了论述。他注意到，在法国的周围，英国、普鲁士甚至是意大利都处在一种惊人的上升之中；而法国处在这列强环伺的险境中，其人口并无增加，其国民无心战事，而其智识阶层则对政治漠不关心……这一切都让法国呈现出一派衰退的景象。[①] 此书出版时，正值帝国统治的顶峰，很多人尚无法接受这一说法，而普法战争的结果却让它得到验证。此后，法国的衰退成为人们普遍认同的一个观念，并通过政治文学得到广泛的传播。例如，正统派作家克罗德－马里·罗多（Claude-Marie Raudot）就认为，法国社会早就被出生率下降这个癌症削弱了，而美国和俄国的人口却都在飞速增长，法国的衰退也因此变得更加无法挽回。[②] 欧内斯特·勒南（Ernest Renan）在其《知识和道德改革》（1871）一书中表达了一种类似的观点。勒南认为，法国的悲剧始于对路易十六的处决。通过砍掉国王的脑袋，法国成了一个"失去头颅的女人"，此后悲剧不断重演，1848 年的奥尔良派也没能避免这种悲剧。君主制原则的式微、忠于国家的训练有素的军事贵族的缺乏，都是造成这种悲剧和衰减的因素。[③]

总而言之，如果说在普法战争之前，法国的衰退还只是某几个富有远见的思想家不合时宜的先见之明的话，在普法战争之后，它却几乎成为当时法国人的一种共识。这种对法国衰退的共识，也反过来刺激了法国人民族主义情绪的上升：面对失去土地和荣誉的祖国，所有心中澎湃着爱国热血的法国人有着同样一个目标——恢复法国的荣誉和地位，让法兰西民族重获荣光。然而，对于如何才能应对衰退、恢复荣誉，他们却有着不同的理解和看法。

对一些人来说，去广阔的海外天地进行征服与殖民，是法国彰显力量、恢复荣誉的有效方法。对他们而言，让民族置身于一条扩张的道路，也就意味着让它从衰退中摆脱出来，免于屈从或平庸之苦，重获伟大。然而，

---

① 皮埃尔·吉拉尔：《作家们与衰退的观念（1870—1914）》（Pierre Guiral，"Les écrivains et la notion de decadence de 1870 à 1914"），《浪漫主义》（*Romantisme*）1983 年第 42 号，第 9—22 页。

② 皮埃尔·吉拉尔：《作家们与衰退的观念（1870—1914）》，第 9—22 页。

③ 皮埃尔·吉拉尔：《作家们与衰退的观念（1870—1914）》，第 9—22 页。

对于另外一些人来说，殖民政策对被战争削弱的法国来说是一个奢侈品，国民有限的精力与力量应该被用于国内建设，法国失去的荣誉也只能从对德复仇的实现中复得。法国历史学家拉乌尔·吉拉尔代称前者为"世界扩张的民族主义"，称后者为"收缩至（欧洲）大陆的民族主义"。① 这两种类型的民族主义在殖民问题上的分歧，在 1885 年的两次关于殖民问题的议会辩论中得到了充分体现。

二　1885 年的议会辩论与两种民族主义的对立

第二帝国时期，拿破仑三世就展开了一系列声势浩大的海外征服活动。第三共和国从帝国的废墟中诞生，却也没有放弃海外殖民。但是在共和国成立初期，法国的殖民活动放缓了步调：除了 19 世纪 70 年代在越南和苏丹的冒险之外，法国的殖民活动并没有什么大的动作。然而自 1880 年朱尔·费里出任首相以来，第三共和国加快了殖民扩张的步伐。通过十年的努力，共和国基本已经从战败的打击中恢复，共和制度已经确立并得到初步的巩固，军队得到重建，经济形势也不算太坏。在各种动机的刺激下，以费里为代表的机会主义共和党人开始将殖民扩张作为一种总体的国家政策加以推行。1880—1885 年，在因"谅山事件"下台之前，② 费里曾经两次组建内阁，并在任期内推动了法国在非洲和亚洲等地的殖民扩张。③ 虽然法国的殖民军队四处点燃战火，但是对于共和国到底要不要进行殖民一事，第三共和国的掌权者们并没有达成一致，不仅右派保守势力大多反对殖民，即便是在共和党人内部，以克列孟梭为代表的激进派共和党人也极力反对法国的殖民扩张政策。

然而，此时欧洲列强的海外竞争日趋激烈，尤其是它们在非洲的争夺，成为当时欧洲国际关系中最引人争讼的主题之一。为了改变这种状况，1884

① 拉乌尔·吉拉尔代：《法国的殖民思想（1871—1962）》（Raoul Girardet, *L'idée coloniale en France de 1871 à 1962*），圆桌出版社，1972，第 102 页。

② "谅山事件"，即 1885 年中法战争中的镇南关大捷，清军将领冯子材率领军民在镇南关击败法军，攻克谅山，取得胜利。为表述上的便利，本文将沿用法文中的说法。

③ 在费里的两次总理任期内，法国在马里和突尼斯等地建立了保护领，在非洲发动了对马达加斯加岛的远征；在亚洲则是对越南野心勃勃，数次派军远征安南与东京，甚至挑起中法战争，迫使中国放弃对越南的宗主权。

年11月，由俾斯麦主持，在柏林召开了由欧洲各大殖民势力参加的国际会议，在非洲国家代表缺席的情况下，议定了对后者的领土进行瓜分的原则。法国的代表当然也参加了此次会议，掌权的机会主义共和党人不愿意在海外的殖民竞争中落后。然而，1885年3月发生的"谅山事件"却让费里等人极力主张的殖民政策一时大受打击：法军在遥远的亚洲土地上的战败，似乎再一次唤起了法国人关于普法战争的痛苦回忆，再加上殖民征战所费不赀，法国人却看不到这项事业带来的好处，一时间反殖民的声音四起，而费里内阁也在这些反对声中倒台。然而，殖民派也并不愿意就此放弃殖民政策，两派人马就自己的立场进行了激烈的意见交锋，1885年的那场有关法国殖民政策的议会辩论正是在这样的背景下发生的。①

费里是支持殖民扩张政策的一方无可争议的代表，他既是殖民主义的实践家，也是理论家。他的殖民学说主要包括政治、经济和道德三个方面，但是其殖民政策最根本的出发点，却在于政治方面。② 在1885年7月的那场议会辩论中，费里在阐述其殖民理论政治方面的论点时，称它"更为微妙，更为严重"。③ 在费里看来，欧洲国家普遍在全球范围内开疆拓土，划分势力范围，法国若是对此冷眼旁观，就只能沦为二流国家，并陷入无可挽回的衰退之中。国际力量的新平衡正在逐步确立，法国此时退缩只会将大片土地拱手让人：

> 先生们！在欧洲事情向来如此，在这项竞争中，我们眼看着有如此多的对手在我们的身边势力日渐壮大，它们或是通过军事上或海军力量的完备，或是通过人口不停增长所带来的惊人的发展使自己壮大；在欧洲，或是遵循着同样秩序的世界，按兵不动或者克制的政策只会

---

① 这两次辩论分别在7月和12月进行，前者讨论的是法国海军及殖民部提交的一笔数额为1219万法郎的拨款请求，如果同意这笔拨款，就意味着继续扩大对马达加斯加的殖民征服；而12月的那场议会辩论讨论的是是否给法军在越南东京继续进行军事活动进行拨款，最后的结果都是以微弱的多数获得通过。

② 费里认为，殖民最大的利益在于打开市场，而这正是当时的法国所急需的；除此之外，从道德层面来讲，殖民还是法国肩负的一项"文明使命"（mission civilisatrice），是文明的法国对落后地区的"低级种族"（race inférieur）的权利和义务；从政治层面来讲，殖民是法国免于衰退、重获伟大的重要手段。

③ 吉勒·芒斯龙（作序）：《1885：共和国的殖民转向》（Gilles Manceron, *1885: le tournant colonial de la République*），发现出版社，2006，第63页。

通向衰退的道路！……没有效力的扩张，不参与世界事务，与所有欧洲的联合保持距离，将所有对非洲或是东方的扩张行为看作一个陷阱，或是一种冒险……这种生存方式对于一个大国来说，就是放弃。而且，在你们难以置信的短时间内，一个大国就会因此沦为三等或是四等国家。而我，先生们，我想任何人都无法想象，同样的命运会降临到我们国家的头上。[①]

显然，费里也感受到了法国的衰退，并为此深深担忧。他的殖民政策的根本出发点，正在于避免衰退，维护法国的伟大和力量。政治方面的考量，尤其是对法国在国际上力量排位的担忧，才是费里殖民扩张政策的首要出发点，经济方面的原因只是为其爱国主义的论点服务的，而不是相反。

除此之外，维护法国的荣誉和尊严，尤其是法国军队的尊严，也成为殖民政策维护者的重要论点。毫无疑问，1871 年的失败不论是对法国军队还是对整个国家而言，都是一个惨痛而屈辱的经历，即便是在十几年后，这种屈辱的记忆依然鲜活，这从激进左派议员巴吕（M. Ballue）在这次议会辩论上的慷慨陈词中就可以看出：

> 请允许我稍微提及一下这一段痛苦的记忆：1871 年以后，法国失去的难道仅仅只是它最为宝贵的两个省吗？难道它仅仅只是支付了一笔数额巨大的赎金，并且为了恢复入侵给它的土地带来的毁坏而花费甚多吗？你们很清楚地知道，它还失去了其他东西：它失去了它的声誉。这也就是说，对于某些宣称实力决定权利的文明来说，战败的法国成为他们肆意侮辱的对象之一。[②]

法国的荣誉不允许它从对遥远土地的征服战争中撤退，甚至在普法战争中失掉的荣誉，也被期待在海外战争的胜利中失而复得，因为这不仅事关法国的名誉，而且关乎共和国的名誉。支持殖民的共和党人保罗·贝尔（Paul Bert）就不无激情地呼吁道：

---

① 吉勒·芒斯龙（作序）：《1885：共和国的殖民转向》，第 67 页。
② 吉勒·芒斯龙（作序）：《1885：共和国的殖民转向》，第 120 页。

先生们，我们共和党人应该保持共和国的荣誉完好无损。……只有共和国在1870年挽救了法国的名誉。……我认为在1889年，你们将会庆祝法国大革命爆发一百周年，要庆祝一个不再完整的法国就已经够悲伤的了，更何况《马赛曲》的故乡竟然还落入了外国人的手中。因此，至少别让我们的军队在撤退将带给他们的耻辱中庆祝。①

从上面的这些言论中，我们不难感受到民族主义的情感是如何影响这些殖民派的对外政策取向的。然而，同样是受民族主义情感的激发，另外一些人却在殖民问题上采取了完全不同的立场，他们中既有激进左派，也有保守右派②。

在那些费里殖民政策的反对者当中，最为突出的一位当属激进派共和党人克列孟梭。作为1789年原则的忠实捍卫者，克列孟梭从共和主义原则的角度斥责了费里的殖民政策，但是他驳斥费里殖民主义理论的核心观点，与同时代的人一样，仍然是从法国的民族利益出发，而且深受1871战争结果的影响：

至于我，正如一位有名的演说家所言，我的爱国主义在法国。在开始这些殖民远征之前……我需要环顾四周，然后我想起了法兰西的代表们第一次聚集在一起的时候所面临的政治问题——当时的条件你们是知道的：那是1870年，我看到了一个由于入侵而被摧毁的国家，我看到了它的历史……我看到了一个混乱的、被肢解的国家，因此我思忖着，什么才是这个国家的代表以及部长们应该放在脑中的第一要务？在1870年已经过去十五年后的今天，我们还需要在法国的议会面前来回顾这些事情，难道不是很可悲的吗？③

克列孟梭的这番诘问在议会中引起了不少人的共鸣，对于那些被1871

---

① 吉勒·芒斯龙（作序）：《1885：共和国的殖民转向》，第109—110页。
② 正是这两个政治派别的联合，促成了费里内阁在谅山事件后的垮台。
③ 拉乌尔·吉拉尔代：《法国的民族主义（1871—1914）》，第108页。

年战败的记忆烦扰的爱国主义者来说，法国的重建和壮大的确是他们最为关心的主题。他们的所思所想，或许正如克列孟梭如下所言：

> 当一个国家在欧洲受到十分严重的夹击的时候，当其边境线受到损害的时候，也许在进行远方的征服之前——假设这些征服是有益的，而我已经证明了事实与之相反——我们最好先确保在自己家站稳脚跟，并且确保我们的国土不会动摇，这才是我们的第一要务。[①]

克列孟梭认为，目前在海外所进行的无节制的殖民征战并不符合法国人民的利益，法国人应该将有限的精力和财富运用在国内建设上。而另外一位左派人士、经济学家弗雷德里克·帕西（Frédéric Passy）也认为殖民是对国民财产的无谓浪费。同样是在 1885 年 7 月的这次议会辩论上，他争辩道：

> 我认为，我们这些反对遥远冒险的人，当我们拒绝将一些宝贵的事物——也就是法国的财富和鲜血——做一些纯粹的牺牲的时候，当我们想要保留我们的力量用于应对一些不可避免的危险和必要的考验，用于避免一些令人生畏的可能性的时候，才是最爱惜民族的扩张力量的人，是民族精神以及民族爱国主义更真实的代表。[②]

上面这段话中所提到的"不可避免的危险"、"必要的考验"以及"令人生畏的可能性"显然都指向了同一个对象：下一次的法德战争。在之后的发言中，帕西还进一步指出，在当前国际关系的背景之下，殖民还对民族的独立和安全构成严重威胁，因为殖民削减了法国的财政预算，并且将法国的一部分武装力量分散到了欧洲以外的地方，致使法国在欧陆边境面对新的威胁时变得无力。此外，法国参与到殖民竞争中去必然会导致它与那些殖民大国——如英国——发生对抗和冲突，而这会让本来就在大陆因

---

① 吉勒·芒斯龙（作序）:《1885:共和国的殖民转向》，第 82 页。
② 拉乌尔·吉拉尔代:《法国的殖民思想（1871—1962）》，第 95 页。

为俾斯麦的遏制政策处处掣肘的法国在外交上更加孤立。①

他的担忧不无道理，尤其是当法国人看到俾斯麦别有用心地对费里的殖民政策采取鼓励态度的时候。前者曾经写信给后者，对其殖民政策表示公开的支持："只要法国不将目光转向斯特拉斯堡或者麦茨，德国支持它吞并北非、西非和东非等一切可以得到的地方。"②费里抓住有利的时机在非洲大肆扩张，而这在其殖民政策的反对者看来，正好遂了德国人的意——后者正寄希望于法国将注意力集中在殖民扩张上，从而忘记对德国的复仇。所以，有些人甚至称费里为"俾斯麦的代言人"，认为他是将法国出卖给普鲁士的叛国者。在这一点上，帕西并没有表现得那么极端，但是他也毫不客气地指出，不论意识到与否，法国的殖民政策都符合德国人的利益，这就足够成为谴责它的理由了。于他而言，法兰西民族的命运仍在于孚日山脉和莱茵河，而法国的强大和伟大总是根植于欧洲。③

此外，基于对丧失国土带来的痛苦的深刻感知，殖民政策的反对者还从被殖民和被侵略的土地上的人民心情的角度来反对殖民：

> 这些土地，同样也是那些可怜人的生命之所系，是他们的身体和血液，是他们的阿尔萨斯，是他们的洛林。④

议会中大部分的保守右派基本都以同样的理由反对费里政府的殖民政策。他们指责那些热衷于海外殖民的人对复仇大业的背叛，因为他们的行为等于是让法国接受它在欧洲领土疆界的既成事实。早在 1884 年，法国部长会议主席（Président du Conseil）、君主派人士阿尔贝尔·德·布罗伊（Albert de Broglie）公爵就表达了他对殖民政策的不满：

> 在我看来，再也没有比这种名为殖民政策的体系更为虚幻和危险

① 拉乌尔·吉拉尔代：《法国的殖民思想（1871—1962）》，第 96 页。
② W. H. 道森：《1867—1914 年的德意志帝国》第 2 卷，纽约，1919，第 111—113 页，转引自邢来顺《论德国殖民帝国的建立》，《华中师范大学学报》（哲学社会科学版）1996 年第 3 期。
③ 拉乌尔·吉拉尔代：《法国的殖民思想（1871—1962）》，第 96 页。
④ 吉勒·芒斯龙（作序）：《1885：共和国的殖民转向》，第 118 页。

的东西了……我并不认为，这种雄心勃勃的征服的殖民政策，能够在
任何程度上对我们在欧洲所遭受的不幸做出弥补。①

对于保守右派的民族主义者来说，海外殖民地并不能补偿法国因为普
法战争丧失的领土，阿尔萨斯和洛林的地位不是任何殖民地能够取代的。
保罗·德鲁莱德（Paul Déroulède）② 因此不无愤恨地写道："我失去了两个
姐妹，你们却给我二十个仆人。"③

1885 年的这两次议会辩论，基本可以反映法国 19 世纪 80 年代围绕殖
民问题所产生的争论的概貌。不论是从辩论的过程还是结果来看，对于要
不要实行殖民政策，此时的法国政治精英们仍然是犹豫不决。殖民派与
反殖民派的划分，也并不是以传统的政治分野为标准，而是代表了两种不
同的民族主义的对外政策取向。面对法国的衰退，一些人不想让法国在当
时已经日趋激烈的海外竞争中掉队，而是想通过殖民征服让法国重获伟大；
而另外一些人却不愿将有限的财力和人力浪费在海外征服上，他们想要将
全部力量放在法国本土，加强国力，以实现对德复仇。但是随着世界局势
的变化，当那些殖民政策的反对者发现殖民扩张与对德复仇并不冲突时，
他们的态度开始发生变化。

三　殖民主义的上升与两种民族主义的合流

1885 年议会中的激烈辩论体现了当时法国政界对殖民政策犹豫不决，
到了 19 世纪 90 年代，这种形势却发生变化：法国政界中越来越多的人开始
支持殖民扩张政策，并形成了一个涵盖各个党派势力的"殖民政党"④。
1893 年，法国历史学家阿尔弗雷德·朗博（Alfred Rambaud）的《殖民的法

---

① 夏尔乐－罗贝尔·阿热龙：《法国的反殖民主义（1871—1914）》（Charles-Robert Ageron,
　　L'anticolonialisme en France de 1871 à 1914），法国大学出版社，1973，第 18 页。
② 保罗·德鲁莱德，19 世纪后半期法国右翼民族主义的代表人物之一。
③ 拉乌尔·吉拉尔代：《法国的殖民思想（1871—1962）》，第 102 页。
④ "殖民政党"并不是一个现代意义上的政党，而是集合了当时法国所有与殖民有利益关系、
　　支持殖民政策的各派势力的一个松散的团体。它既包括民间的殖民社团组织，也包括众议
　　院和参议院中形成的殖民团体，他们或是在社会中，或是在议会中，为殖民宣传、造势和
　　辩护。

国》（France Coloniale）一书出到第六版，在其序言中，作者满怀激情地赞颂了这个"殖民思想取得了胜利"的年代。① 这种变化与欧洲列强之间日益激烈的海外竞争有着密切关系，第二次工业革命的蓬勃发展推动了欧洲各国的技术进步，生产的扩大使欧洲列强对殖民地的争夺变得更加激烈。

殖民主义的胜利在激进派共和党人上台执政后得到了印证：这些早先殖民政策最为激烈的批判者如今也开始接过温和共和派的衣钵，并打算把殖民事业进一步发展壮大。决定对马达加斯加人民起义进行镇压的，难道不正是激进派领导下的政府吗？关于激进派对殖民政策的归顺，社会党领袖让·饶勒斯（Jean Jaurès）就曾充满讥讽地写道：

> 如今，是激进社会党人杜梅格（Gaston Doumergue）在担任殖民部长，他以一种强有力的方式聪明地执掌着法国所拥有的广阔的殖民地。而统治印度支那最久的，居然是两名激进派人士——德拉内桑（de Lanessan）和杜梅（Paul Doumer）。作为克列孟梭最聪敏的合作者，皮雄（Stephen Pichon）先生则担任着法国驻突尼斯总代表的职务。②

然而，即便是饶勒斯本人，也无法完全放弃殖民政策。在 1903 年的某次议会会议上，正是饶勒斯宣称"法国在摩洛哥有着第一位的利益"，并相信这种利益"赋予法国在摩洛哥的某种权利"。③ 饶勒斯提倡用一种"和平渗透"的方式来实现对摩洛哥的殖民，所以他并不是反对殖民，只是反对暴力殖民的方式。④

比起激进党人，保守右派的反殖民主义情绪则更为持久。例如，上文提到的德鲁莱德在 1892 的议会演讲中，就激烈地表达了他对殖民政策的反对：

---

① 拉乌尔·吉拉尔代：《法国的殖民思想（1871—1962）》，第 145—146 页。
② 拉乌尔·吉拉尔代：《法国的殖民思想（1871—1962）》，第 149 页。
③ 拉乌尔·吉拉尔代：《法国的殖民思想（1871—1962）》，第 163 页
④ 关于饶勒斯在摩洛哥问题上的态度的发展，参见雷米·法布尔《饶勒斯关于摩洛哥的宣传：在和平主义与殖民主义之间》（Rémi Fabre, "La campagne de Jaurès sur le Maroc：entre pacifism et colinialisme"），《地中海手册》（Cahiers de la Méditeranée）2015 年第 91 号，第 101—113 页。

是时候以一种有力的抵抗行动来遏制殖民热情了，这种殖民热情似乎已经征服了朱尔·费里先生之后的大部分共和党人。我承认朱尔·费里先生的打算曾是通过海外攫取的土地来弥补国家在欧洲大陆上的领土损失，毫无疑问的是，他如今已经知道法国并不想要以这样的方式被弥补。……安慰或是补偿的政策对于我们国家来说是可憎的，它只会是一种导致分散和毁灭的政策。①

然而，法国保守右派对殖民政策的反对态度，也在 20 世纪初的两场摩洛哥危机后发生巨大的改变。② 法国对摩洛哥的野心由来已久，早在第二帝国时期，拿破仑三世就幻想在北非建立一个"从阿尔及尔到巴格达的阿拉伯王国"。19 世纪末 20 世纪初，法国通过阿尔及利亚与摩洛哥的边境展开了对后者的渗透，并通过一系列成功的外交交易，逐渐将摩洛哥置于其保护之下。③ 然而法国在摩洛哥的扩张却让德国深感恼怒，因为这时德国为了给国内新兴的工业开辟原料产地和商品市场，也想在对非洲的殖民争夺中分得一杯羹，尤其是摩洛哥的地理位置十分重要，德国企图在这里建立海军基地以作为海外扩张的基点。

德、法对摩洛哥的野心引起了两者之间关系的紧张，并在 1905 年第一次摩洛哥危机爆发时达到顶点。在英国的支持下，法国在对摩洛哥的争夺中取得优势，而这一事件也再一次在法国国内激起民族主义的高潮，对德国人的仇恨成为此时法国人爱国主义的核心内容。德鲁莱德在第一次摩洛哥危机之后，在他人生最后的日子里，还在不断鼓吹和宣扬这种对德复仇的爱国主义。④

1905—1906 年，尽管保守右派在国内政策上仍然与共和派存在较大分歧（例如，1905 年推出的政教分离政策就遭到他们的激烈反对），但是在殖民扩张政策上，他们却越来越与共和派趋于一致。尤其是在两次摩洛哥危机中，他们对政府的政策表现出完全支持的态度。法国极端民族主义的代

① 夏尔乐－罗贝尔·阿热龙：《法国的反殖民主义（1871—1914）》，第 68—69 页。
② 在 1905 年和 1911 年，法、德因争夺摩洛哥而引发战争危机，法国凭借灵活而又不失原则的外交攻略，在竞争中占得先机，从而最终取得了对摩洛哥的保护权。
③ 参见于春苓《摩洛哥危机与英法德关系的演变》，《北方论丛》1989 年第 4 期。
④ 拉乌尔·吉拉尔代：《法国的民族主义（1871—1914）》，第 225 页。

表人物莫里斯·巴雷斯（Maurice Barrès）经常作为反对殖民政策的法国顽固右派的形象出现，他在 1911 年的备忘录中写道：

> 甘必大让反殖民主义和殖民地问题转移走我们的军队精英们对莱茵地区的注意力（我注意到，比起德国人，商人们更讨厌英国人）。他让我们最精锐的军官的想象力脱离了莱茵地区，而且将我们卷入与英国的冲突当中。[①]

但是仅仅几个月之后，在第二次摩洛哥危机发生时，他却对法国在摩洛哥的行动大肆赞扬："我喜欢摩洛哥，因为它就在法国的命运图景之中。"[②] 在摩洛哥危机中，巴雷斯看到了法国殖民帝国的力量对解决法德在莱茵地区的冲突的重要性："是的，我为摩洛哥的事情感到高兴，因为这是一个欧洲的事件，它能为我们在莱茵地区的行动服务。"[③]

巴雷斯的例子不难说明普法战争之后，对德国的仇恨是如何支配法国保守右派的对外政策的。在两次摩洛哥危机中，德国作为法国在海外殖民竞争中的敌人，使法国国内原先对立的两种民族主义实现和解与统一。对于那些坚守"欧洲大陆民族主义"而反对海外殖民的人而言，殖民似乎已经不再是对国民财富的无谓浪费，因为它为法国带来的广阔的殖民帝国成为法国本身力量的一部分：它不仅能够为法国提供人员补充，还通过殖民争夺的成功带给法国一种新的荣耀，从而为法国在莱茵河地区与德国的冲突增添了新的取胜砝码。

至此，法国的右派事实上基本在殖民政策上合流，殖民政策也最终成为政治精英们一项共同的事业。

四　结语

如上所述，第三共和国时期法国殖民政策的形成，在很大程度上受到

---

①　拉乌尔·吉拉尔代：《法国的殖民思想（1871—1962）》，第 150—151 页。
②　拉乌尔·吉拉尔代：《法国的殖民观念（1871—1962）》，第 151 页。
③　拉乌尔·吉拉尔代：《法国的殖民观念（1871—1962）》，第 152 页。

普法战争结果的影响。第三共和国政治精英内部殖民派与反殖民派的冲突，其实反映了普法战争之后法国所形成的两种不同导向的民族主义之间的分歧。1871 年的战败及其引发的政局动荡留给法国一个分裂的社会，而战败带来的耻辱和沮丧，也让一部分人开始重新思考法国未来命运之所在：既然法国的衰退已经如此明显地展露在世人面前，那么肩负着国家和民族命运的这一代法国人到底要怎样做才能阻止这种衰退？面对海外扩张成为新潮流的国际形势，一部分人认为法国只有积极参与海外竞争，才能抑制衰退，重获伟大和光荣；而另外一些人则从对德复仇的角度出发，反对一切浪费法国"黄金和鲜血"的无谓远征，他们主张将所有精力用于国内的重建和发展，以便为对德复仇做准备。事实上，这两种类型的民族主义并不存在根本分歧，它们都是从法国的民族利益出发，目的都是挽救法国于衰退之中。因此，当殖民的"潮流"变得越来越势不可当的时候，当宿敌德国也成为法国海外扩张中的敌手的时候，这两种民族主义最终合流，共同推动法国的海外扩张，也就成了意料之中的事。

普法战争对法国殖民政策的影响，再一次证明了这场战争在法国近代史甚至是整个欧洲近代史上的重要意义。普法战争的阴影，始终笼罩在法兰西第三共和国的上空，影响了它在第一次世界大战期间做出的种种决策。明白这一点，对于我们更深刻地理解 1870 年之后的法国历史将大有裨益。

与敌同眠：论二战后法国在德占领者对德历史仇恨的认知及其演变

徐之凯[*]

作为"欧洲发动机"的德法两国，其在第二次世界大战后的关系恢复与合作，历来是两国外交史、欧洲乃至国际当代史研究的重中之重。可以说，没有法德和解作为根基，欧洲煤钢联营建立、欧盟成立等一系列影响深远的历史事件便无从谈起。然而二战后，许多有关法德和解的研究从政治学、外交或者地缘政治理论角度出发，却忽视了这样一个历史事实：法德两国作为长久在欧陆对峙的邻国，两国人民间的相互认识与彼此形成的固有印象，本身便影响着两国关系。而二战后初期德国人在法国人民心目中留下的形象的演变以及因此产生的应对态度的变化，更是对战后法国的对德占领乃至后世的德法和解有着潜移默化的影响。针对国与国的研究，首先也正是对其涵盖的不同人群间关系的研究，体现在二战后的法德关系中，也就是战胜者与战败者之间、占领者与被占领者之间的关系。而法国在二战初期的战败，更使这种关系复杂化，呈现出战胜者与战败者、占领者与被占领者关系倒置的情况。因而较之于其他盟国，战后法国社会对德国人的认识更为深刻复杂，而法国人对德国人的总体认识与态度，又进一步影响了二战后法占区的占领与改革政策，影响到其后两国关系的恢复与发展。因此，追根溯源，战后法国人尤其是直接参与对德占领、最早与德

* 徐之凯，华东师范大学国际冷战史研究中心 2012 级博士研究生。

国人面对面相处的法国占领者的应对态度，本身便是一部直观的社会史，也是解释与澄清德法关系变化所必须探究的社会因素之一。

一 从 1870 年到二战末期："传统仇恨"与
"法国特色非亲善"政策的形成

自 1870 年普法战争以来，法国士兵中便流行起这样一个军事暗语"boche"，用来称呼以普鲁士士兵为首的德意志军人。"boche"是德意志人的军事暗号的缩写，① 含有辱骂敌视的意思，类似于汉语语境中的"鬼子"。在第一次世界大战中，这一称呼被法国老兵带入战壕，以至于西线战场上说法语的比利时士兵与法国士兵都习惯性地以此称呼入侵的德国士兵。"boche"的使用往往与复仇的语境相联系，比如一封法军士兵战地家书中就这样写道："卑鄙的德国鬼子。我不知道将来如何，但只要有机会，就没有什么可宽赦的了，我要为他复仇（该士兵的兄弟刚刚遇害）。"② 二战开始后，尤其是在法国战败被占领之后，法语语境中出现了许多与"boche"一词类似的咒骂德国人的新词，如"德国佬"（Chleuhs）、"甲虫"（Dory-phores）、"弗里多林佬"（Fridolins）、"卷毛仔"（Frisés）、"德国兵"（Fritz）、"德国来的"（Shleuh）、"条顿人"（Teutons）和"灰绿衫"（Vert-de-gris）等。③ 这类词正是法、德这两个邻国近代以来多次战争积累下来的国仇家恨的体现，而"boche"一词正是其中流传最广且极具代表性的一个，可以说是近代法国对德传统仇恨的代言词。这个词也被法国媒体普遍运用，以表示战后法国社会对德国人的普遍敌意与不信任。在当时法国占领军士兵以及民族主义的激进媒体中，呼吁不能相信"鬼子"，号召对"鬼子"进行复仇一直是经久不衰的口号。

---

① Collectif de Recherche International et de Débat sur la Guerre de 1914 – 1918, *Lexique des termes employés en 1914 – 1918* (*A – B*), p. 29, http://crid1418. org/espace_ pedagogique/lexique/lex-ique_ ab. htm#30.

② «Ignoble race de boches. Je ne sais ce que l'avenir me réserve. Mais si l'occasion s'en présente, il n'y a pas de pardon, je le [son frère Joseph qui vient d'être tué] vengerai.» Marcel Papillon, *«Si je re-viens comme je l'espère» Lettres du front et de l'arrière 1914 – 1918*, Paris: Grasset, 2004, p. 253, 27 novembre 1915.

③ François Cavanna, *Les Russkoffs* (Paris: Belfond, 1979), p. 488.

　　早在"自由法国"军队进入德国境内数月之前，当局曾召集许多德国问题专家，尤其是从事德国文化研究的学者，筹划一份关于在德占领军纪律的预备性指令。最终，与会专家达成一致，认为德意志民族过去受到英雄浪漫主义的感染与普鲁士帝国主义的毒害，现在又受到更为危险凶恶的纳粹主义的荼毒，需要通过法军的占领策略使其正视现实，认清自己作为侵略者的罪恶与作为战败者的地位。同时，法国的外交界也普遍认为，有必要为二战初期惨遭失败的法国寻求一个过错方来做出强有力的控诉，从而一扫外交上的颓势。于是，即将身处法军占领之下的德国民众成为法方彰显严厉态度的对象。在依据上述专家意见制定并由法国第一军军政府宣传中心（le centre de propagande du Gouvernement Militaire de la Première Armée française）1944 年 10 月发布的军纪训令里，这种严厉态度可见一斑：

　　　　绝密！法国军人在德手册
　　　　法兰西士兵，
　　　　你要当心：
　　　　那些假装跟你很亲密的德国人，
　　　　那些朝你笑的德国人，
　　　　他们可能正筹划着要置你于死地。
　　　　无论何种情况下，
　　　　他们都是站在对立面的。
　　　　时刻提醒自己，你是在敌国土地之上。
　　　　你已经赢得战争，现在必须赢得和平。你现在的一举一动决定着你孩子的命运。
　　　　各个年龄阶段不分性别的所有德国人都是敌人，无论如何处置都不为过：
　　　　那些苦苦乞怜的孩童、妇女、老人是纳粹的特务。
　　　　那些监狱里关押的反纳粹主义者是伪装卧底的纳粹党干部。
　　　　德国人筹划复仇时间已久。
　　　　当心你脚下要踩到的土地，
　　　　当心你喝的水，
　　　　当心朝你笑的女性，

凡是自称友善的外人，就是纳粹的特务。

这就是禁止与德国人发生任何接触并要采取种种安全措施的原因所在。

不要进他们的家门，

所有德国建筑都禁止入内，不要去，这关系到你的生命安全。

不要一个人外出，随时保持武装，

运输员，通讯员，你要当心：你因为任务的特殊性受到特别的威胁。

注意你的言辞，装备好武器。

一直随身携带你的所有证件。

保持良好的态度，整洁的衣着，严谨的纪律：

这能够威慑敌胆，

我们的友军正注视着你们，敌人的宣传也不会放过任何可以攻击我们的机会，法国的利益与此息息相关。

不要自己做出评判，你的上级自有决断：他们绝不会有丝毫怜悯，惩罚瞬息即至。

你的仇恨以及作为胜利者的优越地位出自你的态度，而不是暴力行为，抢劫强奸是军法重罪，足以判处极刑。……①

如果说此时法军的态度仍是出于一种占领初期的防范意识，尚不具有代表性的话，那么随着西线盟军在德国境内的进展和西方盟国在军事占领事务上的合作，法国方面针对德国人态度的特殊性逐渐开始凸显。早在1945 年 1 月 20 日，根据其所属美军第六集团军司令部的特别指令，法国第一军正式参加盟国远征军最高司令部（SHAEF）建立的在德军政府（le Gouvernement Militaire de l'Allemagne）。② 这意味着法军在所占领地区的治理

---

① *Instructions et notes relatives à l'occupation en Allemagne*，1re Armée française，octobre 1944 – juin 1945，Commandement des Grandes Unités et des Services，GR 10 P 224，Service historique de la Défense.

② *Directive pour le Gouvernement Militaire de l'Allemagne dans la zone de la 1ère Armée français*，le 19 mars 1945，GR 10 P 224，Commandement des Grandes Unités et des Services，Service historique de la Défense，p. 1.

政策将不可避免地通过盟军军政府体系这个平台受到盟国政策的影响。此时，英军占领委员会在1945年3月发布了旨在限制占领区军政机构与当地德国人过多接触的"反亲善"（Anti-fraternization）政策指南；5月14日，美军遵照酝酿已久的参谋长联席会议1067号指令（JCS1067），开始奉行"占领德国非为解放之目的，而是将之视作战败敌国，坚决禁止对德国官员和人民的友好行为"这一原则。① 随着"反亲善"政策在英美军队中的宣传，同处在盟国在德军政府名义下的法军高层觉得有必要就法方对德国人的态度再次做出明示，以体现与其他盟军的区别，避免官兵产生混淆。1945年4月6日，法国第一军最高指挥官德拉特·德塔西尼将军（le général de Lattre de Tassigny）签发了名为《军队投入德国占领的精神准备》（La préparation morale de l'armée à l'occupation de l'Allemagne）的指令。该指令就法国占领者对德国人应采取的行为态度准则做出了明确规定。首先，它指出，"由军队在德国重建法兰西的荣耀，此乃目的所在"，为此，"'法兰西'通过它的武装力量，亦即法国军队，让德国人带着战败的耻辱认识到我们力量的重新崛起"。② 故而"所有法国军人，无论职衔高低，均须自视为法兰西荣耀的代表与负责人"。③ 其次，这一指令明确界定了法方对德态度与英美军方此时执行的"反亲善"政策的区别在于法国对德怀有深刻的传统仇恨，规定了针对德国人既要采取严厉态度又要保持法国固有的独特立场的"法国特色非亲善"（non-fraternisation au caractère français）政策：

> 盎格鲁－撒克逊式的"反亲善"态度，需要按照法国特色来加以调整。

> 这种在面对德国人时保持"孤高"精神的消极态度有悖于法国人

---

① *Documents on Germany under Occupation 1945 - 1954*, selected and edited by Beate Ruhm von Oppen, issued under the auspices of the Royal Institute of International Affairs, Geoffrey Cumberlege (Oxford University Press, London New York Toronto, 1955), pp. 13 - 27.

② *Instruction sur "la préparation morale de l'armée à l'occupation de l'Allemagne"*, le 6 avril 1945, Commandement des Grandes Unités et des Services, GR 10 P 224, Service historique de la Défense, p. 1.

③ *Instruction sur "la préparation morale de l'armée à l'occupation de l'Allemagne"*, le 6 avril 1945, Commandement des Grandes Unités et des Services, GR 10 P 224, Service historique de la Défense, p. 2.

的天性，看起来很难让我们的士兵习得并长期执行下去。

在军中存在一股难以平息的深深仇恨之情，法兰西苦难的灵魂随着胜利踏上了德国的土地。

自然而然的仇恨指向我们自由与文化的残酷敌人，这是对妄图奴役全世界的民族再正当不过的仇恨。

这便是正义所在，也是历史的必然教训，德国必须一直忍受和理解。

战意一旦消解，法国战士便又回归他们亘古不变的三项精神特质：他们易于亲密相处的天性，他们乐于交谈争辩的习性，以及"女性不离身"的行为习惯。

如何抵制这三项特质，并激发起对不时发生的阴险挑衅行为的必要抵抗精神呢？

要进行积极的防御，实施以下原则：

1. "不信任运动"：

通过教育官兵来防范德国人的亲近行为，要小心谨慎地通告揭示其中的阴谋手段。

法国人必须确信一切德国人从根本上怀有敌意，包括女性。

2. "蔑视运动"：

这要通过两部分实现，一是称颂法兰西的荣耀，二是以表达对德国人的轻视为目的……

我们的部队不能跟美国人一样仅仅只是跟德国保持距离，而且要对所有德国人还以不共戴天且不可改变的憎恶感。[1]

至此，一种区别于美英模式的"法国特色非亲善"政策形成。相较于美英的主张，法军的政策其实是对德的传统仇恨与之前一系列禁止与德人

---

[1] Instruction sur "la préparation morale de l'armée à l'occupation de l'Allemagne", le 6 avril 1945, Commandement des Grandes Unités et des Services, GR 10 P 224, Service historique de la Défense, pp. 3 - 7.

接触的训令的杂糅。这种传统仇恨随着纳粹军队在二战中针对法国平民的暴行（以 1944 年 6 月 10 日纳粹党卫军在法国奥哈杜尔村进行的屠杀为代表[①]）被深深刻入法军官兵的记忆中，在第一军中形成了一种被称为"奥哈杜尔法则"（Loi d'Oradour）即"以牙还牙，以眼还眼"的逻辑：德国人应当为他们在法国的恶行付出代价，故而占领者的任何严厉惩罚都是他们罪有应得的。另外，值得注意的是，军队的"法兰西荣耀"被一再强调，可见法方的目的不仅是希望维持对德国人的警惕防范，表达对德国纳粹主义、军国主义的厌恶，更有通过大张旗鼓地实行严厉措施，在法国国际影响力日渐衰微的情况下彰显复国之后地位与力量的考虑。而在法军的严苛对待下，诸多有关法军报复行为的谣言在德国民众中间传播开来：

> 在法国人占领的地方，所有 8—14 岁的孩子都要被送到西伯利亚去，而法国人的孩子会被送来德国代替他们。
> 在法国的所有德国战俘都要被判处无限期的苦役。
> 所有生于 1910—1925 年的政治犯都要被强制绝育。
> 德国将禁止婚姻。
> 德国文化将被毁灭。
> 德国人将被要求禁酒禁烟。
> 德国市长都将被集中营里放出来的犹太人取代。[②]

这些谣言正是法国军方对德国"鬼子"的传统仇恨在德国人想象中的夸张反映。可以说，法军官兵与当地的德国居民同样受到第一军在战争末期这一系列指令和宣传的影响，对彼此产生了"妖魔化"的印象，而法军的报复心理和不与德国人接触的态度加深了这种印象，因此在谣言中被屡屡夸大。当然，作为受难者与战胜者，这种报复心理对于法国军人而言是

---

① 1944 年 6 月 10 日，纳粹武装党卫军在法国格拉纳河畔的奥哈杜尔村进行了惨无人道的大屠杀，642 名当地居民被杀，此事件成为纳粹军队在法国恶行的铁证。二战后德国方面曾倡议重建奥哈杜尔村，但遭到法国拒绝，奥哈杜尔村遗址至今仍作为战争苦难的见证警醒着法国人民。Marc Hillel, *L'occupation française en Allemagne*（1945－1949）（Balland, 1983），p. 126.

② Marc Hillel, *L'occupation française en Allemagne*（1945－1949），p. 123.

无可厚非的，诚如瑞士《真相报》（*Die Tat*）所做出的解释："法国人不是作为解放者，而是作为一个物质和精神上饱受他们现在所占领的国家四年压迫的苦难国度的人民而来。压抑如此之久的复仇感在反纳粹斗争中释放出来是无可避免的……对于受到德国直接伤害的俄国人、法国人来讲，这些感情会以一种比美英方面更为持久鲜明的方式表现出来。"① 但在 1945 年 5 月 8 日德国宣布无条件投降后，随着在德法国人员从胜利者到管理者的身份变化，德国人从危险的敌人、隐藏的破坏者变为需要加以管制和改造的对象，片面地强调对"鬼子"的"传统仇恨"，从军事安全的角度一味地要求保持距离、表示厌恶已然不合时宜，于是一种新的观念开始在法国占领者之中酝酿，以妥善处理战后占领时代与德国人的关系。

二　战后占领时代："全体责任"意识的形成

战后，留在德国境内的法国第一军官兵成为法占区占领军的主体，其最高指挥官德塔西尼将军也一并留任，成为德国境内法国军队最高长官，直至 7 月 31 日由新任法国在德最高司令部（le Commandement en chef français en Allemagne）长官马利·皮埃尔·柯尼希将军（le général Marie Pierre Koenig）接任。于是，第一军时代对德国人的态度通过这些人员延续下来，并受到德塔西尼将军个人色彩的极大影响。作为带领第一军打进德国并最终获取胜利的指挥官，德塔西尼将军有着相当的胜利者气派，他相信可以通过彰显占领者的权威和力量达到让德国人心悦诚服的目的："在德国投降后的前十一个礼拜，德拉特以帝国总督般的架势支配着法占区。在林道（Lindau），在康斯坦斯湖区（le lac de Constance），从幽深的海底到瑞士阿尔卑斯山山巅，他过着达官贵人般的生活，以'向德国人显示我们（法国人）也能够勾画大计，堪当重责大任，达成伟业'。德塔西尼认为，德国人从小就被教导要敬服那些在感性而非理性上伟大的东西。"② 故而在他的影响下，占领军官兵以排场大、仆人多为荣，大量宾馆、餐厅被第一军征

---

①　Marc Hillel, *L'occupation française en Allemagne* (1945 – 1949), p. 102.

②　F. Roy Willis, *France, Germany, and the New Europe 1945 – 1967* (Stanford: Stanford University Press, 1968), p. 33.

用，以满足占领者的奢侈欲。一时间，对于占领军官兵来讲，德国人从战时不可触碰的危险敌人，又一下变成不可或缺的佣人、侍者。

而 8 月 1 日接替第一军执行对德占领任务的法占区军政府（le Gouvernement Militaire de la Zone d'Occupation française）正式成立后，摆在新任最高指挥官柯尼希将军面前的迫切任务，便是重新整肃法国占领者对德国人的态度，再次强调对德国人的警惕和监管。这对于柯尼希以及法占区军政府新任的管理官员来讲并不轻松，因为占区行政免不了要与德国人打交道，而在之前阶段所强调的"法国特色非亲善"以及法军固有的对德传统仇恨之下，必须找到一条折中的道路，既能警醒法国占领人员德国的威胁，警告德国人认清历史责任，又能不影响与德国相关人员正常的交流合作，从而实现对占区的治理。

为此，柯尼希杜绝了德塔西尼通过"炫耀"使德国人仰慕信服的做法，作为一个占区的管理者而非单纯的战胜者，他清楚地认识到这种铺张浪费的做法只会消耗法占区本已匮乏的资源，并且会让处于战后困顿之中的德国民众产生愤懑不满的情绪。此外，他作为一名军人，也是法国的战争英雄[1]，与占领军官兵一样有着对德国"鬼子"的传统仇恨，并需要时时公开强调这种感情，以获得基层官兵的支持与共鸣。为此，他对德国人始终维持一种颇具现实主义色彩的冷漠态度，不再通过耀武扬威震慑德国人；在感情上保持距离的同时，他并不排斥与德国人的必要交流。这影响了整个法占区军政府的行政宣传机关，使法占区机关往往在有关与德国人接触的事务上表现出既参与又超然的态度。一名长期供职于法方机关的德国记者回忆："柯尼希并不受占区的德国人喜爱。他是个冷漠的人，在我看来不算很精明强干。我跟他在他主持的新闻发布会上见过许多次，在他向我们下达命令或做出澄清的场合尤其如此，就像一个封君面对他的封臣一般。他为人多疑且不易接触。他给人最深刻的印象就是他的冷漠……"[2] 但正是这

---

[1]　柯尼希早在第一次世界大战后的 1923 年便曾参与法国与比利时对德国鲁尔区的占领，直到 1929 年法军撤离方才告终，对德国的管制事务经验丰富。二战期间，他于 1942 年 6 月 11 日率领"自由法国"第一旅在比尔－哈凯姆（Bir Hakeim）通过艰苦卓绝的阻击战挫败了隆美尔指挥的德意北非军团的进攻，获得了"自由法国"军队的第一场重要胜利，对英军阿拉曼战役的胜利起到了关键作用，受到了国际舆论及戴高乐等法国爱国抵抗人士的高度评价。

[2]　Marc Hillel, *L'occupation française en Allemagne*（1945 – 1949），p. 163.

个看上去"冷漠"的人，最终取消了造成法德双方间不正常的人际关系的诸多禁令。1946 年 11 月 3 日，柯尼希签发了《缓和非亲善政策规定》（*Atténuations aux règles de non-fraternisation*）① 决议书，以便灵活处理法占区法德两国人员交流沟通问题。对于法国人来说，与德国人的个人交往得到准许，并可以自由出入德国人的公共场所，诸如咖啡店、餐厅、影院、剧院，军政府不再大张旗鼓地到处征用专门设施来满足占领者的需要。德国民众也可以与占领者自由交流，这对消除双方的误解、澄清谣言起到了很大作用。

　　同时，如上所述，作为集军队领袖和占区管理者两个重要身份于一身的人物，柯尼希既不能放弃与占领军官兵的感情，要对德国"鬼子"表现出基于传统仇恨的"同仇敌忾"，又不能像过去的法军军官一样彻底忽视德国人，断绝与德国人的联系，他必须为占区的行政联络负责。为此，他需要一套理论将这两个要点结合起来，从而既不影响占领军官兵的精神士气，也不会挫伤德国人参与占区建设合作的热情。这最终形成了德国人"全体责任"（la responsabilité collective）的观点，并通过柯尼希本人及其所属的法国在德最高指挥部的中心机关，渗透进整个军政府，成为军政府人员应对与德国人关系的圭臬。这一思想的雏形出现于 1946 年 9 月 7 日军政府新闻部部长让·阿赫诺德（Jean Arnaud）对德国记者所做的关于法占区饥荒状况的解释："整个世界都处在饥饿中，而这都是德国的错。我们不能追求细枝末节，说什么'只有纳粹是有罪的，其他人都是无辜的'，因为如果罪名只被安在纳粹和那些已知的罪犯头上，那么德国人民本身所应承担的责任也就存疑，以此为前提的赔偿和赎罪也是一样。"② 这一看法既驳斥了美英方面以纳粹身份为准的非纳粹化立场，也突破了法国军方向来的反普鲁士、反军国主义的军事宣传观点，将更多注意力放在作为整体的全部德国人的责任之上，而不是具体某个个人乃至团体的清白与否。他的这一观点之后为柯尼希所借鉴发展，1946 年 10 月 23 日，柯尼希在法占区发现的一

---

① "Atténuations aux règles de non-fraternisation, le 3 novembre 1946," Bonn 264 CP C/Ⅲ, 4C-La France et la ZFO (1945 – 1947), Archives rapatriées de l'ambassade Bonn, *AMAE*.

② "Expose de M. Jean ARNAUD Directeur de l'Information aux rédacteurs en chef des journaux alle-mands, le 7 septembre 1946," Bonn 264 CP C/Ⅲ, 4C-La France et la ZFO (1945 – 1947), Archives rapatriées de l'ambassade Bonn, *AMAE*.

座万人坑纪念仪式上郑重发言：

> 不！我柯尼希要在墓地纪念的这一天说出来，不，德国不能忘却曾主宰这些集中营的极致恐怖。对于我们来说，纳粹领导人并非这些灾难的唯一罪人，这一点是难以忘却的。其他的德国人，其他的许多德国人，曾经支配这些集中营或其他类似的地方。有些人曾经看守这些已经化为亡灵的人。另一些人利用他们，驱使他们。甚至有些人处决了他们。对于这一惨剧应负责的人，还有那些明明已经知道，那些已经预感到、猜测到却任由其发生并身死的人。①

在他看来，单纯地将过错推到单一的个人或团体身上都是不负责任的举动，只有让全体德国人进行全面的反省才能达到目的。同时，这也意味着不应过分拘泥于对具体罪责的追究，而应该致力于引导德国人在自我反省中赎罪。1947 年 4 月 6 日，法国对新德国贸易委员会（le Comité français d'échanges avec l'Allemagne nouvelle）的共同发起人伊曼纽尔·穆尼埃（Emmanuel Mounier）在去柏林考察途中对德国人的讲话充分体现了这一点：

> 一个六年来经受了失败、饥饿、比你们如今所承受的占领更为严苛的压迫的法国人，会惊讶于看到有如此之多的德国人冒失地把如今的不安归咎于盟国的恶意抑或占领者的滥用职权，而不是将其视为追随希特勒冒险理所当然的后果。今天对希特勒政权大加斥责的人们已经把昔日欢庆其胜利的狂热劲头抛诸脑后。然而我不能苟同将德国罪责问题无限拖延下去的做法。我认为每个德国人都已经通过自己的沉默在纳粹的暴力前投降过一次，要承认，自我控诉是一种需要勇气的行为。但这种姿态有助于涤荡环境，恢复正常的生活。②

可以说，柯尼希的"全体责任"理念的终极目的就是通过全体德国人的反省与赎罪，实现欧洲未来所必需的德法和解。但因对德传统仇恨产生

---

① Marc Hillel, *L'occupation française en Allemagne*（1945 – 1949），p. 250.

② *Tagesspiegel*, le 6 avril 1947.

的对德国人的不信任感在这位法国战争英雄的身上也同样存在，为了解决这一矛盾，柯尼希认为实现德法和解的德方载体并非深受德国罪孽深重的历史荼毒的当代德国人，而是尚未被完全污染、将来会主宰德国的青年。因此，柯尼希主张法国占领方应当对占区的德国青年予以重视，寄予希望：

> 法德之间以全面方式对抗的最近两场大战间隔如此之短，在诸多关键领域造成各种性质的深重破坏以及生命伤亡的飙升，以至于带来了这样一种鲜明的状况，即认为我们两国难以摆脱周期性的相互斗争，每隔二十年就要出现一次你死我活的局面。这一首要真相已然镌刻进法国大多数成人的精神思想之中……从陈腐的瘴疠中解放德国人，尤其是青年人，赋予沉沦于混乱之中的德国这样一个热爱秩序的国家以必要的适当组织，鼓励以美国和西欧民主国家所适用的原则来指导这一新的组织形式，尝试将我们的理念灌输给那些明天势必将在所在的国家发展壮大的青年，以坚持不懈的韧性为建设欧洲所必不可少的法德和解奠定基础，这是法国军政府首脑们的最终目标。①

在对青年加强重视的同时，成年人则在原则上被法占区当局放弃。法国舆论认为，鉴于纳粹政权在德国迅速崛起，希特勒广受支持的历史教训，可见当世这几代德国人不仅是战场上的凶恶敌人，而且是政治上极度危险的机会主义者、利己主义者。一名在德国定居考察过的学者埃蒂安·吉尔松（Etienne Gilson）将这类具有机会主义倾向的自私的德国人比作"变色龙"（les caméléons）：

> 关于德国人，他们若有十五天是信奉民主主义的人民，另十五天就可以轻易地变成纳粹。你只要看一眼就能确信。当下每个占区的德国人就已经明显地靠近各自的占领者……不要忘记，即使德国人表现出令人不安的模仿能力，那也只是变色龙在变换外皮而已。②

---

① Pierre Koenig, "Bilan de quatre années d'occupation," *France Illustration*, No. 205, le 17 septembre 1949, p. 1.

② Etienne Gilson, "Au pays des caméléons," *Le Monde*, le 23 janvier 1947.

因此，法占区军政府普遍对成人的再教育改造不抱兴趣，法占区教育改革总监凯撒·山德利（César Santelli）甚至在教改报告中公开宣称：

> 德国人过去背弃了使命，未来他们也会这么干。所以谈及被纳粹蛊惑的那几代人时，总体来看，12 岁以上的这几代已无可救药，要么是因为这病毒已难以连根拔除，要么是因为我们难以治好那些纳粹节节胜利耀武扬威的日子在他们的记忆里留下的狂热症。对于这些人，再教育的尝试无从谈起，首先无疑需要一代人的时间来紧密地进行监督，将我们的法律施加给他们。同时要时刻牢记，对于德国人来说，宽容总被认为是软弱，公平竞争（fair-play）往往被看作民主主义的蠢办法。[①]

至此，通过在各个方面的拾遗补阙，法占区占领者对待德国人态度的逻辑得以完善：对"鬼子"的传统仇恨被理性总结为德国人理应背负"全体责任"，要求整体的反省救赎而非对纳粹或战犯的片面追责；相对来说，对普通德国人的追究予以放宽，一味"反亲善"的措施被认为是妨碍正常行政之举而加以限制；成年人与青年人被区别对待，成年人被视为"不可救药"的"变色龙"，只能通过监管迫使其回归正轨，出于治理方便的考虑予以应对；而青少年被视为希望之所在，大力强调再教育，施加文化影响，使德意志民族洗心革面。这一策略被法占区军政府一直坚持贯彻到 1949 年 9 月。

自 1946 年起，法占区军政府致力于促进德法学生的文化交流。占区内的三所大学（弗赖堡大学、图宾根大学、美因茨大学）得以在战后第一时间重建复课，并在军政府支持下致力于国际学术交流与青年文化沟通。[②]1946 年夏，军政府在弗赖堡大学和图宾根大学创办暑期学校，邀请了德、

---

① César Santelli, "La Rééducation de l'Allemagne, est-elle possible?" *Le Fait du Jour*, No. 14, le 16 juillet 1946, pp. 17 – 18.

② 目前弗赖堡大学学术水平位列德国大学第五位，其生命科学研究位列德国三甲；图宾根大学入选德国 11 所"精英大学"；美因茨大学在德国高校中排第十。三所大学都保留和发扬了法方的开放交流办学理念，致力于国际交流和学术互动，其中美因茨大学为中国留德学生会总部所在地。详情参见弗赖堡大学主页，http://www.uni-freiburg.de/；图宾根大学主页，http://www.uni-tuebingen.de/；美因茨大学主页，http://www.uni-mainz.de/。

法等国共计 620 名学生参与。法国青年团体在军政府支持下举办了"来自法国青年的消息"巡回展,吸引了 12000 余名德国青年参观。到 1948 年时,法国大学在军政府敦促下开放接纳德国留学生,由此越来越多的德国学生能够走出国门,直接体验法国文化。① 军政府的努力在占领结束后结出了丰硕的果实,得益于占领时期打开的方便之门,大量德法青年通过学校交流、会议访学以及"自然之友"、"青年旅舍联盟"等国际青年组织联系在一起,对战后新时代两国社会的价值观、历史观逐渐形成共识。② 2003 年,时值法德签订象征两国政治和解的《爱丽舍条约》(Le Traité de l'Elysée)40 周年,青年组织"法德青年议会"(Le Parlement Franco-Allemand des Jeunes)向法国总统希拉克(Jacques René Chirac)和德国总理施罗德(Gerhard Schroeder)提议,由两国共同编写出版一部历史教材,以加深了解并体现法德在彻底和解基础上世代友好的愿望。2006 年 5 月 4 日,在两国青年推动下编纂的历史教科书法文版第一册问世,法国教育部部长吉勒·德罗宾(Gilles de Robien)评论称:"法德共同历史教科书正式出版,能让我们在清晰认识过去的基础上树立将来意识"。③ 诚如柯尼希将军的期望,经历重重坎坷与漫长岁月,两国青年终于携起手来,摒弃前嫌,自发达成对过去的相互理解,以及对未来的共同展望。

三 结语

纵观二战结束后法国占领者对德国人态度的变化,可以看到一条清晰的发展脉络,其中,对德国"鬼子"的传统仇恨是一条主线,串联起其中绝大多数的应对态度。"法国特色非亲善"政策既是对战争末期法军宣示国威、惩戒德国、保证安全的对德严厉策略的总结,也是对美英盟军"反亲善"政策做出的体现法国政策独立性的回应。在战争结束与法占区军政府

---

① 详见德国新闻媒体对德国学生国际交流的跟踪报道。*Rheinisher Merkur*, June 5, 1948; July 23, 1949.

② Bernard Lahy, Germany (Territory under allied occupation, 1945 –, French Zone), Commandement en chef français en Allemagne, Direction de l'éducation publique, *L'oeuvre culturelle française en Allemagne* (Baden-Baden, 1947), pp. 30 – 31, Archives du Ministère des Affaires Etrangères.

③ "2006: le nouveau manuel d'histoire franco-allemand," *Le Figaro*, 27 mai 2006.

成立之间的过渡期，占领军作为胜利者在德国进行"炫耀"式占领，希望以此让德国人敬服，同时也动摇了不与德国人接触这一"非亲善"立场的基础。军政府成立后，继续与德国人相互隔绝已不再可能。以柯尼希为代表的新管制人员通过"全体责任"这一理念，成功将德法传统仇恨与占区行政实际需要相结合，既顾及了法国人员的感情，又缓和了与占区德国民众的关系，既防范了德国人的反省与赎罪出现片面化推诿于纳粹的趋势，也改变了将对德仇恨问题一味搁置而不思解决的做法，提出了基于未来的彻底解决之道：在德国的成人与青少年之间做出划分，将希望寄托在未来的德国人身上，希望他们在正确的引导下彻底与德国的过去告别，为未来的法德合作培养合格的发起者与接班人。可以说，正是法占区军政府对德国人"全体责任"的理性认知以及对法德全面和解最终会实现的坚定信念，将长久流传下来的国仇家恨定格在占领时代并予以终结，阻断了两国对立在国民感情上的延续。德国人是危险的"鬼子"、"变色龙"的记忆永远停留在了过往，而寄望于青年身上的光芒会把未来照亮。

思想文化与德意志特殊道路问题

奴役与自由：路德的宗教改革
思想与纳粹主义关系辩驳

吴　愁[*]

一　参与塑造德意志民族文化基因的路德思想

中世纪晚期，教会与国家之间的关系是教会统领世俗社会，教权高于王权。按照教会的说法，凡被授予神职的人，如教皇、主教、神甫、修士等，都属于"属灵等级"；他们服务上帝，理所当然高于"世俗等级"，如国王、贵族、平信徒等。只有"属灵等级"的人才有权施行圣礼，有权决定谁可以得救称义，他们因此而处于"特权"的地位。"属灵等级"高于"世俗等级"。1517 年，以由马丁·路德在维腾堡张贴《九十五条论纲》为标志的宗教改革运动对这一关系产生了颠覆性影响。对此起着理论支撑作用的是路德的"两个王国"理论和"因信称义"思想。

（一）"两个王国"理论

路德的"两个王国"理论，早期以 1523 年出版的《论世俗权力及人应该服从的限度》为代表。[①] 两个王国即上帝王国和世俗王国：

---

[*]　吴愁，北京大学历史学系世界史专业 2015 级博士研究生。

① Siegfried Grundmann, "Kirche und Staat nach der Zwei-Reiche Luthers," in *Luther und die Obrigkeit*, *herausgegeben von Gunther Wolf* (Darmstadt: Wissenschaftliche Buchgesellschaft, 1972), S. 341 – 342.

属于上帝王国的人，都是真正信仰基督之人，在基督统治之下。基督是上帝王国的国王。所有的非基督徒属于世俗王国，并处在律法之下。①

1525 年，路德在《严斥农民的一封公开信》中说：

两个王国，一个是上帝王国，另一个是世俗王国。……上帝王国是恩典和仁慈的王国，而非愤怒和刑罚的王国。那里只有美好、爱心、良侍、善行、和平和友好等。但世俗王国则是愤怒和严厉的，那里只有刑罚、压制、审判定罪、除暴安良。因此，世俗王国需要刀剑……世俗王国是愤怒的上帝针对恶人的仆人，它是地狱和永死的先兆。因此，世俗王国不应仁慈，而要严厉地愤怒地履行它的职责，完成它的工作。②

从"两个王国"出发，路德提出了"两种治理"理论。1523 年，路德在《论世俗权力及人应该服从的限度》中认为，在对立的两个王国的基础上，

上帝设立了两种治理：一种是属灵治理，它借着圣灵在基督之下使人成为基督徒和虔敬的人；另一种是属世治理，它控制非基督徒和恶人，使他们无论是否愿意，也不得不保持外在的和平。③

1523 年，路德在布道中说：

基督徒只受上帝的话语的治理，根本不需要世俗的治理。但非基督徒必须接受另外的治理，即世俗的刀剑，因为他们不愿意相信上帝

---

① Martin Luther, *D. Martin Luthers Werke*（Kritische Gesamtausgabe, Weimar：Verlag Hermann Bohlaus, 1883 - 2009），Bd. 18, S. 249, 251.
② WA18, S. 389.
③ WA11, S. 251.

的话语。①

1527 年，路德在关于《创世记》的布道中说：

> 有两个王国，属世王国由剑治理，是外在可见的；属灵王国由恩典治理，宽恕罪人，是肉眼看不见的，只能通过信仰感受。②

1539 年，路德在关于《马太福音》的布道中说：

> 基督徒在属灵的国度之外，他是尘世的公民。因此他有两种公民身份：因着信仰他是基督的公民，而因着肉体他是皇帝的臣民。③

尘世基督徒无法摆脱尘世的社会关系。这"两种治理"有着不同的目的和范围：

> 因此，这两种治理应该彼此划分清楚，而且并存：一个为了产生虔诚，另一个为了维持外在的和平，防止恶行。二者都不足以单独存在于尘世。因为一个人若没有基督的属灵治理，只有属世治理，在上帝面前就不能称义。④

　　1952 年，德国路德宗主教会议宣布："正是在两个王国理论的基础上，世俗政府的职责、尘世的天职和身份被确认为神圣的托付，有责任服从上帝的诫命。"⑤ 而尘世所有的人——基督徒和非基督徒都归世俗权力管辖，"因为世俗权力是上帝确设立的，用以惩罚恶人，保护善人，所以它应在整个基督徒中自由无阻地行使，无人能得到优待，即使涉及教皇、主教、神

---

① WA12，S. 330.
② WA4，S. 6.
③ WA39D，S. 81.
④ WA11，S. 252.
⑤ Ernst Wolf，"Die Lutherische Lehre von den zwei Reichen in der Gegenwartigen Forschung," *in Reich Gottes und Welt，herausgegeben von Heinz Horst Scherey* （Darmstadt：Wissenschaftliche Buchgesellschaft，1969），S. 143.

父、修士、修女或任何人"。①

　　概括而言，路德认为，人既是罪人也是义人，尘世的基督徒无法摆脱罪人的身份，因此也必须接受属世治理；而属灵治理宣扬福音，也是为非基督徒准备的，两种治理都针对所有人。在此映照之下，人具有外在的天职与内在的天职，或称属世的天职与属灵的天职。路德认为，外在的天职与内在的天职可以在尘世基督徒的身份里统一起来。那么，外在的天职与内在的天职如何在基督徒的身份中统一起来？这就涉及路德的最核心的信仰观问题——因信称义。

（二）"因信称义"理论

　　路德的"因信称义说"直接来源于保罗。他认为，只有信靠耶稣基督，才能在上帝面前得称为义，称义不因人的善功，只来自上帝的恩典；信仰是信徒的内心经历，存在于上帝与人的关系中，人直接面对上帝，领受恩典，成为义人；义来自上帝，与教会神职人员无关，人因信耶稣基督称义，不必求助教皇、教会、神职人员以及他们掌握的圣礼仪式，称义是上帝之举，来自上帝的应许，上帝将其赋予人并承认人是义人，称义不以人的"善功"或其他原因为条件，这也就是对教会宣扬的善功神学的"善功称义"针锋相对的反驳。他强调，人类的获救是因上帝赐予的信仰而被上帝称为义人，强调上帝所赐给的内心信仰的力量，而非善功神学所强调的个人道德努力和教会的中介作用等外在因素。人只有借着信才得称义，从而得救，此外别无他途。万事靠信，并只靠信，人直接面对基督，将自己完完全全交托给基督，依赖人内心对上帝全心全意的信靠，就可得救。人只因信而称义得救，路德称之为"唯因信称义"。②

　　人"唯因信称义"，直接面对上帝，因此平信徒皆可为祭司，自己处理自己的宗教事务，不必仰赖神职人员为中介。这一原则是摧毁中世纪以教皇为首的教阶制度的有力武器。人只因信基督得救，基督的言行记载在《圣经》中；《圣经》是判定信仰的唯一依据，《圣经》永无谬误而不是教

---

①　WA6，S. 409.

②　Althaus Paul, *The Theology of Martin Luther*（Augsburg：Augsburg Fortress Publishing，1966），Chapter 18.

皇永无谬误。路德以《圣经》的权威取代了教皇和教会的权威，使最终的裁决不再是教皇和教会，而是《圣经》，是基督徒各自对《圣经》的理解。路德以"因信称义"的理论最终否定了中世纪教皇的权威、教会组织、圣礼制度、教会法规，使官方教会失去了立足的理论依据。

马丁·路德与保罗都强调"信"的先在性和首要地位，但他们对信的理解却有所不同，正是这不同，使路德"因信称义"中"信"的内涵更加彻底化、内在化。保罗的"因信称义"仅要求信徒相信耶稣基督事件本身是一个真实的历史事件，而马丁·路德则要求信徒在相信耶稣基督事件本身是一个真实的历史事件的同时，更要相信和理解"上帝是我的上帝，耶稣基督受难是为我受难，我直接与上帝、与耶稣基督有密切的关系，从而使人神关系成为神与我的关系"。这样便逐渐去除了人与上帝之间的外在中介，使个人与上帝直接融为一体，最终使上帝主体化，突出了个体的地位。那么，这种信之内在性何以可能？

艾克哈特的"心灵之光"为马丁·路德思想的核心"个人与上帝直接接触"提供了启示。在艾克哈特那里，上帝既不是人们能用感官感知得到的，也不是人们能用思维思考得到的，上帝只能用心灵默观得到，用心之信仰得到。"凡理性束手无策的地方意志就跃然而出，引来光亮，提供高贵的信仰……信仰之光也就是意志中的活力之源。"① 那么如何通过心灵默观到上帝，达到个人与上帝的直接融合呢？"如果灵魂进入到太一里面去，并且在那里真正做到抛弃掉自己，那么它就如同在虚无之中找到了上帝。"②也就是说，人只有抛弃自我，进入虚己的状态才能与虚无的上帝融为一体。这时人表面看来抛弃了自我，实则是放弃、摆脱了一切束缚，包括外在的和内在的全部。艾克哈特的"心灵之光"是一种非理性的直觉，这种直觉深藏在体验中，可以体会到"个人与上帝的直接关系、直接合一"是真切的，而这是路德所深刻认同的。"信将心灵与基督连合。因这一个奥秘的连合，基督与人的心灵成了一体。所以凡信的人就可以拿基督所有的自夸，仿佛就是他的；凡他心灵所有的，基督也认为是他的。"③ 人的主体完全与

①　艾克哈特：《论自我认识》，北京大学出版社，1986，第185页。
②　艾克哈特：《艾克哈特大师文集》，商务印书馆，2003，第369—370页。
③　路德文集中文版编辑委员会编《路德文集》第1册，上海三联书店，2005，第409页。

基督联合了，这时的人是新人，是属灵的人。《加拉太书》第二章第 20 节
说："现在活着的不再是我，乃是基督在我里面活着。"这灵里的自由全凭信
心二字。马丁·路德认为，人具有双重性，一个是属灵魂的，另一个是属
肉体的。属灵的就是里面之人、新人。基督徒是属灵的里面之人，外在之
事对基督徒灵魂的自由与被奴役没有任何影响。唯有因信而认识基督为众
人之仆，从心里拥有对基督、上帝、邻人的爱，才能得救赎。基督在十字架
上的救赎奇功，排除了神与人之间的阻隔，二者重又和好，故信徒凭着
"信"便可直接同神交流，而无须以教宗为首的教阶体制作为中介。

那么，人的理性在人与神的交流中起到了什么样的作用呢？在两个王
国中的世俗王国秩序构建中又起到了什么样的作用呢？

（三）路德的理性观念

路德学说的核心就是"信"。那么人类的理性扮演什么样的角色呢？据
路德所说，为了了解上帝的至上完美，需要"超自然的光"，这个"超自然
的光"要借助于上帝之言《圣经》的启发。① 理性是人类认识自然世界、社
会以及文化的"钥匙"，但是理性只有建立在信仰的基础上才能成功，② 只
有在信仰下的理性才是有意义的。路德声称："虔诚的功作不会带来虔诚的
人，相反，虔诚的人做出虔诚的功作；恶劣的功作不会造成恶劣的人，相
反，恶劣的人做出恶劣的功作。"③ 理性与善功关联紧密，然而理性与善功
却需要信仰来衡量。④

理性与信仰的关系是两方面的，一方面，人类在世界上的理性行为不
需要信仰，非信仰者可以比信仰者成为更好的政治家；另一方面，通过很
多的"善功"也不能够在上帝面前称义，社会性的善功只有社会意义，而
达不到真正的"真实"与"完美"。对于路德来说，基督徒与非基督徒需要
他们的理性来构建上帝赋予他们的社会结构与秩序，理性的使用只在于此。
理性的核心功能就是秩序的功能，理性与世俗世界的权力共同维持社会与

---

① WA 18, S. 219.

② WA 56, "Epistola ad Romanos," S. 371.

③ WA7, "Von der Freiheit eines Christenmenschen," 1520, S. 265 – 256.

④ WA6, "Von den guten Werken," S. 201 – 276; WA 6, 88 – 89, "resoultio deiputation de fide infusa et acquisita," 1520; WA 43, "Vorlesung über das 1 Mose," S. 207.

国家的运行。① 二者都体现在行政管理上。

　　路德的理性观念、理性对世俗世界的管理观念直接导致对世界的理性主义发展的追求。这是新教主义对科学历史的一个很重要的贡献。这种思想首先导致了对保守的世界的理性化的追求，尤其是对政治理性化的追求。② 虽然路德思想自身并没有进一步推动理性主义的发展，但是它奠定了以理性为基础的科学的神圣地位，人类的理性是驱动知识生产以及社会架构建设的主要动因。特洛尔奇（Ernst Troltsch）称之为"启蒙的路德主义"。③

二　路德思想的影响及其塑造的文化基因

（一）两条发展路径——康德与黑格尔

　　从马丁·路德的新教思想中，我们可以看到人的主观能动性的发挥，人的内在精神在信仰层面得到很大提升，但这种精神的自由也只是处于胚胎状态，因为主观原则虽然得到高扬，但这个原则却只是被应用于宗教信仰中，还没有进一步引申到实质性的内容中去。这种精神自由的发挥和自我反思在德国古典哲学家那里才真正开始。马丁·路德学说中对这种内在上帝完满性的追求，即内在"真理"性的追求，成为路德学说对德国形而上哲学影响最深的一个基因。他的宗教思想影响了之后德国的哲学家，如康德、黑格尔、费希特、谢林等。这种对内在真理的追求也成为与自然和外在社会对立的一种力量。④

　　在路德之后，新教神学发展出两个方向，一个是正统主义神学，另一个是虔敬主义神学。正统主义神学的核心思想是坚持《圣经》的原则和"因信称义"观念。正统主义神学强调称义，但却逐步遗失了路德关于称义学说中个体的感受和变化这一因素，越来越走向客观化，理性主义因素不

---

① WA 30 Ⅱ, "Predigt dass man Kinder zur Schule halten solle," 1530, S. 517.
② 有关路德思想对政治机构的影响，可以参看 W. ELert, *Morhologie des Luthertums*（Beck Verlagsbuchhandlung, München, 1931）, Bd. 2, S. 291 – 396。
③ Ernst Troeltsch, *Die Soziallehren der Christlichen Kirchen und Gruppen*（UTB für Wissenschaft, 1998）, S 553 – 71, S. 555. 这种思想也推动了"世俗文学"的发展。
④ Jürgen Eiben, *Von Luther zu Kant-Der deutsche Sonderweg in die Moderne*（DUV Springer Fachmedien Wiesbaden GmbH, Wiesbaden, 1989）, S. 18.

断加强。黑格尔哲学继承了正统主义的理性传统，实现了基于概念观点存在意义上的精神的全体自由。虔敬主义神学通过圣灵内在的和直接的作用，在体验中获得确认。其主要强调个人与神结合的神秘体验，由此来改变人的道德状况，强调成圣，但却逐步遗失了路德"因信称义"学说中神与耶稣基督的外在性这一因素，越来越走向主观化，道德主义因素不断加强。德国古典哲学中，康德哲学继承了虔敬主义的道德传统，提出了出于道德法则的实践自由。

康德是以人的道德状况为基础和前提的，必须有上帝的存在才能解决他理论上的问题，也就是说，康德虽然承认上帝的存在，但这是理论上的需要、理性的需要。这体现在如下理论中，"他认为，人不可能通过理性来认识上帝，但是在人的实践活动中，可以体验到有各种不同的道德责任，但这种道德责任并非一种个体性的或者完全经验性的存在，而是由人的实践理性所形成的具有普遍性的律令，这就是'道德律令'，也就是我们平常所说的'绝对命令'。而绝对命令所包含的最高的道德要求就在于'应该而且能够'，也就是意志和道德要求完全相符，即至善，而这种至善的状态只有在上帝存在的条件下才有可能。因此，道德的普遍性和绝对命令的法则需要上帝存在，也就是说，上帝的存在是人的道德本性的要求"。康德认为，人不仅是一个思维主体，而且是一个行动主体。作为行动主体，自我具有内在的意志自由，即意志能够自己决定自己，而不受任何外在于它的自然所给予的材料的限制，也不受任何主观的本能、欲望和冲动的限制，这样，行动的主体就超越了自然的限制从而活动于自由的空间。因此，精神自由在康德这里发展为道德范畴下的理性自由——实践理性的自由。康德哲学将思维仅仅理解为人类理性的功能，思维的规定仅仅是人类理性的规定。[①]

黑格尔批判康德的主观主义形式抛弃了主观性的人类思维的出发点，直接从客观性的精神本身出发，在概念的客观运动中实现了理性自由。在黑格尔这里，思维是精神的规定，是内在于精神之中的，亦即理性落实到了精神之中，因此，精神自身就是能动的，它自己规定自己，自己发展自

---

① 张以明：《生命与实践——黑格尔辩证法的存在基础》，社会科学文献出版社，2010，第65页。

己，自己给予自己以客观性的内容。精神在自己内部自己分化自己，并扬弃这种分化，回归于统一，从而自己给予自己以实质性的内容，最终将绝对精神实现出来。黑格尔将精神视为圣灵，他认为："精神只能被精神所认识。精神从自在的异化状态，经过一系列矛盾运动，展开为自己的对立面，并最终克服这种对立，继而在更高层次上向自身复归，实现了对自身的认识，这就是所谓的精神自由。"①

"自由意味着：在某一特定内容中自己对自己发生关系，——精神的生命，就在于在显得是他物的东西里面回归于自身中。"② 在这里，黑格尔通过精神的自我展现、概念的自我运动，使人类理智从知性的层面上升到理性的层面，这种上升的现实动力不是逻辑的推演，而是神圣的发狂，但是这种概念运动不是完全的非理性冲动，而是理性驾驭下的冲动，内在地包含着理性，在冲动所引发的行动中理性的内容完整地展示出来。在黑格尔这里，逻各斯与奴斯在柏拉图之后又一次完美地结合，但是与柏拉图神秘主义的哲学归宿不同，黑格尔是在概念运动中实现了理性的自由徜徉。

由此，我们大致可以总结出这样一条发展路径：路德的宗教改革是通过以基督为中介将上帝落实在人类的信仰中，实现了精神自由。主观的宗教原则在后来的德国古典哲学中以真正的方式再现，理性落实到人的精神中，实现了人的理性自由。精神自由在康德那里发展为道德范畴下的理性自由——实践理性的自由。黑格尔则通过精神的自我运动最终实现了存在意义上的理性自由。

（二）共同塑造的文化基因

那么，概括来说，路德、康德以及黑格尔这些伟大深刻的宗教哲学思想家为德国的历史文化传统构建了怎样的文化基因、价值模型呢？可以说，最核心的就是"理性主义"（rationalismus）和"行为主义"（aktivismus），此外，便是"平等主义"（universalismus）和"个人主义"（individualismus）。四者之中又以理性主义和行为主义这二者为主导的社会价值模式。这种价值模式又分别延展为意义与行为的两极，意义世界也可以分成两个

---

① 黑格尔：《哲学史讲演录》第 3 卷，贺麟、王太庆译，商务印书馆，1959，第 384 页。
② 黑格尔：《哲学史讲演录》第 3 卷，第 384 页。

王国：思想的王国和实践的王国。[①]

1. 理性主义：抽象的意义架构

在路德的信仰与理性关系中，我们可以了解到，路德最核心的思想就是"信仰"。路德把一个人们不能够完全把握的抽象概念置于中心，这个抽象概念尽管他也仍然需要认识，但是他以此设定了生活的意义追求。这个抽象概念就是"上帝的至上完美性"（Vollkommenheit Gottes），这种至上完美是人类在世俗生活经验中仅凭理性无法达到的。

上帝的至上完美在世俗世界中也可以让人们感知，那就是借助上帝之言《圣经》，对上帝之言的理解与诠释需要理性。对《圣经》的诠释使人类思想获得"连续性"，这就是始终保持向这个"抽象概念"前进的方向。对上帝之言的具体阐释产生了这些思想，即"爱"的思想，"爱"是连接基督与人类的纽带，"人人皆为牧师"是内在追求的思想，以及对上帝及其所造一切秩序"顺从"的思想。其中，感知上帝的"完满存在"由个体内在世界来探寻，以冥想或者孤独的沉思方式；而外在世界则遵照"上帝之言"构建等级秩序以及行政管理秩序，以此来体现上帝的意志。[②]

如果我们从路德出发，到康德，再延伸到 19 世纪的黑格尔，就会看到理性主义的这条脉络尤其突出，[③] 其核心就是这种抽象的意义架构。路德的最核心观念"上帝的至上完美性"，引申到康德的"理性的创造力之完美"（Vollkommene Entwurfskraft der Venunft）。一方面，路德把《圣经》看作上帝给世人的启示，告诉人们什么是有意义的行为；另一方面，信仰上帝者要对上帝无条件地接受。康德在他的《纯粹理性批判》中，设定了一个通过人们来实现的世界理性秩序重建的基本原理。[④]

马丁·路德与康德都认同思想具有个人性，孤独是一种生活方式，内在性就处于思想的中心。这种后果是导向理论的抽象性的巨大成就，如对密教和学校教育的青睐。因此，知识本身也一定程度上被个人化了，只有真正的痴迷者才可以入门。这就是康德的"理性应用的开放性"和路德

---

① Jürgen Eiben, *Von Luther zu Kant-Der deutsche Sonderweg in die Moderne*, S. 214.

② Jürgen Eiben, *Von Luther zu Kant-Der deutsche Sonderweg in die Moderne*, S. 111 – 112.

③ R. Münch, *Die Kultur der Morderne*, Bd. 2（Ihre Entwicklung in Frankreich und Deutschland, Suhrkamp, Frankfurt 1986）, S. 771 – 772.

④ R. Münch, *Die Kultur der Morderne*, S. 772.

"人人皆为牧师"思想的矛盾的对立面。抽象的意义构建对"理性主义者"和"信仰者"都是开放的，然而在实践操作上却是封闭的。①

理性主义积极的影响在于，它强化了个人的自我认同性，并将之实践于社会机构之中，而这会慢慢改变世界。路德的中心思想是"人人皆为牧师"，给予爱及顺从。康德则尤其重视人的理性思想。可以说，理性主义是路德的内在性学说的一个世俗化变体。理性主义一样与自由和孤独的思想紧密相关，建立在思想工作的基础上，同样强调抽象的意义架构。它的必要的补充是要保证社会秩序，二者也是必然会产生政治权力团体的。权威通过政治范围与行政机构相关联。这样，行政与实务的权威就与理性的权威合并。

2. 行为主义：内在性与国家行为主义

德国社会的第一个文化基因是理性主义，第二个是行为主义。

在"行为主义"这一方面，路德思想的影响主要是在"抽象的信仰学说"上。路德认为，两个王国之间的对照是一个完美的上帝王国与一个永远罪恶的世俗王国，这两个王国也对应于精神世界与世俗世界。世俗世界本身是罪恶的、无意义的。人们在世俗世界中，只有通过信仰才可以得救，即因信称义。路德认为人人皆为牧师，然而"上帝之言"映照于每个人不同的内在世界之上，这就造成了非常复杂的基础。因为个体的内在独自探索与领悟会造成不同的结果，这些又可能会造成与外在世界的不一致。对此，路德倾向的解决方案就是对外在世界"漠不关心"。② 此外，在遵照"上帝之言"的前提下，会造成因循守旧的趋向，因为人们认为这些旧的秩序更符合上帝之言。

既然人们一方面有内在的独立性和自由性，另一方面也需要遵守和服从世俗社会的秩序与权威，那么当人们承担外在世界的角色，行为不符合"上帝之言"，又当如何？这种情况下，个体转向遵从上帝，会产生对外在世界的一种内在抗拒，而路德针对这点的建议倾向于容忍或者逃避，相反，积极反抗或随心所欲地造反，是路德所不提倡的（例如路德对农民战争的批判态度）。外在世界的多种多样的罪行导致个体远离外在世界，个体只能

---

① Jürgen Eiben, *Von Luther zu Kant-Der deutsche Sonderweg in die Moderne*, S. 215.

② Jürgen Eiben, *Von Luther zu Kant-Der deutsche Sonderweg in die Moderne*, S. 112.

在远离外在世界的内在世界中找到意义所在。①

那么，个体对于自身在社会中的责任应当如何？首先，路德认为，这种对社会秩序架构的管理责任，由权威承担。这种权威不仅是贵族，还有国家或者法律，甚至是整体的由各种阶层所构成的一个等级功能共同体。每个人因其社会角色都处于权威体系之内，角色的责任有具体明确性和适当性，因此，个人应该扮演好这个角色。这样的行为主义共同构成 Röhrich 笔下的"国家行为主义"。② 这也形成一种"纪律精神"，即每个个体都遵守他所扮演的社会角色的纪律。然而，一定情况下，这也会转变为一种对立情绪，弗里茨·林格（F. K. Ringer）在 19 世纪末描述的"反对现代主义的异端运动"就符合这样一种模式。③

在路德思想影响下形成的这种"行为主义"的核心，并不包含潜在的对这个世界的"自我责任性"（Selbstverantwortlichkeit）。④ 这就是影响和塑造德国社会的宗教上的内在性与国家行为主义的对立架构。⑤ 换言之，行为主义个体只是对其自身行为负有责任。一方面，其有内在的自由性；另一方面，遵守外在的既有规范。个体作为一个整体秩序中的一员，因其所扮演的角色，成为某个环节的代表。这样就会在某些极端情况下造成个人责任道德与社会伦理和道德之间的分离，会产生冷漠、让步妥协、反叛和异化。

除了国家行为主义及内在性之外，这种形式的行为主义还尤其注重"纪律"，这种纪律性与现代性相对。这种社会结构具有一定的保守性，不易接受改变，工业化与自然科学就是一个例子，而且这种文化的基因在东正教和非正统运动的相互作用下共同反对现代化。⑥ 而站在国家的角度来说，国家的权力一定是要合法化的，每个国家的权力只能通过个体的掌权者来实现。所以，掌权是第一要素、第一目标。因此，这也是政治系统的

①　Jürgen Eiben, *Von Luther zu Kant-Der deutsche Sonderweg in die Moderne*, S. 113.

②　可进一步参考 B. W. Röhrich, *Die verspätete Demokratie. Zur politischen Kultur der Bundesrepublik Deutschland*（Diederichs Eugen, Gebundene Ausgabe, 1988），S. 20 – 53.

③　F. K. Ringer, *The Decline of the German Mandarins*, 1ˢᵗ edition（Wesleyan, 1990），pp. 128 – 143.

④　Jürgen Eiben, *Von Luther zu Kant-Der deutsche Sonderweg in die Moderne*, S. 113.

⑤　R. Münch, *Die Kultur der Morderne*, Bd. 2, S. 720.

⑥　R. Münch, *Die Kultur der Morderne*, Bd. 2, S. 719.

内在逻辑。德国的权力系统，除了包含法律系统之外，还达到了最高的理性逻辑。这种政治上的法律支持不仅突破了正常的权利要求，还使君主对现有的法律秩序具有任意覆盖的潜在能力。①

理性主义和行为主义对德国社会文化传统起到了不同的构建作用。理性主义促进了法制结构的构建，并在社会实践层面保证了这种社会架构秩序的持续性，从而保证了思想的自由展开所需要的必要条件，也就是国家制定的法制规范和国家的权威性，由此也约束了"行为主义"。这种世界的构建同时也体现了机构设置的理念，即理性主义和行为主义理念，政治机构和其他所有机构的设置都遵循这一理念。根据这一理念，理性、有意义的世界只有通过政治机构的设置才可实现，反之，就会完全退守到内在世界中。换言之，只有在合适的政治世界秩序之下，每个个体才可能发挥其精神世界中理性的潜力。②

这种"角色规范"的社会思想以及追求抽象意义的思想，以一种特殊的方式导向了现代社会的基础价值观念，即"平等主义"和"个人主义"。

（1）平等主义：文化与形式的平等

"平等主义"在路德那里，是面对上帝时世间众生的平等。这种平等包含了他们受洗礼之后的实践，然而这种平等并不体现在实际的生活中。③ 在现实的生活中，仍然有等级的设置和社会的等级化，然而这些却并不会与平等这一原则相冲突，因为所有的人类在面对上帝时都是平等的，无所谓他在世俗世界中处于什么样的等级。这种等级的区分只有在非基督徒中才会被看作不公平的、强制性的。

政治上也会有平等性，那就是为实践社会角色的个体设置的同样的评价体系：权威（贵族）、权威的管理以及法院。这就是在法律面前人人平等的理念。

等级的区分也与经济不平衡性有着不可忽略的密切关系。然而，当这种经济不平衡使信仰团体所属的成员的生存受到威胁的时候，上层精英也无法坐视不理。也就是说，社会的当权者有义务照顾在他之下的人员。这

---

① Jürgen Eiben, *Von Luther zu Kant-Der deutsche Sonderweg in die Moderne*, S. 213 – 215.

② Jürgen Eiben, *Von Luther zu Kant-Der deutsche Sonderweg in die Moderne*, S. 214.

③ Jürgen Eiben, *Von Luther zu Kant-Der deutsche Sonderweg in die Moderne*, S. 114.

种社会关注的平等某种程度上也是经济上的平等。总体上来说，这种平等思想是"上帝面前人人平等"这一神学观念与寻求社会、政治稳定交互作用产生的结果。

平等主义也可以看作对"两个王国"理论的一种映射，因为文化上的平等与形式上的政治平等，也受到这二者固化的价值模式的影响。对于路德来说，文化上的平等来自上帝面前人人平等。对康德来说，人人皆是理性生物，也是平等的。这两者都塑造了在内在性上的理论上的平等意识。①政治平等实践是行为主义作为外在世界秩序保证的延伸，因此有了法律面前人人平等。这体现了德国的高度法制化。平等主义中最重要的工具就是社会的政治形式。然而，法律权力也必须覆盖已经存在的世界，并且为保护平等服务。这样就需要明确诸多的不平等。作为社会共同体的平等性表现为等级之间的差异。这种不平等性也可以追溯至经济上的不平等，因此，这种不平等，只要其存在生存威胁，那么就需要福利原则来平衡。这里更多的是一种"结果的平等"，而不是"机会的平等"。②

（2）个人主义：内在自由性与法制秩序

"个人主义"或者"自由"的现代价值观念的构建和"平等"一样，都受到抽象的"基础理念"（sinnstiftung）与国家行为主义的影响。个人的自由发展可以在内在达到自我的高度。这是内在的自由，也是路德所说的不必关注外在的"基督徒的自由"。后来又发展出个人对传统的自由、法律保护个人的自由以及理解诠释"上帝之言"的自由。经济上的自由渐渐削弱了个人的自由，被置于国家层面之下，但是贵族与其官僚都维护对自由的保障。因此，自由被置于"精神自由"之下很长时间，并且与"自由受法律保护"有着非常紧密的关系。③

个体的自由可以在其内在获得最大的空间，每个个体可以在其内在获得最大的自由空间。对于路德来说，信仰者可以因信称义，在内在通过与上帝的感通获得最大的自由，与此相对的是外在的世俗的秩序。这种内在的自由发展到康德，成为其最高的道德律令，具有自由与完满性。这种抽

① Jürgen Eiben, *Von Luther zu Kant-Der deutsche Sonderweg in die Moderne*, S. 217.
② Jürgen Eiben, *Von Luther zu Kant-Der deutsche Sonderweg in die Moderne*, S. 217.
③ Jürgen Eiben, *Von Luther zu Kant-Der deutsche Sonderweg in die Moderne*, S. 219.

象的自由（在上帝面前或者在律令面前），在实践层面就转化为受法律保护的自由。政治权力与秩序保证给市民他们的市民自由。

经济上的个人主义几乎没有机会，这在 19 世纪的市民教育思潮中表现得尤为明显。德国的自由主义更倾向为一种教育自由主义。德国经济上的发展更多的是走向一种国家计划影响下的经济形式。经济的目的在于生存，而非改善生活环境。

自由作为一种统一的自由，倾向于一种紧密的共同体，只是这里需要深度的信任才可能实现。信任是主要的标志，联盟是社会团体的一种主要趋向。德国社会的文化基因对内在的自由性的最好概念总结可能是"英雄个人主义"，[①]这是在履行职责之下的供自由发展的空间。

综上，我们可以总结路德思想对德意志民族的四个基本文化基因的塑造。

一是理性主义，包括对"上帝之言"的理解与诠释过程中的需要理性，并且遵照"上帝之言"构建外在世界的秩序，设置等级秩序以及行政管理秩序也需要理性。这样，行政与实务的权威就与理性的权威合并，体现了上帝的意志。

二是行为主义，包括：个人行为主义，即承担自我责任，寻求内在意义；顺从外在秩序，尊重权威，以及对等级社会的认同和职业保守性；国家行为主义，即遵守纪律（顺从），国家发展保守主义，进行官僚体制建设以及法制化、宪法建设，国家控制经济（手工业）发展。

三是平等主义，包括上帝面前人人平等，法律面前人人平等，思想上平等，对等级关系的冷漠。抽象的基础理念是思想的重要性、对真理的追求、延续性、抽象性。

四是个人主义，包括内在自由性、通过内在性对自己负责、适应外在的纪律、进行自我角色行为规范、通过法律保证个人自由。[②]

以上总结了马丁·路德对德国哲学家思想的影响以及他们共同塑造的文化历史传统的核心要素，那么这些要素与纳粹主义的关系又是怎样的呢？

---

① R. Münch, *Die Kultur der Morderne*, Bd. 2, Ihre Entwicklung in Frankreich und Deutschland, Suhrkamp, Frankfurt 1986, S. 816.

② Jürgen Eiben, *Von Luther zu Kant-Der deutsche Sonderweg in die Moderne*, , S. 220.

三　"纳粹主义"对路德思想的反向追溯与批判

在对德意志发展"特殊道路"的研究中，学者们认为造成纳粹主义灾难的因素有很多，其解释也不尽相同。例如，历史学家伊尔加·施特鲁巴尔所代表的"迟到的民族"观点："与英法相比，由于德意志在民族统一国家形成上的'迟到'，直到19世纪，这个社会和国家在统治秩序上的种种可能性仍然是未定终局的。从法国政治与启蒙、议会制民主和英国经济上的自由主义的例子中，德意志人观察到了现代社会的那些反常性功能——阶级斗争、贫困化、声名狼藉的议会斗争等，因而带来了对这种社会发展的目的性和理性的怀疑，并希望能在未来对德国的塑造上不是仿效它们，而是超越它们，这就是19世纪德意志对启蒙的批评和'反西方化主义'合理的基本动机。这种反西方观念强调德意志特别发展的独立性，与此同时，还要求实现一种历史上是新的、不重复政治和经济上自由主义错误的社会形式。所有这些，直到20世纪初都一直是德意志知识精英们对历史具有说服力的自我理解的标志。"[①]　正是为了实现这种社会理想，德意志的历史走上了一条不同于西方其他国家的"特殊道路"。对于这个问题，学者们的回答不尽相同。例如，赫尔穆特·普雷斯勒、卡尔·迈尔、爱德华·海曼、弗朗茨·诺伊曼、特奥多尔·盖格尔等人的研究一致认为，这个历史阶段从中世纪一直延伸到当代，而且有两个历史现象是要特别对"德意志特殊道路"负责的，一是德意志第一帝国时代特别的统治结构，二是马丁·路德宗教改革的影响。

流亡社会史专家赫尔穆特·普雷斯勒早在逃出德国之后的1935年就出版了他的著作《德意志精神在它市民时代开端中的命运》，这本著作后更名为《迟到的民族》，并于1959年和1974年在德国再版。在这本名著中，赫尔穆特·普雷斯勒做出如下表述："在德意志第一帝国时代，由于中央权力的缺乏，皇帝处于依赖选侯们的软弱地位，帝国诸侯和城市的独立自治，促进了邦国的地方分裂化。在这个松散的帝国联盟中，这些邦国只是通过

---

① Ilja Srubar (Hrsg.)，*Exil*，*Wissenschaft*，*Identität*：*Die Emigration deutscher Sozialwissenschaftler 1933 - 1945* (Suhrkamp, 1988)，S. 290.

皇帝个人才彼此联系在一起的。这种地方利益上的区别化，由于宗教改革，被添加了一道附带性的新教与天主教邦国之间深深的鸿沟……"①

　　然而，路德对这条"德意志特殊道路"的参与还不止于此，以普雷斯勒为代表的学者们认为，路德关于"外在被奴役而内心自由"的学说成为德语世界进一步发展的一个重要因素。在这个世界里，人们被要求服从，而这个世界又肯定是既无公正也无博爱，更无基督的爱，是与那个信仰的内心世界相对立的，因为这个内心世界是由对基督的爱、博爱和信仰自由统治的。这种矛盾要归因于这一点：人们将世俗的权威作为必要的祸害来接受，在它面前，人们毫无抵抗地躲进内心世界之中。赫尔穆特·普雷斯勒对此还做了进一步研究："在路德的强制教会中，能看到那种在科学和文化的世俗精神领域寻求宗教意义的理想化倾向，而与此同时，又避开那种被视为外在的和非精神的政治干扰。这种对内心世界的虔诚正是德意志市民阶级不问政治的文化原因，而且他们对通过使用暴力方式来反对一个旧政权是毫无兴趣的。"②

　　从以上德国学者在进行历史反思时所做的深刻思考和检讨中，我们可以看出他们对马丁·路德宗教改革思想的严厉批判。那么，这种严厉的批判和指责是否完全恰当呢？

四　路德思想与纳粹主义之间的关系

　　前文提到"外在被奴役而内心自由"这种极端情况：路德的原意是因信称义，信仰虔诚，祈求上帝恩典，寻求内在与上帝至上完美的合一，从而实现内在的自由；而外在的"世俗世界"本身也应借着上帝的意志建立一套合理的理性的秩序，从而达到内在与外在的和谐与完美；然而，是否要舍此废彼呢？恐怕路德的答案也是否定的。在路德那里，上帝是最大的，是最高的至上存在，一切都应符合上帝的意志，如果外在世俗世界非秩序化，或者秩序非理性化，那么也就是不符合上帝的意志的。承担这种责任

---

① Helmuth Plessner, *Die Verspätete Nation*: *Über die politische Verführbarkeit bürgerlichen Geistes* (Frankfurt a. M., Suhrkamp, 1974), S. 140 - 141.

② Helmuth Plessner, *Die Verspätete Nation*: *Über die politische Verführbarkeit bürgerlichen Geistes* S. 141 - 142.

的，是权威。何为权威？不仅是贵族，还有国家或者法律，甚至是整体的由各种阶层所构成的一个等级功能共同体。那么，何人构成这种社会功能共同体？每个国民。由此，我们看到个体与外在的关联，个体立于这外在功能共同体之中，间接承担着这一共同体所应担当的责任的分化隐形部分，而这部分分化隐形的责任也是个体之于个体的"自我责任性"的一部分。这应是在一个正常的平衡状态下的表现。然而，本文的这种"外在奴役、内在自由"的极端情况，是在特殊的历史环境下产生的，彼时德国的国家民族主义占据上风，导致天秤失衡，即当19世纪自由和民主兴起并取得进步、近代民族国家纷纷建立之时，德国却还在为它的统一而奋斗，在这种情况下，对大多数德国人来说，建立统一国家比政治民主更重要。这种对建立国家的孜孜以求以及对它的不断放大，导致了国家至上主义的泛滥，最终导致悲剧的诞生。反过来，路德思想的发展千头万绪，不断分衍，如果将在某种特定历史环境下产生的某些畸形发展全都归罪于路德，则是有失公允的。

时至今日，纳粹主义已成为历史，在经过半个多世纪的深度反思之后，今天，学界对"德意志特殊道路"的研究已经接近尾声，我们也可以站在一个更加隔离的角度来看这个问题。换言之，如果说二战与纳粹极权主义是根植于德意志历史文化传统之中的话，那么，二战之后德国迅速建立民主政权，且发展和谐稳定，从而走上"非特殊的正规道路"，是不是也是基于德意志的历史文化传统的呢？否则，一个民族的历史文化传统怎能仅仅通过外来强制性的改造得以改变？如果路德思想参与塑造的德意志文化基因可以被引申到纳粹主义之中的话，那么是不是也可以被引申到反纳粹主义的自由、民主、人文主义之中呢？答案是肯定的。从本文第二部分的论述中，我们可以看到路德思想对德国文化基因——理性主义、行为主义、平等主义、个人主义的塑造和影响，而这四个要素都具备鲜明的现代社会的特点，如理性的政治秩序、理性的法制建设和宪政建设、对社会秩序的尊重、个人内在信仰的虔诚、对自由的追求、法律面前人人平等、法律保证人人自由等观念，都具有很强的现代性；换言之，这些因素本身是中性的，甚至一定程度上是具有正面倾向的。所以回过头来我们可以说，路德思想之于德国的历史文化，整体上是中正、偏向正面的。德国的"特殊道路"、纳粹主义的产生，其本质上是历史的分岔发展，是一种极端情况。其正面的趋势，即自由、民主、平等的发展趋势在今天的德国已经有足够的例证；负面的趋势，即保守主义在特定的历史环境下表现为追求民族主义、军国主义的面貌。从构建民主化进程的角度来看，可以说德意志民族发展一直存在两种趋势：一种是积极倡导人道主义和民主主义的自由的德意志，另一种则是狂热追逐军国主义和民族主义的保守的德意志。双方力量的消长构成德国特定时期的特定历史面貌，而纳粹主义的产生就是这种特定时期的畸形发展。历史的分岔发展，其原因深刻多样，不可尽归罪于马丁·路德的新教思想。换言之，路德的新教思想并不必然导致纳粹主义的产生，二者之间不是必然的因果关系。

黑格尔《精神现象学》中的
"绝对真理观"

冯子龙[*]

  绝对真理是把握黑格尔哲学的一把钥匙，与他的整个哲学体系紧密地结合在一起。在黑格尔看来，"真理只有作为体系才是现实的"，他的整个哲学体系就是绝对真理，真理并不是一个尚未展开自身的僵死的共相，而应该是绝对通过中介展开自身从而实现自在自为的活动。近代西方哲学在认识论上的困境正是对绝对真理的未曾深入理解造成的。事实上，假如承认绝对真理存在，则真理就不应该是一个和人类玩捉迷藏的小丑，而应该是无所不在、无所不包的守护在我们身边的"大全"，我们本身也是真理的一部分。正是由于不承认这种真理的存在，真理才与人类产生隔阂，此时认识论的重要性就会凸显，并在近代西方哲学中形成虚假繁荣。由于在这种认识论中知性思维占主导地位，因此透过这种认识论认识的世界势必是分裂的，人类无法认识真理，真理是一个不可企及的自在之物。但在黑格尔看来，绝对真理的存在可以弥合这个分裂的世界，在这样一个世界中，实然与应然、方法与内容、真与美、理想与现实等一切对立的概念都是统一的。因此，绝对真理的意义并不在于解近代认识论困境之围，而是关系到对整个近代西方哲学的批判以及人类的自身命运，它势必导向对生命意义的思考和对人类使命的关心。

---

  * 冯子龙，北京大学哲学系外国哲学专业 2016 级博士研究生。

一　绝对与真理

形而上学不同于其他学科，在亚里士多德看来，形而上学研究"实是之所以为实是"，以及"实是由于本性所应有的禀赋"，这与任何其他的专门学术不同，专门学术只是研究实是的某一段，①而形而上学则是研究"实是"本身的一门学问。"实是"的整体性决定了其无法通过属加种差的方法定义，而是通过实体与其他范畴来描述。最终，这体现为一与多之间的关系，形而上学因此将体现为关于同一性的学问。形而上学的研究对象决定了它的困难性，因为不同于其他学科，形而上学研究的对象具有整体性，这完全不同于人类的日常思维方式。人类的日常思维是与具体的、片面的事物联系在一起的，从这个意义上说，黑格尔的"绝对"概念无疑是对亚里士多德这一传统的继承和复兴。尽管他对实体加其他范畴这种方法十分反对，但两个人都意识到这种研究对象的整体性对人类思维构成怎样的一种挑战，即人类在试图"头朝下来走路"时会多么容易误入歧途。《精神现象学》即是这样一部书，它展现了意识发展的各个形态，如果不经过这样一个艰苦的提升过程进而上升至一定境界，那么便不可能认识绝对。并不是任何一种意识的形态都可以认识绝对，便如同何晏对王弼的评价："若斯人者，可与言天人之际乎。"绝对就好像何晏口中的"天人之际"，若无"斯人"，绝对也无法展现自身、发展自身，它只对合适的意识形态展现自身。这样一个过程不可替代。《精神现象学》也不能被视为一部理论著作，它就是绝对对自身反思的表现，是哲学在绝对中把握绝对的过程，因此是活着的哲学。

形而上学研究对象的整体性决定了其研究的起点亦是其终点，对于研究同一性的学问来说，这是不言而喻的。"真理就是它自己的完成过程，就是这样一个圆圈，预悬它的终点为目的并以它的终点为起点，而且只当它实现了并达到了它的终点它才是现实的。"②这是因为形而上学研究的是整体，既然"真理就是全体"，而"唯有这种正在重建其自身的同一性或在他

①　亚里士多德：《形而上学》，吴寿彭译，商务印书馆，1995，第56页。
②　黑格尔：《精神现象学》，贺麟、王玖兴译，商务印书馆，2013，第13页。

物中的自身反映，才是绝对的真理"，那么起点和终点又怎么会在真理之外？所以，问题并不像笛卡尔所想的那样，需要通过普遍怀疑寻找一个不可怀疑的坚实的起点，也并不像康德所想的那样，预设一个永远不可达到的物自体作为终点。在黑格尔看来，起点和终点事实上都已经被绝对真理包含在自身之内，问题在于全体是如何实现的，自在的东西是如何成为自在自为的。真理是绝对反思自身的过程及其结果，自在的东西与自为的东西是同一的但又是不同的，因为后者是具体的同一、有差别的同一，而不是一个僵死的共相。在谢林看来，直观体会到这样的"以太"便已经达到哲学的目的，但黑格尔反对这种黑夜中看牛的做法，这样把差别消融于抽象的同一中的做法无疑是"知识空虚的一种幼稚表现"。[1] 绝对并不是单调性和抽象普遍性，因为抽象普遍性仅仅是自在，而非自为，而真正的实体必须是包含差别的整体。

因此，从绝对真理的角度来说，黑格尔的"实体在本质上即主体"的观点事实上也是他关于真理的观点。这种观点贯穿于他对真理的理解，主体代表着活动的原则，实体只有实现自身才可以成为主体，这是逻各斯精神的复活。有差别的同一的基础就在于主体，同一性最终要落实在主体上。绝对既是主体，也是实体，因此实体是活的实体，它有着建立自身的运动，这样的运动是它反思自身、认识自身的运动。这种认识过程也表现为异化以及对异化的克服，这个过程同样表现为对"原始的或直接的统一性"的拒绝。它的终点亦是其自身，当它返回到自身时，它才是现实性的。这样的过程是一个丰富自身的过程，现实性意味着有差别的同一。真理必须是具体的，是不同规定之统一，这意味着真理是普遍性与特殊性之统一。绝对真理因此是一个有机的整体，在这样一个整体中，真理在揭示自身，在这个自在展开自身的过程中，正如黑格尔所言，哲学"只考察本质的规定，它的要素和内容不是抽象的或非现实的东西，而是现实的东西，自己建立自己的东西，在自身中生活着的东西，在其概念中实际存在着的东西"。[2] 真理的展开过程是一个否定的过程，真理自身已包含否定，但这种否定表

---

① 黑格尔：《精神现象学》，第11页。
② 黑格尔：《精神现象学》，第34页。

现为扬弃。真理的实现要求精神逐渐提升自身,绝对的展开是不可避免地向前推进的,"灵魂在这个道路上穿过它自己的本性给它预订下来的一连串的过站,即经历它自己的一系列的形态,从而纯化了自己,变成为精神",①而其目标则是"它找到了它自己的地方和概念符合于对象,对象符合于概念的那个地方"。②在这里,黑格尔对概念和对象的理解不同于以往,黑格尔把概念理解为为他的,把对象理解为自在的,所以不是概念符合对象,而是对象符合概念,概念和对象都存在于绝对真理这个无所不包的大全的自身之内。思维即本质,只有对象与其概念相符合,它才是现实的,思维与存在是同一的,而同一的基础就是绝对,亦即绝对真理自身。绝对即实体,当它展开自身时又表现为主体和自我意识,它认识它自己。世界就是绝对,这个世界是运动的、反思自身的、思有同一的。

黑格尔对中介的论述也是与其关于"绝对"的学说联系在一起的。引用黑格尔的话来说,"如果中介或反映不被理解为绝对的积极环节而被排除于绝对真理之外,那就是对理性的一种误解"。在这个观点中,我们可以很明确地看到对中介的理解必须与黑格尔对绝对真理和理性的理解结合在一起。中介之所以为人所厌恶,很大程度上是由于知性所理解的世界是分裂的,中介因此仿佛是隔绝主客体的一道墙。但如果把真理理解为全体,真理就是绝对对自身的展开,那么我们对中介就会拥有一种与众不同的看法。因为中介是主体的异化,因此它是真理的组成部分,中介在绝对的实现环节中并非一个消极的因素,反而是其必须经历的一个积极的环节,"中介不是别的,只是运动着的自身同一"。它被黑格尔表述为自身的反映、自为存在的自我的环节、纯粹的否定性、单纯的形成过程等,是"正在行程中的直接性又是直接的东西自身"。③它是异化,但这种异化的归宿将是绝对自身,异化的形态——中介也是绝对真理的一部分。但此时真理未能完成其自身,还不是现实的。在黑格尔看来,真理是体系,是一个有机的整体,而不是一个僵死的共相,绝对真理在最初的体现也许仅仅是它的直接性或

---

① 黑格尔:《精神现象学》,第61页。
② 黑格尔:《精神现象学》,第63页。
③ 黑格尔:《精神现象学》,第14页。

概念、原则，但直接性或概念、原则并不等同于绝对真理本身。归根结底，我们仍要回归到黑格尔对于真理之为体系的观点，但这个体系是发展的、不断异化自身并回归自身的。在理性看来，中介不是一个令人厌恶的隔阂，而是真理实现自身的积极组成部分，这不同于知性思维方式的理解。在知性的静态思维中，中介无疑会被视为人类认识停步于前的界限，中介就仿佛芝诺的飞矢中的点一样，是不可逾越的界限。但真理的实现是连同其自身实现过程的，在这样的认识运动过程中，绝对不应该被表述为一个"空虚的开端"，而要实现、充实自身，中介在这里就是必不可少的。真理的实现同时也是精神发展的结果，真理只对合适的精神形态才是有意义的。

二　近代西方哲学的知性思维之体现

黑格尔对绝对真理的主张必然导致他对近代西方哲学的认识论的批评。近代西方哲学的一大特征即"认识论的转向"，对认识论问题的重视是主客体二元分立的知性思维方式的产物，也是近代西方哲学高扬主体性的结果，这与自然科学思维方式的兴盛有着密切的关系，在"认识论的转向"的背景下，符合论成为哲学家们看待真理的主流观点。

笛卡尔无疑是近代西方哲学最具代表性的人物之一。从笛卡尔的哲学出发，我们可以发现近代西方哲学的一些重要特点，即主客体二元分立的预设和对主体的依赖。这也是自然科学思维对哲学思维产生的影响。在自然科学里，人与世界的关系是认知关系，并且从事自然科学的前提也是主客体的分立，这种思维方式对于科学来说是天经地义的，但对于哲学来说却是不成立的。这是因为两者的研究对象是不同的，自然科学研究的是物理世界，但物理世界只是丰富多彩的生活世界的一个维度，认知经验也不能代替人类的整体生活经验。在认知关系中，人类与世界的关系是假定为主客体分立的，但这种假设就像几何学中的辅助线一样，是为了研究方便人为设定的。

近代西方哲学从产生之初就具备数学和自然科学思维的基因。以笛卡尔的哲学体系为例，他希望为知识找到一个坚实的基础。为了找到这个坚实的基础，笛卡尔十分重视方法，这种对方法的重视是近代西方认识论必然导致的结果，他们希望通过正确的方法剔除错误。但这样做却忽略了一点，即这种脱离内容的方法其实出自哲学家的建构。

在《谈谈方法》一书中，笛卡尔提出的规条是具有普遍性的，对数学方法的重视使他产生了把这种方法推广到一切学科的想法。如他所说，"我没有把这种方法固定到某种对象上，很希望运用它顺利地解决其他各门学问的难题，跟过去解决代数上的难题一样"。① 而且，由于他把哲学看作其他学问的基础，于是这种方法首先被在哲学上加以适用，由此，对方法的重视反而导致了方法的滥用。在《第一哲学沉思集》中，通过普遍怀疑，如同刑事诉讼法上的有罪推定，经过不断排除从而找到一个不可被怀疑的起点，以此作为整个理论大厦的根基。这是笛卡尔方法的第一步。他经过普遍怀疑后提出精神比物体更容易被认识，我能够确定的仅仅是"我是一个在思维的东西"，这便是普遍怀疑的成果，"我思故我在"也成为笛卡尔整个理论体系的基石。

然而，这个体系从一开始就是以范畴的区别对立作为分析条件的。在《致神圣的巴黎神学院院长和圣师们》一文和《第一哲学沉思集》的前言中，笛卡尔反复强调自己要解决的是有关上帝和灵魂的永恒问题，即上帝存在与人的灵魂和肉体之间的实在区别。《第一哲学沉思集》的哲学体系也是在这两个主题的基础上发展起来的，对立的范畴在理论体系的内部建立起来，世界从一开始就是分裂的。

这就导致认识论问题开始出现。在笛卡尔看来，真理和错误显然是两个对立的范畴，真理应该是符合论的，即主观认识符合外部的客观事物。这种二元对立的知性思维方式导致认识论问题无解，主体无法超越自身。在这种思维方式下，最诚实的结果或者就是如同康德一样滑向不可知论，认为人类是无法认识物自体的。为了弥合物自体和现象界之间的鸿沟，就必须追求同一性，但在知性思维方式下，认识论问题好像数学问题一样，解题条件中势必包含主客体的二元对立，要论证的结果则是二者的符合。在这种论证过程中，同一性即便最终能够被证明也是外在给予的，不能被视为真理的有机组成部分，证明过程完全为外在的目的所推动。在黑格尔看来，这种真理是有缺陷的，在批评数学真理的缺陷时，他就指出"数学

---

① 笛卡尔：《谈谈方法》，王太庆译，商务印书馆，2001，第18页。

证明的运动并不属于证明的对象，而是外在于对象的一种行动"，①而数学却"以这种有缺陷的知识的自明性而自豪"，这种数学方法显然不应该是哲学所艳羡的。

而哲学的真理要处理的情况完全不同，如亚里士多德对形而上学的定义所展示的，形而上学的研究对象具有整体性。这就导致哲学的真理中的同一性绝不是外在给予的，也不可能被外在给予。因此，哲学的真理就是这样一个整体——绝对反思自身、返回自身的过程，这是实体即主体的思想必然导致的真理观。存在与思维在这里是同一的，主体与客体的同一性并不应该是从外部获得证明的，世界本来就是统一的，而不应该是有待证明的结论。知性思维方式造成两个世界之间的鸿沟，近代西方哲学家没有意识到现象界即物自体，两者是不可分开的。这样一种辩证的同一是在绝对展开自身的运动中达成的，无限性代表着只有一个世界，这个世界就是绝对的自身展开，因此差别是"内在的差别或自己本身的差别"。

三　黑格尔对符合论真理观的批判

对符合论真理观的批评是《精神现象学》中非常重要的一个部分。在《精神现象学》的导论部分，黑格尔对近代西方哲学认识论的前提进行了质疑。近代西方哲学强调认识论，认为对认识论的研究是人类认识真理的前提，在符合论真理观的前提下，认识被视为工具和媒介物。工具起着消极的作用，因为工具使事物在形象上发生变化，所以媒介物同样起着消极的作用，它能够呈现的也仅仅是绝对在媒介物里的样子而非其本真面目。哲学家们在这里对认识毫无理由地采取了有罪推定的看法，认为认识在人们认识真理的过程中只起到消极、歪曲的作用，这显然是对认识的不公正。"在研究关于绝对真理的具体知识以前，有必要先对认识自身加以了解"这样一种观点是近代哲学认识论之所以繁荣的主要原因，这样一种观点貌似是合理的，但本身却是矛盾的。一方面，假如我们把认识看作工具，把"通过工具而获得的关于绝对的观念里属于工具的那一部分从结果里抽出去，从而获得关于绝对的纯粹真理"，这种做法实际上"不多不少重新恢复

---

① 黑格尔：《精神现象学》，第 30 页。

了它没经过这一度多余的麻烦以前的样子";另一方面,假如我们把认识看作媒介物,近代西方哲学家的想法则是认识"媒介物对光线的折射规律,然后把光线的折射从结果里抽除出去",但在黑格尔看来,"认识就是光线自身",这种做法的最终结果是只能得到"一个纯粹的方向或空虚的地点"。① 两种做法都是多此一举,黑格尔通过上述论证消解了认识论的重要性。

黑格尔的立足点乃这样一个观点:"因为只有绝对是真的,或只有真理是绝对的。"②即使对认识的作用持消极看法的人,在他们的论证中也含有一个隐含前提,即存在绝对真理,并且认识绝对真理是一个漫长而艰苦的过程。既然真理是绝对的,那么真理就应该是无条件的,它必将被认识,绝对展开自身的活动就是真理。绝对是无限的,正是因为它是无限的,所以人类自身也是绝对的一部分。我们与貌似对立于我们的世界实际上是一体的,绝对乃是自身差别的。黑格尔的绝对真理观包含无限性这一概念,无限性肯定了世界的同一性和内在差别。黑格尔批评认识与绝对不相关联的看法,这种看法不仅认为"我们自身与这种认识之间有一种差别",而且假定"绝对站在一边而认识站在另外一边"。这样的观点同样是自相矛盾的,因为它导致这样的结论:"认识虽然是在绝对以外,当然也在真理以外,却还具有真理性。"也就是说,"害怕错误,实即是害怕真理"。③

既然只有绝对是真的,真理即是绝对,那么符合论真理观就是走不通的。在黑格尔的理论体系中,绝对真理观导致融贯论的真理观。黑格尔主张融贯论的真理观,这里的融贯论体现为绝对在展开自身的过程中是融贯的,融贯论的真理观要求活动的原则,真理是绝对的自我展开。这个过程是一个否定的过程,而主体就代表着否定,所以实体即主体的观点与融贯论的真理观也是一致的。绝对对自身的认识和人对绝对的认识实际上是一个认识过程,绝对挪用了人对绝对的认识作为对自身的认识。当然,在这里隐含的前提是人与世界的统一而非对立。意识对自身的经验是包含"整个的精神真理的王国"的。意识并不是在考察自身以外的东西,它在与自

① 黑格尔:《精神现象学》,第58页。
② 黑格尔:《精神现象学》,第59页。
③ 黑格尔:《精神现象学》,第58页。

身进行比较，而尺度也在意识自身之内。尺度随着意识的变化而变化，既不存在一个不变的绝对尺度，也不存在一个不变的自在。因此，意识的结构从本质上说就是自我意识。黑格尔的绝对真理观只有被表述为一种融贯论的真理观，才能与他的自我意识学说相一致。

尽管在导论中，黑格尔极力抨击近代认识论，但绝对真理的重要性在黑格尔这里绝不是局限于认识论的。近代西方哲学认识论的繁荣和符合论真理观代表着典型的知性思维方式，它的影响与现代性问题直接相关。

四　绝对真理的哲学意义

近代西方哲学的缺陷在笛卡尔那里就已经初见端倪，由于对自然科学思维方式的推崇和知性在现实世界展示的伟大力量，这种缺陷在当时还没有引起太多的反思。但结合哲学史来看，继启蒙运动后兴起的浪漫主义运动就已经是对近代西方哲学缺陷的一种抗议。人们不得不开始认真反思近代西方哲学的缺陷及其后果——现代性。现代性的"祛魅"自韦伯以来一直都是人们就喜欢谈论的话题之一。通过"祛魅"，现代性的世界变成一个普遍化的世界，但同时现代性的人的形象却变成不可沟通的孤独个体，在实证科学大行其道的同时，价值规范逐渐变成无根之水。各种各样的二元对立变成现代性世界的常态，黑格尔的绝对真理观即建立在对这一现象的思考之上。从这个角度来说，对于如何把对二元对立的超越变成对现代性的超越，黑格尔的思想资源仍是值得重视的。

黑格尔重新树立了绝对真理的地位，这是对虚无主义的抗拒。在近代西方哲学里，绝对真理是缺席的，"害怕错误，实即是害怕真理"。通过黑格尔的分析，我们可以发现近代西方哲学认识论中存在的矛盾，在这里已经可以预见价值多元化和虚无主义的蔓延。合理的外在权威在启蒙运动中也被打倒，以至于卢梭在《爱弥儿》中谈教育问题时不得不把爱弥儿设定为一个孤儿，因为现代人的形象正是一个孤儿的形象。在启蒙中，最重要的角色是主体自身，主体的世界即是主体的自我独白，启蒙排斥他人造成他人的缺失。启蒙运动是知性的胜利，启蒙运动的世界本来就是分裂的，应然与实然等对立的概念之间存在一条不可跨越的鸿沟。有些启蒙思想家如卢梭已经开始对现代性展开批判，这同时也是对近代西方哲学的批判，他批评科学与艺术，追求德性和生活意义。在他的理论体系中，目的论是一个重要的部分，即"在既定的秩序中保存这个整体"。[①]通过目的论，他也在用自己的方式排斥虚无主义。在黑格尔的理论中，目的论也是不断被提到的，因为绝对真理观就是一种目的论。绝对真理观排斥虚无主义，它不承认多元化的真理，认为真理只有一个。绝对即真理，绝对是整体性的，真理是一个运动的圆圈。理性是有目的，这个目的表示生命的意义和最终目标。在其指引下生命不再只是为了满足基本的生存欲望，而应该是超越自身的，从而有了超出生存以外的价值。但这个目标并不在不可企及的彼岸世界，而就在我们所处的世界本身之内，与我们的存在不可分割。这个绝对的目标也是绝对价值，应然和实然并不是分割在两个世界，而是存在于我们这个真实完满的世界。而要体会这个目标需要艰苦的努力，不能通过理智直观等神秘的途径来达到，也不能如怀疑主义一样对这样的目标持消极态度。

如前所述，近代西方哲学从产生之初就具备数学和自然科学思维的基因，认识论成为主要问题，人与世界的关系被视为认知关系，对认知经验的分析成为哲学的主要内容。这种分析的起点从笛卡尔开始就被设定为自我我思。但这种分析是在一个抽象的知性世界中进行的，通过反思获得自我意识，自我被设定为个体的、原子式的，生活世界被抽象为单调乏味的知性世界，真实的、整体的意义世界萎缩。但真实的生活经验是一个丰富的、有机的整体，无法被认知经验代替。黑格尔在阐述自我意识时不同于笛卡尔等其他近代西方哲学家，他是把自我意识放在一个拥有他者的始源世界中来谈的。这样的分析关注的是生活和事物本身，这不是知性的抽象的世界，它不排斥非理性因素和他人，事实上，他人反倒被视为获得自我意识所不可缺少的。如在对主仆辩证法的阐述中，黑格尔就认为一个自我意识需要有另外的自我意识与它对立，这是从更加原始的生存经验出发得出的结论。从笛卡尔开始，近代西方形而上学就表现为主体性形而上学，构建哲学体系的出发点几乎必须从对自我的分析开始。如果从主客体二元分立的认识论角度出发，自我意识的获得似乎就可以简单地被认为是主体自身同语反复的结果，它排斥其所属的世界。但这种主客体二分的假设已

---

① 卢梭:《爱弥儿》，李平沤译，商务印书馆，1996，第394页。

经是人为构造的，在认识论的探讨中哲学家无法真正解释自我意识的产生。真正的自我意识只有从存在论的角度，从人们的原始欲望、与其他自我意识的斗争等意识的发展形态中才可以得到。黑格尔把世界与人看作一体的，自我意识有着历史的、社会的产生背景。从这个角度出发来描述自我意识的产生，自我意识的产生就与主体所属的世界密不可分。而在笛卡尔那里，自我已经是一个处于世界之外的主体，它把世界作为它要研究的对象，世界变成一个有待被处置、开拓的外在对象。在这里，可以很明显地看到自然科学的知性思维方式。笛卡尔的自我概念是一个被知性构造的观念，而不是在意识的发展历程中被发现的。而在黑格尔对自我意识的阐述中，自我意识与其所处的世界是一体的，有着不可分割的联系，黑格尔的自我是一个"在世之我"而不是外在于世界的孤立主体。在黑格尔看来，对人的分析必须从他与其所属的世界的关系出发。自我不再是孤立于世界之外的旁观者，人与其所属的世界由敌对走向和解。而这种和解的最终保证和归宿仍然是绝对真理，绝对真理和黑格尔对自我意识的分析是分不开的。

　　《精神现象学》的序言在某种程度上可以视为整个黑格尔哲学的序言。其中，之所以大篇幅地介绍有关真理的观点，是因为黑格尔的整个哲学就是他的真理学说。他的真理观是无法脱离他的体系哲学来谈论的，与他的许多哲学观点是一个有机的整体，如实体即主体、绝对即精神、存在即思维、他关于中介的学说，以及他对他所处时代的批判。所有的这些观点都不是黑格尔闭门造车的产物，而是与他对整个近代西方哲学的批判和他对其所处时代的深刻理解分不开的。哲学作为一门学科，它的德性就是追求真。但哲学又不同于自然科学和数学，符合论真理观在自然科学中是需要被承认的，但这种真理观不适合哲学。哲学是关于绝对的学说，哲学的讨论需要超越知性思维，呈现无限性的真实世界。这个真实世界是一个目的论的世界，它是统一的，抗拒虚无主义。生活在这样一个世界中的生命是有意义的，生命有着无法逃避的使命和不可掩盖的神圣。现代性把孩子与脏水一起泼掉，神圣性被消解在知性思维的斤斤计较之中，因此在批判知性思维的同时，找回生命本身的神圣性也成为黑格尔哲学的必然要求。通过绝对真理，实然与应然、现实与神圣等对立的概念被统一起来，现代性作为一种普遍性，不再被视为一种空洞而抽象的普遍性，而是有着神圣的内涵和不可推卸的责任。现代性境遇中的人也不是笛卡尔式的反思的自我意识或不可沟通的个体，而是以一种在世并与他人共处的形态面对这个世界。同时，在绝对真理的视角下，现代人的形象更不是被各种二元对立分裂的形象，现代性的"祛魅"并不能让现代人陷入必须在实然和应然中二择其一的尴尬境地，相反，绝对真理作为一种世界统一的保证，使实然与应然能够在现代人的世界中共存。

从大陆守成到陆海并重：德国的
地缘战略转型及其对中国的启示

秦立志[*]

一 德国地缘战略转型的历史进程

（一）俾斯麦德国的大陆守成战略

第一阶段（1871—1876 年）：管控英德矛盾，拒绝海外殖民扩张，限制海权发展。

俾斯麦德国试图减少其他大国对德国崛起的疑虑，并逐渐改变普鲁士的弱国外交传统，使地缘战略逐渐符合德国的欧陆大国地位，同时拒绝海外殖民，管控德国海军崛起的进度。德国作为欧陆强国崛起，打破了英国在欧陆的传统地缘均势政策。英国首相迪斯雷利将俾斯麦德国等同于拿破仑一世法国，主张英俄结盟反对德国。^① 而俾斯麦则利用历史上英德结盟的传统^②消解英国的疑虑。1870 年 11 月，英国驻德大使罗素就"德国支持俄国破坏 1856 年《巴黎条约》中有关黑海条款的规定"提出抗议，对此，俾

---

* 秦立志，复旦大学国际关系与公共事务学院国际关系专业 2015 级博士研究生。
① W. F. Monypenny, G. E. Buckle, *The Life of Benjamin Disraeli*, *Earl of Beaconsfield* (The Macmillan Company, 1920), pp. 421 – 422.
② 如七年战争中英、普结盟反对法、奥，拿破仑战争中的反法同盟等。

斯麦回复：如果英国愿意重建与德国（普鲁士）结盟的传统，德国可以放弃对俄国的支持。得到俾斯麦授意后，普鲁士驻伦敦大使提醒英国人注意法国破坏欧洲和平与均势的企图，即使德国放弃对法国的割地赔款而撤军，也不会平息法国对德的复仇心理。[1]

　　1870 年普法战争后，俾斯麦拒绝向法国索要海外殖民地，但也将普法战争的一部分赔款划拨给海军。虽然萨摩亚群岛是德国在南太平洋主要的海外经济区，但在 1871 年，汉堡的歌德弗洛伊公司试图将萨摩亚群岛变为德国的海外保护领地，遭到俾斯麦阻止。1871 年 4 月颁布的《德意志帝国宪法》第 53 条赋予海军帝国地位，北德意志邦联海军正式升级为德意志帝国海军。1872 年，威廉一世授予帝国海军部对海军军事行动的指挥权。该时期，德国的海军建设从属于陆军需要，强调陆权防卫至上，俾斯麦任命陆军中将阿尔布雷希特·冯·施托施（Albrecht von Stosch）为海军部部长。施托施认为海军在维护德国的次要利益时才具备威慑能力，不具备挑衅欧洲列强的力量，对德国权势影响最大的是陆军而不是海军。不过，施托施也努力使德国海军减少对国外船舶等相关建造商和供应商的依赖。在建立海军学院、宣布对海军行政管理进行重组等方面，施托施没有与俾斯麦协调。到 1875 年 12 月，俾斯麦与施托施两人就是否向帝国议会申请所建海军预算发生严重争执，这延迟了德国海权的崛起。

　　第二阶段（1877—1883 年）：维护欧陆均势，规避海权对抗，实行有限的"炮舰外交"和发展海军。

　　《巴特基辛根备忘录》反映了德国整体的地缘战略取向，试图通过在陆上恢复保守的梅特涅秩序，在海上避免英德对抗，使德国的海权发展立足于欧陆战略安全的根本点，彻底摆脱普鲁士的弱国外交传统，塑造符合欧陆第一强国身份的地缘战略格局。俾斯麦拒绝了国内关于向非洲等海外地区派遣陆军和海军的请求，规避了德国与英国等其他海上强国可能会发生的海权对抗。

　　在不触及列强核心利益、避免形成海陆全面对抗的前提下，俾斯麦德国也进行了有限的海外扩张，为海外利益和"炮舰外交"保驾护航。在南

---

[1]　N. Rich, *Great Power Diplomacy*, *1814 – 1914*（McGraw-Hill Humanities/Social Sciences/Languages, 1992），p. 216.

太平洋群岛、西太平洋群岛、加洛林群岛、萨摩亚群岛等太平洋地区，以及尼加拉瓜等加勒比和拉丁美洲地区，德国的海外利益日益凸显，但在贸易、投资、资源开发等领域受到美、英、法、西等列强的限制，因此俾斯麦要求施托施立即派出战舰保护海外利益，向列强表明德国的态度。德国以其领事在尼加拉瓜遭受不友好对待为由，通过海军封锁进行战略威慑，索要赔款 3 万美元。此外，克虏伯公司向中国出售了大量的武器装备，包括"定远"号、"镇远"号、"经远"号、"来远"号、"济远"号等，赚取了巨额利润。

在此阶段，海军规模缩减，海军工业基础得到了夯实。1878 年 5 月"大选帝侯"号铁甲舰事件引发了德国海军历史上最有争议的政治斗争，并至少持续到提尔皮茨（Alfred von Tirpitz）时期，使接下来的十年间缺少海军战略和长远规划，海军拨款缩减，1878—1883 年，德国的海军经费从5880 万马克下降到 4060 万马克。不过，该时期德国海军的相对实力还是持续增长，1872—1882 年，德国海军排名从欧洲海上列强最末位上升到欧洲第三，仅次于英、法。在海军技术锻造上，也从最初装甲板、发动机乃至整艘军舰仍然依赖向英国等国家进口，发展为能自主建造满足德国海军需求的轧钢厂、机械工厂以及众多造船厂，奠定了德国海军工业复合的基础，为后来德国海军的崛起提供了条件。

第三阶段（1884—1890 年）：提出"海上均势"，调控海外扩张进度。

俾斯麦德国开始进行有节制的海外殖民扩张，并借助欧陆各国联合实现对英国的海上均势，巩固大陆联盟体系，管控地区危机，抑制国内及盟国的进攻性政策，使德国主导的欧陆平衡和与海上主导国的和平相处成为新常态。

1884 年，俾斯麦提出"海上均势"的观念，倡议德法牵头组建海上同盟来制衡英国。俄国波罗的海舰队在 1886 年进行了扩张，加之法国可能介入，德国开始针对自身与法俄两国陆海军的整体实力对比，制定全方位的防御性战略。卡普里维（Leo von Caprivi）治下的德国海军，并不片面追求一支庞大的舰队，认为德国的战略资源分配，应该在符合地缘战略目标的条件下，尽可能武装小规模的舰队，将更多的资源倾斜到陆军建设上。

主动塑造有利于调控的海外殖民扩张进度，是该时期大战略的一部分，服从并服务于德国的欧洲大陆政策。虽然德国的殖民扩张受到国内政治势力的推动，但俾斯麦本人始终主导着殖民进程。1884 年，俾斯麦向英国索要赫尔果兰岛，并要求英国承认德国对一些海外殖民地的权益，这表明德国对殖民问题的政策转型。到 1885 年，德国已经成功获得东非、西南非洲、喀麦隆等殖民地，并得到国际承认，总面积达 100 多万平方公里，约占一战前德国殖民地总面积的 90%。① 1885 年中法战争后，热衷殖民扩张的朱尔·费里内阁倒台，通过殖民事务改善法德关系的希望变得渺茫，此时俾斯麦开始停止殖民扩张。1889 年，俾斯麦提到殖民利益无关紧要，希望把德属西南非洲转交给英国。通过殖民政策，可以削弱王储和王妃（他们具有亲英倾向）的地位，1884 年 9 月，在与沙皇的会晤中，俾斯麦说，殖民政策的唯一目的就是在王储与英国之间插入一个楔子。②

（二）威廉二世德国的陆海并重战略

第一阶段（1890—1897 年）：侧重陆权建设，开始转向海外扩张，变联英制俄为联俄反英。

在此阶段，德国从侧重陆军建设、强化欧陆经贸关系转向海外扩张。1891 年施里芬出任总参谋长后，逐渐将老毛奇东攻西守、先东后西、有限军事胜利目标的战略，转变为以优先进攻法国为核心的西攻东守、全面军事胜利目标的战略。③ 帝国议会批准了德国统一后规模最大的扩军行动。④ 施里芬将赢得军事胜利作为压倒一切的优先考虑："旨在包围凡尔登的进攻不应对破坏比利时和卢森堡的中立有所顾虑。"⑤ 卡普里维先是效仿俾斯麦将欧陆作为战略重点，通过强化陆军和扩展欧陆大国间的经贸关系，巩固德国在欧洲的半霸主地位。1891—1894 年，德国与奥匈帝国、意大利、瑞典和俄罗斯等国签订了为期 12 年的经贸协定，相互承诺维持低关税政策。⑥

---

① 徐弃郁：《脆弱的崛起：大战略与德意志帝国的命运》，新华出版社，2011，第 91 页。
② N. Rich, *Great Power Diplomacy, 1814–1914*, pp. 235–236.
③ Gerhard Ritter, *The Schlieffen Plan: Critique of A Myth* (New York: Frederick A. Praeger, 1958), p. 22.
④ 卡尔·艾利希·博恩等：《德意志史第三卷——从法国革命到第一次世界大战（1789—1914）》上册，张载扬译，商务印书馆，1991，第 421—422 页。
⑤ G. Ritter, *The Schlieffen Plan: Critique of A Myth*, 1958, p. 80.
⑥ I. Geiss, *German Foreign Policy, 1871–1914* (London: Routledge and Kegan Paul, 1976), p. 75.

到了卡普里维执政末期，德国开始转向海外扩张，在刚果、摩洛哥等问题上与英国发生摩擦，其标志性事件是 1895 年的"三国干涉还辽"和 1896 年的"克鲁格电报事件"。

这一时期德国还从联英制俄回归俾斯麦时期的联俄政策。以联英为主要目标的"新路线"策略推行了三年，尽管 1894 年英国提出与三国同盟达成某种类型的牢固协议，但德国对英国的大陆均势政策高度怀疑，认为一旦法俄夹击德国，英国很可能推卸责任，因此，德国以协议僵化、狭隘和双方权益不对称为由拒绝。1895 年，保守派代表索尔兹伯里再度出任英国首相，德国再次放弃与英国结盟的机遇。而 1896 年的"克鲁格电报事件"掀起了一战前英国最狂热的反德浪潮，"德国威胁论"迅速在英国蔓延。

第二阶段（1897—1904 年）：制订提尔皮茨计划，挑战英国海上霸权，完善施里芬计划，提升欧陆进攻能力。

首先，制订提尔皮茨计划。随着伯恩哈特·冯·比洛被任命为德国外交大臣，海军上将阿尔弗雷德·冯·提尔皮茨被任命为海军大臣，[1] 德国从陆权到海权的战略转型加速。1897 年的帝国国会辩论上，比洛公开声称德国要争取"阳光下的地盘"，视英国为主要对手。同年 11 月，借口两个传教士被杀，德国强占中国胶州湾，加快了海外扩张的步伐。1898 年，提尔皮茨的第一个海军法案在帝国议会通过。

其次，英德结盟的尝试失败。为了发展大海军，德国在 1898—1902 年屡次错失与英国结盟的机会。尽管德国建设大海军的初衷之一是逼迫英国与德国结盟，但英国对德结盟的政策取向却与之无关，是本身的全球大国地位使然。1898 年，英国的贝尔福、张伯伦等人主动提出两国协商解决殖民地争端，并与德国结盟。[2] 但德国最终拒绝，原因有三点：英德矛盾不易化解，结盟面临法俄敌意，与英国存有殖民地争议有助于国内支持扩建海军。1899 年，张伯伦向德国游说："天然的同盟纽带存系于大英帝国与德意志帝国之间。"[3] 但德国海军的扩建以应对英国威胁为主要目标，英德结盟不利于帝国议会通过第二个海军法案。比洛声明英德未来的关系是否和平

---

① N. Rich, *Great Power Diplomacy*, *1814 – 1914*, p. 373.

② W. Langer, *The Diplomacy of Imperialism*：*1890 – 1902*, Vol. 1 （Knopf, 1935）, p. 499.

③ W. Langer, *The Diplomacy of Imperialism*：*1890 – 1902*, Vol. 1, p. 659.

尚未可知，逼迫张伯伦成为仇德分子。[1] 1900 年 8 月，在与英国威尔士亲王会晤中，威廉二世声称，只要英国确保"门户开放"政策的落实，德国将支持英国。随后，两国签订《英德扬子协定》，但在中国问题上，德国拒绝与英国联手制衡俄国，故结盟失败。

1900 年 10 月，英国提出与德国缔结非正式协定（与 1904 年英法达成的"友好条约"极其类似），由于此时德国把说服议会同意大规模发展海军作为优先目标，更在意民意而不是地缘政治的前景，故拒绝英国提议，并声称除非英国正式加入三国同盟，否则不会终止海军扩建计划。索尔兹伯里也不接受德国最后通牒式的要求，结盟尝试遂宣告破产。1901 年，张伯伦提出愿意推动英德结盟或加入三国同盟，但德国坚持认为，英国与法、俄不会达成谅解，德国可以选择中间路线，逼迫英国对德做出更大妥协，却导致英国选择与日本结盟，在战略上不再需要借重德国。

再次，挑战英国海上霸权。德国的两个海军法案加剧了英国对德国海权崛起的担忧。随着德国舰队的扩大，英国首席海军大臣约翰·费舍尔开始考虑对德进行一次哥本哈根式的行动。为了践行马汉和提尔皮茨的舰队决战思想，德国高度重视发展主力舰，忽视其他舰种的功能，宣称潜艇部队只适合局部地区微不足道的海上小型战争，是"二等武器"。[2] 1902—1903 年，德国公海舰队的航程和结构表现出强烈针对英国的战略倾向。提尔皮茨、比洛等人认为，德国海军处于弱势，扩充海军军备时应尽量低调，在战略上必须谨慎保持英德关系的稳定，就像在蜕变成蝴蝶之前的毛毛虫一样。[3] 决策层认为，德国强大的舰队有助于逼迫英国与德国结盟。

施里芬计划体现在多样化的兵棋推演、年度计划和参谋作业中，而不是相对系统完整的备忘录中。"德国必须在防御一国军队的同时进攻歼灭另一国部队。一旦其中一个敌人被彻底打败，德国就必须利用发达的铁路网将主力部队调配到另一个战场，从而打垮另一个敌人。因此，第一次打击就必须尽可能地集中全力，进行类似色当战役或柯尼希格莱茨战役（萨多

---

① N. Rich, *Great Power Diplomacy*, *1814 – 1914*, p. 386.

② H. H. Herwig, *Luxury'Fleet*（*RLE The First World War*）：*The Imperial German Navy 1888 – 1918*（Routledge，2014），pp. 17 – 33.

③ W. D. Briggs, P. Kennedy, "Strategy and Diplomacy 1870 – 1945," *Politik*, Vol. 19, No. 1, 1985, p. 132.

瓦战役）那样的决定性会战。"① 该阶段，德国还没有完全寄希望于纯粹大迂回包围的总体战，作战意图相对有限，态度也比较谨慎，甚至警告德军进行包抄的部队不能穿插太深，属于目标有限的进攻性军事战略，其合围的战略目标主要是固守德法边界北部的法军。1896 年，施里芬干脆中止了与奥匈帝国总参谋部的军事磋商交流，两国开始互不沟通地单独制订作战计划。

第三阶段（1904—1914 年）：从升级英德海军竞赛到重新重视陆权力量和战略。

在此阶段，德国继续在海军、海外贸易、海上交通线和殖民地等问题上与英国展开竞赛和对抗，在陆上寻求恢复大陆联盟体系未果。在陆权和海权战略上偏重进攻性和纯军事性，尽管一战前夕回归陆主海从，但整体的地缘战略取向陷入对进攻有利、军事优先、先发制人、绝对安全的迷思。

首先，"被包围"认知自我强化。1906 年阿尔黑西拉斯（Algeciras）会议后，德国"被包围"的说法开始流行。宰相比洛在帝国议会演讲中第一次公开使用"被包围"这个词。② 1907 年的英俄协定进一步强化了德国对被包围的疑虑。1906 年，英国第一艘"无畏"舰下水，德国公布了第二个海军补充法案预案，决心大规模建造"无畏"级战列舰，其试图挑战英国海上霸权的战略意图暴露无遗，提尔皮茨计划中低调建设海军的设想荡然无存。战略上"被包围"基本上已经成为德国决策层的共识。

其次，哥本哈根恐慌③加剧。德国大力发展海军军备反而造成了哥本哈根恐慌，这进一步刺激了德国扩充海军军备的决心，并拒绝了丘吉尔于1913 年提出的"海军休战"④ 建议。1900—1914 年，德国的大海军建设使海军实力从世界第五位上升到第二位。⑤ 到一战前夕，德国的公海舰队由 13

---

① J. L. Wallach, *The Dogma of the Battle of Annihilation*: *The Theories of Clausewitz and Schlieffen and Their Impact on the German Conduct of Two World Wars* (Westport, Conn, 1986, p. 55.

② I. Geiss, *German Foreign Policy, 1871 - 1914* (London: Routledge and Kegan Paul, 1976), p. 121.

③ 1807 年，英国海军在未经宣战的情况下突然袭击丹麦首都哥本哈根并俘获其全部舰队，是为"哥本哈根恐慌"。

④ 英德双方在一年时间内都不建造主力舰。

⑤ 保罗·肯尼迪：《大国的兴衰：1500—2000 年的经济变迁与军事冲突》，王保存译，中国经济出版社，1988，第 247 页。

艘"无畏"级战列舰、16 艘旧式战列舰和 5 艘战列巡洋舰组成，迫使英国海军部逐渐把驻扎在海外的主力舰队撤往北海，以威慑法俄的海上联合舰队。

再次，施利芬计划最终完成。由于日俄战争中俄国的惨败和衰弱，施里芬及普鲁士总参部修改了作战计划，在 1905 年底 1906 年初完成了对法作战备忘录。该备忘录认为，法国很可能在与德国的作战中保持防御态势，而法国的防线又很难从正面突破，因此必须破坏比利时、荷兰和卢森堡的中立地位；德军的胜利要靠从侧后包抄法军主力来实现，应该加强右翼部队。

最后，重新重视陆权力量建设。德国意识到应将战略资源集中于陆军军备建设，以便主宰欧陆，只需实行有限的反封锁战略来保障海上贸易通道的畅通。[1] 到 1908 年，比洛要求提尔皮茨放缓海军扩建的步伐，以缓和英德矛盾。波斯尼亚危机后，德国决策层开始试图与英国达成某种海军协议，以缓和两国关系，从而专心对付法俄。从比洛执政后期到贝特曼·霍尔维格时期，加强陆军都是反对过分扩建海军的主要理由，霍尔维格甚至还将加强陆军作为同意扩建海军的条件。1911 年第二次摩洛哥危机后，德国决策层认为战争迫在眉睫，而德国是一个陆海复合型国家，陆上战争的成败决定国家命运。土耳其在 1912 年巴尔干战争中失败后，国内要求大规模扩建陆军的压力迅速增加。陆军在 1911—1913 年重新获得优先地位，扩军 17.5 万人，约增长了 32%。[2] 海军军费开支被压缩，1911—1913 年，从占陆军开支的 54.8% 下降到 32.7%。[3] 1912—1914 年，德国才重新采取陆主海从的地缘战略，与法俄同盟开展陆上军备竞赛，却为时已晚。即使在德奥两国军队扩充后，法俄两国的常备军数量仍大约是德奥两国的两倍。从战略层面讲，大海军建设使欧洲各大力量之间的分化组合迅速向着不利于德国的方向变化，特别是根本性地改变了英德关系的基本态势。

---

①　R. Hobson, *Imperialism at Sea*: *Naval Strategic Thought*, *the Ideology of Sea Power*, *and the Tirpitz Plan*, *1875 - 1914* (Brill, 2002), pp. 123 - 127.

②　赫沃斯托夫：《外交史》第 2 卷（下），高长荣译，三联书店，1979，第 1058 页。

③　H. H. Herwig, *Luxury'Fleet*（*RLE The First World War*）: *The Imperial German Navy 1888 - 1918*, pp. 36 - 82.

二　战略转型的动因剖析

通过战略地理结构、地缘学说和战略目标三个变量层次，可以有效分析德国从大陆守成到陆海并重战略转型的动因。正是一定的空间地理因素、海陆技术和战略实力的攻防平衡等战略地理结构因素，对德国的地缘战略取向产生了物质结构性影响。而战略学说的进攻/防御、海权/陆权属性，以及战略文化传统的延续性，则对战略转型的进程和方向产生观念性影响。对总体国家地位、安全威胁、利益来源、国家威望、军事偏好等方面的战略目标设定，会对战略转型的输出产生进程性影响。而战略转型的输出效果反过来又会对战略地理结构、地缘学说和战略目标的构建产生影响，即是否使这三个因素变得对国家战略利益更为有利，可以作为衡量地缘战略转型成败的重要标准。

（一）战略地理结构①

1. 空间因素：大陆守成 VS 陆海扩张

整体来看，俾斯麦德国与威廉二世德国的空间地理因素没有根本区别，基本一脉相承。具体如下。

第一，体系中心型的陆海复合型国家，容易遭到海陆强国的制衡性包围。

德国是典型的陆海复合型国家，且位于欧洲体系枢纽地带，在相对立的东西两翼和海陆两大地缘方向上，分别受到英、法、俄等诸多强国的包围。德国不像英、美、俄等侧翼强国那样较少受到体系制衡，也不具备它们在欧陆结盟的天然可获性。这种四面邻国的中心位置，决定它面对欧陆危机时很难置身事外，崛起之后更容易受到海陆强国的联合制衡和战略包围，面临海权与陆权战略的两难选择、有限战略资源分配分散化。俾斯麦认为，中心和无屏障的地理位置，国防线伸向四面八方，使反德联盟很容

---

① 本文的战略地理结构是对国家的地理因素、海陆技术及战略实力的攻防平衡对比等方面的高度概括，认为单纯探讨地理因素或战略实力都缺少立体性认知，而将国家的战略实力放在地理因素和海陆技术力量对比的综合考量之下。

易形成。①

德国积弱时，需要担忧别国的陆上入侵，而当其崛起后，由于海陆两栖属性，又容易受到陆上领土扩张和海外殖民的诱惑。历史上，德国（普鲁士）多次面临其他强国的制衡，黎塞留时期的法国通过威斯特伐利亚和约体系，使德国的统一延迟了200年；1740—1748年的奥地利王位继承战争中，德国选择与陆权强大的法国结盟，但受到英、奥等国的海陆双重制衡；七年战争期间，德国转而与海上霸主英国联合，但随着俄、法、奥等国结成考尼茨同盟，腓特烈大帝领导下的普鲁士面临陆上三面包围；拿破仑战争期间，普鲁士被多次横扫；德国统一后，法国对阿尔萨斯和洛林的觊觎、对普法战争失败的复仇心理以及法国提前偿清50万法郎赔款所反映出的复兴能力，使其他任何与德国交恶的大国都是法国潜在的反德盟友。德国一直对来自法、奥、俄等国的"联盟梦魇"有强烈和本能的不安全感。

第二，在海上战略通道、深水港、海岸线、出海口等方面均缺少发展强大海权的先天条件。

德意志第二帝国建立之前，由于德国的海岸线一直分属普鲁士、汉诺威等诸多邦国，海岸线和港口资源处于分散状态，缺少发展强大海军的地理条件。德国缺少轻易进出公海的海上战略通道，邻近的英吉利海峡和多佛尔海峡的一侧便是英国本土，英国的海岸线上还有两个主要的海军基地。在苏格兰以北的另一侧，海域的宽度至多只有400英里，依照19世纪末的国际法，没有任何德国船只能够安全地从这片海域通过。英国人只需在距离德国不到400英里的英国港口建立海军基地，就能封锁德国在北海的出海口。

德国在波罗的海的入海口更不容易被英国封锁，但从大西洋抵达这里必须经过宽度不到100英里的斯拉格拉克海峡，而德国通往大西洋和其他大洋的所有航线都经过大不列颠岛，英国可凭借英吉利海峡、多佛尔海峡及本土的港口基地完全封锁北海，困住德国。德国的自然构造缺少众多的深水港口，尤其是那些充当"可通航河流的出口"且其通道很容易防卫的港口。尽管易北河与威悉河、汉堡港与不来梅港及堡垒化的赫尔果兰岛屏障

---

① 俾斯麦：《思考与回忆》，山西大学外语系《思考与回忆》译组译，东方出版社，1985，第205页。

提供了一定的条件，而且有但泽、基尔、汉堡和不来梅等优良港口，但基尔港并没有位于大河的出口处，威廉港的使用则受到严格限制，因为整支舰队穿过易北河与威悉河之间的水坝进入北海需要有两道高水位。

第三，国内陆路和水路交通发达，并获得了具有海权战略意义的赫尔果兰岛。

当然，德国也具备发展海权的一些条件。连接北海和波罗的海的基尔运河的防御意义就在于，在北海的出海口被封锁的情况下，可以让汉堡和不来梅的船只从波罗的海出入。德国的陆路和水路是畅通发达的，可以通过陆路的边界完成货物的交换，其内陆水系主要包括多瑙河、威悉河、易北河、奥德河、维斯瓦河，而且还有一条航运能力很强的莱茵河。德国和俄国接壤的边界，又为德国的粮食进口提供了非常好的便利条件。德国濒临波罗的海和北海，运河使内陆河道相互连接彼此沟通，构成一个完整的国内水运系统。而这个水运系统的出海口，波罗的海和北海两者必选其一。这两个海洋上的出海口就成了德国海上商业贸易的必要通道，大不列颠群岛的地理位置，对德国这条海上通道具有很重要的军事价值。1890 年 7 月 1 日，英德签订《赫尔果兰－桑给巴尔条约》，德国取得了赫尔果兰岛，虽然赫尔果兰岛的海岸只有 30 海里，却具备鱼雷防御、海军基地等战略意义，因为它扼守德国两条最重要河流（易北河和威悉河）的入海口，因而控制着德国两个最重要海港（汉堡和不来梅）的航路，它也横跨在未来北海－波罗的海运河的出入口，这就是德国想开掘的穿越日德兰半岛的基尔运河。

综上所述，面对类似的地理格局，俾斯麦德国没有强行更改发展海权的先天条件，而是实行陆主海从的战略取向，对既有的空间地理因素进行战略调配上的合理利用。但为了打造以"无畏"级战列舰为主体的大海军，威廉二世德国耗费巨资改造相对不利的地理因素，却收效甚微。从地理技术上看，建造"无畏"舰要求对德国原有的运河、港口和造船厂都进行一番全面改造，投入巨大。1906 年，德国国会通过海军"补充法案"，对运河、港口、船坞等专门拨款进行相应改建。到 1909 年，德国还需要对运河、港口、船坞等基础设施进行大规模改建，以使其符合"无畏"舰的建造和使用需要。整个改建工程从 1909 年开始，持续到 1914 年一战前夕，总共花费 1.148 亿马克。这些改建的海权设施在一战中却并没有发挥应有作用，而这些战略资源本可以投入更重要的陆上战争。

2. 攻防平衡

（1）海陆攻防：防御占优 VS 进攻有利

欧陆中心的地理位置，赋予了德国军事和外交上的防御优势，却不利于德国陆上两线作战或在海上挑战英国霸权。正如路易十四时期的奥格斯堡联盟和拿破仑一世时期的反法联盟，如果招致其他强国的军事进攻或威胁，地处中欧的德国可以快速实现陆军的内线调动，同时对两条以上的战线进行防卫，最大化地集中优势兵力，通过多线防御作战为外交谈判提供战略筹码，老毛奇的两线防御战略就体现了这种地缘政治逻辑的精髓。就外交而言，可以将德国本身的战略实力和位置作为维持欧陆和平均势的砝码，利用周边各国的矛盾冲突，使各国争相拉拢，实现利益最大化，俾斯麦德国的大陆联盟体系和希特勒德国1939年以前的"和平扩张"正得益于此。但威廉二世德国反而在陆权战略上坚信进攻有利的信念，忽略了客观上德国陆权的防御优势。

德国要同时应对来自陆地和海洋的威胁，且德国濒临的海洋并不是一片开阔的水域，在海军的前出方向上存在海峡、岛链等自然障碍，战时很容易被敌方海军封锁。速射大炮和机枪使军队不能打运动战，并且使军队进入堑壕，依靠远程火炮和大批步兵进攻也无法解决问题。德国对即将爆发的海战认识有误，它们只准备进行海上的舰队决战，但没有正确认识北海和地中海的地理环境，英国发现，在水雷、鱼雷等武器迅速发展的情况下，传统的近岸封锁会付出相当大的代价。到1912年，英国海军决定放弃近岸封锁，发展远离海岸线的封锁方式。① 水雷、鱼雷和潜艇等新式武器使舰队实在难以适应传统的作战方式。无论是在海上还是在陆上，由于技术上的原因，速战是不可能的。

（2）战略实力：灵活运用 VS 透支军事

德国统一后，战略实力的崛起速度超过英、法等国。到1870年，德国已拥有世界工业产量的13%，国民生产总值和钢产量与法国基本持平，建立了克虏伯这样的大企业，拥有发达的铁路网，高效的军事动员能力，欧陆第一陆军，世界一流的初等和技术教育、大学和科学设施以及化学实验

---

① 温斯顿·丘吉尔：《第一次世界大战回忆录：1915》，吴良健译，2002，第90—91页。

室和科研机构。① 从当时的外交环境看，尽管多数欧洲列强不满现状，但缺少挑战德国现有地位的实力和意志。崛起的国力和有利的外交环境，俾斯麦灵活利用这些有利条件，推行维持现状并较少受到国内外势力反对的地缘战略。

威廉二世继承了比俾斯麦时期更加强大的德国，但决策层对战略实力的横向对比并不乐观。德国人口在1871—1914年增长了60%，达到6700万人，而英国和法国的人口增长则陷入停滞。1890—1913年，城市化水平从11.3%变为21.0%，人均工业化水平从相当于英国的25%变为85%。德国的煤产量从1890年的8900万吨上升到1914年的2.77亿吨，钢产量从410万吨上升为1760万吨。1914年，德国钢产量高于英、法、俄三国产量的总和，在全球仅次于美国；能源消耗从7100万吨增加为1.87亿吨。而在1880—1913年，德国的工业潜力从相当于英国的27.4%上升到137.7%，在世界制造业产量中所占份额从8.5%上升到14.8%。1880—1914年，陆海军人数从42.6万上升为89.1万，战舰吨位从8.8万吨增加为130.5万吨。② 1890—1913年，德国出口增长两倍，接近英国，其制造业份额高于英国的13.6%，是法国的1.5倍。③

这种战略实力的猛增使德国决策者的心理定位产生重大变化，从维持欧陆现状转向全球扩张。不太有利于本国的权力转移正在德俄间加速进行（至少德国主流这样认为），这与俾斯麦德国的横向权力对比有所不同。德国预计，俄国的军事力量在1914—1917年将迅速扩张，由于拥有更多的人口、领土等战略资源，俄国最终将超越德国。④ 对德国暂时的进攻占优和未来力量对比的负面预期，催生了德国抓住机会窗口对俄打击的动机。

德国战略实力的自然增长，以及与其他强国的战略实力比较，影响着德国决策层对战略实力的认知和运用。而影响战略实力高低的两个重要指标是国内动员和资源汲取能力、政府或政权脆弱程度。俾斯麦德国的政权脆弱程度较低，且没有过度进行国内动员和资源汲取能力消耗，故利用强

---

① 保罗·肯尼迪：《大国的兴衰：1500—2000年的经济变迁与军事冲突》，陈景彪译，国际文化出版公司，2006，第181—184页。

② 保罗·肯尼迪：《大国的兴衰：1500—2000年的经济变迁与军事冲突》，194—198页。

③ 保罗·肯尼迪：《大国的兴衰：1500—2000年的经济变迁与军事冲突》，204—205页。

④ D. C. B. Lieven, *Russia and the origins of the First World War* (Macmillan, 1983), p. 111.

大的战略实力，建立了颇具创新性的大陆联盟体系，开创了有序渐进的战略转型。由于威廉二世德国的政权脆弱程度较高，其陆海并重的战略取向耗尽了国内的动员和资源汲取能力。

　　1898—1911 年，海军预算规模从相当于陆军的 20% 上升为接近 50%，1901—1909 年几乎与德国的全部预算赤字持平，并一直在增长。[①] 1911 年和 1912 年的国际紧张局势导致柏林决定大规模发展陆军，1910—1914 年陆军预算从 2.04 亿美元增至 4.42 亿美元，而德国的陆军开支只占国民收入的 4.6%，德国比其他欧洲任何国家更容易承受"武装的重负"。[②]

　　尽管德国享有一定的权力优势，拥有良好的国内交通线、快速的动员体制、优良的参谋训练、先进的技术等不能量化的因素，本有机会在陆上取得决定性胜利，"当 1914 年战争爆发时，德国的无畏舰都停泊在港湾里，毫无用处；如果德国人把造军舰的钢铁用来铸造重炮和搞军事化运输，那么，他们在陆上战争中就可能稳操胜券。"[③] 但在战略实力有限的情况下同时透支巨额的海军和陆军军费开支，最终导致战略转型严重失败。

（二）地缘学说

　　地缘学说的产生首先需要继承或重塑地缘传统，取得民意支持，才能符合本国的地缘逻辑。

1. 地缘传统：创造性继承 VS 毁灭性重塑

　　德国继承了罗马帝国的征服欲望，其国民的个人意志从属于国家的民族性格，国家利益高于一切。德国满足了马汉对"机械艺术上的领导能力"的要求，因为德国拥有无与伦比的高等技术学校和理工大学体系。每一位受过教育的德国人都是地理学家，德国人的现实政治思想，存在于其心中的一张精神地图之上，德国的高中和大学都很严肃地教授地理，这是自耶拿战役后由亚历山大·冯·洪保、伯格豪斯、卡尔·李特尔和汉斯·史蒂

---

① P. R. Sweet, *The Great Naval Race*: *The Anglo-German Naval Rivalry*, *1900 – 1914*（New York: David McKay Co., 1974），p. 382; Peter Padfield, *History Reviews of New Books*, Vol. 3, No. 4, 1975, pp. 104 – 104, 234.

② 保罗·肯尼迪：《大国的兴衰：1500—2000 年的经济变迁与军事冲突》，第 206 页。

③ 泰勒：《争夺欧洲霸权的斗争：1848—1918》，沈苏儒译，商务印书馆，1987，第 512 页。

勒等人系统建立起来的。①

陆主海从的地缘战略传统。从地缘政治传统看，海权对德国来说本质上是一种奢侈品，而陆权却是维持其生存的核心前提。虽然德国是陆海复合型国家，但因被法、俄、奥等陆上强国包围，且其国土整体上易攻难守，缺少法国那样的天然疆界，故德国传统上并不重视海上权力和权益的扩展。而且，德国的三次王朝战争都是通过陆军实现的，德国（普鲁士）陆军在本国有着崇高的政治和军事地位，德意志帝国议会也压制海军崛起并剥夺其战略资源。陆军是德国（普鲁士）军事组织高效的象征，在政府的宏观统筹下，社会各领域都有与之匹配的指导性管理机构。就地缘经济传统而言，尽管德国自维京人、汉萨同盟甚至是大选帝侯腓特烈大帝时期就有海外扩张传统，但其主要海外贸易来自欧陆，缺少海外扩展的商业动机。

这种重陆轻海的传统，在塑造俾斯麦德国的地缘战略取向上起到了一定作用。统一后德国的两任海军部长施托施和卡普里维都是陆军将领。提尔皮茨上台前德国的海权基本以建立一支近海防御力量而不是远洋作战力量为主。俾斯麦选择了创造性地继承陆主海从等地缘战略传统，并在此基础上实现了从陆权到海权的和平战略转型；而威廉二世德国则在吸取了战略文化传统中的军国主义等进攻性学说元素后，毁灭性地重塑了德国的战略文化传统，试图为其陆海并重和发展大海军的战略规划提供思想基础。

2. 战略学说：防御性 VS 进攻性

俾斯麦德国的陆权、海权和国家整体的大战略取向都是防御性和维持现状的，而威廉二世德国在大战略缺位的情况下，在海权和陆权方面都推崇进攻性的战略学说。

从陆上战略来看，1890 年以前德国信奉防御性战略学说，老毛奇认为应在西线采用防御态势而在东线采取有限进攻，对法俄两国取得有限胜利，留待外交来决定具备达成和平解决方案的条件。但随着德国的战略转型，被施里芬修改为由西到东保持连续进攻的进攻性战略学说，使德国一旦与他国开战，就是总体战的对抗，没有为妥协与和平留下空间。从军事技术上分析，1890 年之后，防御通过五方面的革新获得了重大而且不断增加的

---

① H. J. 麦金德：《陆权论：重新构建之政治学研究》，徐枫译，群言出版社，2015，第 17—20 页。

优势：精准的连发枪、机关枪、带刺铁丝网、精心构造的堑壕以及铁路。但是决策者相信进攻占优，忽略了美国内战、1877—1878 年俄土战争、布尔战争以及日俄战争提供的教训，这些战争显示了新的防御技术的力量。但施里芬、伯恩哈德、小毛奇和奥古斯特·冯·凯姆将军都认为，进攻相比防御而言更能确保胜利，现代战争条件下进攻优势比以前更大。[1]

从海权角度而言，俾斯麦德国的海权战略基本以建立一支近海防御力量为主，统一后德国的两任海军部长施托施和卡普里维都是陆军出身。法国的青年学派理论对德国海权发展构成冲击，客观上延迟了德国挑战英国海权的进度。该理论提倡巡洋舰作战，同时也指出雷击舰应该在数量上超过铁甲舰，当奥步成为法国海军部部长之后，"青年学派"理论于 1886—1887 年在法国达到鼎盛时期。1882 年，德国海军实力仅次于英、法，但到1892 年，德国海军装甲舰总吨位在欧洲列强中仅高于奥匈帝国。

在施里芬计划中，两线战争实际上变成先后两次一条战线战争，而西线则排在首位，退役后，施里芬还告诫他的继任者，称德国东部诸省的命运将在法国的塞纳河上而不是在德国东部的维斯瓦河上决定。普鲁士传统的作战计划非常关注战争中的不确定性，即克劳塞维茨所说的那种难以预测的"战争的阻力"。[2] 而施里芬计划将一个非常周全、非常严密的计划强加于敌人，幻想敌人只能被动地应付。[3] 计划没有考虑兵力对比上的基本态势，基本不考虑法军的反击及其后果，没有考虑如此大范围迂回包围的难度，基本没有考虑后勤问题。而且，施里芬计划只立足于最坏情况下的军事战略，使德军在面临国际危机时，要么完全无所作为，要么孤注一掷地打一场全面战争。

提尔皮茨上任后，于 1894 年起草了"第九号备忘录"，在其中提出了

① G. Ritter, *The Schlieffen Plan*: *Critique of A Myth*, trans. by Andrew and Eva Wilson（London：Oswald Wolff, 1958；reprint ed., Westport, C. T., 1979），p. 100；F. Von Bernhardi, How Germany Makes War（GH Doran Company, 1914），pp. 153 – 155；*The Outbreak of the First World War*：*Selected Documents*（Batsford, 1967），p. 357.

② 克劳塞维茨：《战争论》第 1 卷，中国人民解放军军事科学院译，商务印书馆，1995，第96 页。

③ D. E. Showalter, "Total War for Limited Objectives：An Interpretation of German Grand Strategy," in Paul Kennedy, ed., *Grand Strategies in War and Peace*（New Haven, C. T.：Yale Uiversity Press, 1991），pp. 105 – 123, 112.

风险舰队理论,"我们的世界政策是通过北海这根杠杆,无须直接卷入其他地区即可影响全球局势"。① 马汉和提尔皮茨的海权战略学说,延缓了德国陆权建设,还将海上力量的发展提高到历史哲学层面,使海上力量与国家的兴衰紧密地结合起来,形成了一种抽象的、带有普遍性的模式,加之英、法、俄、美等大国都掀起了扩建海军的浪潮,1890—1897 年,德国采取逐渐有限地扩充陆军的政策,目的在于达到法、俄两国实力的总和。1897—1911 年,陆军发展陷入停滞,三项小规模的陆军法案仅增加 3.5 万人。1911 年,提尔皮茨承认,风险舰队不过是一个便于向大众宣传的口号。1918—1920 年,德国能拥有一支不少于 60 艘战列舰的舰队,至少与英国在北海处于战略均势。② 因此,提尔皮茨的"风险舰队"理论只是海权战略转型的一个过渡或一个幌子,其真正的目标是要动摇甚至摧毁英国的海上霸权,属于纯粹的进攻性战略。

海上进攻性战略学说主导地位确立。德国海军司令部翻译了马汉的战略学说,提尔皮茨授意帝国海军部宣传,德国义务教育体系的海权理念灌输、让知识分子宣扬海权学说、成立德国海军协会,促成了 1898 年海军法案的通过(远比 1897 年的海军拨款议案更加雄心勃勃)。德国海军的服役门槛打破了贵族垄断,中产阶级也可以加入海军并晋升为高级军官,得到民众广泛支持,有助于高效汲取所需的人力资源。到 1899 年秋,提尔皮茨从威廉二世那里争取到严格的审查制度,从而更加有效地压制海军军官团内的不同意见。③ 此外,提尔皮茨争取了许多学术界的名人,据统计,有270 名著名的大学教授直接为海军的宣传提供过支持,其中包括汉斯·德尔布吕克、马克斯·韦伯等世界级学者。④ 1898 年,他支持成立了民间组织"海军协会",1914 年成员激增到 110 万人左右。

(三) 战略目标

俾斯麦德国的总体战略目标反映在由俾斯麦口授的《巴特基辛根备忘

---

① Paul M. Kennedy, *Strategy and Diplomacy*, *1870 - 1945*, p. 133.
② N. Rich, *Great Power Diplomacy*, *1814 - 1914*, pp. 374 - 375.
③ Ivo Nikolai Lambi, *The Navy and German Power Politics 1862 - 1914* (Boston: Allen&Unwin, 1984), p. 166.
④ J. Steinberg, *Yesterday's Deterrent: Tirpitz and the Birth of the German Battle Fleet* (Macdonald, 1965), p. 41.

录》中，体现出放弃领土占领、舰队建设和全球帝国的战略取向，追求有利于德国的欧陆均势，并避免与海权强国的直接对抗。而威廉二世德国虽然提出了雄心勃勃的世界政策，却缺少大战略目标，代之以具体的海权和陆权等更为军事层面的战略目标。具体来看，这两个时期的德国在应对地缘威胁、海外利益、国家威望、军事偏好等具体目标上，呈现出截然不同的战略取向。

1. 制衡地缘威胁：相对安全 VS 绝对安全

俾斯麦德国并不执着于追求绝对意义上的安全，而是建立和巩固联奥、拉俄、亲英、反法的大陆联盟体系，利用 1885 年的保加利亚危机、1887 年的两次《地中海协定》，实现了大国之间的战略平衡和德国的相对安全。而威廉二世德国则试图追求国家的绝对安全，认为德国必须效仿英国或法国来取得全球帝国的地位，否则，德国最终不可避免地转变为另一个荷兰或瑞典，其安全和利益将总是受到更强大国家的威胁。威廉二世德国的决策层一直近乎偏执地对外部敌对性同盟的包围和进攻过度疑虑，军方参谋人员总是以全部的邻国同时进攻作为战备的依据，德国的进攻性同盟战略也充分体现了"绝对安全"的思路，而对绝对安全的追求反而造成绝对的不安全感。[1] 陆军世界第一的德国，进一步追求强大海军无疑会引起英、法、俄的担心，促使反德联盟形成。羞辱大国却未同时削弱其实力向来是很危险的游戏，这正是俾斯麦所极力避免而威廉二世所不断挑战的底线。威廉二世德国更偏重于依靠自身强大的战略实力，威慑地缘对手成为盟友，认为其他大国更倾向于追随而不是制衡最强大或最具威胁的国家。

2. 海外利益：限制海外利益诉求 VS 全力扩张海外利益

俾斯麦德国压制海外利益诉求。如果一个国家既不靠陆路保卫自己，也不靠陆路扩张领土，而完全把目标指向海洋，那么这个国家就比以大陆为界的国家具有更有利的地理位置。按照马汉对适合海权崛起的国家的地理条件论述，德国面临很大的地缘劣势。在俾斯麦看来，德国获取殖民地的政治经济成本过高，而收益甚微。殖民地增加了德国的弱点，因为殖民地只能由强大的海军保护，而德国作为陆海复合型国家，不适合在拥有世界第一陆军的情况下同时发展强大的海军。而只要德国避免对海权的偏

---

[1]　亨利·基辛格：《大外交》，顾淑馨等译，海南出版社，1998，第 165 页。

执，就可以在地缘策略分析中忽视英国，俾斯麦使柏林成为"国际关系的焦点"。

俾斯麦在殖民问题上保持了足够的灵活性，这种灵活性从 1873 年以来的经济危机一直持续到 19 世纪 80 年代，因此，俾斯麦想让尽可能多的殖民地对德国经济企业保持开放。① 但俾斯麦并没有像威廉二世那样被推着走，也没有与之僵硬对抗，而是通过领先于潮流的方式来限制它，即在这些势力形成完整的政治诉求之前就果断给予其可能要求的结果，从而实现控制和驾驭的目的。

威廉二世德国扩张了海外利益。到 19 世纪 90 年代后期，德国的海外利益进一步扩展，保护海外利益的动机增强。1873—1895 年，德国商船总吨位数增长了 150%，海外出口总额增长了 200% 以上，食品供应严重依赖进口，德国海外贸易总额位居世界第二，但 1895 年德国舰队总吨位还不如意大利。② 然而直到 1895 年，德国对外贸易的 60% 是与欧洲邻国进行的，其余大部分海外贸易也主要是和美国进行的，而与其他海外殖民地的贸易忽略不计。③

随着英德关系恶化，德国认为有必要增强海军力量，为本国海外利益提供保护。④ 德国将海军建设与海外利益挂钩，将海外利益与大国地位联系在一起。美西战争中西班牙的失败刺激了德国人："我们必须避免让自己在英国那里遭受到西班牙在美国那里遭受的命运。"⑤ 1900 年，英国皇家海军在对南非布尔人进行封锁时扣押了没有运载违禁品的德国邮轮，这刺激德国进一步提升海权实力。1914 年，霍尔维格拟订了九月计划，预想建立一个横跨大西洋、印度洋、非洲大陆的殖民帝国。海外扩张所带来的不利影响很大程度上被有意忽略。向拉丁美洲冒险只能以与美国进行战争为代价，在中国扩张受到俄、英、日、法等国的排挤，建造巴格达铁路使英俄都惊恐不安，想夺取葡萄牙殖民地遭到英国阻拦。非洲的绝大部分战略和经济要地都被英、法等国瓜分完毕。德国缺少日本那样的远离列强中心的侧翼

---

① N. Rich, *Great Power Diplomacy, 1814 - 1914*, p. 237.
② N. Rich, *Great Power Diplomacy, 1814 - 1914*, p. 372.
③ *European Historical Statistics, 1750 - 1970* (Springer, 1975), pp. 511 - 547.
④ *The Navy and GermanPower Politics, 1862 - 1914*, p. 156.
⑤ W. Langer, *The Diplomacy of Imperialism: 1890 - 1902*, Vol. 1, p. 656.

孤立式崛起环境，威廉二世德国过于明显的海外殖民战略倾向只会加剧英国的敌意。

3. 国内政治压力：疏导手段 VS 满足目标

俾斯麦巧妙化解国内政治压力并进行疏导，以之作为战略转型的手段；而威廉二世德国则将满足国内诸多政治势力的诉求作为战略转型的目标之一，致使国家的战略目标不能与海权和陆权战略手段实力相匹配。

国内政治压力使俾斯麦从拒绝殖民扩张转为有限的海外殖民。1873—1896 年大萧条刺激下形成的"铁麦联盟"，很大程度上塑造了德国整体的外交政策。俾斯麦德国为了迎合国内政治支持，从拒绝殖民转为有限的殖民扩张。民主政治不断盛行，加速了民族主义和帝国主义在德国的传播和影响。尤其是帝国主义的支持者，普遍鼓吹德国迫切需要海外殖民地，在德意志殖民联合会、德意志殖民协会等组织的反复宣传下，殖民扩张成为德国社会的主要共识之一，其背后则是部分轻工业和制造业的资本家和以汉堡与不来梅等地的商业资产阶级组成的利益集团，对俾斯麦政府构成一定的决策压力。但俾斯麦依然保持着对国内政治局势的宏观把控，并成功将国内政治压力作为有益的手段，促使德国采取渐进式的战略转型。

俾斯麦之后的德国则不断迎合国内各种政治舆论的诉求，并将满足这些诉求作为目标。威廉二世本人倾慕自由主义的英国，讨厌专制主义的俄国，符合了德国国内多数政治势力的口味，自由派的左翼、社会民主党、天主教的中央党都表示支持。保持英德关系的紧张有助于要求更多的海军军费，符合海权派的利益。海军在军官录用方面打破了门第之见，几乎完全向中产阶级敞开大门。1899—1918 年，海军参谋部的 10 任参谋长中只有一名是有头衔的贵族，同期担任参谋部部长的 48 名军官中，5 人是贵族出身，其中只有 2 人是真正有头衔的贵族。[①] 所以，海军的迅速扩大满足了德国中低阶层要求改变政治地位的需求，很容易形成强大的社会基础。

后来德国试图扭转海主陆从的战略，却发现面临强大的国内阻力。扩建海军在德国已经成为一项全国性行动，无论是民众的情感还是王室的威望，都不允许就此罢休。而且，海军扩建产生一大批既得利益者，尤其是

---

① J. Steinberg, "The Kaiser's Navy and German Society," *Past & Present*, Vol. 28, 1964, pp. 102 – 110, 105 – 106.

重工业集团。德国海军办公厅在1912—1913年的统计表明，海军的订单占克虏伯公司总产量的12%，总额为5300万马克。① 此外，还涉及一大批产业工人的就业，德国军队和政府完全分开，军队内部陆海军之间也是各自为政，作为政府首脑的宰相和其他文官无权干预海军事务，陆军也不可能对海军施加任何直接影响，加之拥有最高权力的威廉二世大力支持海军扩建，海军国务秘书提尔皮茨和海军办公厅主任冯·缪勒在德国政界的影响力又极大，决定反对海军扩建的政治力量很难发挥影响。

4. 军事及战略偏好：有无大战略

俾斯麦德国的外交战略与军事战略有机协调，使海权和陆权战略从属于国家大战略。俾斯麦本人与老毛奇就外交和军事进行了有效的协调，防止了德国对外采取军事进攻等冒险性行动，配合了整体的外交战略。在1875年德法战争危机和1877年保加利亚危机期间，德国军界部分人士都主张发动预防性战争，这与俾斯麦维持现状的政策相冲突，但普鲁士军队总参谋长老毛奇会经常就军事战略和规划与俾斯麦进行协调和沟通。尽管德意志第二帝国的战略决策缺乏有效的协调体制，但俾斯麦与老毛奇在外交与军事上的互通有无，还是确保了该时期德国的大陆守成战略得以维持，使德国快速崛起的国力没有在外交和军事上过度反弹。而在海权和海军建设方面，俾斯麦也适当压制海上力量崛起的速度和资源投入比例，使其整体上符合德国陆主海从的地缘战略方针。

俾斯麦和老毛奇之后，德国国内政治权力缺少统筹协调，没有一个总体军事规划机构（类似于英国的帝国防务委员会和法国的最高战争委员会），德皇掌管军事政策制定，由他分派给陆军部、参谋本部、海军参谋部、宰相府等诸多机构，缺乏各军种的联合规划。小毛奇认为英德开战会导致海上统治权转移到美国，所以幻想英国被迫中立，排除了军事规划中的外交因素。施里芬计划也没有为和平的外交解决留出足够时间。威廉二世不能履行自己在大战略层面或者任何其他层面上行使统帅权的历史和宪法义务，贝特曼·霍尔维克不能或拒绝在决定防务政策或者协调陆海军战

①　Jack Snyder, *Myths of Empire: Domestic Politics and International Ambition* (Ithaca and London: Cornell University Press, 1991), p. 108.

略和资源方面发挥直接作用。① 在决定防务政策或协调陆海军战略资源方面，贝特曼·霍尔维格不能或拒绝发挥直接作用。德国宰相贝特曼·霍尔维格也是在 1912 年 12 月才知道计划的内容，他在 1914 年 7 月悲叹道："向每一方挑战，又妨碍了每一方，而且在所有这些进程中实际上削弱不了任何一方。"②

决策层为建立强大的海权力量，不惜放弃与英国结盟的可能性，主动制造海上威胁。德皇威廉二世外被称为"舰队皇帝"，除了"德意志帝国海军元帅"这一头衔外，他还是俄罗斯帝国海军、英国皇家海军、瑞典海军、挪威海军、丹麦海军的海军上将，也是希腊皇家海军的荣誉海军上将。1894年，威廉二世声称，"岂止是阅读，简直是在吞咽马汉上校的著作，并尽力背诵下来"。③ 1897 年 3 月，威廉二世就把德国未能有效向希腊施加压力归因为海军实力不足，把英德贸易谈判（商贸条约）失败也归因为海军实力不足。提尔皮茨认为，"英国是德国最危险的海上敌人，我们迫切需要强大的海军，作为制衡英国的政治筹码"。④ 1914 年，贝特曼·霍尔维格拟订了九月计划，预想德国在欧洲和非洲进行大范围扩张，建立殖民帝国，将力量扩张到从大西洋到印度洋的横跨非洲大陆的广袤地区，其对海权和殖民地的偏执追求超出了大战略目标的整体谋划。

三　结语

总体来看，俾斯麦德国的战略逐渐从普鲁士时期的欧陆韬光养晦和追随英国的政策，过渡到在欧洲和海外事务中有节制地有所作为，不被其他大国左右，即保守而渐进的大陆守成战略。尽管也存在无法将其对外政策制度化、在内政上也无法提供后继者可遵循的蓝图、对俄德同盟没有续约要负部分责任等缺陷，但整体上促进了德国的陆权稳固和海权崛起，带来三个相互影响的有益效果：第一，由陆向海的地缘战略转型与构建稳定的大

---

① Friedrich von Berhardi, *Germany and the Next War*, trans. by Allen H. Powles (1912; New york; Longmans, Green, 1914), p. 21.

② 保罗·肯尼迪：《大国的兴衰：1500—2000 年的经济变迁与军事冲突》，第 208 页。

③ *The Navy and German Power Politics*, 1862 - 1914 (London, 1984), p. 34.

④ J. Steinberg, *Yesterday's Deterrent: Tirpitz and the Birth of the German Battle Fleet*, p. 209.

国关系并行不悖；第二，对地缘战略格局变动审时度势，使海权和陆权战略从属于国家大战略；第三，构筑的大陆联盟体系呈现出防御性和非分裂性特点。

威廉二世德国的地缘战略转型存在严重的不足和失误：第一，海权和陆权战略取代了国家大战略，类似《巴特基辛根备忘录》的大战略谋划，在俾斯麦之后完全绝迹，取而代之的是施里芬和提尔皮茨的军事规划；第二，缺乏外交与军事的有机协调；第三，对地缘威胁的夸大，使其成为自我实现的预言；第四，夸大了德国对海外殖民地和海外贸易的依赖性；第五，海陆战略资源分配分散化；第六，地缘联盟战略充满了进攻性和僵化色彩；第七，坚信进攻优于防御和军事计划的确定性观念。

当代中国与德意志第二帝国有一定的相似之处：同属陆海复合型国家，都面临不同程度的由陆向海的地缘战略转型趋势，都有着悠久的大陆主义传统，都容易受到海陆强国的双重制衡，都需要处理崛起大国与守成大国的结构性矛盾，都面临海陆资源分配分散化的潜在问题，都有着不同程度的海外利益需求和产能过剩问题，都处于民族主义勃兴的国家背景下；中国和俾斯麦德国都执行了较为稳定的韬光养晦政策，都更为关注统一和发展成果，都倾向地缘战略的防御性和守成性，都把海权和陆权力量看作手段而不是终极目标，都推行维持大国平衡的和平崛起。这使俾斯麦德国战略转型的历史经验可以给中国带来借鉴和启发。

但当代中国与俾斯麦之后的德国存在本质不同：中国由陆向海转型的动机是实现经济性、制度性、军事性和道义性的全面崛起，而德国更在意军事崛起；中国的地缘战略转型是出于防御的目的，不想取代美国的霸主地位，而德国的地缘战略转型以扩张为主导，试图挑战英国的海上霸主地位；与德国主导成立同盟国不同，中国倡导不结盟；德国秉持进攻有利和战争不可避免的观念，中国认为二次核打击能力有助于防御占优，中美之间的大战可以避免；德国认为地缘崛起更可能导致别国的追随而不是制衡，中国对崛起可能引发的大国制衡有着清醒的认知。

从俾斯麦德国和威廉二世德国的地缘战略转型来看，中国的韬光养晦和有所作为同等重要。如果国家实力和全球影响力大增后还是实行崛起之前的韬光养晦策略，那么既不能缓解崛起的压力，也不能有效实现本国利益。而如果因为国家崛起后，就完全放弃韬光养晦，试图在各个领域都寻求完全意义上的有所作为，那么也可能导致崛而不起或难以实现转型。因此，中国的地缘崛起应该结合韬光养晦和有所作为的优点，走一条折中的由陆向海转型的道路。中国既要维持陆上安全的稳定和加快经济建设，也要为本国的持续崛起提供足够的海外经济区；既要突破陆海复合型国家的战略困局（如海陆资源分配分散化），也要尽可能化解与其他强国的地缘冲突；既要避免被联盟绑架，也要阻止敌对包围联盟的形成。中国的地缘战略转型与和平崛起是一脉相承和互相促进的，需要保持足够的战略远见。

韦伯的方法论作品与德国学科争论

栗河冰[*]

马克斯·韦伯在 20 世纪初撰写的一系列与方法论相关的作品，与其所处的时代背景和知识界的动态有密切的关联。本文是对韦伯的方法论作品换一种理解角度的尝试，希望据此窥见韦伯时代德国科学和文化知识界的部分动向和面貌。

一　韦伯的方法论作品

"韦伯的方法论作品"是比较模糊的泛称。从广义的角度来讲，韦伯所有作品的字里行间，都或多或少带有关于方法论的真知灼见。韦伯的思想博大精深，本文只将讨论对象聚焦于集中韦伯方法论思想作品的最主要的文集——《科学学说文集》（*Gesammelte Aufsätze zur Wissenschaftslehre*，通常简称 *WL*）。韦伯关于方法论单独成篇的文章，大部分都被收入这部文集。自 1922 年第一版问世之后，这部文集又相继推出 1951 年、1968 年、1973 年、1982 年、1985 年、1988 年版本，一共出了七版。[①] 这部文集被视为社会科学的经典理论文献，特别是社会学的开创性文献。

长久以来，韦伯被视为"社会学"的建立者之一，因此有众多的研究

---

[*]　栗河冰，北京大学历史学系德国史专业 2015 级博士研究生。
[①]　第一版由韦伯夫人编辑，第二版到第七版的编辑者是约翰内斯·温克尔曼（Johannes Winckelmann）。

者从当代的"社会学"视角看待韦伯的方法论作品。对这部文集的关注和研究，目前有两种明显的趋向。首先，因为这部文集收录的大部分文章是具有争论性质的机缘之作，且具体涉及国民经济学、历史学、法学、心理学等多种学科，甚至有一些还标有"将有另一篇文章"的注脚，因此不少读者只阅读其中被认为是比较重要的几篇，尤其是 1904 年的《社会科学认识和社会政策认识的"客观性"》、1906 年的《文化科学逻辑领域的批判研究》、1917 年的《社会学与经济学的"价值中立"（Wertfreiheit）的意义》以及 1919 年的《科学作为职业》，[①] 对其他的文章关注较少，这样难免会忽略这部文集的整体感和历史时代性。而韦伯的方法论作品，既是理论建构，也是经验之谈。其次，值得指出的一点是，虽然韦伯被视为诠释社会学的创始人，但在韦伯自己的时代，他是一位经济史学家，而当时的历史学、经济学和社会学也尚未发展到今天的状况。只从当代的社会学视角理解韦伯的理论和观点，难免显得单一，而结合 19 世纪末 20 世纪初德国学界的背景看待这些当时的争论之作，就能获得一些新的意义和启发。

《科学学说文集》的第一篇是《罗舍尔与肯尼斯和历史的国民经济学之逻辑问题》。这篇文章的写作缘由是海德堡大学计划出版纪念文集，向韦伯约稿。罗舍尔和肯尼斯是韦伯的国民经济学界前辈，历史学派的创立者和代表人物。这篇讨论逻辑问题的长文，谈到了国民经济学的方法论之争（Methodenstreit）。国民经济学领域的争论始于古典学派的领袖人物门格尔于 1883 年发表的《经济学方法论探究》。门格尔向当时在德国居于支配地位的历史学派发难，反对历史学派提倡的"历史的方法"，认为历史学派所秉持的这一研究范式的错误在于只研究历史细节，否认经济现象具有规律性，否定了经济学作为精确科学的地位。他认为，经济学理论研究的任务是揭示经济活动的"精确"规律，所以其基本方法应该是抽象演绎，必须借助于理性的思考。门格尔把政治经济学归入自然科学。在他看来，政治经济

---

① 例如，WL 大多数译本的做法都是选译客观性、文化科学逻辑和价值中立这三篇文章，比如，希尔斯（Edward Shils）和芬奇（Henry Finch）的 1949 年英译本。在大陆有多个译本，其中影响比较大的是韩水法译本和李秋零译本，均选译这三篇，书名均为《社会科学方法论》。如韩水法译本的三篇章名分别为《社会科学认识和社会政策认识中的"客观性"》、《文化科学逻辑领域内的批判性研究》、《社会科学和经济科学"价值无涉"的意义》；李秋零译本的三篇章名分别为《社会科学认识和社会政策认识的"客观性"》、《文化科学逻辑领域的批判研究》、《社会学与经济学的"价值阙如"的意义》。

学的任务就是发现经济生活的规律，而且他坚信，这些规律近似于自然规律。历史学派重视史料的搜集和整理，推崇历史归纳研究法，认为"经济学与社会科学的研究目的和历史研究一样，就是要清晰地再现具体现实的特殊性质"。① 双方随后争执了二十多年。② 表面上是两派围绕归纳法和演绎法在经济学研究中的地位和作用进行的争论，但实际上他们的分歧触及认识论的范围，对学科研究对象的理解定位和研究范围的划分，影响着他们对方法的认知和取舍。

《在"文化科学的逻辑"这个领域的一些批判性的研究》一文是韦伯与历史学家迈尔的辩论。③ 迈尔的著作与当时德国历史学界的兰普莱希特争论有关。④ 韦伯在这篇文章中分析讨论的是历史学的研究对象是什么，以及历史学的逻辑本质等方面的问题。《施塔姆勒之克服唯物论的历史观》及其补遗的文章，是书评和意见交锋之作。⑤ 施塔姆勒提出社会科学正处于摇摆混沌状态，其不确定性的地位引出了如下问题：社会生活中能否确立法则般的规律，堪比自然科学的自然法则，抑或社会生活与自然之间存在根本差异？若存在根本差异，那么在何种程度上有理由把自然科学的方法与概念工具应用于社会科学问题。他将自己的书视为是社会科学基础的认识论研究，意在探讨统一适用于所有社会性生活的概念与基本原则。韦伯对施塔姆勒所构建的概念进行了仔细的分析和批驳。

《边际效用学说与心理物理学的基本法则》和《能量学的文化理论》两文原本是书评，前者评论的是布伦塔诺的《价值学说的发展》，⑥ 后者评论

---

① 玛丽安妮·韦伯：《马克斯·韦伯传》，阎克文、王利平、姚中秋译，商务印书馆，2010年，第 392—394 页。

② 争论的过程，可参见王静宜《门格尔与施穆勒的经济学方法论之争》，硕士学位论文，河北大学，2010。

③ 迈尔（Edward Meyer, 1855－1930），德国历史学家，其著作《论历史学的理论与方法》（Zur Theorie und Methodik der Geschichte）1902 年在哈勒出版。

④ 关于"兰普莱希特争论"的细节，可参见柏悦《"兰普莱希特争论"初探》，《史学史研究》2015 年第 4 期。

⑤ 施塔姆勒（Rudolph Stammler, 1856－1938），德国法学家，韦伯所评为其著作《历史唯物主义的经济与法律：一项社会哲学研究》（Wirtschaft und Recht nach der materialistischen Geschichtauffassung：Eine sozialphilosophische Untersuchung）的第二版，该书 1906 年在莱比锡出版。

⑥ 布伦塔诺（Franz Clemens Brentano, 1844－1931），德国国民经济学家，其著作《价值学说的发展》（Die Entwicklung der Wertlehre）1908 年发表于慕尼黑。

的是奥斯特瓦尔德的《文化科学的能量学基础》。① 这两部著作是当时试图以自然科学规范统括人文科学的典型代表。布伦塔诺将国民经济学中的"价值理论"与心理物理学中的韦伯－费希纳定律联系在一起，韦伯对此予以反驳；奥斯特瓦尔德则以化学和物理学中的能量概念去诠释文化学科的研究对象，韦伯认为奥斯特瓦尔德犯了与马赫一样的错误：在逻辑方面将某些特定的自然科学的抽象形式绝对化为"科学性的思维"的一般尺度。②

　　韦伯自身对这些方法论文章很重视。1919 年，韦伯给出版商保罗·泽贝克（Paul Siebeck）写信时提到自己想要出版一本"方法论－逻辑学文集"（eine Sammlung der methodologisch-logischen Aufsätze），并点明了他自己认为可以考虑收录的文章，如与迈尔、施塔姆勒等人的辩论文章，不过这一构想并未在韦伯生前实现。1922 年，韦伯夫人将一些性质相近的文章集结成册出版，其目录跟韦伯最初的设想不尽一致，后来温克尔曼编辑出版的版本，是在韦伯夫人版本的基础上微做调整。文集中收录的文章写作时间从1903 年到1917 年，跨越 14 年，间接反映出韦伯在这一思想领域所下功夫与重视程度之深。③ 虽然成书并非韦伯亲自动手审定，但从其形成和内容来看，它符合韦伯最初的设想和定位。有研究者认为，文集中所收录的文章不只是一些零散的"没有深刻的统一性与意义的争论与机缘之作"，而是贯穿着一个"涉及所有学科的整体之种种基本问题"之"相连属且统一的提问"。换言之，其中事实上包含一套有系统的"科学学说"，只是没有系统的解说而已。④ 这些作品的确具有更强的时代感，想更多地理解它们所传递的信息，就有必要追踪当时的历史大背景和德国学者的知识观念传统。

---

① 威廉·奥斯特瓦尔德（Wilhelm Ostwald, 1853－1932），出生于拉脱维亚的德籍物理化学家，物理化学的创始人之一，1909 年因其在催化剂的作用、化学平衡、化学反应速率方面的贡献被授予诺贝尔化学奖。《文化科学的能量学基础》（Energetische Grundlagen der Kulturwissenschaft）于 1909 年在莱比锡出版。

② Max Weber, *Gesammelte Aufsätze zur Wissenschaftslehre*, 7. Aufl（Tübingen：Mohr, 1988），S. 401.

③ Friedrich Tenbruch, Von Harald Homann（Hrsg.），*Das Werk Max Webers：gesammelte Aufsätze zu Max Weber*（Tübingen：Mohr Siebeck, 1999），S. 11.

④ Friedrich Tenbruch, "Abschied von der 'Wissenschaftlehre'," in J. Weß（Hrsg.），*Max Weber Heute. Erträge und Probleme der Forschung*（Frankfurt am Main：Suhrkamp），S. 90－115.

二　19 世纪末关于学科分类的争论

在《罗舍尔与肯尼斯和历史的国民经济学之逻辑问题》的开篇，韦伯写道，罗舍尔将对实在所做的科学上的处理区分为两类，并分别称为"哲学的"与"历史的"：一方面是在消除实在中的种种"偶然"之下，以通则化的抽象方式进行概念性的掌握；另一方面则是对实在就其完全的实在性进行描述性的复述。这让人马上想到今日流行的法则与实在科学（Gesetzs-und Wirklichkeitswissenschaften）的区分，这一区分在代表前者的精确的自然科学与代表后者的政治史之间的方法的对立中表现得最为尖锐。

"法则科学"是对自然科学的称呼，因为在 19 世纪的学者们看来，自然科学有精确的法则；而"实在科学"又被称为"文化科学"（Kulturwissenschaften），它与前者的区分和对立，正是当时的德国科学面临的时代问题。争论不仅发生在经济学领域，当时整个德语区大学的学者之间，哲学、历史学、物理学、心理学等学科中都存在类似的争论。韦伯夫人在韦伯传记中简洁明了地概括了这场争论产生的背景和缘由：

> 韦伯遇到的逻辑学和认识论的中心问题就是自然科学与所谓人文科学之间的重大冲突。在狄尔泰、文德尔班、齐美尔以及李凯尔特的带领下，绝大多数当代逻辑学家和哲学家都参与了这场冲突。争论还扩展到了经验科学领域。自然科学的巨大成就产生了这样一种信念，即"理性"地认识整个现实是可能做到的，这是一种既摆脱了形而上学也摆脱了个别偶然性的认识。一种普遍适用的方法可以也应当在它的全部范围中占据显著地位，而且只有用这种方法得出的结论才有权称作确凿的真理；不能被这种方法包容的就不属于科学的范畴，而是属于"艺术"。作为一种方法和世界观的"自然主义"要求统领所有的生活与思想领域。"人文科学"则以集中证明自身建立在不同论题基础上的特殊性和独立性进行了自我辩护。①

---

① 玛丽安妮·韦伯：《马克斯·韦伯传》，第 392—393 页。

这些论战涉及对学科的认识、分类、研究对象区分和研究方法等，正是德国科学面临的挑战。19 世纪是自然科学大发展的时代，"大约从 1850 年起，受广泛传播的实验方法的影响，自然科学的程序和方法也被运用于德国的道德和政治学中"。① 讲究经验和实证的知识观念渗入文化科学的研究理论和方法之中，确实推动了文化科学的发展，却也对德国许多社会文化学科的传统理论根基造成了根本性的动摇。沃林格这样解释实证主义的危险："实证主义对科学的摧残来源于两项根本假定。第一，自然科学的辉煌成就与其他因素共同促成这样的预设：使外部世界数学化的各门科学所运用的方法具有某种内在的优点。所有其他科学如果遵循这些科学的范例并接受这些方法作为典范，也将获得同样的成功。……这个信念之所以变得危险，是因为它与第二个预设相结合，那就是，自然科学方法是评价理论相关性的普遍标准。在这两个预设相结合的基础上导出一系列广为人知的论断：对现实的研究只有被运用自然科学方法时才有资格被称为科学；……这项预设使理论相关性从属于方法，从而颠覆了科学的意义。"②

这种对危险的警觉使德国学者们认为有必要重新定义科学和学科，维护人文学科的地位和价值。用李凯尔特的话说，"人们应该致力于形成这样一个科学概念，它把那些名为一般科学的东西都包括在内。为了达到这个目的，首先要考虑这样一个事实，即科学并不是在任何地方都采用自然科学方法或普遍化方法这一种形式"。③ 为了做到这一点，学者们给出了各自的方案。他们对自然科学和人文科学之区别的认知，影响到他们对学科划分和研究对象的认知。在哲学界，具有代表性的是新康德主义哲学家李凯尔特。他认为自然科学是"普遍化"的，它们关心各类现象所共有的同质方面，拥有一个普遍性的概念与法则体系。而历史学及相关学科是"个别化"的，它们关心的是具体事件和对象，特别是那些作为文化现象而具有"意义"的事件与对象的特殊性。这些受人类行为决定的事件就是以各种法则为基础的历史科学以及其他专门建立的科学的对象，李凯尔特把这些法

① 安托万·基扬：《近代德国及其历史学家》，黄艳红译，北京大学出版社，2010，第 18 页。
② Eric Voegelin, *The New Science of Politics: An Introduction* (Chicago: The University of Chicago Press, 1952), pp. 4 – 5.
③ 李凯尔特：《文化科学和自然科学》，涂纪亮译，杜任之校，商务印书馆，1991，第 52 页。

则同自然科学区分开来，称之为文化科学。[①] 李凯尔特认为社会科学的认识目标与自然科学不同，不是一个普遍概念与法则体系，而是具有文化意义的人类行为的某些方面，是一些具体现象和关系的特殊性，所以自然科学从普遍化方面处理研究对象，而人类行为要从个别化方面处理。[②] 狄尔泰则不同意从方法上划分自然科学和文化科学，认为正确的研究途径应从两者不同的对象入手。他强调人的直觉和心理因素，主张以"精神科学"的名称替代文化科学。

在具体的学科领域，学科争论的层面更丰富，方法论和认识论的问题交织在一起。以历史学界的争论为例。在当时的德国史学界，发生了一场"兰普莱希特争论"。历史学教授兰普莱希特从 1891 年开始，先后出版 19 卷《德国史》，提出"文化史"的概念，认为历史是"人类社会—心理发展的过程"，历史研究应该以除国家和民族的政治及外交活动以外的人类过去的全部活动（文化活动）为对象；应当在坚持传统研究方法的前提下，吸收其他学科先进的方法，与社会学、心理学等学科合作。他宣称社会群体心理是推动人类历史发展的决定性力量，心理学是历史科学的基础，仅仅依靠史料批判方法不足以发现历史真相，只有借助因果规律才能将历史科学提升到与自然科学的科学概念相对应的科学的高度。[③] 这种提法在德国史学界引发了大震荡。19 世纪自 20 年代兰克将历史研究专业化和职业化之后，以发掘利用原始资料、考证辨伪和客观描述为主的兰克史学便成为德国史学界的主流，甚至被视为传统史学的代名词。进入 19 世纪后半期之后，随着俾斯麦的上台和德国的统一，在现实政治力量和民族主义思潮的助长之下，以德罗伊森、济贝尔和特赖奇克为主要代表的"普鲁士 - 小德意志"学派崛起，宣扬历史学的政治功用，鼓吹强权政治，使政治史在史学研究领域占据了绝对权威地位。在这种背景之下，兰普莱希特不成熟的理论建构和眼高手低的研究瑕疵，让他的著作和言论遭到整个德国史学界的激烈反对和声讨。兰普莱希特被斥责为照搬自然科学和宣扬实证主义，并没有在文化学科的重镇历史学领域为德国学界带去强劲的革新之风。在 19、20

---

① 李凯尔特：《文化科学和自然科学》，第 22 页。

② 李凯尔特：《文化科学和自然科学》，第 49—50 页。

③ Karl Lamprecht, "Was ist Kulturgeschichte? Beitrag zu einer empirischen Historik," in *Deutsch Zeitschrift für Geschichtwissenschaft* (Neue Folge 1, 1896/97), S. 75 – 150.

世纪之交，英国、美国、法国的历史学家开启了从传统史学向新史学转移的探索之路，但德国的史学教授们坚持德意志民族与国家的历史主线，固守兰克史观和政治史编纂，强调历史的个别性、特定性和偶然性，在相当长的一段时期里，游离于西方史学研究的主要潮流之外。

宣扬实证主义是兰普莱希特的"罪名"之一，这代表了当时相当数量的德国学者对实证主义的态度。在学科争论中，与实证主义的对抗是一场重头戏。"实证哲学的目的是把社会现象从神学和形而上学强加在它身上的约束中解放出来，并把物理学、化学和生物学中比比皆是的法则的科学理论照原样引进社会研究中。"① 前一个目的有助于学科的独立和发展，后一个目的则给学科带来了危机。这种一统科学世界的方式具体到19世纪各学科的发展情况和部分学者的尝试上，无法建立牢固的理论根基，故而在实证主义的方法论广为人们接受的同时，实证主义的哲学遭到弃绝。但实证主义是德国知识转型的重要催化剂，它冲击了旧有的学科观念，使科学进入重塑状态，促进了知识和科学的转型和更新。学科争论刺激了各学科认识论和方法论的发展，影响了德国科学的分类和后续的发展。

三　韦伯的方法论创造工作

韦伯方法论作品的形成，是步步递进、环环衔接的。韦伯在论述罗舍尔与肯尼斯的文章中说，他想检验一下李凯尔特的认识论概念是否适用于政治经济学，在这个过程中他的方法论观念超越了这个目标，他在所有方面都提出了逻辑学问题。联系到韦伯夫人对韦伯这一时期著书立说的背景解说和概况介绍，这也意味着韦伯的写作动机包含能够解决整个文化科学面临的整体问题的期待。故韦伯这些被称为方法论作品的文章，所探讨的范围已经超出方法论的范围，也不只是在今日所说的社会科学的范围，它包含今日所说的人文科学（特别是历史学），也将自然科学与规范科学（尤其是法学）囊括其中，探讨对照，所探讨的并非方法论的问题，而是对整体科学领域的知识理论与逻辑学的分析，以及"知识"或"科学"的意义

① J. W. 汤普森：《历史著作史》下卷第四分册，孙秉莹、谢德风译，李活校，商务印书馆，1992，第609页。

问题。

关于自然学科和人文学科之间的区分，韦伯认为，尽管自然科学与历史文化科学有着不同的出发点和认识目标，但它们使用的是同一类逻辑工具，因为历史科学不仅要考察具体的因果关系，而且要考察支配因果关系的法则。另外，每个领域都有其自身的特殊性。自然科学要求我们有能力对"规律"性事件和作为普遍概念"标本"的现象进行分类，由此进行解释和领会。文化科学则要进行领会、解释和理解。当然，与自然科学不同，文化科学的"领会"本身并不是目的，而只是达到目的的手段。它是为了更好地理解和解释具体现象而探寻支配着各种事件的规律并创立了普遍性概念。韦伯是唯名论者，概念之于他，是方法，是工具，不是目的。

于是，韦伯创造了文化科学这一普遍概念，并把这种用于全部历史中的普遍概念称为"理想类型"（Idealtypus）。韦伯认为，历史学同其他社会科学一样，应该确定一种理想类型，一种适用于任何历史时代的客观的正确形式：它既包含人类的全部经历，又包含价值、意义的所有制约性因素。"毫无意义的无可穷尽的世界大事"可以在这样的理想形式中借助于问题的提出，确定其框架结构。① 这种概念确实与自然科学中的一般概念类似，不过韦伯对它的设想不一样，他将理性类型视为认识的手段，而非认识的目标。它是韦伯为了整个文化科学的科学性而创造的一种研究方法。

"价值中立"是韦伯在文化科学方法论领域提出的另一重要概念。这个概念自提出之后一直争议不断，见仁见智，特别是随着时代的推移和各学科的发展进步，这一概念的适用范围和内涵都在变化和更新，本文对此暂不展开讨论。韦伯本人定义的"评价"很简洁："对一个能被我们的行动影响的现象，把它当作'应予摒弃的'或者'值得赞同的'所做的'实践性'评价。""价值中立"则是"一门特定的科学摆脱这种种类的种种评价而'中立'（Freiheit）的问题，亦即这个逻辑原则的效力与意义"。② 韦伯的话放到当时德国历史的社会和知识大背景之中，其历史和现实意义特别强烈。19 世纪后半期，德国完成了统一，不少学者的思想观念都染上了浓

---

① Max Weber, *Methodologische Schriften* (Frankfurt am Main: S. Fischer Verlag, 1968), S. 67 - 68.

② Max Weber, *Gesammelte Aufsätze zur Wissenschaftslehre*, 7. Aufl., S. 489.

厚的政治色彩和民族主义情绪，这实际上对科学的客观性形成了干扰，妨碍了科学本身的发展和转型。

四 结语

《科学学说文集》的构成和主题是韦伯时代德国学科争论的一个缩影，体现了19世纪末20世纪初知识界发展面临的危机和挑战。在19世纪思想史的整体背景下，德国各个学科领域的争论是对德国科学发展和专业学术研究所面临挑战的应对，是学术发展和知识生产的整体转型的一个细节表现。从历史发展和人类知识增长的角度来看，新旧观念冲突和互动是不可避免的。在19世纪欧洲科学高速发展和进化的时代，在新的思潮和观念的作用下，德国科学家们掌握了新的研究方法，在自然科学和人文社会科学领域取得了丰硕的成果。这些新的研究方法和它们背后的观念，与本来的观念在融合时出现困难。为了维护科学的地位和尊严，德国的学者们开始重审关于科学的种种定义和准则，并尝试以新的眼光和视角探索研究对象的本性，知识的更新也随之而来。

《科学学说文集》中的文章，尽管时效性长短不一，应用性强弱不等，但其在主题和意图上的一致性和整体性，都反映出德国科学转型时代的时代特征和转型探索。韦伯致力于文化科学逻辑和方法的解释与构建，维护"文化生活的科学"领域中"客观有效的真理"，无论是受自然科学精确方法之启迪提出的"理想类型"概念，还是试图为解决价值判断问题提出的"价值中立"概念，都是韦伯契合知识转型这一时代要求做出的创造性工作。

在争论中，德国学者表现出一些思想传统方面的特点，它们影响到对科学的定义和理解，也影响到争论的结果。德国学者对科学的认识和定义，沿袭康德哲学唯心和先验的特征。这种先验的习惯，与讲究感觉经验的实证主义形成对立或强烈的冲突，无疑也是学科争论旷日持久难以解决的动因之一。

虽然在韦伯时代，德国的自然科学和人文科学都取得了辉煌的成就，但德国学界的知识转型因为种种现实和精神方面的原因，在许多领域并没有与欧美科学研究的潮流汇合，这种差异对20世纪德国科学的发展趋向产生了不可忽视的影响。

布莱希特的寓意剧《图兰朵或洗白者大会》中的历史影射

薄一获[*]

　　《图兰朵或洗白者大会》（*Turandot oder Der Kongreß der Weißwäscher*）是布莱希特（Bertolt Brecht，1898－1956）创作的最后一部戏剧，从 20 世纪 30 年代开始构思，主要创作于 1953 年，修改于 1954 年。布莱希特去世后，该剧于 1967 年由其合作者和女友伊丽莎白·豪普特曼首次出版。这部戏剧采用了寓意剧（Parabel）的形式。寓意剧可以是戏剧，也可以是散文体作品，它与寓言（Fabel）相似，都把道理融于故事中，寓意于剧。其区别在于，寓言善用动植物的故事讲述人类的道理，[①] 寓意剧则是用人类的故事讲述道理。寓意剧的特点可以概括为"非原本的、类比性的叙事，所说并非所指，而是通过具体化和暗示的方式展现所指"。[②] 因此，它需要读者对文本进行解锁，发现具体化的文字背后所指。布莱希特善用寓意剧，因为这种形式十分切合他所主张的叙事剧理论和陌生化效果——通过各种方式创造观众与故事的距离，阻止观众浸入式地体验故事，而是从故事中抽离出

　　* 薄一获，北京大学德语系德语语言文学专业 2015 级博士研究生。

　　① 埃德加·尼尔斯（Edgar Neis）：《寓意剧（诗学理论和实践系列）》（*Die Parabel. Dichtung in Theorie und Praxis*），C. 邦厄出版社，1981，第 9 页。
　　② 维尔纳·布莱特施耐德（Werner Brettschneider）：《现代德语寓意剧：发展和意义》（*Die moderne deutsche Parabel*），艾丽希·施密特出版社，1971，第 9 页。原文为"Das uneigentliche, gleichnishafte Sagen：das Gesagte ist nichts bereits das Gemeinte, sondern es ist die Darbietung des Gemeinten durch Konkretisierung, und Hinwei auf das Gemeinte"。

来，从而引发观众思考，进而在现实中做出改变。寓意剧在"所说"与
"所指"之间制造了距离，布莱希特还常把故事的发生地设置在异国他乡，
以此创造空间距离。《图兰朵或洗白者大会》这部戏剧讲述了在清朝宫廷发
生的故事，但"清朝的故事"只是"所说"，真正的所指还是在德国。故事
包括三条叙事线索，整部作品充满了对德国从魏玛共和国到第三帝国时期
历史的影射。

一　"图兰朵"的变形：从魏玛共和国到第三帝国

与以往的"图兰朵"（戈齐、席勒、普契尼）相比，布莱希特的《图兰
朵或洗白者大会》保留了"图兰朵"题材的基本框架：中国皇帝以公开出
题的形式为公主图兰朵征选驸马，胜出者迎娶公主图兰朵，失败者将被砍
头示众。而副标题"洗白者大会"则点明了该剧的中心事件：公开出题的
形式不再是一场猜谜游戏，而是成为由洗白者参加的大会，而这一切缘于
国家陷入信任危机。戏剧的故事背景发生在中国清朝，国家依靠垄断棉花
赚钱。然而有一年棉花大丰收，供应过剩导致棉花价格骤降，国库亏空。
皇帝听从建议，没收国家所有的棉花并囤积起来，等棉花价格上升之后再
进行售卖。这个方案的实施使国家陷入信任危机，坊间对消失的棉花议论
纷纷，传言棉花都存在国库里。皇帝想设法掩盖，因此召集全国的图依
（Tui，知识分子的别称）召开大会，让他们作为"洗白者"解释"棉花都
去哪儿了"，并声明谁能成功为国家洗白，就能迎娶公主图兰朵，否则将被
砍头。

这个由德国作家创作的"中国"故事，处处指涉德国，影射了德国从
魏玛共和国到第三帝国时期的历史。"皇帝"影射的是魏玛共和国最后一任
总理和总统兴登堡，这位保守派甚至保皇派总统并不真心支持魏玛共和国
的民主制度，把他比喻为一位皇帝并不过分。剧中的两个组织"制衣者协
会"和"无衣者协会"因为棉花无着遭遇生存危机，便联合起来到皇宫谈
判棉花去向问题，最后两个组织的代表却自己在皇宫打了起来，合作失败，
影射了德国社会民主党和德国共产党关系的逐渐破裂。

图兰朵公主在剧中是一个线索人物，起到推动情节发展的作用，"由剧

情承担者变为目的"，① 即皇帝用以解决国家危机的工具、图依追求的对象。在剧中赢得图兰朵的驸马郭格尔（Gogher Gogh），曾经是一个强盗团伙的首领。他一直都想成为图依，却连"三乘以五等于多少"这样的问题都答不对，因而一直未能通过入学考试。郭格尔本无权参加专为图依召开的洗白者大会，数次硬闯大会未果，是图兰朵发现他并把他介绍给皇帝的。郭格尔与图兰朵初识于第二场"图依茶馆"，再次相遇发生在图依大会之后的第六场"在城墙旁"，此时图依的努力没有成功拯救皇帝的名声，国家再度深陷信任危机，"看起来，似乎政治已经没有可救的希望了"。② 图兰朵在放满脑袋的城墙边散步，在交谈中被郭格尔的强权观点吸引，即"如果国家要回答每个向它提出的问题的话，这个国家就要灭亡"。③ 图兰朵以为自己找到了"最聪明的男人之一"（9，169），将他推荐给皇帝。处于危机中的皇帝接受了郭格尔的强硬计策："不是回答棉花去向的问题，而是要禁止谈论这个问题。"（9，170）

剧中的皇帝和历史中的兴登堡总统一样，在国家几近崩溃时把权力交给了强权者。剧中郭格尔得到皇帝委托后，迅速攫取权力，给自己的团伙配备武器。郭格尔命手下焚烧了国库中一半的棉花，高价售卖另一半棉花，还将棉花着火之事嫁祸于图依（知识分子）、"制衣者协会"（德国社会民主党）和"无衣者协会"（德国共产党），焚书并镇压革命。布莱希特把希特勒比喻为一个强盗头子，这一形象吻合曾经策划卡普暴动的希特勒。结合剧中郭格尔的上升轨迹，"郭格尔在中央帝国散布的恐怖和灾难"，④ 使希特勒上台、国会纵火案以及一系列政策展露无遗。

对法西斯的痛斥是布莱希特戏剧和诗歌中一以贯之的主题，晚年的布莱希特仍担心法西斯思想的复活。在该剧创作的 1953 年，东德发生了"6·17"事件，民主德国民众上街示威，遭到苏联军队坦克镇压。布莱希

---

① 让·科诺普夫（Jan Knopf）：《布莱希特戏剧手册》（*Brecht Theater Handbuch*），麦茨勒出版社，1980，第 331 页。

② 贝托尔特·布莱希特：《洗刷罪责者大会（又名图兰朵）》，李健鸣译，张黎主编《布莱希特戏剧集》第 3 卷，安徽文艺出版社，2000，第 508 页。

③ 贝托尔特·布莱希特：《洗刷罪责者大会（又名图兰朵）》，第 509 页。

④ 《布莱希特：图依》（Verfasser unbekannt，"Brecht：Tullekt-Uell-In"），《明镜》（*Der Spiegel*）1969 年 6 月，第 118 页。此处指该剧与布莱希特的戏剧《第三帝国的恐怖和灾难》对应，都反映了希特勒极权的内容。

特曾在《图兰朵》前言中表达对这一事件的反思，表达了对纳粹思维未被除尽的思考和对民主德国新生社会主义政权的期待：

> 在我写这个剧本的夏初，一件糟糕的事情震惊共和国所有思考的人们……一种思维方式的转变还没有完成……社会主义事业是新的，如何付诸实施，没有或只有很少的经验可供借鉴，每一步都是在未知土地上的尝试……在新的领导下，纳粹的那一套国家机构又开始活动了。这样的国家机构通过上面的监督难以完成，它需要自下而上的监督。（24，409—410）

二　对知识分子的批判

《图兰朵或洗白者大会》是布莱希特从 20 世纪 30 年代就开始创作的图依系列计划的一部分，1953 年布莱希特写道：

> 《图兰朵或洗白者大会》这个剧本属于一个大规模的文学系列，其中大部分还在计划和草稿当中。这个系列包括一部小说《图依的陷落》，一卷故事集《图依故事》，一系列小剧本《图依滑稽剧》，以及一小卷文集《阿谀奉承的艺术及其他艺术》。这几十年来所做的工作，处理的是对知识分子的滥用这个话题。（24，411）

但为这个系列创作的《图依小说》只有零散的草稿，只有《图兰朵或洗白者大会》这个剧本最后成型，因此它是布莱希特多年来对图依问题思考的集中呈现。该剧的主角不是图兰朵或郭格尔，而是一群人或一类人——图依，他们是布莱希特在该剧中最着力刻画的群体。《图兰朵或洗白者大会》一共包括 10 场，场景在"皇帝的宫殿"和图依聚集地交替变化，"各场景蒙太奇般地结合在一起"。[①] 前文交代了皇帝为解决国家危机召开图

---

① 伊莉莎·阿尔贝蒂：《一位女性的形象变迁——对戈齐、席勒、普西尼和布莱希特的"图兰朵"改编作品的比较研究》，第 214 页。

依大会，然后任用郭格尔的线索，与之并行的另一条线索是作者对图依这个群体的刻画。以图依为主线的有第二场"图依茶馆"、第四场"图依学校"、第五场"一个大图依的家"和"皇帝的宫殿"（图依大会）、第八场"小图依市场"和第九场"在杏仁花洗衣店前"，附录还有三个在街头兜售知识的图依的故事。穆勒 – 瓦德克根据布莱希特生前计划的演出安排（并未实施）进行统计，发现与图依相关的剧情占全剧时间 120 分钟中的 50 分钟。[1]

"图依"是布莱希特自己创造的名词。布莱希特把德语的"知识分子"（Intellektuelle）一词解体重组为"Tellekt-Uelle-In"，简称"Tui"，此处直接音译为"图依"，[2] 因为它已不同于该词拆解重组前的知识分子含义，而是指"被滥用的"知识分子（24，411）。布莱希特在 1935 年受访时曾提到"图兰朵"的主题："此外我还在创作一部喜剧，反映的是资本主义意识形态宣传者在'观点市场'售卖为小资产者所乐见的意识形态。"（17，464）在剧中，国家依靠垄断赚钱，即是直接把垄断资本家比喻为一个国家，因为他们已经具有相当大的权力，以金钱来控制一切，通过毁掉一半产品抬高另一半产品的价格，这正是 1929 年生产过剩造成经济危机时垄断资本家的行为。图依是这一权力的附庸，被资本和权力滥用，任何知识和思想都需要金钱交易。

弗尔克总结道，布莱希特笔下的图依"就是那些了解真相，但为了自己的利益不敢说出来，而仅把自己的社会作用理解为售卖一些可行（tragbar）观点的知识分子"。[3] 在"图依学校"里，他们学习巧言善辩，"做事可以随心所欲，表述务必合情合理"（9，131）。在一次训练中，训练题目是"为何开河无理？"开河是剧中领导革命的正面人物（详见后文），图依却须对开河的所作所为进行抹黑；而在洗白者大会中，图依要对国家的卑劣行径瞒天过海，或解释为当年棉花减产（稽雷），或声称运输途中消失而

---

① 贡纳·米勒 – 瓦德克（Gunnar Mueller-Waldeck）：《从〈图依小说〉到〈图兰朵〉》（*Vom "Tui"-Roman zu "Turandot"*），苏坎儿普出版社，1981，第 217 页。

② 该词曾被翻译成"秀才"或"蜕"，本文直接音译。

③ 克劳斯·弗尔克（Klaus Völker）：《布莱希特传》（*Bertolt Brecht. Eine Biographie*），罗沃尔特出版社，1988，第 403 页。

以新发明的纸衣服作为替代品（希伟），或转移话题谈论美德和自由（杜孟卡）。启蒙时期高喊的口号"知识就是力量"（9，151）作为图依学校的校训，是一个巨大的讽刺，图依不再追寻事实上的合理性甚至掩盖事实真相，只是寻找语言上的合理性。

图依之间有明显的等级，他们通过戴图依帽来区分身份。布莱希特曾就"图依帽"（Tuihut）做过解释："图依的标志是头上戴的西藏喇嘛或欧洲主教那种样式的帽子。图依的重要性不同，其帽子的华丽程度不同，颜色也不同。"（24，410）那些"立法执法、著书立说、教育年轻人"的图依属于高级图依，指导国家的精神生活，在洗白者大会上发言的图依就属于这一类，为国家的行为寻找理论依据。而在在茶馆里兜售观点的图依是最低级的图依，他们从精神上为民众服务，但不是"通过给人们建议该做什么"，而"更多是通过建议该说什么"（9，133）。他们在"图依茶馆"里兜售观点，甚至公开叫卖、讨价还价，这是他们的谋生方式。在第4a场，布莱希特甚至把图依比喻为妓女，用妓女揽客的方式描写图依。一位图依向正与孙子同行的沈兜售观点，并承诺价钱很便宜。沈愤怒回应道："你怎么可以这么向我搭讪，孩子还在旁边呢！"图依答道："不要这么拘谨嘛。拥有一个观点是人的自然欲求。"（9，147）这段在制造喜剧效果的同时，也表明作者的意图：在一切皆可买卖的资本主义社会，知识分子和妓女也具有了某种共通的特性。性本来是出于自然欲求而两情相悦的事，却被妓女用来买卖；知识和真理本应是知识分子的追求，却被图依变成可以为了买卖而扭曲的商品。

郭格尔上台后的强权政策使图依群体几乎遭受灭顶之灾，这影射了纳粹焚书、知识分子遭受迫害和流亡国外的史实。郭格尔来到小图依市场，声称要抓捕"精神的纵火犯"（9，178），检查所有的书籍，逮捕可疑的图依。图依协会的大厅也被郭格尔的手下攻占，他们烧掉了关于中国历史的3000个条文，毁坏了图依的艺术品。图依们准备"处理掉自己的图依帽"，有的图依如音乐家卡米准备流亡。剧本中影射自由的魏玛共和国——"图依的黄金时代"① 已经过去了。

---

① 在未完成的《图依小说》中，有一章为"图依的黄金时代"，即指向魏玛共和国。

三 革命成功的可能性

在郭格尔夺权之后的黑暗时代，布莱希特给出了一个可能的光明出口。除了皇宫和图依的线索之外，《图兰朵或洗白者大会》还有第三条线索：混沌之中仍不乏清醒理智之人——开河。"他从精神上、军事上训练了武装起义的朋友们并准备发动一次革命，对人民进行启蒙"，[1] 是布莱希特笔下理性思考并投身实践的图依，[2] 是知识分子的希望。开河在剧中一直没有出场，但通过他者之言行实现了"不在场的在场"，农民沈阿山就是他思想在场的直接代表。沈最开始以农民身份出现，推棉花进城打算售卖，不想棉花却被没收（第2场），本想用卖棉花的钱上图依学校，因为"思考是一种高贵的行为"，后来才明白图依已经把思考变成"肮脏的生意"（9，148）。参观图依学校之后被问还要不要注册，他回答已经学到最重要的事（获悉开河分土地）。在洗白者大会上被问及对竞选者的观点时，他回答，"这些先生非常善于辞令，但并没用，农民的耕地太少了"（9，159），认识到了图依语言的无力和行动的重要。他在认识上不断提高，购买开河的著作（第8场），最后走上革命之路（第9场）。

沈这个角色游离于戏剧内外，以旁边者的视角观察和思考，"他身上具有足够鲜明的特点，要求观众观剧时具有批判意识"，[3] 这体现出布莱希特叙事剧疏离的特点。沈同时也代表千千万万参加革命的人，他们表现为洗白者大会上不时出现的革命传单和宣传口号，开河聚集的两千万人，以及开河挺进首都的消息。在最后一场"古老的满洲庙"，郭格尔欲与公主举行的婚礼被开河进城门的消息打乱，"图兰朵尖叫。远处鼓声。……一大群人的欢呼"，皇帝还在推卸责任："不是我干的，是姚叶干的。"一位战士回应："是你们所有人干的，现在通通滚蛋！"（9，192）这是叙事剧典型的开放式结尾，同时也暗示着开河领导的革命的胜利，代表黑夜之后黎明即将到来。

---

① 克劳斯·弗尔克：《布莱希特传》，第399页。

② 开河的图依身份至少可以由皇帝的一句话来确认，在听说传单可能是由开河所写后，皇帝骂了一句："该死的图依！"（9，138）

③ 贡纳·米勒-瓦德克：《从〈图依小说〉到〈图兰朵〉》，第207页。

开河和革命这条线索，与指代魏玛共和国和第三帝国的线索发生在同一个时空，表达了布莱希特对第三帝国时期没有发生革命的遗憾。他在《图兰朵或洗白者大会》前言中写道："没有发生革命。即使在斗争的最后几天，民众一次都没有揭竿而起，对抗这个使他们陷入苦难和罪恶的政权。"（24，409）。而在中国，毛泽东领导的革命成功了，并开展土地改革，为农民分发土地。"开河的身上有毛泽东的影子"（9，409），"在图兰朵剧本的手稿袋中，就装有一张毛泽东的相片"，[1] 最后一场进入北京可能暗指1949 年毛泽东进京。布莱希特晚年不吝于对毛泽东的欣赏，曾改编毛泽东的词《沁园春·雪》，阅读《矛盾论》并以此指导戏剧舞台创作。

四　结语

纵观《图兰朵或洗白者大会》的三条叙事线索，魏玛共和国和第三帝国的轮廓清晰可见。作者在如此小体量的剧本（70 页）中表现了十分丰富的内容，对此也有学者评论道："布莱希特的问题在于，他想表达的太多。"[2] 这个剧本是对作家多年来计划却未完成的"图依小说"浓缩版的呈现，其中包含了对纳粹的批判、对知识分子的批判，以及对德国革命未竟的遗憾和对中国革命成果的欣赏。图依有悖常理的行为是资本主义社会中在金钱和权力控制之下人工具化的体现，布莱希特通过对图依现象的讽刺，也不乏唤醒知识分子理性的寄托和期望，一如他在叙事剧中对所有观众提出的要求：理性思考，然后在现实中用行动做出改变。在创作该剧的 1953年，年轻的民主德国面临一系列考验，却只有很少的经验可供借鉴，布莱希特把德国历史嫁接到遥远的异国，以此制造陌生化的效果，开放式的结尾留有余地，给民主德国的前进道路提供了思考的空间。

---

①　卫茂平：《中国对德国文学影响史述》，上海外语教育出版社，1996，第 157 页。

②　安东尼·塔特劳（Antony Tatlow）：《魔鬼的面具：布莱希特对中国和日本的诗歌、戏剧和思想的接受》（*The Mask of Evil：Brechts Response to the Poetry，Theatre and Thought of China and Japan*），彼得朗出版社，1977，第 264 页。

德国选择党缘何成为"眼中钉"？

——从历史视角分析德国媒体对选择党的态度

何雨露[*]

第二次世界大战结束后德国的政治光谱中，进入议会的通常有6个政党，分别是左派的社民党（SPD）、左翼党（die Linke）、绿党（die Grüne）、奉行自由主义的自民党（FDP）以及代表保守派立场的联盟党［基民盟（CDU）和基社盟（CSU）］。长久以来，默克尔领导的联盟党都居于最右的位置，比联盟党更右的党，往往被称为"极右翼党"或"纳粹党"，在德国的政治生态中难成气候。然而德国选择党（AfD）的异军突起，却打破了这种局面。

一 德国选择党的诉求与媒体的回应

2017年9月24日，德国大选尘埃落定，联盟党获得32.9%的选票，保住了议会第一大党的位置。德国总理默克尔成功连任，开启"默克尔4.0"时代。然而德国媒体一片愁云密布，笼罩着不安、震惊与愤怒。原因只有一个，极右翼政党德国选择党在此次大选中赢得12.6%的选票，在议会中获得94个席位，一跃成为第三大党。这个2013年才成立的党派，诞生于欧元危机之时，发展于难民危机之中。德媒给选择党的标签也不断变化，从

* 何雨露，北京大学外国语学院德语语言文学专业2012级博士研究生。

"反欧元党"到"右翼民粹党"，再到"极端右翼党"。抛开这些不谈，且看选择党的官方竞选纲领，其中释放的最强烈信号是民族主义话语复兴，将"民族"重新置于政治诉求的第一位。例如，捍卫德国民主，没有公民自主权就没有民主（1.1）[1]，要求按瑞士模式公投（1.4），不再为欧元区其他国家承担债务（2.1），保护储户和退休者不受欧洲央行盘剥（2.2），外交政策制定须以德国利益为准（3.1），加强刑侦手段、打击团体犯罪、保护公民安全（4.5—4.7），在难民来源地建立庇佑所，取代不加限制的大规模移民（5.5），德国主导文化取代"文化多元主义"（9.1）。除此之外，还有一些带有强烈排外色彩的条款，如有效打击外国人犯罪（4.1），不再将移民纳入社保体系（5.4），入乡随俗是移民的任务不是"社会"的责任（5.9），穆斯林在我们的学校里不再享有特殊权利（8.9）。

单从政治纲领来看，德国选择党更多偏向民族的、保守的右翼党。然而，选择党内部存在多个派别，既有温和派，也有激进派，其中不乏勇于打破"禁忌"之人。最富争议的要属德国选择党首席候选人亚历山大·高兰德，他在大选前夕的一次公开演讲中重新评估了德国军人的历史地位："如果法国人可以为他们的皇帝骄傲，英国人能够因他们的首相丘吉尔而骄傲，那么，德国人也有权利为一战和二战中军人的功绩感到骄傲。"[2] 在回顾纳粹历史时，高兰德补充道："没有任何一个民族像德国人一样，如此彻底地清扫错误的历史。人们不必再拿这 12 年的历史指责我们，因为它与德国如今的属性已不相符。因此，我们也有权利拿回我们的祖国，拿回我们的过去。"[3] 此言一出，激起千层浪，无疑刺痛了德国人二战以来最敏感的神经——罪责反思。社民党和绿党立即将这些言论视为证明选择党是极右翼政党的又一力证。高兰德随即解释，他不否认德国军人在两次世界大战

---

[1] 以下引用皆出自德国选择党 2017 大选竞选纲领，括号里的数字分别代表所在章节和条款。参见《德国选择党竞选纲领》，https://www.afd.de/wahlprogramm/https://www.afd.de/wahl-programm/，最后访问日期：2017 年 10 月 1 日。

[2] 《高兰德为"两次世界大战中的军人"感到骄傲》（"AFD Gauland will stolz sein auf Leistun-gen deutscher Sodaten in Weltkriegen"），2017 年 9 月 14 日，http://www.fr.de/politik/rechtsex-tremismus/afd-gauland-will-stolz-sein-auf-leistungen-deutscher-soldaten-in-weltkriegen-a-1351116。

[3] 《高兰德要求德国有权利为两次世界大战的"功绩"感到骄傲》（"Gauland fordert Recht, stolz zu sein auf Leistungen in beiden Weltkriegen"），2017 年 9 月 14 日，https://www.welt.de/politik/deutschland/article168663338/Gauland-fordert-Recht-stolz-zu-sein-auf-Leistungen-in-bei-den-Weltkriegen.html。

中犯下了战争罪，但这些军人出于义务服务于罪恶的体制，这是体制的罪恶，而不是勇敢的士兵的罪。这种解释并不被接受。甚至连立场偏右的《焦点》杂志都将他斥为"煽动者"（Scharfmacher）。选择党前主席弗劳克·佩特里（Frauke Petri）在大选后退出选择党，其中一条理由是高兰德的言行令她伤感。她在采访中还说，若非选择党内部激进派的"大量不正常言论"，选择党至少可以获得20%以上选票。① 选择党的其他代表，如约克·莫伊藤在德国二台电视谈话中强调，"选择党不能容忍仇外，就像不能容忍种族主义一样，我们是爱国者"。②

选择党的政治纲领中混杂了右派保守主义者和民粹主义者的诉求，是对欧洲和德国内部近年来面临的一系列危机——欧债危机、难民危机、英国脱欧、恐怖主义抬头的直接回应，同时映射出德国人对难民潮引发的"伊斯兰化"的深层恐惧。至于它究竟是一个怎样的党派，仁者见仁，智者见智。然而，更引人注目的是德国各大媒体对选择党空前一致的态度：口诛笔伐，不惜妖魔化，甚至直呼选择党为新纳粹党。支持选择党的选民也纷纷被扣上"民粹"、"没文化"、"种族主义"、"纳粹"的帽子。媒体呈一边倒的趋势，网络上大量"不正确"言论被删除。

这些严苛的"禁忌"背后的原因，大多数人都会联想到二战后战胜国在德国西占区实施的"去纳粹化"和"再教育"。这一点毋庸置疑，二战后是德国彻底与过去决裂的一个根本契机。然而，即便是选择党中的激进派，也都承认纳粹对犹太人犯下的罪行，他们的诉求与其说是否定过去，不如说是克服过去，渴望回到"正常化"的清白无责的主权国家。为何在这种情况下，依然被视为洪水猛兽？选择党的观点虽然在如今的德国属于另类，处于边缘地位，但无非是用过往的想法来表明自己的立场。事实上，选择党这一套"禁忌"的话语体系——宣扬德国文化优越性、抵御外来文明入侵、赞美军人美德、倡导爱国主义，更接近第一次世界大战时期德国的时代精神，也可以从那段历史中找到源头。通过分析100年前的德媒，并与今

---

① 《佩特里反对高兰德，退出选择党》（"Kurz nach AFD-Rückzug jetzt tritt Petry gegen Gauland und die eigene Partei nach"），2017年9月29日，http://www.focus.de/fotos/kurz-nach-afd-rueckzug-jetzt-tritt-petry-gegen-gauland-und-die-eigene-partei-nach_id_7658119.html。

② 《2017德国大选座谈》（"Berliner Runde zur Bundestagswahl"），2017年9月24日，https://www.zdf.de/nachrichten/heute-sendungen/berliner-runde-zur-bundestagswahl-100.html。

天的媒体对比，或许可以窥见"禁忌"背后的成因。

二 媒体与"1914 理念"

德国选择党在竞选纲领中呼吁"承认德国文化的崇高，拒绝政治正确的艺术与文化！"（9.3）。回溯 100 年前的德媒，当时的"政治正确"与今天正好相反，媒体充斥着对德意志文化优越性的鼓吹与宣传，以及对军人美德的赞颂。而且，发表这些言论的人并不是"右翼民粹"，反而是德国各个阶层的精英人士。起因是第一次世界大战爆发。

一战可谓一场媒介大战。鲁登道夫曾言："言论即战场。言论得当，便奠定胜局；言论不当，则丢掉战争。"[①] 一战爆发之时，除了正面战场上的厮杀，交战双方的知识精英以密集的宣言和小册子相互攻击，鲜少提及世俗事件，而是从文化角度来寻找战争的合法性。1914 年 10 月，93 名德国知识分子，其中包括诺贝尔物理奖得主威廉·伦琴、量子论创始人马克斯·普朗克等，联名发表《告文明世界书》，为战争正名，公然宣扬军国主义，声称战争是为了捍卫德国文化。德国政治家恩斯特·特洛尔奇在 1915 年 7 月 1 日的演讲中称，是英国发起了文化战争，德国在这场精神之战中仅仅是自我防卫。[②]"文化战争"一说从此流行开来。柏林的教授们发表一系列演说，编成了《危机时代的德国演说》，内容不一，但出发点一致："我们正面临最严肃的危机——失去我们已经拥有的最宝贵的东西（文化）。"[③] 文学家或在报纸杂志上发表文章，或公开发表演说，或创作战争诗歌、文学，与时事紧密相关，富于感召力，对公共话语的形成也产生了不小的影响。在这个圈子里，民族主义动机不如在学术圈表现得那么明显，但无一不强调德意志文化的深沉、优越，与法国人的肤浅和英国人的功利不同。

人们于战争之初流露出的狂热之情史称"八月激情"。德国知识精英这

---

① 尼尔·弗格森：《战争的悲悯》，董莹译，中信出版社，2013，第 172 页。

② 芭芭拉·贝斯里希（Beβlich, Barbara）：《通往文化战争之路——1890—1914 年德国对文明的批判》（*Wege in den Kulturkrieg. Zivilisationskritik in Deutschland 1890–1914*），科学出版社，2000，第 2 页。

③ 克劳斯·勃姆编 ［Böhme, Klaus（Hrsg.）］《第一次世界大战中德国教授的呼吁与演讲》（*Aufrufe und Reden deutscher Professoren im Ersten Weltkrieg*），雷克拉姆出版社，2014，第 68 页。

一系列思想则被称为"1914 理念"。这个概念来自经济学家、社会学家约翰·普伦格，核心观点是反对以自由、平等、博爱为口号的法国大革命，即"1789 理念"。这种狂热不仅仅出于爱国情感，而且是一种民族主义的信念和军事上的态度，带着特殊的使命意识，被看作"德意志特殊道路"的本质核心。特殊道路论成立的前提，是假设存在一种西方民主发展的标准模式，而德国与众不同。在分析德意志特殊性的时候，强调德国的中间地位，政治立场站在物质主义、实用主义的西方民主体制的右边，沙皇专制统治下的俄国的左边，想通过文化来论证德意志民族的独特性和优越性。在德国知识精英看来，西方文化不能称为文化（Kultur），而应称为文明（Zivilisation），这种文明与物质主义、个人主义和拜金主义联系在一起，与科技、商业、工业发展密不可分。而德国的文化具有一种深刻的内在性，是理想主义，目的是建构一个有机的共同体。

"1914 理念"中有三个关键词：自由、义务、军国主义。战争爆发导致德意志民族形成自己独有的关于自由的定义，与根植于清教主义基础上的英式个人主义和建立在卢梭理论基础上的法式平等理念不同。这种自由并不意味着把个人与国家割裂开来，也不是公民平等参与国家事务的权利，而更多指向浪漫主义基础上的德意志民族的内在性。特洛尔奇将德意志式的自由定义为"有机的民族共同体建立在义务基础上的、同时带着批判性的个体对集体的献身精神"。[①]"义务"是德意志式自由的本质，揭示了个体与集体精神之间的内在联系，即抛开自身利益做出自我牺牲。"1914 理念"中，义务这个概念的内涵继承了康德的学说。义务在康德的伦理学中占据着中心地位，他认为，义务是由于尊重规律产生的行为必要性。[②]义务是一切美德（Tugend）的源泉，而何谓美德？德语中的美德来源于 taugen，意为有能力，因此美德是一种力量，代表着坚强。它要求摒弃一切利己的意图，用理性来维护道德规律的纯洁和严肃。这种精神状态可以说是无情（Apathie），但是这也是美德的真正力量所在。因此，合乎义务原则的行为虽不必然是善良的，但是被康德视为最高级别的道德。"1914 理念"吸收了这种观

①　洛特·拉尔夫：《1914 理念——第一次全球化时期欧洲和平出现的世界观问题》（Ralph Rotte, Die "Idee von 1914", Weltanschauliche Probleme des europäischen Friedens während der ersten Globalisierung），DR. KOVAC 出版社，2001，第 100 页。

②　参见康德《道德形而上学原理》，苗力田译，上海人民出版社，1986，第 10 页。

点，认为义务伦理观是德国人的特性，被义务感包装的德国人比起信奉个人利己主义的英国人与法国人更加有美德。士兵们不计较自身利益，完成战争使命，就是一种最高美德。黑格尔又将这种道德与国家挂钩，因此，在"1914 理念"中，军国主义也成为德意志民族世界观的必然结果和体现。从义务中衍生出来的美德是一种英雄式的美德。桑巴特认为这些美德包括诚实、勇敢、顺从、纪律和牺牲精神，是一种"施与的美德"。[1] 在他们的眼中，德国对战争和士兵的尊重并不等同于好斗或者征服欲，而只是在特殊情况下保卫自己国家的手段。

1914 年 10 月 23 日，53 所大学的超过 3100 名教授签署了《德意志帝国大学教授宣言》，其中部分内容带有浓厚的军国主义色彩，如下：

> 作为德意志帝国的大学教授，我们献身科学研究并弘扬和平事业。然而，令我们感到沮丧的是，德国的敌人，首当其冲是英国，希望德国学术精神与他们口中所说的普鲁士军国主义对立起来。然而，德国军人和德国人民所具有的精神是一致的，是一体的，我们也属于其中一分子。服务于军队同时也使我们青年人更有效地开展和平和学术工作，因为在军队中可以培养他们为了职责自我牺牲的忠诚感，并赋予自愿献身集体的他们自信和作为真正自由的人的荣誉感。这种精神不仅存在于普鲁士，而且存在于德意志帝国的其他地方。这种精神在战争与和平时期都是一样的。现在我们的军队正在为德国的自由而斗争，而且也是为了全人类的和平与道德（而不仅仅是德国）而斗争。我们的信念是，拯救欧洲文化要仰仗德国军国主义的胜利。而德国的军国主义将获得男子汉的美德、忠诚和在团结而自由的德国人民中愿意自我牺牲的精神。[2]

自一战爆发以来，和平主义一直处于公共话语的边缘。由于第二帝国

---

① 洛特·拉尔夫：《1914 理念——第一次全球化时期欧洲和平出现的世界观问题》（Ralph Rotte, Die "Idee von 1914", *Weltanschauliche Probleme des europäischen Friedens während der ersten Globalisierung*），第 109 页。

② 德语原文出自网上一战档案馆：《德意志帝国教授联合声明》（Erklärung der Hochschullehrer des Deutschen Reiches），http://www.gwpda.org/1914/profgerm.html，2017 年 9 月 20 日。

严格的审查制度，几乎听不到和平主义者的声音。媒体宣传体现了德国的强权政治和民族主义狂热。随着战争的推进，大部分"1914 理念"的追随者都经历了理想幻灭的过程。从 1917 年夏天起，一些知识分子开始认真研究和平主义的主张，主张结束变得毫无意义的战争。知识分子阵营出现分化，一部分战争初期拥战的知识分子开始期待战争尽快结束，而另一部分在魏玛共和国时期转变为更为激进的保守主义革命者。1934 年 3 月 21 日，即"波茨坦之日"，这一天希特勒与兴登堡第一次公开见面握手，保守主义精英与纳粹主义联系在一起。波茨坦卫戍教堂的牧师在布道文中说，这一事件无异于是"1914 理念"的重生。①

一战时期德国人对军国主义的迷恋和对帝国的自豪感，受到普鲁士尚武传统的影响，但更多的源自 1870 年的统一战争。历史上，当英、法等国早已形成统一强大的民族国家之时，德国一直处于分崩离析状态。19 世纪中期，民族主义作为一种强大的思潮和运动，曾经起到积极的作用，为德国统一奠定了思想基础。铁血宰相俾斯麦通过王朝战争完成了德国统一的历史任务。德国人为此心怀感恩，思想界也流行一种论调，将战争视为"上帝的恩赐"，没有战争，就没有统一；没有战争，就无法夺回阿尔萨斯－洛林；没有战争，德国就不可能有机会成为欧洲大陆的强国。② 然而，民族主义和军国主义突破界限，演变成后来的嗜血杀戮，曾经的赞美与鼓吹就都成为始作俑者。更何况，"义务"、"服从"、"勇气"这些品质，是否能归为"美德"，值得商榷。德国哲学家叔本华就认为，胆量根本不是一种美德，尽管有时候它可以成为美德的仆人或工具，但它也总是准备成为歹毒的恶棍的帮凶。③ 德国选择党声称捍卫爱国主义和传统价值观，自有其合理成分。然而，某些激进主张却很难与暴力、歧视、排外区分开来。在这种情况下，德媒"防微杜渐"的做法也容易被理解。

① 沃尔夫冈·蒙森（Mommsen，Wolfgang）：《民族与历史：关于德国人和德国的问题》（*Nation und Geschichte. Über die Deutschen und die deutsche Frage*），苏尔坎普出版社，1990，第 103 页。
② 参见克劳斯·勃姆编［Böhme，Klaus（Hrsg.）］《第一次世界大战中德国教授的呼吁与演讲》（*Aufrufe und Reden deutscher Professoren im Ersten Weltkrieg*），雷克拉姆出版社，2014，第 67 页。
③ 叔本华：《论人的本性》，《叔本华论说文集》，范进等译，商务印书馆，2016，第 508 页。

三 不同的历史书写方式

然而，以上还不足以解释禁忌之严苛。更进一步，要追溯到德国对近代史的叙述方式，其中包括两个方面，一是对一战罪责的包揽，二是对德意志特殊道路的彻底批判。

美国历史学家乔治·F.凯南将一战称为"20世纪的灾难之源"，①而事实上，各个国家对一战有着截然不同的记忆，"成王败寇"的历史书写模式依然是主流。德国历史学家赫尔弗里德·明克勒认为，对于一战，欧洲存在三种集体记忆模式。在英国、法国、比利时，一战被称为"伟大的战争"；对于中欧的国家来说，这场战争带来了民族独立；对俄国来说，一战刺激了国内革命。②而德国由于二战时犯下的罪孽，立场尴尬，对一战的记忆方式也成了一个难题。

学界对关于一战罪责问题的讨论尚无定论，罪责问题源起于1919年，《凡尔赛和约》第231条将德国确定为对一战爆发负有明确单独责任的国家。此后，德国史学界展开了一场大辩论，成立了调查委员会，出版了大型外交政策档案汇编，目的是证明《凡尔赛和约》是一个历史性的错误。直到20世纪50年代，德国大部分学者仍倾向于认为，纳粹只是德国史上不幸的"意外"，德国史是在一战结束后才脱离正常轨道的。欧洲各国也基本都接受一种调节性的观点，即放弃战争片面罪责论，相对均匀地分摊责任。英国首相劳合·乔治的一句名言后来屡屡被引用，即欧洲国家稀里糊涂滑入战争。20世纪60年代，德国历史学家弗里茨·费舍尔提出质疑，引发了著名的"费舍尔大辩论"，他的主要观点有二：第一，欧洲列强不是陷入战争，而是德国政治家经过慎重考虑有意策划的；第二，德国追求世界霸权的扩张计划在1914年以前就酝酿成熟。这样的结论——尤其是由德国人自己提出来，无疑是石破天惊的。这意味着德国不仅要为二战负全责，还要为一战负主要责任。经过几年的辩论，费舍尔的结论最终写进德国的中学

---

① 沃尔夫冈·蒙森（Mommsen, Wolfgang J.）：《第一次世界大战：市民时代结束的开端》（*Der Erste Weltkrieg. Anfang vom Ende des bürgerlichen Zeitalters*），费舍尔出版社，2004，第8页。

② 赫尔弗里德·明克勒（Münkler, Herfried）：《伟大的战争：1914—1918年的世界》（*Der Große Krieg. Die Welt 1914 bis 1918*），罗沃尔特出版社，2014，第753页。

历史教科书，直到 20 世纪 90 年代，德国最主要的四家教科书出版社依然采纳费舍尔发表定论。《明镜周刊》当时发表评论："费舍尔的这本书（《争雄世界：德意志帝国 1914—1918 年战争目标政策》）在德国人的良心上埋下了一颗地雷：本以为已经清楚而且清白的一段德国历史——第一次世界大战——却原来和希特勒时代一样不清不楚。"①

然而，与费舍尔的"良知"形成鲜明对照的却是他的人生经历。履历显示，中学时代的他就是极右翼组织"高地自由军团"的成员，1933 年加入纳粹冲锋队，1937 年加入纳粹党，1938 年自愿入伍，参与占领苏台德地区。1939 年成为纳粹历史学家瓦尔特·弗兰克的学生。1942 年被纳粹政治家阿道夫·雷恩提名为汉堡大学教授。他的这种分裂性也令人生疑，他是不是为了洗白个人污点故意表现得过于"正确"？

另一个鲜明对照来自欧洲其他国家的研究。英国历史学家克里斯托弗·克拉克的《梦游者——1914 年，欧洲如何走向"一战"》是最近几年研究第一次世界大战最畅销的作品。作者借助翔实的史料，分析了一战前的一系列政治事件，以及当时欧洲外交界每一位重量级人物的性格、政治影响与动机。他的主要结论是："战争的爆发是一场悲剧，而非一项罪行。"② 同时，他还认为，德国学者之所以认定德国对一战负有主要罪责，缘于他们对纳粹时期的反思，费舍尔的观点在许多方面遭人诟病。

对一战主要责任的包揽，导致了德国学界与相关的过往划清界限。1914—1915 年，德国知识分子在报纸上发表的文章或演说如今大多数已失传。学界在描述知识分子拥战这一现象时，几乎都用了"孤立现象"、"难以理解"、"令人意外"等词语。从历史的纵向角度来看，这种说法是可靠的。媒体成为战争的武器，与大众媒体的发展密不可分。文字宣传，如报纸，在之前的历史中也存在，也能在一定程度上影响战争走向，但是没有形成一战这样的规模。然而，从横向角度来看，这并不难理解，也不意外。民族主义、沙文主义、帝国主义狂潮是当时欧洲的共同现象，并非德国独有。以殖民地为例，一战前，英国的殖民地是本土面积的 90 倍，法国殖民

---

① 转引自胡春春《德国历史与历史观的延续性与维新——一个基于德国一战反思的考察》，《欧洲研究》2015 年第 5 期。

② 克里斯托弗·克拉克：《梦游者——1914 年，欧洲如何走向"一战"》，董莹、肖潇译，中信出版社，2014，第 193 页。

地为本土面积的 20 倍，德国的殖民地仅为本土面积的 2 倍。① 德国的"1914 理念"建立在"铁血"之上，对外经济和政治扩张欲望膨胀。法国的民族复仇主义甚嚣尘上，希望抹掉俾斯麦加诸法国的耻辱。沙皇尼古拉二世曾说："一个民族若要变得强大，就必须有军人的精神。"② 一直把强大海军看作维持殖民事业基础的英国，在面对后起帝国主义国家的竞争之时，强权政治思想也占据了上风。从这个角度来看，虽然高兰德试图为两次大战中的军人恢复名誉的言论经不起推敲，但前半句不无道理，民族主义从未消失，法国是一个突出的例子。在巴黎走上一圈，可见各种历史人物雕像，既有好战的拿破仑，也有夏尔·戴高乐这样的政治家。历史移民博物馆中也存在对殖民历史隐性的美化与洗白。这一切，都代表了对民族国家身份的认同。

德国对两次世界大战的批判反思几乎等同于否定了整个 19 世纪和 20 世纪的历史。历史学家韦勒在其著作《21 世纪初的冲突》中写道，从 1871 年到 1945 年，德意志的特殊道路曾被视作远远优于西方民主的道路，原因包括高效率的官僚体制、卓有成效的军事力量、强大的帝国、国家社会福利政策、发达的教育体系。这些都体现了德国国家的优越性，由此表现出一种傲慢，通过"1914 理念"逐步增强，直到第三帝国种族学说把它拔高为世界历史上独一无二的范例。③ 此言不虚，史实为证，德意志第二帝国于1871 年建立之后，尽管相比英、法晚几百年成为民族国家，却迅速崛起，成为继英国和美国之后世界第三大经济体，拥有欧洲最强陆军、世界第二大海军。不仅如此，1888 年俾斯麦在国会大厦的演讲《关于当前政治形势》中提出了一个引人注意的观点，即德意志的优越性。他既没有引用经济数据，也没有列举政治成就，而是提到了德意志的教育。他说道："我们的民族有一点是别的国家无法比拟的，那就是国民教育独有的普及程度。"④ 一战中，德军每 1000 个新兵中，文盲只有 1 人（意大利、奥匈帝国、法国分

---

① 克劳斯·施罗德：《文学与时代史——五篇关于德国 20 世纪文学的文章》，第 9 页。

② 马克思·加罗：《欧洲的陨落——第一次世界大战简史》，闫文昌、罗然、黄林译，民主与建设出版社，2017，第 23 页。

③ 参见汉斯－乌尔里希·韦勒：《21 世纪的冲突》，周惠译，漓江出版社，2015，第 81 页。

④ 克劳斯·施罗德（Schröter, Klaus）：《文学与时代史——五篇关于德国 20 世纪文学的文章》（Literatur und Zeitgeschichte. Fünf Aufsätze zur deutschen Literatur im 20. Jahrhundert），哈泽 & 科勒出版社，1970，第 11 页。

别为 330 人、220 人、68 人）。① 对特殊道路的否定同时也导致 "优越论"
成为禁词。

四 结语

从上面分析的两个方面，可以了解到德媒如今严苛禁忌的根源。对历
史的叙述方式是由现今德国的思想基础决定的，德国把罪责反思摆在国家
身份认同的核心地位，它已经坚决远离反西方的 "特殊道路"，郑重声明与
西方联系在一起。经历过两次世界大战后的欧洲，为了防止战争，走上欧
洲一体化的进程。德国作为战败国，战后选择以 "截肢" 的方式与历史划
清界限，选择了与西方其他国家一样的现代民主道路，并在 2015 年难民危
机中承担起主要责任，展现了大国人道主义精神，体现了大国世界主义情
怀。以史为镜，人们会更钦佩德国人对历史的诚恳反思态度。回归现实，
也会有一个疑问：世界主义是民众发自内心的信仰，抑或只是精英追求的
理想主义？

大选过后，《时代》杂志发起一个民调，题为 "您为何选了选择党？"
调查结果显示，大部分选民投票给选择党都并非出自认同，而是表达抗议，
抗议默克尔的基民盟一路 "左" 倾，失去了原本的保守主义传统。许多原
基民盟的忠实选民认为，除了选择党，已无党可选。同时，不少选民表示
厌倦了政治正确，反对妖魔化选择党，更反感被随意冠以 "纳粹" 的称号。
由此可见，严苛的 "禁忌" 并未达到想象中的 "启蒙" 效果，反而激起民
众心理反弹。随后，《时代》杂志发表了一篇题为《德国选择党：道德主义
必须停止》② 的访谈文章，反思了媒体过往对选择党的态度，承认对选择党
的过度关注与批判产生了反效果。媒体专家马丁·艾莫尔在文中指出，媒
体有必要改变对待选择党的方式，建议多深入研究内容，少进行道德评判。
这里很适合用黑格尔的辩证法来解释，正题和反题代表不同的利益和价值

---

① 李泉：《德英难逃 "修昔底德陷阱" 的历史启示》，《一战 100 年与中国大变局》，上海远东
出版社，2014。

② 《德国选择党：道德主义必须停止》（AFD：Das Moralisieren muss aufhören），2017 年 9 月
29 日，http://www.zeit.de/kultur/2017 - 09/afd-berichterstattung-medien-verantwortung-journal-
ismus? from = singlemessage&isappinstalled = 0。

准则，两者处于斗争和对立之中。每一方在矛盾上升到合题之前必然向它的对立面发展。调和和妥协总会出现，没有哪个命题是完全真的或完全伪的。近代史上民族主义的种种表现，使德国人把民族主义和极端主义联系在一起。其实，任何政治理念都可能因为激进和盲从走向极端。

在 10 月 3 日德国国庆日，德国总统施泰因迈尔发表演讲，似乎正是对德国选择党的隔空喊话，首先，他重申"德国对历史的反思，永无截止日期"，回应了高兰德所呼吁的"给历史反思画句号"，并且两人使用了同一个德语词"Schlussstrich"（意为结束）。其次，他强调"家园是开放的，但不是随意的，对于新移民，首先要学习我们的语言。如果在德国寻求家园，必须遵守法治，尊重宪法和男女平等，这一点没得商量"。这些也是选择党政治纲领中明文要求的，其中已经有了调和的意味。在当前德国政治生态中出现选择党这样一个特立独行的党，其积极意义大概也在于此——起到一个平衡作用。

第三帝国时期的德国

从猎巫运动到纳粹大屠杀

——一种基于历史共性的探索

虎恩博[*]

当我们回顾1500—1782年的欧洲历史时，难免会被发生在这一时期的猎巫运动吸引注意力。以基层宗教组织和行政组织为首的执法者们，先后将超过10万名的"巫师"抓捕、审判，超过5万名的"巫师"以各种方式杀害，其中绝大多数是中老年女性，也包括部分男性和儿童。我们通常将1500—1782年这一时期的巫术和反巫术的斗争过程称作"猎巫运动"。

鉴于学界目前较少对二者之间的关系做出深入的分析，此种现象不利于我们对人类历史上重大"反文明"事件进行深刻的反思。正如在历史上反复上演的一样，以德国和日本为例，对类似事件不同的反思态度将严重影响其国民性格和内政外交。本文的写作目的在于，其一，通过比较猎巫运动中反巫与纳粹大屠杀中反犹表现形式、形成原因的共性，试图找寻二者之间内在逻辑上的一致性和连续性；其二，试图回答如下问题：为何普遍发生的欧洲的猎巫运动在德国愈演愈烈，最终导致在德国爆发纳粹大屠杀，德国的特殊性究竟何在。

一 关于猎巫运动的既有研究

猎巫运动这一奇特现象引起了国内外众多学者的兴趣，他们分别从心

---

* 虎恩博，上海市社会科学院世界史专业2016级硕士研究生。

理学、经济社会环境、宗教等诸多方面解释该现象。

学界对女巫运动的研究主要集中在对事件原因的讨论上。国内研究比较成熟的专著为陆启宏的《近代早期西欧的巫术与巫术迫害》（复旦大学出版社，2009），他在书中对西欧近代早期的巫术做了系统的梳理。孙岳的硕士学位论文《〈女巫之锤〉与猎巫运动》（首都师范大学，2011）对国内外研究《女巫之锤》之状况及其在猎巫运动中扮演的角色做了详细分析，是国内对猎巫运动较为系统的研究。整体上，相较于国外，国内相关研究尚有诸多不足。国内学者曾将国外巫术研究概括为四派：理性主义学派、浪漫主义学派、社会科学学派及"现代—历史"学派。[①]

理性主义学派否认巫术的存在，代表人物有 17 世纪德国法学家托马修斯［Christian Thomasius，代表作《论巫术罪》（De Crimine Magiae）］和 19 世纪德国史学家索尔丹［W. G. Soldan，代表作《巫审判史》（Geschichte der Hexenprozesse aus dem Quellen Dargestellt）］。[②] 他们认为巫术是一种极致的身体体验，本身就是一种幻想，是教会人员利用人们的"迷信"进行无中生有的编造。人们相信女巫将死婴的尸体烹制成菜肴，以至于人们吃下去后会产生幻想，"陷入无法言喻的恐怖和悲伤"。对被控巫罪的嫌疑人的审讯充满了残暴，尤其是当人们逐渐不再相信巫术的存在后，为了使嫌疑人认罪服法，这些审讯人员（很多人受过法学教育，担任当时村庄的陪审员，更是"公民权利的始祖"）仍然对她们进行了惨无人道的审判。[③]

浪漫主义学派学者的共同特征是对巫师和巫术进行"洗白"。对巫师身份洗白的代表人物为 19 世纪德国神话学家格林（Jacob Grimm，代表作《条顿人的神话》）和法国史学家米什莱（Jules Michelet，代表作《女巫》）。前者提出"女巫"实为受迫害的民间女智者，后者认为巫师乃反封建的斗士、法国大革命的先驱者。[④] 弗雷泽爵士（Sir James George Frazer）和玛格丽特·默里（Margaret Alice Murray）分别在《金枝》和《西欧的巫术崇拜》

---

① 孙岳：《〈女巫之锤〉与猎巫运动》；闫雪：《女巫迫害时期民众告发女巫原因分析——以十六世纪和十七世纪的德意志地区为例》，硕士学位论文，辽宁师范大学，2015。
② 孙岳：《〈女巫之锤〉与猎巫运动》，第 16 页。
③ 林德尔·罗珀：《猎杀女巫：德国巴洛克时期的惊惧与幻想》，杨澜洁译，经济科学出版社，2013，第 10—11 页。
④ 孙岳：《〈女巫之锤〉与猎巫运动》，第 16—17 页。

中指出，巫术正是古代人类的真正宗教，但笔者认为弗雷泽爵士的基本立场还是认为巫术在本质上是一种幻想，并且弗雷泽以巫术为起点对人类学的贡献是学界公认的。默里为1929年版《大英百科全书》书写的"巫术"词条沿用了数十年。①

社会科学学派的代表人物有英国人类学家麦克法兰和托马斯（Keith Thomas），他们共同的特点是引入社会学和人类学的技术和知识对巫术进行研究，他们认为"猎巫不过是社会变革的产物"。② 美国史学家米德尔福特和蒙特则把学术史研究与底层社会文化史加以结合。③ 这一学派编纂了一些综合型的文献资料，如科尔斯和彼得斯编著的《欧洲巫术文献史，1100—1700》、勒瓦克的《巫术研究史料集成》、迈克斯韦·斯图亚特的《神秘欧洲中世纪文献史》等。④

"现代—历史"学派的学者主张将具体事件放入当时的历史背景中，强调历史背景的重要性。代表人物具有语言学背景的斯图亚特·克拉克（Stuart Clark，代表作《魔眼看世界》、《巫术的语言》）主张"巫术史学家应从当代人的语言表述——而不是史学家自身的语境——中挖掘巫术的现实"。⑤

还有一类学者的主张不可忽视，他们强调气象作用的重要性，姑且称之为"气象学派"。代表人物为戴维·布雷桑（David Bressan），他认为气候变冷促生"猎巫行动"。⑥ 除此之外，德国巫术史学家贝林格认为"天气、饥饿和恐惧"共同导致了猎巫运动，天气因素是其强调的首要因素。后文将对气候因素进行重点分析。

国内目前尚未见对猎巫运动和纳粹大屠杀进行比较的研究。国外学界中，克劳斯·费舍尔在其名著《德国反犹史》中将二者联系在一起，他认为是"自古就有的人类罪恶的历史性"导致了十字军东征、猎巫运动和纳粹大屠杀等一系列恶性事件的发生。⑦

---

① 孙岳：《〈女巫之锤〉与猎巫运动》，第16—17页。
② 孙岳：《〈女巫之锤〉与猎巫运动》，第17—18页。
③ 孙岳：《〈女巫之锤〉与猎巫运动》，第17—18页。
④ 闫雪：《女巫迫害时期民众告发女巫原因分析——以十六世纪和十七世纪的德意志地区为例》，2015。
⑤ 孙岳：《〈女巫之锤〉与猎巫运动》，第19页。
⑥ 戴维·布雷桑：《气候变冷促生"猎巫行动"》，《环球人文地理》2014年第23期，第11页。
⑦ 克劳斯·费舍尔：《德国反犹史》，钱坤译，江苏人民出版社，2007，第8页。

二　反巫与反犹之逻辑一致性与德国之特殊性

（一）反犹与反巫的比较

对猎巫运动中的受害者和纳粹大屠杀中的犹太人等的遭遇进行比较，我们不难发现反犹主义行为和思想在猎巫运动中时隐时现，并贯穿始终，主要表现为：毁坏、占用犹太教的墓地、教堂；强迫缴纳"基督奉献金"；对犹太人人格进行诋毁，如1574年，伯恩哈德·乔宾一幅名为《诞下两只猪仔的犹太女人》的木版画在德国的奥格斯堡地区广为流传。这种诋毁进而演变为对犹太人的妖魔化：在德国诺德林根地区，"人们相信犹太人偷走了基督徒的婴孩，为了在犹太教的仪式上使用他们的鲜血"，于是这一地区早在1507年便将犹太人驱逐殆尽。1598年，克斯斯托弗·穆勒的画作《纽伦堡会议关于公正政府的寓言》表现的是"一个犹太教徒手持利刃，准备刺向一个孩童，而恐怖的女巫袒胸露乳，正在帮助犹太教徒完成恐怖的仪式"。① 这种将女巫和犹太教徒同时魔化、丑化的现象在当时的绘画作品、文学作品中并不罕见。具体的表现形式见表1。

表1　猎巫运动与纳粹大屠杀表现形式之比较

表现形式	猎巫运动	纳粹大屠杀	共性
文学作品	《魔法师和使用有害魔法者的错误》（*Ut Magorum et Maleficirum Errors*，1436）、《蚁丘》（*Formicarius*，1437）、《对异端巫觋的鞭笞》（*Flagellum Haereticorum Frascinariorum*，1458）、《女巫之锤》（*Malleus Malleficarum*，1486）、《女巫和预言未来的妇女》（*De Lamiis et Phitonics Mulieribus*，1489）、《醉酒者的魔鬼》（*Sauffeteufel*，1552）、《巫觋的恶魔狂热》（*On the Demon-Mania of Witches*，1580）、《恶魔崇拜》（*Demonolatry*，1599）、《魔法调查》（*Disquisitiones Magicarum*，1599）、《关于巫觋》（*Disours*	诗歌：《高举旗帜》（*Die Fahne hoch!*）[1]、《莫阿比特十四行诗》（*Moabiter Sonette*）、《战役之前》、《德国》 小说：《形成中的民族》、《祖先的传奇》、《没有空间的人民》、"血与土的文学"（《生之舞》、《泥土造的人》等）、《民族是北欧种族的源泉》[2]、《饥饿的牧师》[3] 其他作品：《论人类种族的不平等》、《人类社会的基石》、《犹	受众广泛、"抬高自己，贬低敌人"、煽动性极强、提供理论支持

① 林德尔·罗珀：《猎杀女巫：德国巴洛克时期的惊惧与幻想》，第30—33页。

续表

表现形式	猎巫运动	纳粹大屠杀	共性
文学作品	*des Sorciers*，1602）、《巫术手册》（*Compendium Maleficarum*，1608）、《对邪恶天使善变品质的描述》（*Tableau de l'inconstance des Mauvais Anges*，1612）、《刑法研究》（*Pactica Rerum Criminalium*，1635）	太人对音乐的毒害》、《犹太人的魔镜》、《犹太民族对德国的胜利》、《花园小屋》、《我的奋斗》等	
艺术作品	《纽伦堡会议关于公正政府的寓言》（1598）、《魔鬼对巫师的再洗礼》（1610）等	海报、绘画等	丑化、攻击等
刑罚	隔离、泳刑、睡眠剥夺、拇指夹、拷刑、靴刑、水刑、轮刑、女巫笼头、西班牙椅子、吊刑、火刑、分尸	集中营、劳改、阉割、绝育、细菌实验、医学实验、电刑、枪杀、毒气	技术手段、有组织
财产权	抢夺财产、剥夺继承权	剥夺财产（雅利安化）、强迫缴纳"赔偿性"罚款等	财产及财产权的转移
宣传手段	传单、书籍等	广播、书籍、报纸（如《冲锋队员》、《黑色兵团》、《种族观察报》）、电报等	易于传播、受众广泛、高效

注：［1］此书被称为"路德派的《女巫之锤》"。参见陆启宏《近代早期西欧的巫术与巫术迫害》，第180页。其他书名见该书第244页等。

［2］该作品为一首诗，后成为纳粹党党歌。见张斐《第三帝国时期德语诗歌简论》，《艺术科技》2013年第10期，第154—156页。

［3］林箶：《德国纳粹时期官方文学剖析》，《广州师院学报》（社会科学版）2000年第6期，第8—11页。

除此之外，二者的诱发原因存在惊人的相似之处，纳粹大屠杀中深层次的肇因在猎巫运动中已经初露端倪（严格意义上已经不能称作"初"了）。以下将对诱发因素进行详细比较。

1. 经济因素

14世纪初，法国国王腓力四世控告圣殿骑士团与魔鬼打交道，成功铲除了其中的显赫人物，把他们送上了火刑架，他们庞大的财产也遭没收。这被但丁形容为"张起贪婪的帆驶向圣殿"。① 虽然这件事情发生在猎巫运动之前，但是理由是相通的。在15世纪后相当长的一段时间内，在英国与

---

① 郭建淮：《论腓力四世镇压圣殿骑士团的真正原因》，《东北师大学报》（哲学社会科学版）2008年第4期，第73—80页。

法国分别有 50% 与约 56% 的人生活在贫困之中。① 经济收入长期较低的现象在民众中普遍存在，贫富差距较 15 世纪之前明显扩大。

当出现经济危机时，统治者为了团结辖区内的民众，转移民众视线，不约而同地选择将女巫和犹太人作为"斗争对象"。发动猎巫运动的人士和发动纳粹大屠杀的纳粹政府在这一点上逻辑存在惊人的相似之处。在猎巫时代，农业落后、歉收是引发民众不满的主要原因之一，到了纳粹时代，民众不满情绪主要针对的仍然是经济领域。一战后德国经济面临崩溃，通货膨胀严重，失业率高企，百姓生活苦不堪言。当有人愿意代表他们的利益出来讲话时（即使是假装的），他们极易相信这些所谓代言人。

如果我们引用经济学中的"康德拉蒂耶夫长周期"理论，以纳粹时期上溯 150 年，仍可明显发现经济下行状况中的经济发展速度和巫师审判的负相关性。该理论认为，世界经济每隔 50—60 年经历发展速度明显的周期性波动，"往往在经历 20—30 年的相对繁荣期后，就进入一个相对衰退期"。② 我们沿着历史的长河上溯，会发现经济在上行阶段，审判次数呈下降趋势，而经济在下行阶段，审判次数明显呈上升趋势，对巫师的审判次数随着经济的波动也呈现出周期性波动的规律。而经济学家认为 1500—1750 年为重商主义阶段，③ 这段时间基本和反巫运动的时间段相吻合。

2. 政治因素

政治因素是显而易见的。猎巫（Witch-hunt）在英语中的意思既包括巫术迫害，又包括政治迫害。猎巫在政治活动中被广泛使用，政客们借机打击敌对势力，党同伐异。有多项资料证明，猎巫运动"精确打击了当时的当权集团，包括议员、前任市长、贵族以及统治阶层的其他成员"。④ 另外，当权者为了转移国内民众的视线，平息农民起义和地方叛乱的怒火，往往

① 卡洛·M. 奇波拉主编《欧洲经济史》第 2 卷，贝昱、张菁译，商务印书馆，1988，转引自刘章才、李君芳《近代早期欧洲猎巫运动述论》，《西南大学学报》（社会科学版）2007 年第 5 期，第 169—172 页。

② 王战：《新常态与产业转型升级新路》，《社会科学报》2015 年 1 月 16 日，http://www.sass.stc.sh.cn/sass/shkxb/articleshow.jsp? dinji=230&artid=98394&sortid=491，最后访问日期：2016 年 12 月 18 日。

③ 侯维忠：《经济史中制度的演进：传导成本与政经均衡的稳定性》，中国留美经济学会 2009 年国际研讨会，2009。

④ 林德尔·罗珀：《猎杀女巫：德国巴洛克时期的惊惧与幻想》，第 21 页。

人为制造"女巫"作为替罪羊以供泄愤。

到了纳粹时代，纳粹政党为了政治利益，争取民众支持，转嫁统治矛盾，平息因失业、战败丧失自尊的民众的愤怒，自然而然地将大家共同敌视的犹太人作为攻击目标。同时，纳粹政党也利用反犹的浪潮来打击德国共产党等异己。

3. 法律因素

法律因素有两个方面，其一，为猎巫提供了法律上的依据，其二，正是不健全的法律使得猎巫愈演愈烈。理论上当时的法律法规是对女巫审判、定刑的重要依据，但问题正产生于此，当时欧洲的审判和判决法律通常为《罗马法》和《查理五世法典》，这些法律规定"直接依据被控诉人的陈述进行裁决"。[①] 德国于 1532 年颁布《卡罗琳娜法典》（*Constitutio Criminalis Carolina*），该法典第 109 条规定："如果有人用巫术对别人进行伤害或毁坏，她就必须受到死的惩罚，且这个惩罚必须是火刑。"[②] 于是在各种各样的严刑逼供下，女巫们被屈打成招，往往将"传说中的故事供称为自己犯下的罪孽"，[③] 并且经常是在招供后，仍然被继续审讯和用刑，直到她们讲出所有知道的施行巫术的细节。

纳粹政府于 1933 年颁布《农地继承法》，规定"凡雅利安人出身的户主的长子才有权继承农地，而继承者的祖籍在公元 1800 年以前都必须属于雅利安人"。[④] 该法令事实上剥夺了犹太人的土地继承权。1935 年，德国国会通过了《德国公民权法》、《德意志血统及荣誉保护法》，德国内政部部长根据《德国公民权法》第 3 条于当年 11 月 14 日公布了《第一次补充法令》，[⑤] 犹太人的公民权终被剥夺。

猎巫时代法律和纳粹时代法律的共同点可以概括为以下几点：其一，

---

① 林德尔·罗珀：《猎杀女巫：德国巴洛克时期的惊惧与幻想》，第 36 页。
② H. C. Erik Midelfort, *Witch Hunting in Southwestern Germany*, *1562 – 1684*, 1972, p. 23, 转引自陆启宏《近代早期西欧的巫术与巫术迫害》，第 126 页。
③ H. C. Erik Midelfort, *Witch Hunting in Southwestern Germany*, *1562 – 1684*, 1972, p. 99, 转引自陆启宏《近代早期西欧的巫术与巫术迫害》，第 191 页。
④ 肖汉森：《纳粹德国反犹政策的演变与原因》，《华中师范大学学报》（人文社会科学版）1992 年第 3 期，第 55—61 页。
⑤ 肖汉森：《纳粹德国反犹政策的演变与原因》，《华中师范大学学报》（人文社会科学版）1992 年第 3 期，第 55—61 页。

为暴行提供法律依据，让凶手们觉得自己的所作所为完全是合法的，是有法可依的；其二，针对性极强，旨在剥夺对方生存权；其三，法律制定者的出发点都是保护自己的利益，打击各种事实上或潜在的危害、威胁自己利益的势力。

4. 宗教因素

宗教在两次灭绝人性的屠杀中都是不容忽视的重要因素。克劳斯·费舍尔认为，"纳粹对犹太的仇视是反巫思潮在 20 世纪的重现，两者具有类似的谬见和行为模式"，都是出于"狂热的精神激情"①、"类似鬼神学的迷信"。② 纳粹政府对犹太教当然持消灭态度，但在纳粹时期的基督教新教领域，德国新教界在希特勒的示意下于 1933 年 2 月兴起了名为"德意志基督教"（德语 Deutschechrist，英语 the German Christian）的运动，致力于把基督教信仰与国家社会主义相结合，将所有的地区性教会整合为一个统一的"德意志福音帝国教会"（the German Evangelical Reich Church）。③ 如果我们将猎巫运动和纳粹大屠杀加以比较可以看出，二者都曾尝试将宗教纳入当时当权者的权力范围之内，要么消失，要么归顺。

宗教改革与反宗教改革的博弈是宗教因素的突出表现，巫术成为双方互相攻讦的工具。1484 年，教皇英诺森八世正式发布谕令，严厉斥责巫术，"……许许多多的男女，忘了自己的救赎，偏离了天主的信仰，与梦中的异性交媾……施展魔法，妖言惑众"。④ 这段话被解读为向所谓的巫师们颁发的迫害许可证。以宗教审判庭为代表的宗教势力，对涉嫌用巫术制造破坏的巫师进行审判，宣布罪行，执行刑罚。刑罚以火刑为主，1575—1590 年，法国宗教审判庭庭长雷米烧死了 900 名巫师。⑤ 但也存在对极个别年长者的"法外开恩"。在乌苏拉事件（Ursula Bayer）中，一位 72 岁的妇女，被控以巫术使自己的姑侄女手臂瘫痪以及杀害这位小女孩的姐姐（死时只有 11 周

---

① 克劳斯·费舍尔：《德国反犹史》，第 4—5 页。

② L. Poliakov, *The history of anti-Semitism: from the time of Christ to the court Jews*（Schocken Books, 1974），pp. 164 - 165，转引自克劳斯·费舍尔《德国反犹史》，第 4—5 页。

③ 冯小茫：《纳粹时期德国新教中的教会斗争》，《世界宗教研究》2014 年第 2 期，第 110—120 页。

④ 刘章才、李君芳：《近代早期欧洲猎巫运动述论》，《西南大学学报》（社会科学版）2007 年第 5 期，第 169—172 页。

⑤ 戴维·布雷桑：《气候变冷促生"猎巫行动"》，《环球人文地理》2014 年第 23 期，第 11 页。

大），最终因修道院长老们求情，被免于火刑，予以砍头处决。[①] 杨真在《基督教史纲》中这样描述："中世纪教会从它建立封建神权统治起，便利用民间广泛流传的鬼、怪、巫术来控制群众；同时又以'捉拿巫士'为名，镇压群众。"[②]

多名巫师在严刑逼供下承认自己的确利用巫术谋财害命，甚至与魔鬼进行肮脏的交易，使得基督教徒们看到了使其神学世界备显崩溃的"黑暗世界"，进而加重了对巫师的迫害。1692 年，当时处于英国殖民统治下的马萨诸塞的塞勒姆发生了巫术恐慌事件，多人被捕及杀害，被控巫罪的人中还包括马萨诸塞总督的夫人。此次事件本身就是清教徒自身信仰危机及其与殖民地统治者之间的矛盾引起的。1747 年，一名被控犯有巫罪的女子马格德林娜·波尔曼（Magdalena Bollmann）被严刑逼供致死之后，紧接着举行了一场宗教仪式，"五六名神甫在她面前布道、用祈祷过的复活节蜡烛油滴在她的鼻子上、脚趾上"。[③]

发生在宗教改革和反宗教改革特殊时期的特殊行为，体现了当时人们对基于教会的自身信仰体系的不信任感，在某种程度上，我们也可以说当时信仰认同的建构（religion-building）仍在进行中。如果他们足够相信全能的上帝可以保佑他们，为何还要惧怕魔鬼的伤害？

5. 心理因素

整体而言，猎巫和反犹这种行为是人类对自身生存问题的焦虑所导致的。在猎巫运动中，人们觉得是所谓女巫造成了男子不育、女子不孕、农作物减产、家畜病死等，即女巫对生殖力的破坏。只要是生活遭遇突如其来的不幸，都可以被他们归结为女巫作祟。这在心理学上可以得到部分解释，即广义上的"被迫害妄想症"。焦虑—幻想—恐惧—迫害，形成了一个不间断的、循环的行为体系。由此，"巴洛克式的宗教幻想发展为一种动态

---

①　林德尔·罗珀：《猎杀女巫：德国巴洛克时期的惊惧与幻想》，第 2—3 页。

②　H. R. Trevor-Roper, *The European Witch-craze of the Sixteenth and Seventeenth Centuries and Other Essays*（New York, 1969），p. 106，转引自陆启宏《近代早期西欧的巫术与巫术迫害》，第 38 页。

③　H. R. Trevor-Roper, *The European Witch-craze of the Sixteenth and Seventeenth Centuries and Other Essays*（New York, 1969），p. 106，转引自陆启宏《近代早期西欧的巫术与巫术迫害》，第 39—40 页。

的被害妄想"。① 但这不仅仅是一种个人心理活动和行为，更多的是集体性心理行为。因为恐犹进而反犹，而恐犹深层次的因素乃是恐巫。

在猎巫时代，麻木的民众出于猎奇心理和消遣娱乐，经常现场围观对女巫的审讯、行刑。在 17 世纪晚期的奥格斯堡，通常一次性处决 3—6 名女巫，这样做并不是为了节省费用，而是为了"增加戏剧效果"。行刑过程被所有人当成舞台剧认真观看，② 小贩云集、乡里咸聚，热闹程度不亚于一场"赶集"。同样在奥格斯堡，行刑官在处决一名女巫之前，用烧得通红的火钳烙烫她的乳房，之后才执行死刑并肢解。这名所谓女巫，可能仅仅是因为一场失败的接生手术便失去了生命。这种手法象征着毁坏她的母亲身份，作为对她曾经伤害过的母子的偿还。③

事实上，当时的民众普遍陷入了一场巫术的狂欢中，所谓魔鬼文学或恶魔学、鬼神学不仅有数量可观的作者，更有庞大的受众群体。早在 1579 年，詹姆士一世出版了《恶魔信仰》一书，对巫术进行了心理—社会学上的分析。他指出，巫术被三种激情所引导着，即"强烈的好奇心；对令人深为忧虑的侵权行为进行报复的渴望；或者因为极大的贫穷所造成的对物质的贪婪欲望"。④ 以上三点几乎可以和纳粹时期的反犹主义百分之百对号入座。

在猎巫时代和纳粹时代，我们都可以发现农业崇拜⑤、农业浪漫主义思想的盛行。首先，巫术本身就诞生在泛农业（前农业阶段，含采集、渔猎等）和农业时代，巫术的盛行背后是对农业减产的焦虑和不满，继而产生农业复兴和农业崇拜的思想。纳粹时代农业政策的出发点带有明显的农业崇拜和农业浪漫主义思想。1930 年 3 月，农业部专家瓦尔特·达里被希特勒任命为纳粹农民领袖。此人"宣扬农民的血是生命的源泉，生命滋生不息，祖国乃得昌盛；土地为农民耕种，生产人们的衣食之需"，他主张在不改变财产制度的前提下，国家通过货款帮助农民建立"世袭田园"，使他们成为"血统与土地"的新贵族。在 1935 年颁布的法令中，"德意志人民到

---

① 林德尔·罗珀：《猎杀女巫：德国巴洛克时期的惊惧与幻想》，第 33 页。
② 林德尔·罗珀：《猎杀女巫：德国巴洛克时期的惊惧与幻想》，第 11 页。
③ 林德尔·罗珀：《猎杀女巫：德国巴洛克时期的惊惧与幻想》，第 11 页。
④ 克里斯蒂纳·拉娜：《巫术与宗教》，刘靖华、周晓慧译，今日中国出版社，1992，第 20 页。
⑤ 关于巫术中的农业崇拜，可参见卡洛·金斯伯格《夜间的战斗：16、17 世纪的巫术和农业崇拜》，朱歌姝译，上海人民出版社，2005，第 49—52 页。

农村去"、"与大自然亲近"等宣传口号屡屡可见。[①]

6. 气候因素

部分学者通过研究当时的气候数据，将这段时间的极端异常天气表述为"小冰期"（the Little Ice Age），甚至得出了"气候变冷导致了猎巫运动"的结论。[②] 持该观点的美国地质系教授戴维·布雷桑认为，1450—1830 年，欧洲乃至全世界遭遇万年一遇的严寒期，出现了 1562 年 8 月 3 日、1626 年 5 月 23 日的暴雪、霜冻等极端天气，因气候变冷，"频繁的风暴、长冬和冷夏"使得"鱼群改变了迁徙路径，大量农田和村庄被冰川侵蚀……经常出现洪水……"他认为 1560—1600 年迫害运动的高潮阶段，与 1550—1560 年、1580—1600 年的两次严寒期是吻合的。[③] 人们将这种天气异常归罪于女巫作祟，开始迫害女巫。

从哈佛大学经济学博士艾米丽·欧斯特（Emily Oster）的论文提供的数据来看，对巫师的审判次数和气温之间存在一定的负相关性，虽然气温的下降和审判次数的增加并不是完全吻合的。

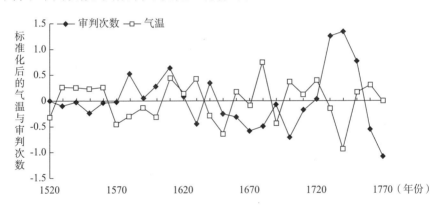

图 1　1520—1770 年的气温和审判次数统计

资料来源：Emily Oster, "Witchcraft, weather and economic growth in renaissance Europe," *The Journal of Economic Perspectives*, 2004, 18 (1): 215 - 228, http://home.uchicago.edu/eoster/witchec.pdf, 2006 - 10 - 15。

---

① 王卫江：《论纳粹德国的农业政策和法令》，《贵州民族大学学报》（哲学社会科学版）2003 年第 4 期，第 68—70 页。

② 戴维·布雷桑：《气候变冷促生"猎巫行动"》，《环球人文地理》2014 年第 23 期，第 11 页。

③ 戴维·布雷桑：《气候变冷促生"猎巫行动"》，《环球人文地理》2014 年第 23 期，第 11 页。

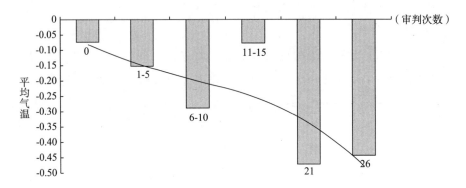

图 2　平均气温和审判次数统计

资料来源：Emily Oster，"Witchcraft，weather and economic growth in renaissance Europe，"*The Journal of Economic Perspectives*，2004，18（1）：215 – 228，http://home. uchicago. edu/eoster/witchec. pdf，2006 – 10 – 15。

根据资料统计，虽然纳粹时期的德国并未经历类似明显的降温周期，但是在 1930 年的短暂升温后经历了剧烈的降温。[①] 在图 3 中，我们可以看到气温异常和战争天数、人口增长率/死亡率指数之间存在一定的相关性，1850 年以后气温异常明显加剧。

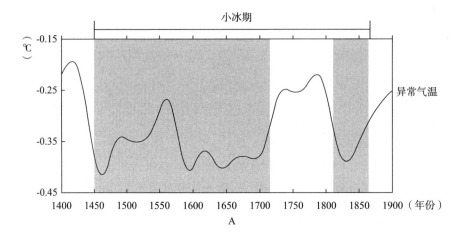

---

①　http://blog. hotwhopper. com/2015/08/it-was-cold-in-1930s-really-it-was. html，2016 – 12 – 21.

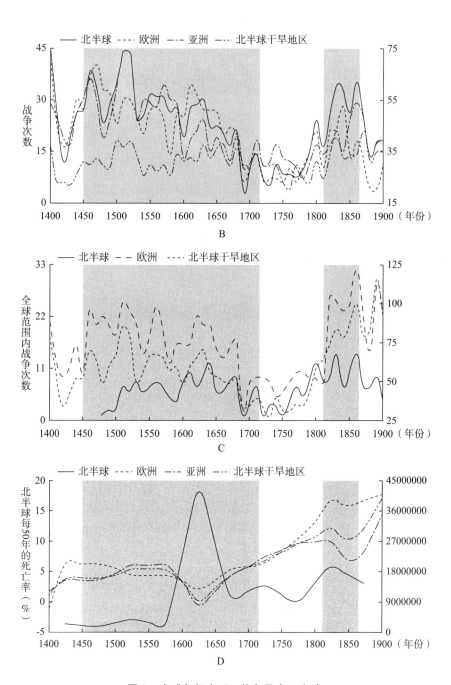

图 3　全球气候变迁、战争及人口衰减

资料来源：Zhang D. D. , Brecke P. , Lee H. F. , et al. , "Global climate change, war, and population decline in recent human history," *Proceedings of the National Academy of Sciences*, 2007, 104 (49): 19214 – 19219。

7. 科学技术

印刷术的快速发展使得传单、海报、小册子、图书等印刷品广泛出现，关于女巫等各类神巫鬼怪的信息被迅速传播，加重了人们对女巫的恐惧，也使得迫害手段广为人知。例如，海因里希·克拉玛（Heinrich Kramer）、詹姆斯·施普伦格（James Sprenger）撰写的《女巫之锤》专门指导人们如何识别、捕获、审判女巫，得益于印刷术的进步，"到 1520 年之前，该书至少出版了 15 版"。[①] 其他作品出版情况可见表 2。

表 2　1550—1599 年德意志西南地区的魔鬼文学出版及印刷统计

年份	第一版（种）	重印（种）	册数（册）
1550—1559	7	17	21000
1560—1569	14	70	78000
1570—1579	6	5	8600
1580—1589	9	9	14400
1590—1599	1	4	4600

资料来源：H. C. Erik Midelfort, *Witch Hunting in Southwestern Germany 1562—1684*（Stanford University Press，1972），p. 70，转引自陆启宏《近代早期西欧的巫术与巫术迫害》。

我们也可以看到高级知识分子在这场迫害运动中推波助澜，利用其掌握的知识，以研究巫术为标榜，向民众宣扬巫术及巫师的危害性，刻意营造恐怖气氛，以获得名誉或财富。《巫觋的恶魔狂热》（*On the Demon-Mania of Witches*，1580）的作者正是 16 世纪欧洲著名的历史学家、法学家、政论家、经济学家、思想家让·博丹（Jean Bodin）。正如克劳斯·费舍尔（K. P. Fischer）所说："谬见再加上学识，就会使一个荒诞的世界变得有血有肉、富丽堂皇。"[②]

8. 战争因素

战争在两次极端事件中都起到了举足轻重的作用。猎巫运动期间爆发了德国农民战争及三十年战争（1618—1648），尤其是后者影响较大。一代

---

① Robert Muebembled，"The History of The Devil: From the Middle Ages to the Present," *Polity Press*，2003，转引自王中宝《近代欧洲巫术迫害成因考》，《黑龙江史志》2008 年第 C1 期，第 22—23 页。

② 克劳斯·费舍尔：《德国反犹史》，第 4 页。

人近乎半生时间都投入战争，致使生灵涂炭，民不聊生。德国人口减少了35%，从2100万人降为1350万人；1630—1648年，有1.8万个村庄、1500个城镇、200个城堡被毁；长期的战乱加剧了德国的分裂，最多时分裂成1789个小公国。[①]

战争带来的创伤和集体记忆被一代又一代德国人传承着，即使在1871年完成了统一，德国也被打下军国主义深厚的烙印，前后发动了人类现代历史上仅有的两次世界大战，德国也成为唯一的连续两次发动世界大战的国家。以希特勒为代表的一代纳粹分子便诞生在埋葬着第一次世界大战无数生灵的土壤中，终又被埋葬在亲手发动的第二次世界大战的"血与土"中。战争无疑使纳粹的反犹行为更加极端、暴力，使犹太人的处境雪上加霜。

9. 社会因素

在中世纪后期，由于新的生产方式的产生，女性在社会劳动分工中开始明显落后于男性，于是出现了女性地位的下降和男权主义的复兴。德国一些城市规定，商店老板去世后，其寡妻只能经营一年或两年，之后必须停业。后来则只允许她们开业几个月，并声称，这是为了让"国王的人民"（即男人们）不失掉工作。[②] 由此可见，在猎巫时代，社会资源或劳动生产要素分配机制已经由男性主导。学者形容这是西方历史上第一次"专门集中在女性身上的有计划的迫害"。[③] 此后，这一状况不仅未得到改观，反而更加严重。

正如我们通常见到的，受到斯塔夫里阿诺斯史学观点的影响，史学界一般将公元1500年作为世界近现代史的开端，更是欧洲走出"黑暗的中世纪"的开端。从16世纪初至18世纪，欧洲大部分地区尤其是中西欧处于激烈的社会转型中，[④] 这一时期各民族国家（nation-state）也处于建构的过程中。旧的社会秩序已瓦解，新的社会秩序尚未建立，猎巫运动便在各种社

---

① 克劳斯·费舍尔：《德国反犹史》，第58—59页。

② 徐善伟：《男权重构与欧洲猎巫运动期间女性所遭受的迫害》，《史学理论研究》2007年第4期，第34—41页。

③ Linda E. Mitchell ed. , *Women in Medieval Western European Culture*（New York and London，1999），p. 302.

④ 相关论述可参见朱琴《猎巫运动与欧洲社会转型》，《知识经济》2009第10期，第177页。

会矛盾中兴起。

在整个 16、17 世纪，欧洲社会都被两大问题所困扰，即在控制人口数量的同时要确保人口持续性。三十年战争造成了一定程度上的人口危机，因此民众特别关注自身的生育水平，竭力保护其不受伤害。

资料显示这段时间内疾疫横行，1586—1587 年、1597—1598 年、1622—1623 年均暴发过瘟疫，疾病肆虐加剧了社会不同阶层的相互敌视：上层社会认为疾病是由穷人传播的，而穷人们看到社会上层因为生活优裕、营养良好而较少受到疾病的袭击，因此对其更加痛恨，[①] 由此导致社会阶层间的对立及其张力增加。此外，在猎巫时期，医疗条件的匮乏、灾疫肆虐，致使婴幼儿存活率长期处于较低水平，经常出现同一个家庭的小孩相继死亡的惨剧，人们便相信是这些小孩的母亲故意杀死了他们，从而认定这些母亲是专门杀婴的女巫。

从众多的猎巫事件中，我们不难发现猎巫的对象经常是年老、寡居的妇女。这样的个体在人群中具有非常明显的辨识度，他们经常"非公民、非本族、又穷、又瘸、又老"。[②] 王明珂教授对我国少数民族羌族村寨的"毒药猫传说"进行了持续广泛的田野调查，在此基础上提出了"毒药猫理论"，即在孤立的村寨生活中，人们由于对外界的猜疑和恐惧而产生的集体暴力现象。[③] 同羌族的受害者一样，这些女巫在很大程度上因为其"外来者身份"在后来竟成了报复社会和被社会报复的"毒药猫"。

女巫和犹太人身上普遍具有明显的客民身份，正是由于这种身份，相对于原住民，他们更容易受到攻击。俗语讲"外来的和尚好念经"，但事实可能正好相反。当本地生活资源的供给因各种原因无法满足当地民众的需求时，这些"外来人"自然而然地成为被他们敌视的"替罪羊"（the scapegoat）。他们以"边缘族群"的身份游离在主流群体的外围，处处受到排挤打压，始终无法融入主流群体，成为主流群体构建"族群认同"的牺牲品。

---

① Henry Kamen, *European Society 1500 – 1700*, London, 1984，转引自刘章才、李君芳《近代早期欧洲猎巫运动述论》，《西南大学学报》（社会科学版）2007 年第 5 期，第 169—172 页。

② 林德尔·罗珀：《猎杀女巫：德国巴洛克时期的惊惧与幻想》，第 203 页。

③ 《专访王明珂：从毒药猫理论看 ISIS 事件》，澎湃新闻，http://www.thepaper.cn/newsDetail_forward_1451492，最后访问日期：2016 年 04 月 10 月。

女性的地位在猎巫时期处于明显的低谷，男性对女性存在天然的偏见，尤其是对寡居、离异、丧偶、无子女的女性偏见更甚。就连犹太经典《塔木德》中也这样写道：当她是个女孩时，唯恐她被诱骗；当她是个年轻姑娘时，唯恐她犯性不道德罪；当她长大后，唯恐她不结婚；一旦结婚了，又担心她没有孩子；当她老了，则担心她沉迷巫术。① 到了纳粹时代，妇女地位仍然没有得到根本性改观，希特勒直言妇女为生育工具。

10. 理论指导

以《女巫之锤》为代表的恶魔学、鬼神学在猎巫时期推波助澜，《女巫之锤》又被人们认为是"厌女版"的《我的奋斗》，二者经常一起出现在对人类历史进程副作用最大的书的榜单之内。"不事生产的寄生虫"之形象在猎巫运动中对女巫和犹太人同时运用，并于纳粹时期在犹太人身上达到极致。

对特定人群系统性、有计划的迫害在猎巫运动中得到淋漓尽致的体现，当然，笔者不会做出有违史实的结论：猎巫运动是人类历史上第一次系统性地迫害特定人群。正如我们所看到的，它既不是第一次，也不是最后一次，在某种意义上只是大规模屠杀的一次"彩排"。19 世纪下半叶以来，受达尔文进化论和殖民主义思想的影响，社会达尔文主义思想迅速扩散，被纳粹分子奉为真理，而种族灭绝正是种族主义的极端表现。

11. 凶手

猎巫时期的凶手不只是宗教裁判所，学者出版专著，宣扬巫术、批判巫术，民众以各种理由告发涉巫人员，② 如果不将他们纳入凶手的范围，将大大限制我们对猎巫运动的认识。纳粹时期的凶手更不仅仅限于希特勒本人及其纳粹专政政权。

丹尼尔·约哈·戈尔德哈根（Daniel Jonah Goldhagen）在其著作《希特勒志愿的执行者：德国普通民众和大屠杀》中指出，灭绝性的反犹主义是德国文化传统的核心，德国普通民众如同遇见母乳般吸取它。③ 很显然，他认为德国民众也是大屠杀的"志愿行刑者"。这些人是否真如汉娜·阿伦特

---

① 陆启宏：《近代早期西欧的巫术与巫术迫害》，第 281 页。
② 闫雪：《女巫迫害时期民众告发女巫原因分析——以十六世纪和十七世纪的德意志地区为例》。
③ 陆启宏：《近代早期西欧的巫术与巫术迫害》，第 228 页。

笔下的"平庸之恶"（Banality of Evil），[1] 学界的讨论仍未结束。菲利普·津巴多（Philip George Zimbardo）在其著名的心理学实验"斯坦福监狱实验"中，[2] 研究好人如何变成恶魔，提出了路西法效应（亦称"魔鬼效应"，The Lucifer Effect），[3] 认为异常的场景将使普通人做出不可思议的行为。学界在关于能否将纳粹德国时期的民众列为凶手的问题上存在明显的分歧，虽然凶手的界定范围有待商榷，但不可否认的是，德国境内的部分普通民众直接或间接参与了对犹太人的迫害。

12. 受害者自身因素

自愿受刑者。处于劣势地位的女巫们在很大程度上无法拥有为自己辩护的能力，甚至很多人被怀疑涉巫后，自愿承认从事了一系列杀人害命的巫术活动，完全没有意识到所谓政府之极端性及后果的严重性。

在纳粹势力掌权初期，部分犹太人受纳粹政府虚假面目的蒙蔽，甚至在纳粹的命令下，犹太社团协助纳粹分子召集犹太人。一位幸存者回忆说："犹太人自治高层机构任由纳粹强迫，接受被驱逐的命运，同时还泰然自若，表现出坚韧的平静，这真是让人惊叹不已！我清楚地记得有 100 名犹太社团或犹太机构的雇员被召集到一个会议室里，根据德国人给他们的材料，按照职业和年龄的顺序排列整齐，等待裁决。"[4] 犹太人在对抗反犹主义中甚至产生了自暴自弃、自我贬低的现象，特奥多尔·莱辛（Theodor Lessing）出版于 1930 年的《犹太人的自我憎恨》是此现象的典型代表。[5]

13. 语言因素

猎巫发生地多为数种语言交汇地区，德国奥地利边界、瑞士、阿尔萨斯、卢森堡、匈牙利，以及洛林、沃德等地区，这些地区的共同特点是处于不同语言交汇区（见图 4）。纳粹时期的大屠杀发生地也是如此。操不同语言的"外来者"在社会不安定时期往往成为民众猜忌的对象。

---

① Hannah Arendt, "Eichmann in Jerusalem: A Report on the Banality of Evil," *The Political Quarterly*, 2012, 83（s1）: pp. 349 – 350.

② P. G. Zimbardo, "On the Ethics of Intervention in Human Psychological Research: With Special Reference to the Stanford Prison Experiment," *Cognition*, 1973, 2（2）: pp. 243 – 256.

③ P. G. Zimbardo, *The Lucifer effect: Understanding How Good People Turn Evil*, 2007, pp. 494 – 495.

④ 克劳斯·费舍尔:《德国反犹史》，第 392 页。

⑤ 克劳斯·费舍尔:《德国反犹史》，第 207 页。

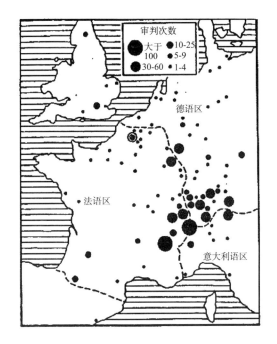

图 4　西欧的巫术审判分布（1580—1650 年）

资料来源：Brian P. Levaek，"The Great Witch-hunt，" in Thomas A. Brady Jr. et al. eds.，*Handbook of European History*，*1400 – 1600*（Volume Ⅱ）（Eerdmans，1995），p. 608，转引自陆启宏《近代早期西欧的巫术与巫术迫害》，第 228 页。

14. 地理因素

猎巫事件和大屠杀的高发地存在一定程度的重合。从欧洲地形图上，我们可以看到以上地区处于波德平原和中德山地、苏台德山脉的交界地带，中德山地和巴伐利亚高原、巴伐利亚高原和阿尔卑斯山脉的交界地带。可见在猎巫时期，山区和平原的交界地带往往成为巫术频发地，巫术在上述地区的流行程度明显高于其他地区，猎巫的激烈程度也相应高于其他地区。在纳粹时代，这些地区也是屠杀犹太人的频发地点。

从表 3 可以更加直观地看出猎巫运动和纳粹大屠杀的各种因素及二者之间的共性。

表 3　猎巫运动与纳粹大屠杀的因素比较

诱发因素	猎巫运动	纳粹大屠杀	共性
经济	农业减产	德国经济面临崩溃	经济下行

续表

诱发因素	猎巫运动	纳粹大屠杀	共性
政治	政客借机打压对手	政党组织纳粹党借机铲除异己	党同伐异
法律	1532 年《卡罗琳娜法典》、1572 年《萨克森刑法典》等	1933 年《农地继承法》、1935 年《纽伦堡法令》（*Nuremberg Laws*）、1935 年《德国公民权法》、1935 年《德意志血统及荣誉保护法》、1935 年《第一次补充法令》等	目的导向
宗教	宗教改革与反宗教改革的时代背景	纳粹政府企图将宗教"置于卐字旗下"	当权者对宗教势力的争夺
心理	恐巫	恐犹	焦虑—幻想—恐惧—迫害；免罪感；农业崇拜、农业浪漫主义
气候	小冰期	降温期、极端天气	低温、异常
科学技术	印刷术	电气化、机械化	借助当时先进技术
战争	三十年战争等	第一次世界大战	大规模持久性战乱
社会	社会转型期、妇女地位下降、贫富差距明显	极端动荡、贫富差距进一步扩大	社会动荡、贫富差距
理论指导	《女巫之锤》等魔鬼文学、恶魔学、鬼神学	《我的奋斗》、纳粹主义、种族主义理论、社会达尔文主义理论	极具煽动性的理论宣传
凶手	宗教裁判所、普通民众	纳粹政府及附属机构	以政府为主，"志愿行刑者"、"平庸的恶"
受害人自身原因	愚昧、轻信	轻信、低估	"自愿的受刑者"、过于相信权力机构
语言因素	主要发生在德语、法语使用人群交汇处	德语、波兰语等交汇处	语言交汇处
地理因素	猎巫频发地往往为山区、地区及国家交界处	集中营往往建在地区、国家交界处	地区、国家交界处

　　综上所述，我们不难发现猎巫表面上是对巫师的迫害，实际上是对女性的迫害，根本上是对人性的迫害。我们有理由相信，丑化、魔鬼化、迫害女巫和纳粹大屠杀在本质上的思维逻辑几乎是一致的。纳粹时代和猎巫时代的凶手都认为"杀人的过程也是自身复原的过程"，[①] 纳粹分子相信通

---

① 克劳斯·费舍尔：《德国反犹史》，第 437 页。

过灭绝犹太人可以让自己的雅利安民族更为纯洁，这种逻辑本身就是一种巫术。

不只是反巫和反犹思想与行为的逻辑和巫术有极强的关联性，就连历史学家也认为涉巫事件、大屠杀事件本身就是一种巫术的表现形式。历史学家认为塞勒姆巫术事件"无非是一场为拯救已陷入巫术幻境的马萨诸塞清教共同体而举行的活人祭，是为了重新确立自己的基督徒身份的一种血腥仪式"。① 就连克劳斯·费舍尔也认为"大屠杀不啻于一件燃烧的祭品，受害者并没有做无谓的牺牲；他们或许给了未来一代最为珍贵的生命礼物"。②

（二）德国③之特殊性

避免忽视德国的特殊性和纳粹大屠杀的特殊性是笔者在本文中所坚持的原则之一。克劳斯·费舍尔认为德国人具备的明显"文化特性"为：其一，对命令极端夸张的服从态度，表现为对独裁主义臣服的习性；其二，对军队和军国主义的盲目崇拜；其三，独特的民族优越感以及对外国人和未被同化种族的歧视；其四，根植在宗教和哲学传统中，对能包容一切的、诠释各种意识形态的世界观的强烈渴求。④ 德国人似乎特别容易出现不可理喻的行为，"当一种极具破坏性的思想披上宗教或非宗教信仰的外衣，并得到当权政府制度上广泛的支持时，这种情况肯定会出现"。德国历史上追求的极端的理性便是极端的不理性。

正是德国的特殊性，使其成为巫术迫害的重灾区。在猎巫运动中，德国有超过一半的审判和女巫死亡数。猎巫主要集中在日耳曼尼亚及其附近地区，如法兰哥尼亚公国教区、萨尔及摩塞尔地区、特里尔和科隆选侯区包括威斯特伐利亚公爵领地、卢森堡及洛林公爵领地、明斯特亲王主教区、石勒苏益格－荷尔斯泰因、梅克伦堡州等，其中德国猎杀女巫的总数占到整个欧洲猎杀总数的三分之一到二分之一。⑤

---

① 程巍：《1692 年的塞勒姆巫术恐慌》，《中国图书评论》2007 年第 6 期，第 28—35 页。
② 克劳斯·费舍尔：《德国反犹史》，第 530 页。
③ 为了方便论述，此德国泛指现代德国。
④ 克劳斯·费舍尔：《德国反犹史》，第 58 页。
⑤ 孙岳：《〈女巫之锤〉与猎巫运动》。

历史之所以为历史，是因为存在记忆。历史不仅对女巫和犹太人的歧视、偏见、恐惧、暴力实现了代际传承，受害者的"被罪感"也实现了代际传承，许多女巫的家属和后代长时间内背负巫罪的骂名，犹太人则更甚。在纳粹时代，我们仍然可以发现社会中存在诸多"巫化"犹太人的现象，许多民众仍然会认为犹太人就是巫师（事实上，早在圣经时代，犹太人的先知摩西已经被认为是一名巫师①）。他们仍然会偷走并吃掉自己的小孩，仍然会做出种种令人毛骨悚然的行为，以至于"恐巫"与"恐犹"之间、"仇巫"与"仇犹"之间的界线日益模糊。卡尔·克里斯蒂安·布里（Carl Christian Bry）认为这种恐犹症实际上"将旧的基督教信仰取消，代之以他们自己新的种族基督教信仰"。② 斯宾诺莎也说，在所有的仇恨中，"最深刻和最顽固的莫过于那些源于虔诚信仰的仇恨了，而且这种仇恨本身也被虔诚地信奉着"。③

众所周知，德国是宗教改革和反宗教改革势力交锋最为激烈的地区。由宗教改革引发的大规模农民战争也在德国发生。这说明，德国在宗教方面的矛盾是最突出的。

宗教改革时期的马丁·路德对犹太人激烈的言语攻击正发生在各方宗教势力斗争最为激烈之时，犹太人"碰巧"被他拿来当作出气筒，以至于有学者将他和希特勒相提并论。④ 路德本人和加尔文都承认魔鬼的存在。⑤《女巫之锤》的作者之一詹姆斯·施普伦格就是德国宗教裁判所的一名官员。无论是新教还是天主教，在很长一段时间内，都谴责女巫对整个基督教的信仰体系造成了巨大的侮辱和亵渎，⑥ 他们在互相斗争、争取信众的过程中借用猎巫运动向对方发起攻击，"无可否认的是，新教和天主教都发起

---

① 弗里茨·格拉夫：《古代世界的巫术》，王伟译，华东师范大学出版社，2013，第9页。
② 克劳斯·费舍尔：《德国反犹史》，第162页。
③ Benedict de Spinosa, *The Works of Spinosa*（New York：Dover Publications, 1955），p. 229，转引自克劳斯·费舍尔《德国反犹史》，第5页。
④ J. D. Lewis, "From Luther to Hitler: The History of Fascist-Nazi Political Philosophy, by William M. McGovern," *American Political Science Review*, 1941, 35（5）.
⑤ Bengt Ankarlo, Stuart Clark, *The Period of the Witch Trials*（The Athlone Press, 2002），转引自刘章才、李君芳《近代早期欧洲猎巫运动述论》，《西南大学学报》（社会科学版）2007 第5期，第169—172页。
⑥ 林德尔·罗珀：《猎杀女巫：德国巴洛克时期的惊惧与幻想》，第55页。

过猎巫活动"。[①] 宗教界在纳粹时代基本上属于一种消极的"无为"状态。1939 年之后的德国新教界对纳粹的战争和屠杀行为基本上保持了沉默，无独有偶，罗马教会及教宗庇护十二世均未做出明确的表态。

在纳粹时代，基于种族优生学、社会达尔文主义立场的由男性主导的纳粹政府对女性的态度可想而知。他们的代表性观点是，犹太人通过其中的女性色诱优秀的雅利安男性，从而造成"种族污染"。"妇女在纳粹总体政策中始终只具有工具性意义，妇女被作为政党工具、服务工具、生育工具、劳动工具贯穿整个纳粹存续之始终。"[②]

从表 4 可知，1500—1800 年，德国农业从业人员人均产出明显低于英格兰、西班牙、意大利、法国、波兰、比利时、尼德兰、奥地利等国，较低的农业产出造成了农民很大程度上的消极情绪，转化为暴力行动的可能性便陡然上升。根据表 4 的统计数据，我们通过简单的计算，可知德国当时的农村人口比例高出同期主要国家，这更使得"三农问题"成为德国尤为突出的社会矛盾之一。德国在农业上的落后局面迟至 1933 年希特勒上台时仍未改善。1933 年，德国用于向海外购买食品的费用已经高达 36 亿马克，而同年的外汇储备在 4 月仅为 4.5 亿马克，6 月只剩下 2.8 亿马克。[③] 紧接着 1934 年、1935 年均出现了粮食歉收现象，这无疑使德国农业现状更趋恶化。

表 4　欧洲主要国家农业从业人员人均产出（以英格兰 1500 年 =1.0 为基准）

年份	英格兰	德国	西班牙	意大利	法国	波兰	比利时	尼德兰	奥地利
1300	0.80			0.72					
1400	0.92	0.85	1.02	0.89	0.76	1.02	1.46		1.00
1500	1.00	0.74	0.89	0.80	0.83	0.93	1.39	1.07	0.91
1600	0.76	0.57	0.76	0.83	0.72	0.78	1.26	1.06	0.57
1700	1.15	0.54	0.87	0.81	0.74	0.94	1.20	1.24	0.74
1750	1.54	0.56	0.80	0.70	0.80	0.93	1.22	1.48	0.91
1800	1.43	0.67	0.70	0.57	0.83	1.07	1.11	1.44	0.81

资料来源：R. C. Allen, "Economic structure and agricultural productivity in Europe, 1300 – 1800," *European Review of Economic History*, 2000, 4（1）: 1 – 25。

[①]　林德尔·罗珀：《猎杀女巫：德国巴洛克时期的惊惧与幻想》，第 55 页。
[②]　马瑞映：《德国纳粹时期的妇女政策与妇女》，《世界历史》2003 年第 4 期，第 58—66 页。
[③]　陈旸：《纳粹德国的农业政策研究》。

表5 1300—1800年欧洲部分国家人口主要分布估算

单位：百万人

年份	合计	城市	农村非农业	农业
荷兰				
1500	0.95	0.28	0.13	0.54
1600	1.5	0.52	0.25	0.73
1700	1.9	0.74	0.37	0.79
1750	1.9	0.69	0.41	0.80
1800	2.14	0.73	0.54	0.87
德国				
1400	7.0	0.78	1.24	4.98
1500	10.5	0.86	1.93	7.71
1600	12.5	1.06	2.75	8.69
1700	13.0	1.00	3.36	8.64
1750	16.0	1.41	4.38	10.22
1800	21.5	2.02	6.23	13.25
西班牙				
1400	6.0	1.58	0.88	3.54
1500	7.5	1.38	1.22	4.90
1600	8.7	1.85	1.37	5.48
1700	8.6	1.75	1.44	5.41
1750	9.6	2.05	1.59	5.96
1800	13.0	2.54	2.20	8.26
法国				
1400	12.0	1.29	2.14	8.57
1500	17.0	1.49	3.10	12.41
1600	19.0	2.05	4.07	12.88
1700	22.0	2.72	5.38	13.90
1750	24.5	3.11	6.42	14.97
1800	28.3	3.65	7.89	16.76
意大利				
1300	11.0	2.29	1.74	6.97
1400	8.0	1.93	1.21	4.87
1500	10.0	2.21	1.56	6.23

续表

年份	合计	城市	农村非农业	农业
意大利				
1600	13.3	3.00	2.27	8.03
1700	13.4	3.03	2.49	7.88
1750	15.5	3.49	2.88	9.13
1800	18.5	4.06	3.75	10.69

资料来源：R. C. Allen, "Economic structure and agricultural productivity in Europe, 1300 – 1800," *European Review of Economic History*, 2000, 4 (1): 1 – 25。

三　结语：人性反思仍需深入

反犹主义在中世纪经过猎巫运动得到系统性演练。但人们往往侧重分析造成猎巫运动的表面因素，而忽视对深层次因素的研究，没有就其肇因进行人性上的深刻反思，尤其是对实施迫害的人员及时进行审判定罪，"当猎巫运动结束时，这些狂热的猎巫者竟消失得无影无踪"，[①] 也几乎没有对受迫害人员进行平反和赔偿，更没有形成国际范围内的人道主义危机监测、预警机制和管理机制。对可能引起大规模人道主义危机的指标缺乏有效监控，除了暴力种族主义或宗教偏见以外，对古代、农业和扩张主义的迷恋也常会成为种族灭绝的风向标，[②] 这一点清晰地体现在希特勒的言行中。希特勒认为，"一个健全的农民阶级是整个国家的基础……坚实的中小农民阶层永远是抵抗社会弊病的最佳保障"。他在 1933 年表示，"德国的未来完全取决于对农民的保护"。[③]

正因为对猎巫运动认识不够深刻，反犹主义甚嚣尘上，在短短的一个半世纪后酿成人类有史以来最灭绝人性的纳粹大屠杀。事实上，我们至今

① 林德尔·罗珀：《猎杀女巫：德国巴洛克时期的惊惧与幻想》，第 13 页。
② 本·柯能：《希特勒、波尔布特和胡图族权力：区分种族灭绝思想的主题》，大屠杀与联合国讨论文件系列，http://www.un.org/zh/holocaustremembrance/docs/paper3.shtml，最后访问日期：2016 年 12 月 11 日。
③ 本·柯能：《希特勒、波尔布特和胡图族权力：区分种族灭绝思想的主题》，大屠杀与联合国讨论文件系列，http://www.un.org/zh/holocaustremembrance/docs/paper3.shtml，最后访问日期：2016 年 12 月 11 日。

仍没有完全结束马克斯·韦伯所说的"祛魅"（deenchanted）之进程，巫术并没有远离我们每一个人；同时，人类对自身生存问题的焦虑也将伴随终生，我们不能不承认人类历史中存在极端的恶。"曲木不成材"，"人类的本性是丑恶的，永远不要对人类能达到的完美的境地抱有幻想"。[①] 罪恶"蹲伏在我们良心的深处，无时不渗出对上帝的仇恨和对死亡的热爱。将我们和虚无联系在一起的就是那不赦的罪恶"。[②] 正如黑格尔所说，"人类历史就是一个祭台，人民和民族的幸福只是供奉的祭品"。[③]

---

① 克劳斯·费舍尔：《德国反犹史》，引言第9页。

② Jeffrey Burton Russell, *Mephistopheles: The Devil in the Modern World* (New York: Cornell University Press, 1986), p. 276, 转引自克劳斯·费舍尔《德国反犹史》，"引言"第9页。

③ Poliakov, *A History of Anti-Semitism*, p. 195, 转引自克劳斯·费舍尔《德国反犹史》，第7页。

纳粹时期德国工人的欧洲旅行

——以"欢乐是力量之源"组织的
欧洲旅行为中心

宋　昊*

20 世纪初，随着欧美各国现代化进程的不断深入，旅行开始日益普及。旅行原本是专属于上流阶层的休闲方式，此时也逐渐走入中产阶级乃至工人阶级的生活。纳粹德国时期最为著名的大众旅行活动是由纳粹党所建立的全国工人福利组织"欢乐是力量之源"（Kraft durch Freude，KdF）提供的。该组织的主要业务之一，就是为德国的工人和职员提供廉价的团体旅行。许多德国中下层的工薪劳动者通过这一组织提供的旅游业务首次走出国门，前往欧洲其他国家和地区，如北海、波罗的海、大西洋沿岸以及意大利、希腊等。该组织提供的旅行业务是纳粹当局的社会政策中比较受欢迎的，在当时也顺应了全球旅游业大众化的潮流。特别是德国工人阶级在此之前出国旅行的体验较少，[①] 正是通过这一组织的活动，德国的普罗大众

＊　宋昊，北京大学历史学系德国史专业 2015 级博士研究生。

① 在纳粹党执政前，德国的劳动阶层已经开始出国旅行，但规模有限。很早便有一些"无产阶级的环球旅行者"（Proletarischen Globetrotter）。1910—1912 年，英德两国的工人互相交换前往对方国家旅行。第一次世界大战结束之后，各国开始寻求避免战争重演的途径，此时有一种观点出现，认为倘若各国人民能够互相理解、彼此信任，便不会愿意再互相厮杀。基于这一理念，各国出现了各种旨在组织工人前往外国旅行的协会。纳粹党"欢乐是力量之源"所提供的旅行服务规模则远大于以往。

中许多人得以首次与欧洲其他国家的民众接触，与其他国家的文化互动。这种第一次接触可以展现出他们对于外部世界所抱持的态度以及外部世界对他们所造成的影响，因此具备一定的研究价值。对"欢乐是力量之源"组织进行的研究主要是德国学者和少数美国学者，且大多采取了机构史、政治史或旅游业史的视角。笔者在德国的联邦档案馆和国家图书馆进行了文献检索与收集工作，从中发现，党卫队保安局与国家秘密警察（即盖世太保）对"欢乐是力量之源"组织的大部分国外旅行都安插了特工进行监视，其目的在于掌握舆情，了解旅客们的思想动态。这些报告藏于联邦档案馆，其中许多报告包含旅客对前往游览的国家及其民众的态度与看法，从中可以窥知这一时期德国大众对欧洲各国的认识与体验。

一 "欢乐是力量之源"组织的设立

探讨"欢乐是力量之源"所组织的欧洲旅行，需要先概述这一组织本身的历史。1929 年，意大利财政部邀请普鲁士邦议会的议员前往意大利考察。① 德意志劳工阵线的领导人罗伯特·莱伊在这次旅行中注意到了意大利法西斯的休闲组织"国家康乐俱乐部"（Opera Nationale Dopolavoro），并在 1933 年 7 月 1 日第一次公开表示，要在德国劳工阵线的架构下创建一个类似的休闲组织。② 当年 11 月 27 日，德国劳工阵线在普鲁士邦参议院的小宴会厅举办了一次特别会议，当时有许多党政要员出席，包括赫斯和戈培尔。会议决定成立"欢乐是力量之源"组织。会前一周，劳工阵线的宣传册便用慷慨激昂的语调为此事做了预热："11 月 27 日，德国革命将进入第三阶段，也就是最后的阶段。从 1 月 30 日到 5 月 1 日，再到 11 月 27 日，我们正在创造德意志新人和德意志新社会秩序的奋斗之路上不断前进。政治与

① 参见 1929 年 3 月 18 日意大利使馆致罗伯特·莱伊的信，转引自 Ronald Smelser, Robert Ley, *Hitlers Mann an der "Arbeitsfront". eine Biographie* (Paderborn：Schöningh, 1989), S. 208。

② Nationalsozialistische Gemeinschaft Kraft Durch Freude, Der Gemeinschaftsring：Verzeichnis der Dienststellen der NS. -Gemeinschaft "Kraft durch Freude" in der Deutschen Arbeitsfront und der Angeschlossenen und nahestehenden Verbände und Vereine, Berlin-Wilmersdorf：Süßerott, 1939, S. 14.

经济的新秩序之后，紧跟着的便是德意志民族共同体的社会文化新秩序。"①

　　这一休闲组织设立的目的何在呢？德意志劳工阵线的信息宣传册中宣称："该组织致力于国家社会主义民族共同体的缔造，以及德意志人民的改良与净化。"② 后来，莱伊转述了希特勒的一段话："我要给予工人们充足的休假，要让他们的生活从容不迫、有条不紊，使他们拥有属于自己的空闲时间，以让他们获得真正的休息。我这样要求的原因是我要让人民拥有强大的精神力量，只有一个拥有强大精神力量的民族，才能取得真正伟大的政治成就。"③ 这段话对"欢乐是力量之源"组织设立的目的做了非常丰富的补充阐释。莱伊同样认为，让德国人民通过休憩保持充分的精神力量十分重要，这要追溯到德国人民在一战时期的惨痛经历。一战时，德国的敌国由于在人口上占据优势，可以从容不迫地让自己的士兵轮流休整，而德国士兵却只能连轴转地持久作战，长期遭受战地炮火对精神的摧残。莱伊在一篇德国劳工阵线的广播稿中写道："我们之所以在战争中失败，是因为我们丧失了精神。"④ 由此可见，希特勒和莱伊对于精神力量的重视以及对于产生和维持精神力量的休闲活动的重视，在很大程度上来自他们对于硝烟刚刚散尽的一战的切身体验。

二　"欢乐是力量之源"的旅行业务

　　"欢乐是力量之源"作为一个休闲组织，其业务包括美化工人的劳动环境、为工人提供戏剧和音乐会等文化娱乐活动、为工人提供廉价旅行等。其中，国外旅行业务（基本上都集中于欧洲范围内）是成绩比较突出的部分，也被当作纳粹德国社会政策的典范而大加宣传。纳粹当局组织国外旅行，起初宣称主要有以下几个出发点。

---

① Informationsdienst. Amtliche Korrespondenz der Deutschen Arbeitsfront, Nr. 17　v. 20. 11. 1933, Bl. 1.

② Informationsdienst. Amtliche Korrespondenz der Deutschen Arbeitsfront, Nr. 21　v. 26. 1. 1934, Bl. 1.

③ Robert Ley, *Durchbruch der sozialen Ehre: Reden und Gedanken für das schaffende Deutschland* (Berlin: Mehden, 1935), S. 208.

④ Arbeitertum. Amtliches Organ der Deutschen Arbeitsfront und der NS-Gemeinschaft Kraft durch Freude, 3. Jg., Fg. 19 v. 1. 12. 1933, S. 3.

首先，是恢复"民族声誉"。莱伊表示，旅行者应当向外国展示"在那样一场极为惨重的经济政治崩溃之后，德国人民是如何团结在元首身边，为了恢复本民族的声望而不懈努力的"。① 原本外国人心目中的"坏德国佬"形象应当被洗清，并让外国人认识到新德国的迷人之处，不要总是将其看作野蛮、蠢笨、鄙俗的民族，而希望让他们将新德国看作一个理智、自尊、可敬而高尚的国家。

其次，是要将工人打造为德国在外国的形象代言人。"他国应当首先见识一下恪守纪律的德国工人，然后他们就会明白，德国的工人绝不是做苦工的，而完全是自尊自信的，他们中的很多人是德意志优良民族性的先锋模范。"②

再次，通过让德国人对本国与外国的情况进行对比，使他们可以更好地对本国的情况做出评判。德国的工人们应当认识到，他们身在德国是多么幸运。"当一个人有生以来第一次走出祖国，置身于一个满是棕榈树、香蕉树，阳光普照的人间天堂时，他就会明白，一个将力量凝聚起来的民族对于他个人而言同样意义重大。"③

最后，向外国宣传德国的"和平愿望"。"欢乐是力量之源"的国外旅行还应当让世界相信，纳粹德国是热爱和平的，该组织的游轮将会成为新德国和平意愿的象征。不过，纳粹当局几年后的穷兵黩武证明了这种宣称只是一个谎言。

事实上，纳粹当局既想用价格低廉的国外旅行来充当社会治理的工具，用以安抚、讨好工人阶层，也想将其作为宣传工具和外交工具，向他国传达虚假的善意，展示纳粹政权的"优越性"。旅客们在实际旅行过程中，时常会感受到当局政策所具有的多重意味。在这样一种具有明确政治目的导向的旅行中，游客们无异于被戴上了一副政治眼镜，他们的所见所感也因此受到了当局政治意图的影响。

---

① Informationsdienst, Nr. 53 v. 3. 3. 1935, Bl. 3.

② Informationsdienst, Nr. 58 v. 9. 3. 1935, Bl. 3.

③ Arbeitertum, 6. Jg., Fg. 4 v. 15. 5. 1936, S. 12.

三　工人游客的见闻与感受

"欢乐是力量之源"组织的各条国外旅行线路开通的时间或早或晚，有些线路如前往北海的游轮旅行全程在海上，因而几乎不存在与国外民众的接触；有些线路如前往挪威沿岸的游轮旅行虽然会临近港口但游客并不下船，因而只能与挪威民众遥相致意；而在诸如前往大西洋沿岸和意大利的旅行线路中，游客们可以深入所在地，与外国民众直接沟通。由于情况各异，下文对各类旅行中德国民众与外国民众的互动情况分别进行叙述。

（一）挪威

从1934年初夏开始，前往挪威的游轮旅行线路开始运营，直到二战爆发才终止。每年，该线路从4月底5月初运营至9月中下旬。这一条线路不包含陆上行程，游客们全程都在船上。虽然两国民众不会直接接触，但挪威人对于出现在他们海岸线的德国游船的反应是各有不同的。纳粹官方的一篇报道写道："船缓缓离岸而去，旅客们向岸上投去兴高采烈的欢呼，挪威的小朋友们则唱起了德意志高于一切。"[1] 1938年8月的一份监控报告中写道："德意志人号游轮受到了岸上挪威人民的欢迎，他们在岸上喊着希特勒万岁。乘客们则向他们挥手致意。"[2]

1938年7月14日的一份党卫军保安局的监控报告则体现了一些不同意见。当时随船出行的特工和挪威的海关官员谈了不少对德国内外政策的有关看法。报告中是这样记载的："挪威人不太了解德国的犹太政策，他们和眼下德国人对此的态度差不多，尽管挪威的犹太人寥寥可数。此外，他们不能理解，为何德国要和意大利保持密切友谊，为何德国要插手干预西班牙内战，又为何积极地在远东战场开展活动。除此之外，我们还讨论了为什么德国总是想把自己的主义强加于他国，在这位海关官员看来，英国人就从来不这么做。他还认为德国是一个咄咄逼人、有时毫不留情的商业对手。挪威的贸易总体上更加仰赖英国，在贸易上究竟该亲英还是亲德的问

---

[1]　Arbeitertum, 5. Jg., Fg. 9 v. 1. 8. 1935, S. 19.

[2]　Bundesarchiv, R 58/948.

题上，挪威人大多对英国抱有更大好感。"①

　　而一年后的一份报告表明，挪威人对德国的好感度明显下降了许多。报告中写道："现在肯参与欢迎仪式的挪威人极少，游客们大多注意到，在他们向岸上这稀稀落落的人群挥手致意时，一些挪威人会故意扭头就走。当我们与挪威客轮交会时，对面几乎不会回应我们的挥手致意。"② 这第二份报告的时间为 1939 年 8 月，当时欧洲战云密布，挪威人对德国的好感降低可能与此有关。

（二）大西洋沿岸

　　1935 年初，"欢乐是力量之源"开辟了一条新的海上旅行线路：前往里斯本、马德拉、亚速尔和特内里费的大西洋航线。这条旅行线路和此前的北海与挪威线路有着一个重大区别：它包含了为期数日的陆地游览时间，最初是在葡萄牙，后来也拓展到一些西班牙领土。

　　第一次大西洋旅行是在 1935 年 3 月 10—30 日。莱伊本人也参与了这次旅行。在途中，他兴奋地向希特勒发去了一封电报："我的元首，'欢乐是力量之源'的三艘游轮载着 3000 名来自帝国各地的工人从汉堡起航前往马德拉。在这个值得纪念的时刻，我想要告诉您，我的元首，这 3000 名工人都认为您史无前例地解放了德国人民，并为此衷心感激您。他们也会在异国的土地上一致赞颂伟大的新德国和伟大的元首。"③ 在返程的船上，莱伊表示，这次大西洋航行绝不是为了宣传。但在其他的场合，他又说了自相矛盾的话："最主要的是，这些工人到了外国，会问当地人，为什么你们不像我们国家这么做，为工人安排旅行呢？为什么我们德国能做到的事情，你们就做不到呢？"④

　　根据大西洋旅行线路的日程安排，游客们通常在葡萄牙岸上逗留四天，两天在里斯本，两天在马德拉的海港城市丰沙尔。通常的活动包括搭乘电

---

①　Bundesarchiv, R 58/948.

②　Bundesarchiv, R 58/948.

③　Robert Ley, *Deutschland ist schöner geworden* (Berlin: Mehden, 1936), S. 9.

④　Leipzig. Das Nürnberg der Deutschen Arbeitsfront. Ein Bericht in Bildern und Reden Über die Reichstagung der Deutschen Arbeitsfront in Leipzig vom 25. Bis 30. März 1935. Hrsg. Von Hans Biallas und Gerhard Starcke im Auftrage der Deutschen Arbeitsfront, Berlin 1935, S. 37.

车或徒步游览城市、近郊出游、船上庆典。游客们大多分成小团体活动，在城市中自由游览，或是在侨居当地的德国人的导游下游览。在开展自助郊游时尤其容易出现问题，游客们常常会漏掉巴士和火车的转乘信息，加上他们又不懂当地语言，更增加了困难。相比之下，有组织的团体近郊游览会好得多。里斯本附近的郊游地点包括辛特拉、佩纳宫、埃斯托里尔等地。最受人们欢迎的是船上庆典，大多于抵达当晚，在最大的那艘船上举行。当地的德国侨民和葡萄牙居民代表会被邀请前来。由于1937年德意的交换游客协议，当地的意大利人也会被邀请前来。葡萄牙人尤其喜爱船上德国小乐团演奏的音乐会。除去这些既定活动之外，也会有一些小规模的临时活动，比如曾有80位德国游客被一家私人企业邀去参观沙丁鱼工厂。

随着旅行定期开展，双方的合作日益密切，德国旅客与葡萄牙人的官方接触与民间沟通也不断增多。葡萄牙有一个类似"欢乐是力量之源"的工人福利组织，曾邀请了100位德国旅客前去与100位葡萄牙工人共进早餐。德国的公使报告称，庆典在德葡两国国歌的庄严旋律中结束，葡萄牙人多次自发地呼喊德国万岁、元首万岁，并生涩地模仿希特勒式问候，向德国人这边的桌子致意。①

当然，德国游客在葡萄牙也不乏负面体验。一份监控报告这样记录道："我们在1937年10月30日上岸进入里斯本城，想要去探索一下这座城市。到了晚上，大家都对这座城市感到失望。城市破旧失修，污秽脏乱，居民又极多。这委实让旅客们深感不快，许多人回到了船上。作为弥补，游客们被安排前往向来以壮观的建筑与精巧的园艺著称的辛特拉和埃斯托里尔游览。"②

最让德国游客们感到不胜其扰的是乞讨。一份报告中这样写道："在港口及相邻区域，到处都是闲晃的浪荡游民和乞讨的失业者。他们讨要最多的就是香烟和硬币。为了从游客们手中讨得一点东西，他们有着令人难以置信的锲而不舍的耐心。甚至常常可以看见军人也向游客们讨要香烟。"③

此外，葡萄牙人的生活方式比较随意，这也让德国旅客们感到诧异。

---

① Politishces Archiv des Auswärtigen Amts, Lissabon 010, 20/126 Sonderband.

② Bundesarchiv, R 58/950.

③ Bundesarchiv, R 58/950.

比如游客们注意到，葡萄牙有些警察会双手插兜在街上巡逻，或是公然站在大街上看报纸。

这些对葡萄牙生活环境的负面印象自然成为德国旅客们谈论的主要内容。大家大多会把德国和葡萄牙的生活环境进行对比，并油然生出一种民族自豪感。许多游客在回到德国时都倍感亲切舒适，有一位游客写道："当我们回到不来梅，坐上回家的火车，看到两旁青翠的树林时，大家都十分高兴。"①

（三）意大利

1937 年 6 月 24 日，德意志劳工阵线领导人莱伊和意大利工人联盟主席签订了一项关于工人交换旅行的协议。1937 年 10 月，交换旅行项目开始。425 位意大利游客前往德国的柏林、慕尼黑和纽伦堡，425 位德国游客则前往意大利。德国游客乘车 28 小时，在 10 月 9 日晚抵达罗马，受到了意方高层的热情接待，被安排入住高级饭店；相比之下，意大利游客在德国则只是安排住进了私人民宿。

德国游客在意大利的首次旅行活动被安排得十分丰富。他们参观了法西斯革命博物馆，参观了奥古斯都皇帝展览，前往无名战士墓献了花环，又去了罗马东南部的城堡区，接着又前往菲耶索莱和弗拉斯卡蒂，并在佛罗伦萨听了一场意大利歌剧。

无论是在德国，还是在意大利，游客们的住宿主要被安排在城市中，而非风景区附近。这主要是由这类交换旅行的目的决定的。这类旅行的目的明显不在于为旅客们提供传统意义上的休憩，而是让德意两国的工人更多地见识一下邻国工人的生活环境。

关于这一交换旅行，德意志劳工阵线的官方刊物报道称："这样的交换旅行和刚刚起步的邮轮旅行有力地证明，法西斯意大利和国家社会主义德国绝不满足于口头上喊一喊社会主义的口号而已，更要坚决消除有产者所享有的不当特权。"②

前往意大利的陆路旅行以这样一种高调的姿态开了场，随后，当年冬

---

① Bundesarchiv，R 58/950.

② Arbeitertum，7. Jg.，Fg. 15 v. 1. 11. 1937，S. 7.

天，前往意大利的海上旅行也开始运营。以 1937 年 11 月 24 日开始的游轮旅行为例，德国游客们当天从斯图加特乘火车前往威尼斯，11 月 25 日下午在威尼斯港上船住宿，次日在威尼斯观光游览，参观圣马可广场、总督宫、大运河等著名景点，自由活动后上船，乘船沿达尔马提亚海岸观光，穿越科孚海峡后到达巴勒莫下船游览，随后前往那不勒斯，参观国家博物馆等，再乘专列前往庞贝古城，随后回到船上沿意大利西海岸观光，直到热那亚，最后自热那亚乘火车经瑞士返回斯图加特。[①]

初次造访意大利的德国游客进入的是一个十分陌生的国度。他们不懂当地的语言，当地人的生活方式与性格特点也与德国迥然不同。游客们在意大利的街道上常常看到一贫如洗的人："男人和儿童们在街上忙着捡别人抽过的烟蒂抽。"[②] 在这种情况下，游客们偶尔会有不当之举。比如有一次，游客们将硬币扔向一群意大利乞讨者并肆意讥笑他们，结果遭到一顿暴打。闻讯前来的警察对此也无可奈何。有一次，900 名游客前往那不勒斯的贝里尼剧院看戏，发现包厢里的椅子要么陈旧到坐上去就会塌掉，要么是椅子不足或压根没有，而且地面上足足积了 1 厘米厚的灰尘。游客们只好纷纷塞给招待员香烟以让他拿来可以坐的椅子。[③]

尽管如此，德国游客们所接触到的意大利，还是隔了一层政治面纱，他们并未能与当地民众进行毫无障碍的沟通。因为意大利当局特别指示，要警方严密保护德国游客，并"尽力让他们将注意力放在合适的方面"。[④]警方有时执行起命令来一丝不苟，有时就显得有点过度和刻意。比如有一次一位女游客想买几个橙子，发现老板给她挑的橙子有好几个都是烂的。站在附近的警察见状立刻一个箭步上来，打了老板几个耳光，责令他马上为德国朋友换上新鲜的橙子。[⑤] 又如在巴勒莫，游客们受到约束，只能跟随导游游览城市。这一规定的目的就是不让这些德国客人看到城市里那些穷困的角落。但游客们都对这些贫民区备感兴趣，都想尽办法摆脱陪同的导游（通常是民警）去一探究竟。结果人们自然而然地会将德国的情况和意

---

① Bundesarchiv, R 58/950.
② Bundesarchiv, R 58/950a.
③ Bundesarchiv, R 58/949.
④ Bundesarchiv, R 58/949.
⑤ Bundesarchiv, R 58/950a.

大利的情况做对比。报告中这样汇报道："让德国游客们见识一下意大利人的生活环境，国家社会主义一下子就变得无比可爱、深得人心了。"①

除了意大利当局所施加的限制与管理之外，德国官方也叮嘱过游客们，他们的意大利之行同样有着外交上的意义，要给意大利的朋友们展示德国人民的"精气神"。为此，前往意大利的游客上船之后都要被统一组织起来，练习鼓掌和欢呼。德国的工人游客们身处德意双方的政治约束之中，自然也有如雾里看山，产生了对意大利并不全面且可能有所偏移的印象。

四　结语

对于许多德国工薪劳动者而言，"欢乐是力量之源"所提供的旅行是其第一次跨文化交流的体验。德国游客们置身于陌生的环境，大多不谙当地语言，和当地居民的生活经验也多有不同。这种文化观念上的互动与碰撞，可以让我们在民间日常生活的层面窥得些微纳粹时期德国的普罗大众对于外部世界的态度和观念。不过，由于"欢乐是力量之源"所组织的旅行带有明显的政治导向色彩，因而亲身参与其中的德国游客所获得的印象应当是有一定偏差的。这种偏差的存在反过来也反映了极权政体与本国民众之间的互动。

---

① Bundesarchiv, R 58/950.

纳粹党的意识形态培训与对民众战时生活秩序的操纵（1939—1945）

胡晓琛*

　　第三帝国的意识形态宣教体系一直是纳粹德国史研究中的一个重要领域。第二次世界大战爆发后，希特勒及纳粹党无所不用其极，动用各种手段在国内煽动鼓吹纳粹意识形态，以欺骗与麻痹德国民众，维持德国国内秩序稳定，在思想领域为掠夺性战争提供支持。不可否认的是，戈培尔及其麾下的纳粹宣传机器在战时的全方位煽动"业绩"使"宣传"（propaganda）几乎成为纳粹意识形态传播的代名词，国内外学界的相关研究可谓硕果累累。但是，对"宣传"的单一强调也极易使人忽视纳粹党宣教体系的复杂性。事实上，除了具有短时间高密度的"宣传轰炸"之外，纳粹党还从直接统治民众的干部入手，通过意识形态方面的培训（schulung）来指导各级官员干预并操控民众的日常生活，建构符合战时需求的生活秩序。从原始材料出发，重新审视纳粹党在战时针对民众生活的培训规划与实践，有助于更为清晰地认识纳粹政权在意识形态领域无孔不入的极权主义特质。

一　纳粹党意识形态宣教体系对培训与宣传的界定

　　对于培训与宣传之间的关系，纳粹党党魁希特勒在其臭名昭著的自传

---

　　*　胡晓琛，北京大学历史学系德国史专业 2016 级博士研究生。

《我的奋斗》中就已经表达了个人见解（希特勒所使用的词汇是"组织"与"宣传"）："宣传工作，就是不懈地为自己的主义去招揽信徒，而组织的目的，就是使信徒中最优秀的分子成为忠实党员。至于信徒们的办事效率、才能、智力、人格是何种状况，都不在宣传本身所应考虑的范围内；因为……在众人中谨慎地挑选干员，从而能够推进运动，以使主义能够获得成功——这实在是组织方面的工作……宣传的第一个任务，就是在替未来的组织设法招揽人才；而组织的第二个任务，就是争取权力，借此实现新主义的最后胜利。组织方面的任务，就是注意党员不因内部纷争而发生分裂，致使运动陷入衰弱的境地；另外还要注意培养奋斗精神，不致萎靡，能够再接再厉，日益强大。为了达到这种目的，要注意不滥招党员。"[1]

显然，相对宣传而言，培训在群体、组织形式、出发点及政治要求方面有着明显区别。专门负责意识形态培训的纳粹党培训总局（Hauptschulungsamt der NSDAP）对这二者有着更为明确的界定，不仅对这二者做出理论区分，也指出了二者密切配合的操作可能性。

按照培训总局的观点，"培训"意在"使干部具备处事与行动的能力"，受训人群需要领会纳粹领导层的政治、经济及文化意图，并给予统治实践上的支持与协助；"宣传"则"使人具备为确定目标而明确处事与行动方式的意志"，受众人群将受到某一具体政治目标的鼓舞。[2] 在这里，"能力"与"意志"对应着统治者与被统治者的功能属性，也恰恰对应着培训与宣传在意识形态宣教领域中的配合关系。培训总局认为，纳粹党的任务是"引导"和"教育"全体德意志人民。培训与宣传的分工正是为了配合这一"教育工作"。而宣传"必须建立在培训工作的细致基础上，或者换句话说，德国人民的领导者接受训练之后，将善于利用宣传方式，使广大民众的行为方式符合民族社会主义的世界观及政治目标"。[3] 与此同时，"没有出色的宣传做铺垫，再出色的培训也是毫无成就的，因为这样会使得具备能力的教育

---

[1] Adolf Hitler, *Mein Kampf, zwei Bände in einem Band*, 11. Aufl. (München: Franz Eher Verlag, 1942), S. 463 – 465.

[2] "Schulung und Propaganda" aus Gauleiter Wüttemberg, o. D. （1942）, NS 22/30, Bundesarchiv Berlin-Lichterfelder, Bl. 55.

[3] "Schulung und Propaganda" von Ernst Huber, 9. 11. 1940, NS 22/30, Bundesarchiv Berlin-Lichterfelder, Bl. 2.

人员完成任务时没有明确的目标与计划"。① 在培训总局看来，纳粹党要遵循下面的"逻辑顺序"来完成引导德国人民的"大业"：先在短时间内培养出一个举止和个性都达到最高标准的领导团体，待这个领导团体成为符合民族社会主义要求的"骑士团体"之后，再在此基础上对所有德国人民进行思想操控。宣传则在此期间为这一转变做好外交和内政上的准备。②

在培训总局看来，宣传需要利用民众群体的感情冲动来实现目标，因而必须有能力在短时间内使全体人民根据纳粹党的政治目标调整思想认识，做好履行义务的准备。"宣传是领导层日常政治斗争的武器，必须在公开斗争中向国内外敌人发起攻击。"③ 与此相反，培训则着眼于长期目标，并且致力于达到更深层次的思想效果。④ 这一工作因而"可以不追求一时之功效……它的运作越深入和系统化，成效就越显著持久"。⑤

培训与宣传在时效上的区别也使二者具有一定的实践差异。宣传更多地需要利用大众心理制造轰动效应，需要利用各种媒介手段呈现所谓"纳粹美学"。常用的宣传活动形式包括大型民众集会、游行、公开演讲等，宣传媒介则有各种宣传册、大型海报、广告招贴，电影、广播更成为第三帝国时期标志性的宣传媒介。相对而言，培训给自己披上了一层知识性与系统性的外衣，较少使用煽动性强烈的媒体措施，多为形式上更为简单的幻灯片报告、小范围报告、指导性谈话等。当然，这种差异并不是根本性的。在实际运行中，这两个领域都会因特殊需要而相互分享实施措施的具体手段。⑥

二　培训总局的战时规划
——统一培训事务与"新生活秩序"的建立

第二次世界大战爆发后，纳粹党高层希望意识形态培训适应战时需求，

---

① "Abgrenzung zwischen Schulung und Propaganda" von Ernst Huber, o. D. （1941）, NS 22/30, Bundesarchiv Berlin-Lichterfelder, Bl. 58.

② "Abgrenzung zwischen Schulung und Propaganda" von Ernst Huber, Bl. 58.

③ "Schulung und Propaganda" von Ernst Huber, Bl. 6.

④ "Abgrenzung zwischen Schulung und Propaganda" von Ernst Huber, Bl. 57.

⑤ "Schulung und Propaganda" von Ernst Huber, Bl. 5.

⑥ "Schulung und Propaganda" von Ernst Huber, Bl. 8.

成为统治民众的辅助手段。"干部最重要的特质就是管理与领导民众的能力，必须学会如何与民众打交道。特别是纳粹党基层组织的干部都应具备这种特质，因为他们与民众的距离最近，他们要成为民众管理的典型。"①培训总局也顺应这一需求，向当时的纳粹党副元首赫斯请求批准调整培训重心："各地都急切要求重新调整培训工作……干部比在和平时期更迫切地感到回应世界观需求与反击挑战的必要性。事实反复表明，培训的重要性大于宣传，因为它给本党工作创造了知识含量高、说服力强的前提条件。现阶段培训工作的任务，是坚定党员与群众的政治与世界观立场，并为本党对民众的引导与管理工作做好准备。"②

这一要求很快就得到了赫斯的批准。③ 所有意识形态培训工作原则上都要为战争服务。④ 一方面，培训部门要继续向纳粹党干部普及有关这场战争深层原因的世界观知识；另一方面，培训部门也要使干部熟悉掌握战时的各种民众管理任务。⑤ 战时的主要培训用语（Schulungsparole）被培训总局调整为下面几个要点："1. 宣誓效忠元首。即使死亡就在眼前，我们也要坚定立场。2. 德意志社会主义。在德国人民团结的族民共同体中，所有分裂离间、自大狂妄与宗教思想都会被清除。3. 帝国思想。只有意识到，我们正在创造自身历史，决定人民未来的命运，才能够给予我们的人民以力量，承受战争带给他们的牺牲。"⑥

很快，培训总局制定了一份战时的培训规划。这份文件对整个纳粹党战时的意识形态培训领域提出了全盘设想，并与接下来的一系列实践行动紧密相关。

---

① Richtlinien für die Schulung im Kriege, Anordnung des Reichsorganisationsleiters 1/42, 6.2.1942, NS22/30, Bundesarchiv Berlin-Lichterfelder, Bl. 20.

② Hauptschulungsamt an Stellvertreter des Führers Rudolf Hess, 20.10.1939, NS22/154, Bundesarchiv Berlin-Lichterfelder.

③ Hauptschulungsamt: Rundschreiben Nr. 50/39, 7.12.1939, NS22/1130, Bundesarchiv Berlin-Lichterfelder; Hauptschulungsamt an den Stab des Stellvertreter des Führers, Pg. Witt, 11.12.1939, NS22/154, Bundesarchiv Berlin-Lichterfelder.

④ Tagung der Gauschulungsleiter und Reichsschulungsbeauftragten, Bericht Dr. Ley Über Aufgaben der Schulung im Kriege, NS22/166, Bundesarchiv Berlin-Lichterfelder.

⑤ Richtlinien für die Schulung im Kriege, Anordnung des Reichsorganisationsleiters 1/42, Bl. 21.

⑥ Schmidts Bericht: Arbeitstagung der HSA der NSDAP und des Amtes Werkschar und Schulung der DAF vom 2–4 Februar, 1940 in Berlin, NS22/164, Bundesarchiv Berlin-Lichterfelder.

　　自然，这份战时规划的出发点是在意识形态领域维系纳粹德国的战争运行。因此，培训总局在战时培训规划中宣称："只有使元首在民族社会主义思想基础上创建的大德意志帝国长治久安，才能确保我德国人民的生存持久稳固。使这一思想在德国人民中不断地普及渗透，就是帝国存续的最可靠保证。"①

　　在培训总局看来，从全体纳粹党员中选拔出一个政治上的领导群体是维系纳粹党战时统治与管理的必然要求。在这一意义上，战争时期能够推动所谓民族社会主义世界观发展并维护其"纯洁性"的群体依然是纳粹党的干部。战争时期培训工作的首要任务，就是在战前基础上继续"塑造"这个"领袖骑士团"。

　　按照规划，有了这样一个可靠的干部群体之后，纳粹党要通过这个群体来扩大自身在广大德国民众中的意识形态影响力。培训总局的各级培训人员要保证德国国内各项社会职业的运行以民族社会主义世界观为基准："只有全体人民在争夺生存权与生存空间的斗争中奉行民族社会主义世界观，世界观敌对势力才会被完全清除。"②

　　战时培训的主要场所是纳粹党的县区及地方基层组织。③ 纳粹党的日常统治正是以地方、社区与街道这些基层组织为单位展开，而地方组织需要与社区及街道负责人合作完成日常管理工作。培训总局要求基层干部用最少的政治成本吸引民众对战争最大程度的支持。基层干部首先要通过培训掌握以各种名义进行的战时经济管理工作，在物质生活上拉拢民众投入战争建设；同时用各种政治与世界观"辅导"、节庆礼仪组织等意识形态工具在精神上麻痹并同化民众，使之自觉服膺纳粹的世界观。④

　　尤为值得一提的是，战时规划中提及了所谓操控德国民众生活的培训构想。"……在这一行动计划中，我们必须时刻注意将培训工作与日常生活

---

①　Amt Aktive Schulung: Die Aufgaben des Hauptschulungsamtes (Handakten Huber), NS22/29, Bundesarchiv Berlin-Lichterfelder, S. 1.

②　Amt Aktive Schulung: Die Aufgaben des Hauptschulungsamtes (Handakten Huber), S. 2.

③　培训总局认为，在县市一级更容易对干部进行定期的短时培训。参见 Kriegseinsatz des Hauptschulungsamtes der NSDAP, 17. 2. 1940, NS22/1272, Bundesarchiv Berlin-Lichterfelder。

④　Rundschreiben 5/40 an die Gaue, Kreise, Ortsgruppen der NSDAP, Bewährung nationalsozialistische Menschenführung im Kriege, NS22/1131, Bundesarchiv Berlin-Lichterfelder.

的细枝末节联系在一起，训练民众适应这种新生活秩序。"① 这一构想毫不讳言将取代教会这一"世界观敌对势力"在民众生活中的地位："我们很了解教会的工作，教会习俗在塑造与影响信众的过程中产生了极为关键的作用。但再将现今时代民众的精神与文化生活任由教会支配是危险的……如果我们能以更大的力度来接管文化生活，不仅能使整个族民同志群体归附于民族社会主义世界观，还能为以'族民共同体'（Volksgemeinschaft）为远景的'新生活秩序'奠定实在的基础。"②

培训总局甚至为这种"族民共同体"式的生活设计了中心场所，这种中心场所被称为"地区城堡"（Ortsburg）。③ 这种建筑形式来源于德国乡镇居民生活中三个重要场所——教堂、市政厅与宾馆，并将这三者的功能整合为一体。地区城堡是纳粹党在乡镇区域履行使命的建筑形式。培训总局计划在战后的每个地方组织都建立这样一座"地区城堡"，它将是培训部门用于意识形态宣教的"广场"。按照培训总局的设想，"地区城堡"将为理想的"族民共同体"生活树立样板，所有"族民共同体"成员都将在这个场所进行民族社会主义的精神生活，正像他们以前在教堂中所做的事情那样。④

这一"新生活秩序"的最终目标将是培育所谓的"理想生活"（Lebensideal）。这一"理想生活"的极权图景不难想象，每一个从这一模式生产出的"德意志新人"都将"成为元首无条件的附庸，为阿道夫·希特勒效命，为德国效命!"⑤

---

① Hauptschulungamt: Gedanken zur Schulung nach dem Krieg, gez. Laun, NS22/29, Bundesarchiv Berlin-Lichterfelder, S. 2.

② Die Aufgaben des Hauptschulungsamtes (Handakten Huber), S. 14.

③ Amt für aktive Schulung, Denkschrift des Hauptschulungsamtes der NSDAP Über die Errichtung von Ortsburgen bzw. Gemeinschaftshäusern der NSDAP, o. D. (1939), NS22/29, Bundesarchiv Berlin-Lichterfelder.

④ Dr. Hans Karl Leistritz: "die Ortsburg" — Haus der Volksgemeinschaft, o. D. (1939), NS22/29, Bundesarchiv Berlin-Lichterfelder.

⑤ Gedanken zur Schulung nach dem Krieg, NS22/29, Bundesarchiv Berlin-Lichterfelder, S. 4.

三 "族民共同体"的典礼仪式

——对民众生活的操控

1940 年 11 月 8 日，纳粹党培训总局向各大区培训主管发布了关于民众节庆活动与人生礼仪组织的工作指示，[①] 这份指示要求各级培训部门在节庆与人生礼仪领域主要负责阐释和指导，同时绝不可放弃意识形态倾向的引导。下列节庆活动的指导与组织情况要向培训总局汇报：（1）重大人生礼仪庆典：出生礼（洗礼）、婚礼、葬礼（包括火葬在内）、儿童加入希特勒青年团与德意志少女联盟的仪式；（2）地方组织的周末庆典（Wochenendfeier）；（3）英雄纪念活动（Heldenehrungen）；（4）乡村节庆活动（Dorffesten）；（5）大型民族节日的策划与组织。汇报中要涉及活动的规模与组织形式的具体细节。[②]

这份指示可以说是纳粹党意识形态培训在战时扩大权限，并延伸到民众生活领域的直接证明。对于纳粹党干部而言，在战时控制德国人民最有效的手段就是操控民众的日常生活，而在民众日常生活中占据重要地位的正是各种传统庆典礼仪活动。利用这些节庆礼仪活动并赋予民族社会主义世界观的指导与解读，纳粹党就可以在国内营造其反复鼓吹的"族民共同体"生活秩序。当然，德国民众被纳入这种极权式的生活轨道之后，很难摆脱对当地纳粹党组织的依附。

为了使纳粹党员干部熟悉这种战时生活操控的规程，相关的意识形态培训内容侧重于向基层组织提供完备的操作指导与注意事项。在诸种节庆活动中，代表个人发展的人生礼仪活动（Lebensfeier，包括出生礼、婚礼与葬礼）是培训总局选取的重点对象。[③] 为此，培训总局在其编订的人生礼仪活动操作辅导手册中提出了指导思想：

---

① Hauptschulungsamt an alle Gauschulungsleiter, Rundschreiben 15/40, 8. 11. 1940, NS22/1131, Bundesarchiv Berlin-Lichterfelder.

② Hauptschulungsamt an alle Gauschulungsleiter, Rundschreiben 15/40.

③ 培训总局与帝国宣传部门文化处（Hauptkulturamt）进行密切合作。由前者领导，先在大区一级就节庆礼仪活动组织进行教学培训。经过试点之后，培训总局将与宣传部门合作，在全国的纳粹党基层组织开设同样的教学课程。参见 Aktennotiz: Besprechung am Diensttag, den 14. Juli 1942, NS22/165, Bundesarchiv Berlin-Lichterfelder.

民族社会主义世界观的仪式礼节诞生于德意志民族的血统力量。它们是德意志人民行为举止的一部分。民族社会主义世界观的仪式礼节展现出一种建立在我们种族纯洁性之上的共同体秩序，并以此区别于国际上现存其他各种宗教性精神仪式。因此，人生礼仪决不可与宗教仪式合为一体、在形式上相互替代或补充。民族社会主义世界观的仪式礼节对所有党员与族民同志来说是个人与民族思想行动的力量源泉。尤其要指出的是，它们是家庭与家族的财富，也应由家庭与家族所享有。所以要注意，地方党组织不是人生礼仪的"组织者"，而充当着活动组织的顾问与助手角色。此外，它还是家庭权益的政治守卫者与民族社会主义运动的代表人。

……

作为民族社会主义世界观的表现形式，人生礼仪活动已经具有节奏固定的外部形式，这也是其发展为民俗的必由之路。这个过程中要有明确的实施方式。要不断通过活动组织的内容以及加入当地特征来保证发展的活力并不断革新。架构确定的仪式庆典就是对种族思想与种族生活的表现与认知，它们都表现了族民共同体的力量。在家庭与家族的人生礼仪中，帝国这个庞大共同体以确定的形式得到体现。

……

人生礼仪为民众行为赋予了一定程度的合法性，有着自身独特的话语、歌曲、音乐或生动习俗的表达方式。因此特别要注意的是，我们不是单纯地"设计"或在成规基础上"改动"人生礼仪，而总是不断创新的"组织"。

人生礼仪是家族生活的组成部分，因此应该得到充分的展示。与个人相关的成分越多，对心灵的震撼效果就越强。作为整个家族的庆祝活动，所有人，包括组织者在内都要为此而服务。最好使用规模更小的组织形式，营造温暖气氛。我们不是要制造"感伤情绪"（Rührseligkeiten），而是要更好地建立联系。因为人生礼仪活动能够把族民同志与共同体连在一起，作为家庭与家族的庆典是我们人民生活整体表现的一部分，与整体息息相关。它们属于整个民族，正像个体属于全体族民那样。①

　　培训总局在具体操作流程中要求活动组织者要注意细节，否则会由于太过形式化而给在场民众带来"不人道"的感受：

　　　　不要用与当事家庭不相称的活动组织形式或空话连天的演说模糊了庆祝活动的本质。人生礼仪活动的重要环节（向母亲致敬，递交出生记录簿，赠送礼物，交换戒指，祝福等）形式简明、表达有力，才能给民众带来最深刻的体验效果。

　　　　要使人生礼仪活动圆满无缺，需要保持庆典歌曲及音乐伴奏合拍，开场有序，话语、歌曲、音乐、致辞与行为相互配合，结束时注意保持气氛隆重。

　　　　人生礼仪活动的组织者要挑选一位有经验的演说者；必须老练成熟，绝不可任意指定党员，而要挑选工作最得力、最老成持重的人员。致辞演说不可仿照一般的政策宣讲，而要发自内心。因此只能由熟悉相关家庭或与之有联系的人员进行。通常要使用通俗语言。②

　　纳粹党的基层领导者将通过人生礼仪活动的组织了解所在地方、社区与街道民众的实际问题，"由此获得的这种操控生活的途径，其可靠性与对个人的深刻影响性无可替代"。③

　　为了充分完善这种"生活秩序操控"，基层领导者不能按照已经制订好的"计划"在规定时间内组织礼仪活动，而是要与家庭或家族代表以及负责活动实施的组织代表人共同协商具体组织事宜。为了迅速而无分歧地解决礼仪活动实施中的问题，基层领导者还要"友善地"邀请一位家族代表参与协商，以向其传递节庆活动是家族盛事这一信息。④

---

① Hauptschulungsamt（Hrsg.）：Feierdienst, Januar/Februar 1944, NSD 9/39 – 1944, Bundesarchiv Berlin-Lichterfelder, S. 3.

② Hauptschulungsamt（Hrsg.）：Feierdienst, Januar/Februar 1944, S. 2.

③ Hauptschulungsamt（Hrsg.）：Feierdienst, Januar/Februar 1944, S. 4.

④ Hauptschulungsamt（Hrsg.）：Feierdienst, März/April 1944, NSD 9/39 – 1944, Bundesarchiv Berlin-Lichterfelder, S. 5.

按照培训总局的建议，纳粹党社区负责人要能够"在辖区内婴孩出生时访问其家庭，在年轻夫妇婚礼现场送去民族社会主义的祝福，或者在葬礼上对死者亲属表示哀悼"，这样"当事家庭会对本党的同情给予高度评价，以加强家庭与族民共同体之间的联系"。[①]

地方培训负责人事前要向街道及社区的纳粹党领袖就这种访问事宜提出建议。只有在其履历中证明自身擅长处理世界观问题的领导干部才可以进行这样的访问。如果不能直接到场访问，则必须采取分发祝愿或哀悼卡片的形式。[②] 培训总局特别要求，这种特殊的"卡片"不能从市面上采购，而必须根据"符合世界观"要求进行特制。卡片的图片效果必须简明清晰，文字要言简意赅，方便阅读。同时要体现出地方特色，避免出现过多象征性的符号。[③] 培训负责人负责制作卡片中的文字及艺术效果，所有参与此项工作的职能部门提供支持。

与这种卡片功能类似的是出生礼及婚礼上使用的纪念册（Das Gedenkblatt für Geburts-und Hochzeitsfeier）。这种纪念册要由基层领导者在家庭庆祝活动现场颁发，必须含有合适的元首讲话、帝国鹰徽标、姓名与日期，而且不能作为证明文书，不能含有整个家族的签名，这样才能使纳粹党官方致敬具有效力。[④]

从中我们可以看到，培训总局反复强调人生礼仪活动与"族民共同体"之间的关联性。相关培训目标是使德国的每一个家庭学会独特的出生礼、婚礼和葬礼等人生礼仪活动的组织方式，使民族社会主义"族民共同体"理念深深根植于德国人民的生活观念与生活习俗之中，并使民众遵从纳粹民族社会主义世界观的要求，过所谓"德意志式的生活"[⑤] ——"按照族民共同体生活的法则来履行对人民对国家的义务，自我反省，并明确自身在种族主义的生活秩序中的定位"。[⑥] 这种形式的培训工作要求纳粹党基层党

① Hauptschulungsamt（Hrsg.）：Feierdienst, März/April 1944, S. 3.

② Hauptschulungsamt（Hrsg.）：Feierdienst, März/April 1944, S. 4.

③ 这是指纳粹党惯用的日轮符号、鲁尼文字、生命树等带有神秘主义与祖先崇拜色彩的符号标记。

④ Hauptschulungsamt（Hrsg.）：Feierdienst, März/April 1944, S. 7.

⑤ Hauptschulungsamt（Hrsg.）：Feierdienst, Jan/Febr. 1945, NSD 9/39 – 1944, Bundesarchiv Berlin-Lichterfelder, S. 5.

⑥ Hauptschulungsamt（Hrsg.）：Feierdienst, Jan/Febr. 1945, S. 6.

员干部从所谓"共同体"角度出发对待人生礼仪活动的组织工作，要与民众家庭建立联系，从而更为容易地施加领导者的个人影响。

四　"族民共同体"的新成员教育
——针对德国侨民与移民的培训活动

自 1939 年至 1941 年，纳粹德国在席卷欧洲的侵略战争中占领了东欧及东南欧的大片领土。由于历史原因，在纳粹称为"东部地区"（Ostland）的疆域（主要包括当时的东普鲁士、波兰、捷克、斯洛伐克、乌克兰、白俄罗斯、罗马尼亚等国家）内，生活着众多拥有日耳曼血统或受德语文化影响的民族。按照纳粹党的种族安置计划，这些"德意志族民"理当从被"劣等民族"斯拉夫人占据的土地回迁到自己的"帝国"中。纳粹党在战时新成立的瓦尔特兰帝国大区（Reichsgau Wartheland）、但泽－西普鲁士（Gau Danzig-Westpreussen）及波兰总督府区（Generalgouvernement）成为安置所谓德国侨民（Volksdeutsche）及回迁移民（Umsiedler）的主要区域。除此之外，西欧、西北欧地区与南欧的纳粹占领国与仆从国也散落分布着一些所谓的"德意志族民"（如卢森堡德意志人与意大利边境地区的南蒂罗尔人）。纳粹党希望使各地的"回归"族裔摆脱原居住地区的文化及精神影响，以实践其世界观要求中所谓血统纯正、族民安居乐业的"族民共同体"设想。这个精神改造的特别任务被交给培训总局来完成。

事实上，培训总局早已为这一特殊培训做好了准备。自 1937 年开始，培训总局就已将民族问题纳入培训领域。侵略战争开始后，培训总局就这一领域的工作内容迅速与纳粹党负责民族事务的部门乃至科研院所进行了合作。培训材料编辑处与教学事务处编辑准备了大量针对回迁德意志族民的培训材料，同时进行了分发。① 针对德意志侨民与移民的培训行动成为培训总局的一项日常任务，培训人员源源不断地被派往东欧的新占领土或西

---

① Hauptschulungsamtsleiter Friedrich Schmidt an Reichsorganisationsleiter, 3.1.1941, NS22/160, Bundesarchiv Berlin-Lichterfelder.

欧的纳粹"友邦",①　各个培训城堡与骑士团城堡为移民培训业已排满了日程。②　此外，培训总局还提出建议，在新设立的四座帝国培训城堡中专门划拨两座用于侨民与移民培训。③　甚至在希特勒对苏战争的紧要时刻，培训总局依然对下属各大区培训部门发出了这样的指示："未来关于移民问题的培训将成为重中之重，因此目前各大区确立的培训演讲人总数……仍没有达到要求。"④

　　培训总局在瓦尔特兰大区的培训行动可以视为纳粹党整个侨民与移民培训的一个缩影。入侵波兰后不久，纳粹党培训总局便在全德范围内紧急征调培训人员派往瓦尔特兰帝国大区进行政治与世界观培训。⑤　瓦尔特兰大区聚集的德意志侨民与移民为数众多且成分混杂，生活水平与教育程度迥异，大部分人缺乏基本的德语能力，受各种宗教观念及自身传统支配影响。纳粹党培训部门认为，要将其"聚合成一个忠诚坚定的族民共同体"，需要根据群体特征调整培训重心，使用适合的培训手法。通过强化培训，从这些民众中选拔出一个血统绝对纯粹、符合民族社会主义种族观的领导阶层。然后利用这个"示范性群体"引导整个大区的民众过上"与种族身份相符"的生活。⑥

　　为了实现这一目标，从 1939 年至 1942 年，纳粹党在这一大区内共组织

---

① Hauptschulungsamt, Amt aktive Schulung an alle Gauschulungsleiter, Mitteilung 10/41, 11.1. 1941, NS22/1132, Bundesarchiv Berlin-Lichterfelder.

② 例如在克洛伊森湖畔的法尔肯堡骑士团城堡（Ordensburg "Die Falkenburg am Krössinsee"）为移民准备的培训课程，1942 年底至 1943 年初的培训日程如下：1942 年 11 月 26 日至 12 月 17 日，对 300 名比萨拉比亚地区的德意志人进行培训；1943 年 1 月 14 日至 2 月 4 日，对女性移民的培训课程；1943 年 2 月 11 日至 3 月 4 日，对约 400 名波斯尼亚地区的德意志移民的培训课程。参见 Hauptschulungsamt, Notiz für Stabsleiter Simon, 14.12.1942, NS22/166, Bundesarchiv Berlin-Lichterfelder。

③ Hauptschulungsamt, Notiz für Stabsleiter Simon. 培训总局提议的两座培训城堡一座位于瓦尔特兰大区，专门解决东部地区的文化、农民与移民问题，并对派往东部地区的培训人员进行选拔；另一座位于东南欧（维也纳与克拉科夫二选一），解决东南欧及其文化问题，培训东南欧地区的德意志族民。

④ Hauptschulungsamt an das Gauschulungsamt, 4.1.1943, NS22/1136, Bundesarchiv Berlin-Lichterfelder.

⑤ Hauptschulungsamt, Rundschreiben Nr. 52/39, 7.12.1939, NS22/1130, Bundesarchiv Berlin-Lichterfelder.

⑥ Der Hoheitsträger (Hrsg. Vom Hauptschulungsamt), Folge 8/1943, Bundesarchiv Berlin-Lichterfelder, S.21.

了 271 次大区级别的培训课程，有约 9500 人参加。县市级别的培训课程则有 507 次，受训者近 15000 人。而周末培训课程举办次数达到 1440 场，有 39000 余人参训。这不包括同一时期在地方以下的纳粹基层组织中进行的世界观培训。为使受训者了解并在意识形态与情感归属上依附"新帝国"，培训总局准备了"人与共同体"、"元首与其作品"、"我们的帝国"、"认识纳粹党"等一系列培训主题。①针对侨民与移民群体中占多数的农民，培训总局每年冬季在瓦尔特兰大区各县市培训城堡中除了对其进行世界观培训之外，还进行农业技术培训。这些农民对接受培训并不抵触，对纳粹党世界观普遍抱有好感。纳粹党内部报道甚至援引一位农民的话语来反映他们对接受世界观培训的态度："你们必须将元首的计划告诉所有人，这样大家行事就不会出差错。"②

五　结语

综上所述，战时纳粹党培训总局主导的意识形态培训通过各类培训活动③使德国民众内化民族社会主义世界观，使民众的"生活秩序"完全以所谓"族民共同体"理想形塑。在这种"生活秩序"下，纳粹党干部能够实现完全极权式的意识形态控制。在纳粹党的极权统治体系中，培训是一种披着"温情"面纱的独特统治工具，深入民众生活的每一个角落。这种手段为纳粹党干部所掌握，对德国民众进行持续性的精神奴役。意识形态培

---

① Mikrofiche, hrsg. vom Amt Schulungsbrief des Hauptschulungsamtes, Weltanschauliche Schulungsmaterialien für Umsiedlerbetreuung, o. D. （1942）, R55/464, Bundesarchiv Berlin-Lichterfelder.

② 民众对于纳粹党培训活动的这种认知并非个例。培训总局在卢森堡进行移民培训活动时，也报道了当地民众对于培训活动的态度。其中工人农民被认为"完全乐意接受培训，且是最诚心的群体"，知识分子群体"虽然完全亲法，但其中许多人接受我们的观点并为之振奋"。见 Dr. Leistritz, Leiter der Hauptstelle Ortsgruppenschulung und Sondermassnahmen, Bericht Über die Schulungsaktion des Hauptschulungsamt der NSDAP in Luxemburg, 19. 4. 1941, NS22/162, Bundesarchiv Berlin-Lichterfelder。

③ 据不完全统计，仅在 1940 年至 1942 年三年间，培训总局至少组织了包括卢森堡和斯洛伐克行动在内的 22 次培训演讲者外派行动。为移民及德国侨民举行了帝国层级的 17 次大培训课程。共发行《纳粹党培训期刊》约 1900 万册。参见 Hauptschulungsamt：Jahresbericht 1940 - 1942, NS22/30, Bundesarchiv Berlin-Lichterfelder。

训的规划与实践也同时证明：与学界之前的认识不同，纳粹党的意识形态统治并非只依靠"宣传机器"的作用。宣传旨在操控受众情感，多为短时行动；而培训则注重驯化受众举止，作用时限远超宣传。二者在区分权限的前提下相互补充，相互配合。同时，培训由于自身的隐秘性并不引人注目，但其实际操作具有一定的计划性与持续性。

"种族"一词在德国历史
叙述中的演进刍议

徐璟玮*

一　引言

关于人类族群划分的文学作品，最早要追溯到公元前十几世纪，古埃及时代的《地狱之书》（*Book of Gates*）将当时已知的人类按照外观划分为"埃及人"（Reth/Egyptians）、"闪米特人"（Aamu/Asiatics）、"古利比亚人"（Themehu/Libyans）和"努比亚人"（Nehesu/Nubians）四大类，这也是"种族"与"民族"概念的雏形。而后来的古希腊文明、华夏文明与古罗马文明由于更为注重氏族和传承的因素，对于以外观划分的"种族"认知相对较少。[1] 但希腊、罗马、中国等文明对外观不同的"种族"也有自己的见解，比如，中国的《山海经》就曾描写过很多异族或者想象中的异族。部分罗马作家也认为居住环境对种族的特征产生很大影响。但是综观这些历史，尽管许多古代文明都以氏族为尊，但是外表不同者依然可以融入当时的文明，并完全有可能成为该团体中的一员。

中世纪时，欧洲就将古典理论与《圣经》的描写相结合，认为人类就

---

* 徐璟玮，上海理工大学助理研究员。

[1] David Goldenberg, *The Curse of Ham*：*Race and Slavery in Early Judaism*，*Christianity and Islam*，Princeton University Press, 2003.

是"挪亚三子"——闪族（亚洲人）、含族（非洲人）与雅弗族（欧洲人）的后代。而随着地理大发现与大航海时代的来临，欧洲人在探索世界的过程中不断接触到世界各地的不同民族，近现代对于种族的理解也是这个时代的特殊产物。[①] 1684 年，弗朗索瓦·贝尔埃（François Bernier）第一次使用"种族"（Rasse）一词，在人类学意义上对其进行分类。不久，"Rasse"这个词就频繁出现在使用法语和英语的人群之中。而德国总是有点慢热，直到 19 世纪下半叶，"种族"这个词的使用才变得普遍起来。

二　"种族"一词的起源及发展

"种族"这个看似极其简单的词，蕴含了太多的深意。在 13 世纪早期，人们从古罗马语中找到了"Rasse"这个词，之后被运用在关于人类集体的多种类型定义之中，包括宗教族群以及人类族群。1492 年，当西班牙的"收复失地运动"结束之后，一种畸形的"分类行动"出现了：人们根据信仰的不同来区分彼此，大量本来信奉犹太教的信徒被强迫改信基督教。但是，尽管那些人改信了基督教，但是宗教狂热分子还不满足。他们不但没有完全承认那些"改信徒"的信仰纯正性，而且还提出一种所谓"血统纯正性"。渐渐地，"种族"一词被用作区分人群、家庭和团体的重要概念，像犹太群体、基督群体以及摩尔群体等。

从 15、16 世纪开始，由于非洲奴隶贸易的兴起，欧洲的奴隶来源地从过去的欧洲本身、中东地区逐渐转变成非洲大陆；欧洲的传教士来到了欧洲以外的广袤地域，很多欧洲的学者不由产生将人类分类的想法，并以此作为奴役非洲人冠冕堂皇的"理论依据"。[②] 通过对当时欧洲内部关系的梳理，同时对古罗马、古希腊的相关文献加以借鉴，欧洲人开始将自己区分为与其他民族在外表、行为、能力等方面不同的群体，并把遗传学的外表特征与内在的行为、智力水平甚至道德水平互相联系。虽然其他文化中也存在相似的观点，[③] 但是这种观点对社会构架的影响，主要是从欧洲及其殖

---

① Audrey Smedley, *Race in North America：Origin and Evolution of A Worldview*, 3rd edition, West-view Press, 2007.

② Milton Meltzer, *Slavery：A World History*, Da Capo Press, 1993.

③ Frank Dikötter, *The Discourse of Race in Modern China*, Stanford University Press, 1992.

民地扩张开始出现的。

当然，在启蒙运动中，"种族"一词并不单单是一个生物学的概念，同时还是含有历史纲领属性的词语。1727 年，法国历史学家亨利·德·布鲁凯尔布兰维埃（Henri de Boulaincilliers）将"贵族"与"民众"视为两个不同的"种族"。保皇主义史学介绍和延续了各类种族划分的偏见态度。1797 年，阿贝·巴吕埃尔（Abbé Barruel）出版了五卷本的备忘录《激进主义历史》，第一次提出了现代历史的阴谋论理论。巴吕埃尔把革命归咎为共济会的秘密阴谋。[①] 尽管他没有提到任何"犹太人阴谋"，但随着这种说法变得清晰，反共济会命题就在随后的十年中慢慢流行起来。此外，19 世纪后期和 20 世纪的保皇党历史学家也都愿意重复那种推理。就像史提芬·威尔逊（Stephen Wilson）表述的那样，查尔斯·莫尔斯（Charles Maurras）、莱昂·都德（Leon Daudet）、皮埃尔·加克索特（Pierre Gaxotte）等人，在他们的作品中清楚地使用了反犹主义的修辞。在德雷福斯（Dreyfus）事件后，保皇主义史学把法国的整个犹太群体阶层视为反法神话的核心，这个核心则是由共和党人、新教徒、共济会和其他"外来人员"组成。

19 世纪上半叶是种族概念传播最为迅猛和广泛的时代。奥古斯汀·蒂埃里（Augustin Thierry）在 1825 年出版了著作《诺曼人对英格兰的征服历史》（L'Histoire de la conquête de l'Angleterre par les Normands，3 Bände，1825），这是此种史学类型中一个含蓄使用种族概念的范例。蒂埃里这样进行暗示：所有欧洲历史都是通过冲突来推进的，每次征服的部落胜利者又会被失败者影响，并慢慢对他们的原有文化进行消除。他对诺曼人征服历史的论述试图表明，随着 1066 年的胜利，诺曼贵族文化取代了英格兰习俗。诺曼和英格兰双方，如同西不列颠群岛的凯尔特人那样被描述为一个群体。历史演变就成为这些群体之间对抗、胜利和失败的一种叙述。此外，蒂埃里还认为，通过与被征服方面的异族通婚，胜利的种族更易受到失败种族的影响而发生退化。这种推断是为当代法国获取教训和意义。蒂埃里推断，就像英格兰和诺曼人的混合那样，法国经历了一次又一次的种族胜利、内部融合以及随后出现的冲突。另外值得一提的是，自然学科的乔治-路易·

---

① Augustin Barruel, *Memoires pour servir a l'histoire du jacobinisme*, 4 éd., Paris, 1973, pp. 30 – 36.

勒克莱尔·德·布冯（Georges-Louis Leclerc de Buffon）是首位科学方面的学者，他利用次分法，系统地解释了"种族"一词在科学语境中的运用范围。

三　德国历史叙述中的"种族"

当谈及"种族"一词在德国的运用时，大多数人脑海中首先浮现的肯定是"种族灭绝"（Völkermord）一词。不过，从德语的字面意义来看，"种族灭绝"中的"Völker"其实是由德语"民族"（Volk）一词衍生而出的，而非简单地出自"种族"一词。事实上，直到 18 世纪末期，德国学界才开始提及"Rasse"一词。1775 年，约翰·弗里德里希·布卢门巴赫（Johann Friedrich Blumenbach）与伊曼努尔·康德（Immanuel Kant）两人分别发表了作品，将整个人类划分为四大种类或者说四大种族。按照康德的观点，种族的划分应该按照学识能力来进行，而处在上层的当然就是白肤色的欧洲人。他这样描述道："处于热带国家的人们在所有方面都会成熟得较早，但是却达不到温带地区人群的完美性。人类将其最大程度的完美性展现在白肤色的'种族'之中。黄皮肤的印度人（印第安人）只拥有了少量的天赋才能，而黑人的拥有量则更少，当然最少的是美洲国家的部分人群。"①

约翰·哥特弗雷德·赫尔德（Johann Gottfried Herder）是德国最著名的哲学家之一，他的"民族类型学"所产生的重要影响并不局限于德国。他觉得人类的"进化差异"并不存在，因而拒绝使用"种族"这一术语。②格奥尔格·威廉·弗里德里希·黑格尔（Georg Wilhelm Friedrich Hegel）对德国历史思想进步的影响比赫尔德更大，但也拒绝使用"种族"这个术语。在他眼中，反对使用"种族"作为一个社会或历史分析范畴的言论，是一个人与生俱来的理性。事实上，直到 19 世纪末，日耳曼思想包括史学均未将种族作为一种常见的类别，种族是随着国际知识界的流行才渐渐普及，这并不是一个在内部发展中出现的与众不同的部分。在 1871 年德意志统一

---

① Rudolf Eisler, *Kant-Lexikon*, 1930.

② J. G. Herder, *Ideen zur Philosophie der Geschichte der Menschheit*, Aufl. 10, Berlin, 1864, S. 42.

之前，为了支持民族认同而使用"种族"的现象是闻所未闻的，因为它对日耳曼国家统一的范畴毫无用处。相反，"文化"概念才是帮助定义德语术语"日耳曼性"（Germanness）的根源，文化被视为一种关键因素，并以此使分散的日耳曼群体紧密相连，成为一个民族。因为在功能上，任何以种族为由的论证都是无用的：如果德国被设定是一个"种族的德国"，在逻辑上会将其不由自主地涵盖到日耳曼族群的所有成员，如奥地利、瑞士等，甚至也可能包括来自低地国家的人民。因此，"种族"这一表述自然就被拒绝了，德语术语中的"文化民族"（Kulturnation）和"国家民族"（Staatsnation）概念被认为更加适合定义德意志的民族。

在 19 世纪中叶，理想主义的统治地位凌驾于实证主义之上，德国的知识分子也在致力于对抗任何与民族主义融合的强大种族思想。19 世纪 50 年代至 70 年代，在德意志统一前夜，"种族"一词更多地指向文化相似性，而并未因带有种族主义内容而被排挤。兰克的观点也是一个很好的例子。尽管他接受了古罗马民族和日耳曼民族间的区别，然而这是基于文化特性，最典型的就是语言；语言的统一才是一个民族统一和它潜在群体统一的明确标志。[①] 反犹主义的阴谋论同样出现在晚期的德国流行文化和出版物中。而 19 世纪 20 年代，远在法国的阿贝·巴吕埃尔发动了关于反犹的讨论，并于 19 世纪 60 年代发表了第一个德语版的阴谋论文本《天主教德国的历史政治唯一性》（*Historisch-politische Blätter für das Katholische Deutschland*）。19 世纪后期，民粹主义者特赖奇克（Treitschke）也是个典型，他在自己的讲座中经常反复使用反犹主义的语词，给听众以潜移默化的影响。

随着文化的发展，发展相对先进的民族开始不断地将自己的种族特性同其他相对落后的人群区分开来。在这些作者的作品中，这些痕迹不断地加深；19 世纪末，原本只是处于理论层面的对于"种族概念"的讨论，竟然慢慢地渗透到实践性的运用之中。在 1885 年至 1890 年这短短的五年时间内，"种族"一词成为动物学、人类学、民族学等学说的词汇新来源，并在自然科学与自然哲学范畴内出现了衍生词汇；随后，一批热衷于种族分类的新学者也出现了，其中比较典型的如乔治·居维叶（Georges Cuvier），他

---

① L. Ranke, *Geschichten der romanischen und germanischen Volker 1494 bis 1514*, Geschichte und Politik, Leipzig, S. 421.

将人类按照 3 个大类来划分，詹姆斯·考尔斯·普利查德（James Cowles Prichard）则将种族分成 7 个大类，而路易斯·阿加西（Louis Agassiz）又分为 8 个大类。接着，进一步地逐级分层和细化也成为流行趋势，简·文森特（Jean Baptiste Bory de Saint-Vincent）将种族划分为 24 类；更有甚者，仅仅在欧洲人范畴内，约瑟夫·丹尼克（Joseph Deniker）就将其分为 29 类。[1] 自从亚瑟·德·戈比诺（Arthur de Gobineaus）将"雅利安"这一种族理论领域的概念引入语言科学之后，像卡尔·路德维希·谢尔曼（Karl Ludwig Shermann）和科西瓦·瓦格纳（Cosima Wagner）这样的译者，不断地在翻译作品和运用时，对"种族"这一概念进行强化。[2]

　　种族的概念逐渐成为一种流行语是在 19 世纪后期。[3] 当时，理查德·瓦格纳（Richard Wagner）的女婿、英国人休斯顿·斯图尔特·张伯伦（Houston Stewart Chamberlain）的作品逐渐流行起来。他在自己编纂的作品中，将"民族"这一曾经被视为贯穿文化和语言的标记，潜移默化地与种族关联起来。[4] 当时，日耳曼的种族概念越来越融入知识分子的生活和社会之中。正如法国历史学家在很多场合中都会评价德意志民族是野蛮的种族；反之，德国历史学家对法兰西民族的浮华不屑一顾，认为其是一个堕落的种族。马克斯·诺尔道（Max Nordau）就是一个典型的例子，在对"世纪灭绝"（fin de siecle）一说进行表述时，他建议用"种族灭绝"（fin de race）的方式进行替换。毫无疑问，19 世纪末"人种学"对其有着直接的推动作用。

　　种族理论从 19 世纪末开始迅速发展，在当时的概念中，人类主要被分为白人、蒙古人、澳洲土著与黑人四大类。德国和英国的学者从 19 世纪 90 年代开始，就致力于对"种族价值衡量"的研究。许多"优生研究项目"被安放至欧洲之外的殖民地区域，伦敦在 1912 年召开了首届"优生学世界大会"；1921 年，"第二届优生学大会"的召开也是很好的佐证，这届会议的口号就是："优生学是对人类进化的自我控制。"[5] 当然，最为激进的种族

---

①　Ilse Jahn, Rolf Löther, Konrad Senglaub, *Geschichte der Biologie*, Jenna, 1985, S. 548.

②　George L. Mosse, *Die Geschichte des Rassismus in Europa*, Frankfurt a. M., 2006, S. 80.

③　Christian Geulen, *Geschichte des Rassismus*, S. 69.

④　Houston Stewart Chamberlain, *Arische Weltanschauung*, Bruckmann, 1905.

⑤　Christian Geulen, *Geschichte des Rassismus*, S. 93.

主义思想出现在其后不久的"民族社会主义"（Nationalsozialismus）之中，这也是纳粹德国的核心思想之一。

在纳粹德国时期，官方意识形态的"种族主义"是独一无二的，即使同其他欧洲民族的殖民精英主义与人种偏见形式相比较，德国的"种族主义"仍是凌驾其上的。德国的种族意识形态主要指反犹主义，这在反民主、反对资本主义进程中也有对应学说。对纳粹和纳粹意识形态而言，犹太人被构想为一个旨在构建某种全球阴谋的资产阶级，他们的目标是摧毁民族共同体的联盟和价值。这导致德国当时很多知名人物甚至历史学家都对纳粹的种族主义抱有一种接受或支持的态度，比如以东部区域研究为专长的特奥多·希德（Theodor Schieder）。此外，"种族"一词还被像奥托·福斯勒（Otto Vossler）这样的纳粹历史学家利用：一方面种族成为文字体系中对纳粹体系的妥协，另一方面把它看成一个流行的"现代"术语。① 在这段时间内，德国历史界的同行被绑定到与一种民族主义、种族主义及反犹主义迫害相连的体系之中。为了从纳粹体系的工作中获得最大化的收益，部分教授和研究人员甚至热情参与了相关学术宣传，这导致德国的犹太学生和学者从大学校园被驱逐时，这些沾染了纳粹主义的学者只能远离或保持沉默。纳粹主义开拓了基于种族主义的研究主题：村庄名字、东欧的民族分组、"印度－日耳曼问题"研究、犹太人问题等。

从 1933 年开始，德国参与这些领域中研究的历史学家数不胜数，甚至在 1938 年之后，毗邻的奥地利维也纳大学的一些历史学教授也热情地加入进来。这些甚至对战后初期的法国也有很大影响。这里的极端例子是极右翼作家莫里斯·巴代什（Maurice Bardeche），他发表于 1947 年的小册子《应许之地纽伦堡》（*Nuremberg ou la terre promise*）②，认为良好的法国人反而被盟友和戴高乐（de Gaulle）所起诉，以对这种现象的争辩来煽动学界否认大屠杀方面的作品，理由是存在一个更广泛及妖魔化的纳粹战争罪行，但这和当时进行的对于纳粹战犯公审的"纽伦堡审判"大环境显然是格格不入的。

在二战之后的 20 年中，整个德国历史研究群体都陷入了一种沉默之中。

---

① O. Vossler, *Der Nationalgedanke von Rousseau bis Ranke*, München-Berlin, 1937, S. 20.

② M. Bardeche, *Nuremberg ou la terre promise*, Paris, 1947, pp. 36–40.

在面对那些曾经或多或少沾染纳粹元素的同行时，德国历史学家常常使用的就是这种做法：对他们的过错，在一定程度上进行了妥协，或者选择性地进行遗忘；甚至个别拥有思想道德败坏历史的学者，堂而皇之地回到了他们以前的大学教室之中。这种沉默也导致了极其严重的后果，就是德国的知识分子群体并未真正地将种族的概念驱逐出自己的头脑。随后，在关于民族的历史研究方面，某些纳粹统治时代观念通过某些官方立场的改头换面，摇身一变成为地方及社会历史研究观念，随之获得重生并再次登上历史舞台。当然，也有一些学者提出了异议，比如凯伦·希瓦拉德（Karen Schönwälder），她在 20 世纪 60 年代的历史教学中就一再强调：对于纳粹民族历史的"秘密延续"这一话题，大家不应该过分解读。这种主导模式是为了造成一种与过去的严肃决裂，这也是一种受世代变化模式而产生的鼓励式态度。①

20 世纪 60 年代末起，德国党派、学界和社会阶层开始在很大程度上中立地看待那段历史，种种讨论也层出不穷。"种族"也逐渐成为一个历史性的词，或者说是一个具有研究意义而不太有现实意义的词。尽管还有少量遗老遗少会在部分描述中使用该词，不过，历史的洪流终究会将一些东西慢慢洗刷殆尽。

四　结语

鉴于第二次世界大战以及大屠杀暴行的负面影响，联合国教科文组织（United Nations Educational, Scientific and Cultural Organization, UNESCO）于 1949 年召集世界各地的人类学家和社会学家，对"种族"这一概念所引发的问题进行商讨。终于在 1950 年，形成了一项公开的声明：在普遍的语言运用中，将占有大多数的"人类团体"标记为"种族"，这个概念的有效定义在科学性上并不适用；如果要在人种的科学框架中提及，"种族"一词仅和自然科学和生理学相关。② 基于这项声明，1965 年时，在国际范围内共

---

① Karen Schönwälder, *Historiker und Politik*, *Geschichtswissenschaft im Nationalsozialismus*, Frankfurt a. M., 1992.

② 联合国教科文组织：《三、种族问题》（UNESCO, Ⅲ: Race Problem），1950，http://unesdoc. unesco. org/images/0012/001282/128291eo. pdf，2017 年 5 月 17 日。

同签署了一项《抵制各种形式的种族歧视》的协议。

　　不过，美国的部分南部州直到 20 世纪 60 年代末还未消除种族隔阂，而南非也直至 1990 年才战胜了种族隔离政策。直至今日，"种族"一词在美国依然被运用于族群的概念，这个词仍旧出现在美国人口普查（United States Census）的主要章节中。近年来，在美国多次发生的白人警察对黑人公民的暴力执法，也将美国的抵制种族歧视运动推到了风口浪尖。美国新任总统特朗普上台之后，对民粹主义的宣扬，对美国利益至上的煽动，其实也是另一种极端"种族主义"的抬头。这不得不让人产生警惕。

　　半个多世纪以来，德国对于过去的正视态度，在世界范围也是被认可的。作为欧洲的大国，它所承担的国际责任也得到了周边国家的赞许；作为"一带一路"的另一端，德国与中国进行全方位的合作，为世界人民谋求了不少福祉。尽管在德国以自己的方式对待难民危机后，一些具有极端种族主义的小群体发出了某些不和谐的声音，但是默克尔总理的连任让大家开始重新审视这些事端。

　　2017 年 5 月 14—15 日，北京顺利召开了"'一带一路'国际合作高峰论坛"。论坛中在加强国际合作、对接彼此发展战略、共享互利合作成果方面取得了很大共识。《"一带一路"国际合作高峰论坛成果清单》的第五部分第一款提到："增强民生投入，深化民心相通……（一）中国政府将加大对沿线发展中国家的援助力度，未来 3 年总体援助规模不少于 600 亿元人民币……"① 这种合作共赢的举动，跨越了民族、语言、地域的界线，充满着后"种族"时代的正能量。这为未来的大国间关系，为纷繁复杂的世界政治局势提供了很多新的启迪。

---

① 《"一带一路"国际合作高峰论坛成果清单》，http://www.beltandroadforum.org/n100/2017/0516/c24－422.html，2017 年 5 月 17 日。

希特勒政治宣传中的普鲁士

宋舒杨[*]

二战后，历史上的普鲁士国家与纳粹德国的关系受到了广泛的关注和讨论，至今仍未形成一种占主导地位的观点。这些讨论中对普鲁士的评价呈现两极分化。一种观点认为，普鲁士是德国军国主义的策源地、"德国的祸根"，其影响应该被彻底清除。丘吉尔在德黑兰会议上就提出了这一观点，[①] 1947 年盟军解散普鲁士的决议也以此为基础。另一种观点则认为，普鲁士是一个理性的"法治国家"，与纳粹德国毫无关系，纳粹德国对普鲁士的纪念不过是一场"骗局"。这种观点以哈夫纳的《不含传说的普鲁士》为代表，此书在 20 世纪 70 年代末 80 年代初的联邦德国非常流行，引发了一场重新评价普鲁士、认可其历史成就的"普鲁士热"。[②] 在两个极端之间，也有折中的态度。例如，丁建弘、李霞在《普鲁士的精神和文化》中指出，普鲁士和希特勒、纳粹国家不可能毫无相通之处，但具体联系的方面和程度可以再讨论。[③]

笔者认为，探讨普鲁士和纳粹德国之间的联系，有两条路径。一条路

* 宋舒杨，北京大学历史学系德国史专业 2018 级硕士研究生。

① 萨纳柯耶夫、崔布列夫斯基著，菲舍尔注释《德黑兰、雅尔塔、波茨坦会议文件集》，北京外国语学院俄语专业、德语专业 1971 届工农兵学员译，三联书店，1978，第 120 页。

② 塞巴斯提安·哈夫纳：《不含传说的普鲁士》，周全译，北京大学出版社，2016，第 260—261 页。

③ 丁建弘、李霞：《普鲁士的精神和文化》，浙江人民出版社，1993，第 2—5 页。

径从普鲁士出发，从政治结构、大众心态等方面寻找延续或断裂的因素；另一条路径则从纳粹德国出发，考察纳粹德国如何描绘历史上的普鲁士形象，希望达到怎样的政治宣传目的，再回顾这种宣传是否符合历史上普鲁士的真实面貌。本文采取后一条路径，以《我的奋斗》和希特勒1932—1945年的演说集为材料，考察希特勒在其中宣传的普鲁士形象。这一研究不仅有助于厘清普鲁士国家和纳粹德国之间的关系，也有助于理解纳粹德国对待历史的态度。

"普鲁士"既是一个地理概念，也是一个政治概念。在政治层面上，随着一战的结束和魏玛共和国的建立，历史上由霍亨索伦王朝统治的普鲁士国家已经消亡；此后，魏玛共和国和纳粹德国仍保留"普鲁士邦"这一行政区划，继承了过去普鲁士王国的疆域，但不再具有政治上的独立或优先地位。希特勒在著作和演讲中使用"普鲁士"一词时，有时指历史上的勃兰登堡－普鲁士公国和普鲁士王国，有时指在魏玛共和国和纳粹德国作为行政区出现的普鲁士邦。在后一种情况下，希特勒所说的"普鲁士"只具有地理区域和行政区划的含义，并不涉及对历史的理解。因此，本文仅考察希特勒的政治宣传中对1918年以前普鲁士历史的描述。

以1871年普鲁士统一德国为界，希特勒对普鲁士历史的评价可以划分为两个阶段。前一阶段中，普鲁士逐渐走向富强，走上了统一德国的道路，希特勒主要关注其崛起历程和统一德国的功绩；后一阶段中，政治上统一的德意志帝国已经建立，希特勒主要关注普鲁士和其他邦国的关系。以下对这两个阶段分别进行分析。

一　作为独立国家的勃兰登堡－普鲁士
（1871年以前）

对于1871年以前作为独立国家存在的勃兰登堡－普鲁士，希特勒主要从三个方面进行赞扬：普鲁士兴起过程中的英雄和英雄主义精神，普鲁士国家建构的理念，以及普鲁士统一德国的功绩。

希特勒认为，国家的构建不是依靠商业利益，而是依靠"精神的美德"，即不怕困难、敢于冒险、乐于牺牲的英雄主义精神；普鲁士是这种精神的代表，德意志帝国也是在此基础上建立的。① 英雄主义精神由英雄人物体现，他们的领导是普鲁士崛起的唯一原因，民族社会主义的领导被用来与其类比："民族社会主义的领导成为德意志崛起的领导者。这和1805—1813年间发生的奇迹没有什么区别。莱比锡大会战时普鲁士的男男女女，与耶拿和奥尔施泰特战役时的普鲁士人是同一批人。那时也是同样的，只是国家和军队弱小的领导在几年内换成了英雄的领导，他们的名字是施泰因、布吕歇尔、沙恩霍斯特、格奈泽瑙、约克、克劳塞维茨，还有成千上万的其他人，只用他们就足以解释普鲁士伟大崛起的奇迹。人们将来不可能以其他方式认识德意志崛起的奇迹。"② 弗里德里希大王等普鲁士英雄人物在困难面前的坚强意志和必胜信念，被用于激发民众对战争胜利的信心。③ 纳粹德国将魏玛共和国时期纪念一战阵亡将士的"民族哀悼日"改称为"英雄纪念日"，纪念的对象扩大到了普鲁士、德意志历史上的英雄，这一转变强调了纳粹德国政权对历史传统的"继承"和"发扬"。每年的纪念活动往往与当时的重要政治军事行动相联系，如1935年的恢复普遍义务兵役制、1936年的占领莱茵兰、1938年的德奥合并等。④

希特勒高度评价了普鲁士国家建构的理念。他认为，霍亨索伦王朝对勃兰登堡－普鲁士国家的组织是德国一千多年来在政治外交领域的三大成果之一，而勃兰登堡－普鲁士又是新帝国的"模范和晶核"。⑤ 普鲁士为希特勒所称道的国家理念主要有二：一是军队严格的纪律，二是在此基础上建立的民族自卫意识。这两点都具有显著的军事特性，在希特勒对军人的演讲中经常被提及。例如，在1943年纪念弗里德里希大王诞辰的演讲中，希特勒称这位国王和他的士兵是军人美德的最佳典范，对在场的候补军官强调"民族社会主义国防军的责任和任务"。⑥ 希特勒还关注普鲁士的上述军事特性在政治上发挥的作用。在德意志民族共同体内部，"正是通过普鲁

① Adolf Hitler, *Mein Kampf* (München : Zentralverlag der NSDAP, Frz. Eher Nachf. , 1943),
   S. 167, 169.
② Max Domarus, *Hitler, Reden und Proklamationen 1932 - 1945 : kommentiert von einem deutschen
   Zeitgenossen* (Leonberg : Pamminger und Partner, 1988), S. 890.
③ ebd. , S. 1833.
④ ebd. , S. 681.
⑤ Adolf Hitler, *Mein Kampf*, S. 733.
⑥ Max Domarus, *Hitler, Reden und Proklamationen 1932 - 1945*, S. 1448.

士军队组织的纪律，因血缘的分裂而在超个人层面上分裂的德意志民族至少部分重获了长久失去的组织能力。其他民族因群体本能最初就有的东西，我们——至少在部分程度上——通过军事训练的过程，以人工的方式为我们的民族共同体重新获得"。① 在与共同体外部各政权的关系上，希特勒赞扬沙恩霍斯特和格奈泽瑙"在普鲁士最屈辱的时代实现了民众军队的基本思想，以此重新赢得了外部的自由"。② 普鲁士军队的原则即"每个领导者对下的权威和对上的责任"，应该成为整个国家理念建构的基础；由此推出的理想政体中，议会只能是咨询机构，而最高决策者永远是一个人。③

希特勒视普鲁士为旧帝国崩溃后的新核心，这一核心发展出了统一的德意志第二帝国，第二帝国又发展出了德意志"民族帝国"（即纳粹德国）。④ 普鲁士统一德意志的进程不仅是政治上的统一，更有思想、生活上统一的尝试，这被用来类比纳粹对德意志民族的"统一"：民族社会主义运动和普鲁士都"以民族伟大的、一致的意志"，对抗德意志生活中群体、协会和党派等方面的分裂；俾斯麦则"奠定了民族社会主义统一国家的基石，因为他开始了克服部族和邦国心理偏见与利益的进程，此后这一进程必然持续下去"，也"为今天大德意志的建立奠定了基础"。⑤ 希特勒经常在演讲中提到德意志民族共同体"世界观的撕裂"，这种撕裂包括地区、阶级、意识形态之间的冲突，它们都是纳粹德国声称要抹除的。⑥ 如此，纳粹德国将自身对不同意见的打压宣传为"消除帝国的敌人"，将其作为精神层面的统一，与普鲁士对德意志的统一联系起来。⑦

二　作为德意志帝国一部分的普鲁士

1871 年德意志帝国建立后，普鲁士不再是一个独立国家，而只是帝国

① Adolf Hitler, *Mein Kampf*, S. 734.

② Max Domarus, *Hitler, Reden und Proklamationen 1932 – 1945*, S. 1078.

③ Adolf Hitler, *Mein Kampf*, S. 501.

④ Max Domarus, ［abridgment］Patrick Romane eds. , *The essential Hitler: speeches and commentary*, Wauconda, Ill. : Bolchazy-Carducci Pub. , 2007, p. 193; Max Domarus, *Hitler, Reden und Proklamationen 1932 – 1945*, S. 1158.

⑤ Max Domarus, *Hitler, Reden und Proklamationen 1932 – 1945*, S. 181 – 182, 1079.

⑥ ebd. , S. 83.

⑦ ebd. , S. 1080.

中居领导地位的一个邦。统一前各邦国之间的冲突延续到了统一后，表现为地方反普情绪和分离主义倾向。希特勒对 1871 年以后普鲁士历史的征引和评价，主要围绕普鲁士与其他邦的关系展开。在德意志民族共同体之内，他从大德意志立场出发，反对地方仇恨和分离主义；同时，他将矛头指向共同体之外，将地方矛盾归咎于英法、犹太人、马克思主义者等敌人的挑拨，呼吁德意志民族共同体团结起来，与之对抗。

希特勒对德意志民族共同体内部各地区关系的期望，可以概括为 "一个民族，一个帝国，一个意志"。此语出自希特勒 1938 年 10 月 27 日的演讲，此时他到访刚刚并入纳粹德国的苏台德区，选择普奥战争中签订预备和约的尼科尔斯堡进行演讲。他把普奥战争视为 "一个悲剧性的发展过程"（即大德意志道路失败）的开端，而 "这一过程现在应该在这里结束：一个民族，一个帝国，一个意志，从而达到一个共同的未来"。① 从大德意志立场出发，希特勒反对一切地方分离主义，这与他对 "统一" 的强调、对 "世界观的撕裂" 的反对相类似。

希特勒认为，在作为联邦国家的德意志帝国中，普鲁士和其他邦国的关系本应是命运与共，而不是互相仇视。普鲁士是德国联邦结构中 "基本的连接环节"，如果它被破坏，联邦形式就无法维持，而地方分离主义、反普情绪都和联邦主义无关。他进一步认为，德国不应该实行类似于美国的联邦制，而应该建立中央集权，因为德意志帝国的形成是普鲁士霸权的结果，此前大部分邦国要么没有主权，要么在普鲁士强权压力下被夺走主权，和美国主权殖民地的联合不同。②

希特勒将反普情绪的兴起归咎于敌人的挑拨和破坏。他在《我的奋斗》中援引了自己在一战中的经历，试图说明英法的宣传挑拨了帝国内各邦国的关系：英法对巴伐利亚部队发放传单，声称他们只反对 "普鲁士的军国主义"，对巴伐利亚人没有敌意，战争责任属于普鲁士。这激发了巴伐利亚人的反普情绪。希特勒认为，这种情绪的蔓延危及整个德国，结果加速了第二帝国的崩溃，"不仅摧毁了德国整体，而且首先摧毁了单独的

---

① ebd., S. 961 - 962.

② Adolf Hitler, *Mein Kampf*, S. 626 - 641.

邦本身"。①

在希特勒看来，除了英法的宣传，一战中战争组织对整个帝国的经济掠夺也是反普态度产生的一大原因。大部分普通人认为，这种经济掠夺的背后是普鲁士，"总部在柏林的战争组织，以及柏林本身，就意味着普鲁士"。但希特勒认为，经济掠夺的幕后黑手"既不是柏林人也不是普鲁士人，其实根本就不是德意志人"，而是犹太人。② 希特勒还把犹太人和马克思主义者联系在一起，从这一视角分析了 1918 年革命中巴伐利亚的政治形势。马克思主义者声称，巴伐利亚苏维埃共和国对政府军的反抗是"巴伐利亚工人反对普鲁士军国主义的斗争"，其失败是"普鲁士军国主义者"对"反军国主义、反普鲁士的"巴伐利亚人民的胜利。③ 希特勒则认为，"普鲁士的崩溃并不意味着带来巴伐利亚的繁荣；相反，一者的垮台定会把另一者一起不可挽救地抛向深渊"，事实只是"犹太人挑拨保守的巴伐利亚反对同样保守的普鲁士"，"当人们在巴伐利亚骂普鲁士的时候，犹太人组织了革命，同时击溃了普鲁士和巴伐利亚"。④ 1918 年革命中巴伐利亚地区的领导人库特·艾斯纳，由于具有犹太人和马克思主义者的双重身份，被希特勒称为"国际主义的犹太人"，大加贬斥："他只是犹太人的代表，利用了巴伐利亚人民现成的本能和反感，从而可以更容易地摧毁他们的德国。"⑤ 这和希特勒一贯的反犹、反马克思主义立场相一致。

三　宣传普鲁士历史的现实意义

希特勒在其政治宣传中对普鲁士历史的评价和征引，都与其当时的政治观念和政治需要紧密相连。他在著作和演讲中征引普鲁士的历史，主要有以下两方面政治目的。

其一，运用普鲁士历史中的事例，有助于增强特定政策或观念的宣传效果。普鲁士建立了统一的德意志帝国，普鲁士历史是德国历史的重要组

---

① ebd., S. 207 – 208，621 – 622.

② ebd., S. 622.

③ ebd., S. 624 – 625.

④ ebd., S. 212，627 – 628.

⑤ ebd., S. 62 – 624.

成部分，民众对本国的这部分历史较为熟悉。因此，在政治宣传中引用普鲁士历史上的知名人物和事件，也就比较容易被理解和接受。例如，当希特勒需要号召听众相信纳粹德国最终的胜利时，他会援引弗里德里希大王在七年战争中的事例，以及布吕歇尔在拿破仑战争中的经历，他们起初失败，但最终都靠着坚定的信念取得胜利。[①] 这些对普鲁士历史的描绘，都直接服务于纳粹为某一政策或观念寻求支持的需要。

其二，把普鲁士的崛起与纳粹运动领导德国崛起类比，为自身统治树立合法性。希特勒多次强调，普鲁士自身崛起和统一德国的过程，与纳粹运动所做的没有什么区别。这种借历史树立自身合法性的意图，突出体现在 1933 年 3 月 21 日新国会开幕的"波茨坦之日"活动中。希特勒选择在波茨坦驻军教堂进行演说，这里有普鲁士国王弗里德里希·威廉一世和弗里德里希大王的遗骨，教堂钟声奏响传统的旋律，参加过普鲁士的统一战争、身着军服的总统兴登堡向希特勒致以祝福。这些仪式都在强调，以希特勒为代表的新德国继承了普鲁士传统中的精华。正如希特勒自己在演讲中所说，这是"旧的荣光和年轻的力量的象征之间的联姻"。[②] 沙恩霍斯特、俾斯麦等普鲁士崛起过程中的杰出人物，被视为"新帝国的开路人"，"他们过往的行动也为今天的大德意志提供了前提"。[③] 由此，普鲁士的英雄人物成为纳粹德国的精神前身，而纳粹德国的所作所为仿佛是普鲁士荣光的延续。如此塑造二者的形象和关系，意在把民众对普鲁士的历史认同转化为对纳粹德国的现实认同。

在希特勒关于普鲁士的政治宣传中，历史事实常常被夸张乃至歪曲，以服务于具体的宣传目的。例如，希特勒经常举七年战争中 350 万普鲁士人战胜 5200 万欧洲人的例子，以增强民众对战争胜利的信心。然而，希特勒演讲集的编者多马鲁斯指出，他忽略了普鲁士和具有优势的英国结盟这一事实。[④] 又如，他在 1932 年 1 月的一次演讲中，声称普鲁士"从崩溃的旧德意志帝国上崛起，作为新帝国的生殖细胞完成它的历史使命，这个过程持续了超过 150 年"，然而从神圣罗马帝国的解体到德意志第二帝国的建

---

① Max Domarus, *Hitler, Reden und Proklamationen 1932 - 1945*, S. 976, 1316, 2212.

② ebd. , S. 225 - 228.

③ ebd. , S. 1078.

④ ebd. , S. 2174.

立，只经过了 65 年时间。[①] 这里试图极言普鲁士崛起之漫长艰难，以使听众相信，纳粹运动领导德国崛起的过程也将是一个漫长的过程，他们应该对此抱有耐心。这些耸人听闻的数据虽然并不符合事实，但足以给不熟悉历史细节的听众带来强烈的震撼效果，从而有助于达到政治宣传的目的。

综上所述，希特勒及其所代表的纳粹德国在宣传普鲁士的历史形象时，为了达成自身的政治目的，进行过刻意选择和修饰。在普鲁士的历史传统和历史功绩中，希特勒只强调有助于美化纳粹的部分，如严格的军事纪律和对德国的统一，从而在普鲁士历史和纳粹统治之间建立更紧密的联系，把后者表现为前者的继承者。为此，希特勒甚至不惜夸张、扭曲历史的真相。

理解这一宣传策略，有助于进一步明确普鲁士历史和纳粹德国的关系。无论认为普鲁士是军国主义策源地，是纳粹德国的精神根源，还是认为纳粹德国和法治国家普鲁士毫无关系，都是基于纳粹德国自身所强调的特质做出的判断。的确，在希特勒的政治宣传中，普鲁士的军事传统被强调了，而法治国家的一面被忽略了；但这只是一种宣传策略上的侧重，不能单纯据此断定，希特勒和纳粹德国是延续还是背叛了普鲁士传统，因为普鲁士自身的形象也是多面的。

由此可见，仅通过考察纳粹德国这一面，不足以完全明确普鲁士历史和纳粹德国政权之间的具体关系；在此基础上，还需要考察被纳粹德国选择性宣传的部分是否符合普鲁士真实的历史形象，这可以是进一步的研究方向。

---

① ebd., S. 87.

从纳粹军队的欧洲志愿者看二战
时期德国和欧洲的文化认同

李　屾[*]

一　引言

　　现如今，虽然经历了英国"脱欧"风波，但欧盟这一集政治实体和经济实体于一身，在世界上具有重要影响力的区域一体化组织仍旧使欧洲保持着一体化程度最高大洲的地位。综观历史，欧洲之所以能拥有如此之高的一体化程度，和各个国家之间历来保持着相当高的文化认同度不无关系。追根溯源，这些国家之间历史上在诸如传统、风俗习惯、文字、宗教以及思想价值观等方面都有着千丝万缕的联系。自 1871 年统一以来，德国作为欧洲的新锐，其与欧洲的关系一直是备受关注的，有关于德国和欧洲的议题及研究也层出不穷。德意志在 1871 年以前还是个地理概念，而自 1871 年德意志第二帝国成立以后，欧洲早先所建立起来的欧陆势力格局就改变了。此后，特别是在俾斯麦下台以后，德国这一当时欧洲的"问题儿童"便不断撩惹四邻。这一情况在纳粹统治德国期间达到了登峰造极的地步。虽然从表面上看，二战期间以纳粹德国为首的轴心国和欧洲其他反法西斯国家之间的关系显得泾渭分明，但这其中也不乏所谓的"异类"。在纳粹

---
　　* 李屾，山东大学外国语学院德语语言文学专业 2015 级硕士研究生。

"征服世界"的道路上，纳粹德国军队并非全由本国人组成，而是存在很多非德国的外籍志愿者。这些外籍志愿者绝大部分来自德国以外的欧洲国家。在这些欧洲志愿者参与到纳粹军队的过程中，文化认同起到了重要作用。本文从加入纳粹军队的欧洲志愿者入手，分析当时的纳粹德国和欧洲之间的文化认同。

二　关于文化认同的定义

　　"文化"本身就是一个含糊且抽象的名词。一方面它是潜移默化的，单纯的定义无法对其彻底诠释，而另一方面，它也可以通过具有相同特征的具体事物和现象被反映出来，进而被人们感知。文化有狭义和广义之分。广义的文化是指人类社会历史实践过程中所创造的物质财富和精神财富的总和；而狭义的文化是指人类社会的意识形态，即人类社会生活的思想理论、道德规范、文学艺术、历史政治、哲学宗教以及知识教育等多个方面。[①] "认同"一词的表面意思就是认知并赞同某一事物。准确地说，中文"认同"一词在德语中应该由 "identifikation" 及 "identität" 两个词共同组成。"identifikation" 是指在对照自我与其他事物时探求同一性和相似性的过程和方法，而 "identität" 则是指人们通过上述过程和方法探索得出的区分自身和他人的结果。[②] 英国社会学家安东尼·吉登斯（Anthony Giddens）认为，认同是社会连续发展的历史性产物，它不仅指涉一个社会在时间上的某种连续性，同时也是该社会在反思活动中习惯性创造和维系的事物，即持续吸纳发生在外部世界中的事件，把它们纳入关涉自我的、正在进行的叙事之中。[③] 一种文化的形成往往就伴随着一个群体的出现，而群体则会在发展的过程中逐渐消除冲突分歧、加深文化认同，形成自身特有的文化体系，因此文化与认同之间存在相辅相成的关系。《中华文化辞典》把文化认同解释为一种肯定的文化价值判断，即文化群体或文化成员承认群内新文

---

① 贾庆军：《当代欧洲文化认同及其建构——认识欧洲一体化的一个视角》，华东师范大学出版社，2005，第6—7页。
② 王昱：《论当代欧洲一体化进程中的文化认同问题——兼评欧盟的文化政策及其意向》，《国家政治研究》2000年第4期，第120—126页。
③ 张旭鹏：《文化认同理论与欧洲一体化》，《欧洲研究》2004年第4期，第66—77页。

化或群外异文化因素的价值效用符合传统文化价值标准，并对此所采取的认可态度与行为。经过认同后的新文化或异文化因素将被接受、传播。① 同时，文化认同又与文化冲突相伴而行，在某一特定的群体中不会存在永久的文化认同，在文化认同成为主流之前，会相应地伴随着文化冲突。在文化冲突的过程中，不同群体会彼此找到文化上的契合点，进而形成文化融合，文化融合后在群体间会存在文化认同。例如二战期间纳粹德国占领了法国巴黎，德国人和法国人的文化冲突出现。德国人被认定为侵略者以及野蛮人，和法国人是"世仇"。然而，这不影响德国军官跟法国人一同欣赏莫扎特（Wolfgang Amadeus Mozart）的《魔笛》及德彪西（Achille-Claude Debussy）的管弦乐《大海》，和法国人吃法国大餐，和法国姑娘谈情说爱。在法国被占后，法国很多民众都支持反犹，维希政府主动将其管辖区境内的犹太人交给德国，后来又组织了法国志愿者加入纳粹德国军队。从这些事例就可以看出，即便德法之间积怨甚深，也还是有共同点的。

三 纳粹军队中的欧洲志愿者情况

在武装党卫军（Waffen-SS）和国防军（Wehrmacht）当中都存在来自欧洲其他国家的志愿者。其中，绝大多数欧洲志愿者都在武装党卫军中服役。武装党卫军最初源于希特勒的卫队——党卫队（Die Schutzstaffel）。一部分党卫队队员被抽调出来，经过军事化武装，成为只效忠于"元首"希特勒的私人军队，所谓"Waffen-SS"是 1939 年 11 月才开始逐渐为世人所知晓的。② 武装党卫军"维京"师吸纳的主要是来自北欧国家的志愿者，而武装党卫军"查理曼大帝"师则吸纳了法国志愿者。国防军中的例子则是著名的第二五〇步兵师，绰号"蓝色"师，这个师几乎都是由来自西班牙的军人和青年学生组成。这些军队可谓骁勇善战，在入侵苏联的战斗中表现极佳。根据二战后的统计，自 1939 年 5 月 18 日创建以来，武装党卫军人数至 1944 年达到顶峰，共计约 90 万人，而到战争结束时只剩下了约 31 万

---

① 冯天瑜：《中华文化辞典》，武汉大学出版社，2001，第 20 页。
② 《1919 年到 1945 年的武装力量》，德国联邦档案馆藏武装党卫军档案，详见 http://start-ext. net-build. de：8080/barch/MidosaSEARCH/Bestaendeuebersicht/index. htm？kid = titelblatt。

人。① 细数党卫军的战斗序列，"志愿兵现象"可谓层出不穷。曾在武装党卫军中服役的老兵艾卡特在接受访问时回答，战后他通过一些统计资料了解到，在参加党卫军的外国志愿者当中，荷兰人约有 5 万人，比利时人约有 4 万人，法国人约有 2 万人，丹麦人则约有 6000 人。在二战结束时党卫军的约 31 万人中只有约 11 万人是真正的德国人，其余皆为外国志愿者，也就是说在当时外国志愿者的数量占党卫军总人数的 2/3。② 由此可见，纳粹德国军队的"国际化"已经达到了很高的程度。

四　促使欧洲人加入纳粹德国军队的文化认同因素

欧洲志愿者加入纳粹德国军队的现象很普遍，而由于文化是对人类文明的传承、创造和发展，对这一现象不可避免地施加了影响。在笔者看来，促使欧洲人加入纳粹德国军队的文化认同因素涉及多方面。

（一）思想认同

思想是文化重要的组成部分，著名哲学家弗朗西斯·培根（Francis Bacon）在其《习惯论》中说："思想决定行为，行为决定习惯，习惯决定性格，性格决定命运。"在一定种程度上，思想对于行为的影响是潜移默化且根深蒂固的。而当时欧洲所盛行的一些思想观念对于纳粹德国与欧洲找到文化上的契合点有着不小的推动作用。

1. 反共产主义思想

反共思潮是苏维埃俄国建立以来所兴起的一种思想。对于苏联以及共产主义的仇视只是那些想要借助希特勒之手实现自身目的的人借力发力的"敲门砖"。自苏俄十月社会主义革命取得胜利以来，英国、法国等主要的欧洲国家都聚集起来对他们眼中的"共产主义恶魔"进行联合围剿。在二战时期，英国首相丘吉尔也一直坚持反共，他曾说："我最想看到的结果是德国人躺在坟墓里，而苏联人则在手术台上痛苦地呻吟。"德国在统一后承袭了普鲁士的风格，成为一个较为封建保守的军国主义国家，而在 1918 年

---

① 朱维毅：《德意志的另一行泪——二战德国老兵寻访录》，世界图书出版社，2010，第 106 页。
② 朱维毅：《德意志的另一行泪——二战德国老兵寻访录》，第 104 页。

11 月 3 日爆发的十一月革命对于当时已是强弩之末的德意志第二帝国来说也算是"压垮骆驼的最后一根稻草",没过多久德国宣布投降,输掉了一战。政府军随后在自由军团(Freikorps)的协助下剿灭了巴伐利亚苏维埃共和国,这使得德国政府摇身一变成了"消灭共产主义的屠夫"。[①] 当时的反共思想可以说是遍布全欧洲。加入德国武装党卫军的官兵中有一些来自乌克兰、波罗的海三国以及俄罗斯。尽管纳粹的理念是致力于建立一个雅利安的"纯净世界",这些人中有一部分也是因为满含对共产主义的不满而唯纳粹马首是瞻。据说,对于共产主义的仇视在一定程度上也是源自一战的痛苦"教训",一战时的德军总参谋长鲁登道夫(Erich Ludendorff)甚至说:"是共产党和犹太人在德国背后捅刀子,使得德国输掉了战争!"一战后他也参与了希特勒的"啤酒馆暴动"。此外,来自西班牙的支援部队"蓝色"师(Azul Division)大部分是由现役军人和西班牙法西斯长枪党党徒组成,受到右翼思想灌输的青年学生也是狂热的志愿者。西班牙人加入德军的目的是对西班牙内战进行复仇,反对共产主义对于天主教世界的入侵。[②] 由此看出当时"反共"在欧洲有着很普遍的市场,那些具有右翼思想以及与共产主义有仇的人也就找到了自己发挥的天地。

2. 反犹太主义思想

反犹这一历来在欧洲延续的思维惯性促使那些对于欧洲犹太人有仇视心理的人找到了可以达到自身目的的"渠道"。反犹思想涉及诸如宗教、人文以及社会等多方面的问题。经济上的偏见、政治地位低下以及宗教不兼容使得犹太人在很长的一段历史中都饱受歧视与迫害,欧洲历史上有过三次大规模的反犹浪潮。从历史上来看,欧洲的反犹运动存在反复性和周期性。早在古罗马时期,为推行帝国希腊化政策,罗马帝国就对犹太人进行迫害,并在 438 年颁布提奥尔西法典,使迫害犹太人法律化。直到罗马帝国灭亡时,这一行为已经形成了传统,罗马帝国后来的继承者皆继承了这一理念。[③] 在中世纪则出现了大规模迫害犹太人的案例。在那个基督教掌控

---

① 克里斯托夫·艾尔西:《第三帝国武装党卫军——从未面世的纪实:1923—1945》,张灿译,中国市场出版社,第 1 页。

② 《蓝与白——西班牙"蓝色"师折戟列宁格勒》,《现代兵器》2017 年总第 454 期,第 49—55 页。

③ 王震:《欧洲反犹主义的历史透析和近期回潮》,《国际观察》2003 年第 5 期,第 51—58 页。

一切的黑暗时代，大量的犹太人被屠杀、驱赶，背井离乡，流离失所。而在欧洲的发展史中，犹太人始终遭受着不同程度的迫害与歧视。迫害犹太人已经成为许多欧洲人的思想潜质，甚至是很无脑的惯性思维。在纳粹统治时期生活的阿农·塔米尔（Arnon Tamir）在反犹主义的恐怖气氛中成长，当他在建筑工地工作时，无意听到一位纳粹党员表示，村里的犹太女人是个女巫，并声称她可以将人变成一匹小马。如此牵强的反犹理由曾经源于一股在欧洲社会流传了几个世纪之久的思想，然而现在却被一个组织健全的现代化国家政府积极地鼓吹煽动。① 纳粹的反犹主义宣传与行动从某种程度上顺应了欧洲一些人的心理和意愿，并将这一邪恶的意愿推向极致。

3. 民族主义思想

欧洲民族觉醒起源于拿破仑战争时代，欧洲在中世纪及近代早期并没有民族国家的意识，有的只是依靠雇佣关系、贵族血亲关系以及较强宗教影响力建立的封建政权。而拿破仑在占领了大片欧洲土地之后，分封自己的手下和亲戚到各被占领国担当政权的执掌者，这引起了各国的不满，导致了很多反抗，如意大利的红衫军起义等。二战时的德国也是如此。德国在一战中战败，割地赔款，民众士气全无，民族自尊心受到了伤害，也有很多的国家处在与德国相似的境遇中。为了挽回民族自尊，民众的民族主义情绪自然而然变得高涨起来。希特勒曾说过自己生在莱茵河畔的布劳瑙（Braunau am Inn），这里正好是两个德意志国家的交接之地，这两个国家的再次统一是他们这代年轻人所需要完成的使命。说德语的奥地利，早应该回归到德意志祖国母亲的怀抱。② 由此可见希特勒身为奥地利人对于奥地利在德意志民族中地位的重视。纳粹德国认为北欧各国的居民和德国人一样同属于日耳曼人，是纯洁的雅利安人的后裔。而英国人则是准日耳曼人（Paragermane），是荣誉德国人（Ehrendeutsche）。为此，纳粹德国招募了许多英国人和生活在北欧以及欧洲其他地区的德意志族裔的人进入德国军队服役，组建了成建制的部队，例如武装党卫军第五装甲师，代号"维京"，该师包含很多来自北欧以及欧洲其他国家的德意志族裔官兵。这些人都聚

---

① Matthew Hughes and Chris Mann, *Inside Hitler's Germany*: *Life Under The Third Reich* （Amber Book Ltd, 1998）, p. 111.

② Adolf Hitler, *Mein Kampf*, München: Zentralverlag der NSDAP., Frz. Eher. Nachf., G. m. b. H., 1943, p. 1.

集在纳粹德军旗下，自诩为统一的优等日耳曼人群体，民族自豪感在这一过程中得到了满足。希特勒的大德意志理想使在欧洲各国的德意志族人找到了希望，从而使这些人对纳粹德国的归属感增强，民族主义情结也随之加强。例如，生活在捷克斯洛伐克苏台德区的德意志人，在德国占领苏台德后欢庆自己被解放。这些人中有很多后来成为德国军人。另外，那些之前受到压迫和侵害的民族在德国人看来都是可以被利用的对象，毕竟希特勒最大的理想是建立覆盖全球的日耳曼千年帝国。例如波罗的海三国在1940年被苏联吞并后，一些不满苏联统治的人就站出来，发起了三个国家的复国运动。当苏德战争爆发后，德军占领了这三个国家，这三国随即有很多人参加了德军与苏联的作战，例如武装党卫军第十五掷弹兵师，也被称为"立陶宛第一师"，里面都是来自立陶宛的志愿兵。在笔者看来，这些行为是外籍志愿兵的民族主义思想极度膨胀的表现，这正好是与纳粹的民族主义心理相契合的。为了"招兵买马"，党卫队首领希姆莱巧妙地避开了巴尔干半岛志愿士兵的斯拉夫人身份，将其称为南下巴尔干的哥特人的后裔。同时，希姆莱相信爱沙尼亚人和日耳曼人在种族上没有什么区别，并同意组建一只爱沙尼亚军团。①

　　上述三点可以被看作纳粹德国和欧洲志愿兵思想认同的重要组成部分，是纳粹德国思想宣传内容的精华所在。纳粹思想自产生以来就不乏追随者，这也是那些欧洲志愿者自愿加入德军的一个重要原因。

（二）文字符号以及徽标认同

　　文字是承载思想和交流信息的重要工具。欧洲的语言彼此都有着千丝万缕的联系，而欧洲各国的艺术也有许多共同之处。

1. 文字符号

　　从语言学的角度看，德语属于印欧语系下的日耳曼语族，印欧语系又称为印度－日耳曼语系。所属语言的涵盖范围包括北欧、中欧（德国、奥地利、卢森堡等）、西欧（英国、比利时、荷兰），涉及面很广，而且德语和欧洲很多国家的语言相似度很高。对欧洲人而言，互相学习对方的语言并不是一件难事。这样就很便于欧洲各国进行思想文化的交流，从而加强

---

① 乔·沃尔：《第三帝国——党卫队》，孙逊译，海南出版社，2015，第216—230页。

信息共享，促进文化融合，增强文化认同。罗马人起初在借鉴希腊文之后创制了罗马文字也就是拉丁文，现如今欧洲人所用的文字大都是拉丁字母。究其原因就要追溯到罗马帝国后期，蛮族入侵导致西罗马帝国灭亡，日耳曼人作为欧洲历史上的三大蛮族之一逐渐和当时的罗马人汇聚融合，而罗马的拉丁文则成为欧洲大部分民族创制文字的基础。在融合过程中，不同民族特别是那些曾经打败过罗马帝国的民族，逐渐接受了罗马人所留下的一部分文化财富，而在文艺复兴当中古罗马以及古希腊的文化复兴，更加深了欧洲的文化认同。在武装党卫军征兵宣传画上，纳粹往往善于熟练运用不同的语言来表达自己的思想，以达到在欧洲各地招募所谓"志同道合者"的目的。而那些属于日耳曼人的欧洲国家深受源于北欧的古文字卢恩文（Rune）的影响。相传卢恩文是由北欧之神奥丁（Odin）所创，武装党卫军中的"SS"以及"卐"（Swastika/Hackenkreuz）符号的设计皆源于卢恩文。它们分别代表"胜利"和"幸运"的意思。① 而在二战前的波兰、芬兰、拉脱维亚甚至苏联军队中也都存在过类似于"卐"的符号。

2. 军服及徽章

欧洲有着很深的军事文化传统，军服是代表军人的一个重要标志。画家出身的希特勒就不曾放弃自己的这个"老本行"，他对于军服的要求很苛刻。传闻他曾经说："军服一定要设计得漂亮，那样年轻人才会义无反顾地去参军。"在德国军服上，人们可以看见很多欧洲军服所共有的特点，如德国军人的标准配置是修身的军装、笔挺的马裤、锃亮的靴子，纳粹军服是美与极权主义的结合，这样的款式也可以说是欧洲军人的标配。此外，德国的勋章也跟许多欧洲国家勋章所秉持的设计理念相同，例如铁十字勋章（Das Eiserne Kreuz）这种著名的勋章，其外形是典型的十字架结构，而欧洲很多国家也具有很多款式的十字架形状的勋章，如维多利亚十字勋章、保加利亚十字勋章、法兰西十字勋章等。此外，德国还允许根据各国志愿兵的国籍及民族颁发具有其文化特色的勋章和部队标志。

这无不体现着纳粹对于自身艺术造诣的追求，也吸引了许多的追随者。

---

① Manuel Schweizer, *Missbrauch nordischer Mythologie und Symbolik durch RechtsextremistInnen*. Österreichische Gesellschaft für Politikberatung und Politikentwicklung（ÖGPP），Wien，2010.

此外，武装党卫军第三十四掷弹兵师"尼德兰风暴"的领章是一个燃烧的炸弹，这就是很多欧洲陆军特别是近卫军（最著名的是在拿破仑战争时期）的标志，掷弹兵是 17 世纪中叶欧洲陆军的一个兵科，但起源可以回溯到拜占庭帝国利奥三世时代，士兵扔掷装有希腊之火的陶瓷容器以攻击敌人。因为炸弹稳定性不高，使用时很危险，所以一般只有勇敢的士兵才会担当此任，这些人逐渐成为精锐军队的代表。此外，德国军队特别是武装党卫军的领章以及勋章中带有橡树以及橡树叶的元素，而在欧洲特别是在英国也有"橡树之心"（Heart of the Oak）的说法。

（三）历史传统认同

历史传统是一个群体形成和维持集体认知乃至集体认同的重要手段，有共同的历史及相似的传统才能使那些欧洲志愿者对德国产生认同感。

1. 军事文化传统

从斯巴达勇士到罗马军团，从十字军骑士团到腓特烈大帝，再到拿破仑，欧洲具有丰富的军事文化。近代以来，欧洲各国发展出一套系统的军事体系，在此过程中也出现了一些军事方面的著名人物。例如卡尔·冯·克劳塞维茨，他所写的《战争论》就是西方军事思想的重要成果。另外，欧洲最为重要的一种军事传统就是雇佣兵传统。例如，党卫队第十七装甲掷弹兵师"葛兹·冯·伯利欣根"（Götz von Berlichingen），这个师的名字源于雇佣兵首领伯利欣根，他是施瓦本骑士。这个师的师徽是一只铁手，施瓦本在 1504 年的"Landshut"之战中失去了右手，后来装上了一支铁手。伟大的文学家歌德还专门创作了一个关于他的剧本，名为《铁手骑士葛兹·冯·伯利欣根》。自古罗马时代开始欧洲就不乏雇佣兵的身影，他们不分国界也不分民族。这一传统使得欧洲的各国志愿者加入纳粹军队中。在德语中将志愿军团称为"Legion"，而这个词还有"雇佣军"、"罗马军团"等意思，这也体现了德国对于雇佣军传统的认同。此外，上文所提到的掷弹兵（Der Grenadier）传统也体现出德国所继承的欧洲军事文化传统，与欧洲的其他国家有着军事文化上的认同。

2. 荣誉传统

武装党卫军有一个著名的口号"Meine Ehre heiβt Treue"，就是"吾之荣誉即忠诚"。据说这一口号来自欧洲中世纪的骑士宣言，体现了忠诚、英勇、无畏的"骑士精神"。在欧洲中世纪——那个宗教统治下的黑暗时代，真正的民族国家还未形成，骑士作为封建贵族的武装更重要的是遵守自己的信条，这是长时间所形成的传统。对于那些想建功立业的欧洲人来说，宣扬中世纪骑士口号的纳粹军队是再合适不过的选择。此外，我们还可以发现，德国的骑士十字勋章、党卫军的领章以及欧洲很多国家的制服上都存有橡树、橡树叶以及橡果的身影。橡树叶象征荣耀、力量和不屈不挠的精神。另外，橡树是德国的国树。如上文所提到的，英语中就有"橡树之心"这一说法，就是形容某人内心坚韧、刚强。橡树木质坚硬、致密，不易变形，在欧洲很多国家都把橡树视作坚强、勇敢的象征。这对于参加纳粹军队的欧洲志愿者来说有亲切感和认同度。

3. 欧洲精英文化

纳粹对于党卫军的宣传是血统纯正且高度精英化的军队，对外界的鼓动性和吸引力很大。甚至在德国本国内也有很多拥有犹太血统的人为了证明自己血统的"纯正性"，加入德国军队中，其中最有名的当属空军元帅艾尔哈德·米尔希（Erhard Alfred Richard Oskar Milch）。说到精英，党卫军则是纳粹宣传中的"精英"，那些党卫军头戴着具有骷髅帽徽的军帽，身穿黑色制服，这其中也隐含着很深的寓意，骷髅标志继承了普鲁士/第二帝国的传统。对于国王或皇帝的近卫军来说，骷髅代表的不是恐怖而是视死如归的战斗意志与决心。而黑色制服则是普鲁士近卫军的传统色。虽然很多志愿者不是纳粹口中所说的具有日耳曼以及雅利安血统的人，但他们渴望成为那样的精英，就像是欧根·冯·萨伏伊亲王（Prinz Eugen von Savoyen，1663—1736）这样的人。他生于法国，是奥地利籍的意大利人。29 岁便成为神圣罗马帝国陆军元帅。1718 年他大胜土耳其，拿下巴尔干重镇贝尔格莱德。他是出色的战略家，被认为是历史上最伟大军人之一，成为很多志愿者的榜样。由纳粹组建的武装党卫军第七山地师也以欧根亲王命名，该师也主要由外籍志愿者组成。

（四）宗教认同

一方面，由于基督教在欧洲的影响力十分深远且势力较为强大，尽管希特勒上台后按照纳粹主义的指导思想大力推行各项宗教政策，德国新教界在希特勒的示意下于 1933 年 2 月兴起了名为"德意志基督教"（Deutschechrist）的运动，建立了听命于希特勒的"德意志福音帝国教会"（Die Deutsche Evangelische Kirche，DEK）。这一运动使得德国的新教教堂将纳粹十字与基督教十字架并排放置，而更为重要的事件则是在新教中推行"去犹太化运动"。[1] 但是，其目的并不是要完全消灭基督教，而是将基督教改造成符合纳粹以及法西斯思想的宗教。对此，希特勒曾说过："让我来完成上帝未竟的事业。"此话主要是将自己包装成所谓具有高尚使命的"圣战者"，妄图发动又一次"十字军东征"，以求取得更多信教者的认同，为自己的征服计划在欧洲的推行增添合理性，并与欧洲国家产生认同，进而获得更多支持。另一方面，对一些十分看重宗教的人群来说，虽然希特勒所倡导的宗教并非他们原本所信仰的宗教，但是聊胜于无。与希特勒相比，那些共产主义者和无神论者则是他们更加仇视的对象。1939 年 3 月 27 日，西班牙加入《反共产国际协定》，不久又与纳粹德国签订了友好条约。虽然在二战期间国家元首佛朗哥声称西班牙为中立国，却向苏德战场志愿派遣了一支由 2612 名军官和 15492 名士兵组成的师级部队，其目的是维护天主教并讨伐仇敌共产主义苏联。[2]

五　透过纳粹军队的欧洲志愿者现象看二战时期德国和欧洲的文化认同

（一）从"罗马帝国"到"神圣罗马帝国"：纳粹是欧洲统一的契机

欧洲任何国家和民族的民众都不能完全否认自己所具有的欧洲人特性。纳粹所奉行的法西斯主义本身就源自罗马帝国，而神圣罗马帝国虽然"既不神圣也不帝国"，但它毕竟由德意志民族所建立。其存在的历史很长，在欧洲范围内有一定影响力，这又拉近了德国与欧洲的文化认同。而纳粹德国自诩为第三帝国，也是为了继承神圣罗马帝国的"遗产"。纳粹之所以能通过民主选举成为德国的执政党，其所宣扬的思想起到了很大的作用。纳

---

[1]　冯小茫：《纳粹时期德国新教中的教会斗争》，《世界宗教研究》2014 年第 2 期。

[2]　郭晔旻：《最后的法西斯——佛朗哥如何全身而退》，《国家人文历史》2016 年第 17 期，第 101—108 页。

粹党顺应了当时在欧洲所存在的一些思想理念，这使得二战初期的欧洲处在德国强烈的文化宣传影响中，例如 1940 年在法国巴黎所举办的"反犹"展览，纳粹不断将自己的意识形态和价值观念注入占领地区，加强文化的输出。不论民众是被动接受还是主动迎合，那些输出的文化都在潜移默化地影响着他们，使得他们在认识自我的过程中出现与纳粹德国相近的思想观念，从而在区分自我与他人的过程中，潜意识地接受纳粹德国所输出的文化，进而对于纳粹德国产生文化认同。纳粹在战争初期势如破竹的态势使得很多欧洲人认为欧洲将在不久之后变成希特勒的天下，这使一些人想起了拿破仑，这也是历史留给纳粹德国和欧洲重要的共同文化。拿破仑战争被认为是欧洲统一的一次历史契机，但最终统一并没有实现，而纳粹德国带着更加强大的武力试图完成这一使命。

（二）从"大德意志"到"欧洲梦"再到"征服世界"：德国实现帝国梦离不开欧洲

欧洲是纳粹德国实现征服世界梦想的一个起始点，纳粹德国所鼓吹的"圣战"正是沿袭了欧洲中世纪十字军的样式，即组织一个具有较高文化认同度的多国部队。德国不仅需要欧洲的资源和人力，还需要欧洲的凝聚力和向心力，这样军队才能形成更强的战斗力。依照纳粹的逻辑，欧洲是德国资源和兵员的提供地，拥有纯净雅利安血统的日耳曼人是最核心的力量，而在这些日耳曼人人力匮乏时，欧洲其他非犹太白人则是征召首选，这符合纳粹的种族理念。此外，德国对于欧洲的依赖还在于，欧洲是日耳曼人的发祥地，德国在此有着较好的文化认同基础，首先要征服欧洲，是因为欧洲是整个征服世界计划中的重要一环。要适时地加强欧洲与德国之间的文化认同，使欧洲更快、更恭顺地成为纳粹德国征服世界的"前进基地"。

（三）法西斯主义在欧洲的传播与欧洲的法西斯化

一直鼓吹独裁强权、对外扩张侵略并反共反犹的法西斯主义在 1929—1933 年的经济危机中迅速蔓延欧洲，此后德国法西斯在欧洲取得的胜利引起欧洲各国倾向法西斯的人的共鸣。匈牙利的箭十字党、保加利亚的鲍里斯三世以及西班牙的长枪党等逐步在本国建立起法西斯统治。在历史上，欧洲的认同问题最早可以追溯到古希腊和古罗马时代，巴尔干和意大利则被后人看作塑造欧洲认同的重要地方。[①]笔者认为古希腊时期的小国寡民的民主政治，为后续欧洲社会的民主思想奠定了基础。而古罗马文化则体现着规则与法治的文化理念。更重要的是，"法西斯"正是取自古罗马执政官的"束棒"，这也体现出古罗马所蕴含的崇拜权威与集权的文化给后世欧洲带来的强权思想，欧洲所有被称为皇帝的人皆希望成为像"恺撒"那样的人。甚至在德语中"皇帝"一词就被称为"恺撒"（Kaiser），同时我们还发现俄国沙皇的原意也是恺撒。这不是历史的巧合而是两国在对欧洲文化传统的认同过程中产生的。如果说希特勒进攻西线的目的是一雪凡尔赛和约之耻，那么入侵苏联的目的，除了不断获取生存空间外，还要消灭"劣等"的斯拉夫民族，消灭纳粹的敌人"共产主义"以及希特勒眼中的"恶魔"犹太人。希特勒网罗这些欧洲志愿者为自己的侵略扩张充当"鹰犬"，无不体现着当时纳粹给欧洲带来的强大影响。而反观纳粹，正是由于要实现自己的目的才会更加愿意找到自认为很符合标准的外籍战士，在思想上煽动、诱惑乃至控制欧洲人，使他们为纳粹服务。而德国在欧洲战场初期的势如破竹，更加坚定了那些支持法西斯的人加入德军的决心。纳粹在占领地扶持亲纳粹政权也使得那些向往纳粹的人有了施展身手的空间。

（四）纳粹迎合了欧洲一部分群体的思想情绪

一战结束后十年，爆发了1929—1933年的经济危机。在那个时代，人们的情绪变得压抑，需要重新找到可以依靠的自我信仰，以此来坚定自己的信念，用精神的力量渡过难关。那个时期正是各种思想潮流激烈碰撞的年代，西班牙内战的爆发正是对该时期社会状态的体现。然而西班牙内战中左翼共和派失败，右翼军人上台执政，这使得思想情绪极端且保守的人们看到了可以实现其价值观的希望。而人们还需要宣泄，对于社会的不满心态以及极端思想正好与纳粹所宣扬的理念相符。极端思想催生了纳粹，而纳粹也使得极端思想愈发强烈，最终形成了可怕的国家极端文化，进而给欧洲各地拥有相似思想的人提供了一个广阔的施展舞台。

[①]　Direktor Lothar Frick Heft, *Europäische Identität*, *Deutschland und Europa*, Landeszentrale für politische Bildung Baden-Württemberg, 2006, p. 52.

六　结语

纳粹德国有一个著名的宣传画，上面写着"Ein Volk，ein Reich，ein Führer"的标语，这使人想到了"圣父、圣子、圣灵三位一体"。这其实体现了希特勒的宗教狂热心理。虽然人们在仔细思考之后，会认为纳粹的理念和作为很荒诞，但总还有为纳粹现身的殉道者。这就应了古斯塔夫·勒庞的话："我们已经证明，群体并不进行推理，它对观念或是全盘接受，或是完全拒绝；对它产生影响的暗示，会彻底征服它的理解力，并是它倾向于立刻变成行动。我们还证明，对群体给予恰当的影响，它就会为自己所信奉的理想慷慨赴死。"① 欧洲志愿者作为一个群体与纳粹德国在相互认知中，在各种因素的作用下选择了认同。其中上述文化因素推动了这一现象的产生，而从这些文化因素中可以看出，当时纳粹德国与欧洲之间或多或少存在文化契合点，这种文化的契合点更是反映出当时德国和欧洲之间所存在的文化认同。

然而这些文化认同就像过眼烟云，只是一种表面上的迎合，在私下里却各怀"鬼胎"。随着纳粹德国的覆灭，这些文化认同也就随之破碎，失去了利用价值，变成了历史中的一叶扁舟。然而事实上，这种文化认同并不是随着二战的结束就消失了，由于复杂的历史原因我们今天仍能看到一些"奇怪的景象"。2014 年 10 月 14 日发生在乌克兰的新纳粹游行当中，人们打着有纳粹色彩的旗帜，宣称那些曾经加入纳粹军队的乌克兰人是民族英雄。而德国《世界报》网站 2011 年 3 月 18 日在题为《多亏普京，许多拉脱维亚人为参加过党卫军感到自豪》的报道中提到：2011 年 3 月 16 日，拉脱维亚党卫军老兵举行纪念活动，在此期间爱沙尼亚官方甚至给那些纳粹老兵立碑。

在西班牙内战期间，有支持共和政府的"国际纵队"，而作为纳粹军队中的"国际纵队"，那些欧洲志愿者在很大程度上也是因为和德国的文化认同而甘当纳粹"鹰犬"的。事实证明，文化认同不论在何时何地都是存在

---

①　古斯塔夫·勒庞：《乌合之众——大众心理研究》，冯克利译，中央编译出版社，2014，第 45 页。

的，即便纳粹德国时期也是如此。这些文化认同在某种程度上促使二战时期德国在欧洲肆无忌惮，给人类造成了巨大灾难。亚历山大·伊万诺维奇·列别德，这位苏联解体以后的地方军政强人有句名言："一个国家当中有百分之五的精英和百分之五的败类，剩下的那百分之九十的人，要么跟着精英，要么跟着败类。"当今社会也应该由正确力量将社会群体引导向积极的文化认同，避免类似二战的灾难再次发生。

跨学科视野下的纳粹施害者研究

房春光[*]

一 引言

1945 年 5 月 8 日同盟国的胜利成为人类历史的转折点，标志着德国第三帝国统治的终结。事隔 70 余年，纳粹集中营最典型的代表奥斯维辛，如今已经成为一个时代的隐喻，凝聚着人类前所未有的残暴历史记忆，因此这一历史也被众多学者称为"文明的断裂"（Zivilisationsbruch）。① 这一历史的参与者之一——施害者，在第二次世界大战结束以后，尤其是 20 世纪 90 年代以来，一直都是国际上众多学科研究中的热点。然而，长久以来，它却成为文学书写和阐释中一个讳莫如深的话题。这不禁令人追问，文学中为什么会出现万马齐喑的局面？在跨学科视野下，施害者在不同研究语境中呈现出什么样的面貌，这又对文学阐释有何参照意义？这些问题的澄清，首先建立在对施害者这一概念的界定之上。

---

* 房春光，德国吉森大学大屠杀文学研究所德语语言文学专业 2011 级博士研究生。本文为 2016 年度国家社会科学基金项目"战后中西大屠杀文学书写比较研究"（项目批准号：16BWW075）的阶段成果。

① 参见 Dan Diner, *Zivilisationsbruch*：*Denken nach Auschwitz*, Frankfurt am Main：Fischer, 1988, S. 9。

二　概念和语境

学界对施害者定义这一问题的探究过程，深深地打上了当时研究语境和时代背景的烙印。"纳粹施害者"（NS-Täter）作为词条，一直都不曾出现在那些权威性的大屠杀历史、犹太教辞书之中，如沃尔夫冈·本茨（Wolfgang Benz）编写的《大屠杀辞典》（*Lexikon des Holocaust*）、埃伯哈德·耶克尔（Eberhard Jäckel）等人编撰的三卷本巨著《大屠杀百科全书：欧洲犹太人的迫害和屠杀》（*Enzyklopädie des Holocaust：Die Verfolgung und Ermordung der europäischen Juden*）和尤里乌斯·舍普斯（Julius Schoeps）所著的《犹太教新辞典》（*Neues Lexikon des Judentums*）等。① 由于定义的缺失与模糊而引起的表达上的无所适从感，在一定程度上阻碍了早期对施害者的研究。

尽管如此，二战结束以降，学界从未停止过对这个问题的讨论和反思。首先，纳粹施害者的司法界定是战后纳粹战犯的审判中所要解决的首要问题。在纽伦堡大审判中，对 24 位高层纳粹分子的起诉主要基于以下四种罪责：（1）发动侵略战争罪；（2）反和平罪；（3）战争罪；（4）反人类罪。② 伴随着审判和讨论的深入，这一概念雏形也在不断地完善。1946 年，卡尔·雅斯贝斯（Karl Jaspers）在其《论罪责》（*Die Schuldfrage*）一书中丰富了这一概念的内容，认为诸如党卫军这样的纳粹组织，同样可以纳入施害者范畴之内。③ 之后，历史学家迪特尔·玻尔（Dieter Pohl）用翔实的史料印证了这一观点：第三帝国时期的党卫军、刑事警察局、各类行政管理单位、公共事业单位和军队之所以可被称为纳粹施害者，是因为它们不仅仅在行政体系上隶属于纳粹迫害和屠杀政策的制定机关，而且也是该政策

---

① "施害者"这一词条在这些奠基性著作中的空缺，或许与辞书的具体定位相关。比如，耶克尔曾在《大屠杀百科全书》德语版前言中写道："在不忽略施害者历史的情况下，以色列编者尤其会把受害者的经历和旁观者对此的反应……作为编纂工作的重中之重。……同时，鉴于德语出版物中频繁出现的施害者视角这一现状，本书的德语责编则会尽量侧重于受害者视角下的历史阐释。"由此看见，不同的编者，虽然出发点不同，但对受害者视角的坚持却是不谋而合。参见 Eberhard Jäckel u. a.（Hrsg.），*Enzyklopädie des Holocaust：Die Verfolgung und Ermordung der europäischen Juden*，Bd. I，Berlin：Argon，1993，S. XVII。

② Adalbert Rückerl，*Die Strafverfolgung von NS-Verbrechen 1945 - 1978：Eine Dokumentation*，Heidelberg/Karlsruhe：C. F. Müller Juristischer Verlag，1979，S. 25f.

③ Karl Jaspers，*Die Schuldfrage*，Berlin：Schneider，1946，S. 56.

的主要执行单位。当时，纳粹政策已经渗透到社会的各个层面，甚至一些知名的医疗机构和大学也难以撇清干系，因为他们也参与了以集中营囚犯为活体标本的"医学实验"。①

在法学研究成果的基础上，历史学对施害者概念的研究也开始破土萌芽。这两个学科的研究，时常有所交叉和重叠，但又呈现出相辅相成之势。学者首先根据不同的分类标准将施害者归纳到不同的类型之下，然后再对每个类型进行具体定义。历史学者格哈德·保罗（Gerhard Paul）根据参与方式的不同，将他们分为直接施害者和间接施害者，两者的根本区别在于是否亲身参与了对犹太人的迫害和屠杀活动。② 之后，他在法学家赫伯特·耶格尔（Herbert Jáger）的分类基础上，③ 根据行为动机的不同将施害者分为四类，即忠诚拥趸型（Weltanschauungstäter）、投机功利型（utilitaristisch motivierte Täter）、刑事意义上的施暴无度型（kriminelle Exzesstäter）和传统意义上的唯命是从型（traditionelle Befehlstäter）。④ 几年之后，他和克劳斯-米夏埃尔·马尔曼（Klaus-Michael Mallmann）一道对这个分类进行了进一步的扩充和完善，最终形成了目前学界普遍认可的分类标准，即政治自愿型（der willige, politische Täter）、忠诚拥趸型（Weltanschauungstäter）、施暴无度型（Exzesstäter）、行政官僚型（Schreibtischtäter）以及集行政官僚型、直接施暴型、先行策划者（Vordenker）和具体实施者（Vollstrecker）于一体的复合型施害者。⑤ 施害者分类的不断细化和重构，不仅体现了该研

---

① Dieter Pohl, *Verfolgung und Massenmord in der NS-Zeit 1933 – 1945*, Darmstadt：Wiss. Buchges., 2003, S. 23 – 29.

② Gerhard Paul, "Von Psychopathen, Technokraten des Terrors und 'ganz gewöhnlichen' Deutschen：Die Täter der Shoah im Spiegel der Forschung," in ders. (Hrsg.), *Die Täter der Shoah：Fanatische Nationalsozialisten oder ganz normale Deutsche*? Göttingen：Wallstein, 2003, S. 13 – 90, hier S. 15.

③ 耶格尔根据参与的自觉性，将施害者分为三种，即施暴无度型（Exzesstäter）、自觉自愿型（Initiativtäter）和唯命是从型（Befehlstäter）施害者。Herbert Jäger, *Verbrechen unter totalitärer Herrschaft：Studien zur nationalsozialistischen Gewaltkriminalität*, Frankfurt am Main：Suhrkamp, 1982, S. 21.

④ Gerhard Paul, "Von Psychopathen, Technokraten des Terrors und 'ganz gewöhnlichen' Deutschen", S. 61.

⑤ Gerhard Paul und Klaus-Michael Mallmann, "Sozialisation, Milieu und Gewalt：Fortschritte und Probleme der neueren Täterforschung", in dies. (Hrsg.), *Karrieren der Gewalt：Nationalsozialistische Täterbiographien*, Darmstadt：WBG, S. 17f.

究维度的渐趋扩大化和认知视角的多样化，同时也折射出真实历史事件中的施害者身上所体现的性格、动机和他们的具体历史行为的多重性，远远超出了学者原有的想象。

大屠杀文学（Holocaustliteratur）作为独立的研究领域，直到 20 世纪末才被确立，与之相应，施害者的定义在文本分析和文学阐释中起步相对较晚。萨沙·福伊希尔特（Sascha Feuchert）和卡雅·齐恩（Katja Zinn）以美国犹太裔历史学家劳尔·希尔贝格（Raul Hilberg）的奠基性著作《施害者、受害者和旁观者：1933—1945 年欧洲犹太人的灭绝》（*Täter, Opfer, Zuschauer: Die Vernichtung der europäischen Juden 1933 – 1945*）为蓝本，并汲取了雅斯贝斯的《论罪责》的思想精髓，这样定义施害者："在民族社会主义意识形态下，参与并实施了对犹太人、吉普赛人、持不同政见者以及残疾人等不同受害群体的迫害和屠杀政策，其行为涉嫌卡尔·雅斯贝斯所谓的刑事罪责（kriminelle Schuld）者。"[1] 与以往不同，该定义第一次从受害者的角度出发，并将受害者群体由犹太人扩充到所有受害群体。另外，它以跨学科的学术视角，博采众长，对于之后的研究极具启发意义。房春光在研究对比布痕瓦尔德（Buchenwald）和达豪（Dachau）等集中营幸存者在不同时期出版的集中营文学时，以幸存者的文学书写为基线，将幸存者笔下那些曾经折磨、迫害和杀害过他们，并与之形成稳固敌对关系的群体或个人定义为施害者。[2] 这一定义下的施害者，虽然和历史学意义上真实的纳粹施害者有所区别，但在受害者的文本分析中也可以意外地发现，他们对施害者这个概念的理解不再局限在纳粹分子之中，同样也不再是静止不变的了：在不少幸存者的眼中，某些充当了集中营中纳粹爪牙的囚友（Kapo）甚至远比党卫军更为残暴凶恶，因而他们在文中浓墨重彩地书写了这类人的行径；同时，他们也对党卫军或者盖世太保中那些尚存善意和同情之心的少数人满怀感激，铭记在心。所以，他们所呈现出来的施害者形象，不

---

① Sascha Feuchert und Katja Zinn, "Multiperspektivität als Kernkonzept eines didaktischen Umgangs mit Holocaustliteratur", in Ludwig Duncker u. a. (Hrsg.), *Perspektivität im Unterricht*, Stuttgart: Verlag W. Kohlhammer, 2005, S. 131.

② Chunguang Fang, *Das Täterbild in der Überlebenden-Literatur: Ein Vergleich der Täterbilder in der frühen und späten Lagerliteratur von Buchenwald und Dachau*, Frankfurt am Main: Peter Lang, 2017, S. 8.

再是非黑即白、僵化而单一的面貌，而是具有了更为宽广的人性维度。

各个学科对施害者的理解和界定，不仅在时间上，而且在思想上，有着一脉相承的延续性。它们就像一个个小小的碎片粘贴在这张巨大无比的认知拼图上，在填补空白的同时，也提醒着我们未知世界的广袤无边：一个统一共认的定义在该领域并未确立，事实上也难以确立，因为话语语境不同，对施害者的理解自然也不尽相同。

三　跨学科视野下的施害者研究

早期施害者研究，滥觞于社会学家、心理学家对战后审判中纳粹战犯的性格分析。当时他们关注的焦点是，哪些性格特征让纳粹战犯异于常人？在他们查阅了海量法庭档案记录，多次对话了纽伦堡监狱中的纳粹高层人员，并对他们进行了相关心理学测试［如罗夏墨迹（Rorschach）人格测验］之后，最终却发现他们和普通人并没什么差别。① 这一结论促使学者进一步追问，为什么常人会做出如此出乎常理、令人发指的历史行径？于是这一时期，在心理学、社会学领域内涌现出不少相关的理论探讨和实证研究。直到今天，它们依旧被奉为学界经典，比如西奥多·阿多诺（Theodor W. Adorno）的"权威性人格"（der autoritäre Charakter）和史坦利·米尔格伦（Stanley Milgram）实验等。他们的论证方式虽然不同，得出的结论却惊人地相似：在他人命令之下，普通人会慢慢地不去思考自己对自我行为的责任，而是在不断重复中将这一行为逐渐常规化，最终合法化。②

法学研究主要集中在对纳粹罪犯的调查、追捕和审讯上。1945 年在纽伦堡成立的国际军事法庭（Der Internationale Militärgerichtshof）和 1958 年在路德维希堡（Ludwigsburg）成立的纳粹罪行司法调查中心（Die Zentrale Stelle der Landesjustizverwaltungen），长年致力于对潜伏隐身在世界各个角落

---

① 详见 Molly Harrower, "Rorschach Records of the Nazi War Criminals: An Experimental Study after Thirty Years," in *Journal of Personality Assessment* 40/4, 1976, pp. 341 – 351; Douglas M. Kelley, *22 Männer um Hitler. Erinnerungen des amerikanischen Armeearztes und Psychiaters am Nürnberger Gefängnis*, Olten/Bern: Delphi-Verlag, 1980。

② Theodor W. Adorno, *Studien zum autoritären Charakter*. Frankfurt am Main: Suhrkamp, 1973; Stanley Milgram, *Das Milgram-Experiment: Zur Gehorsamsbereitschaft gegenüber Autorität*, Reinbek bei Hamburg: Rowohlt, 1982.

的纳粹分子的调查追踪。早期他们主要调查了曾经位高权重的纳粹罪犯，但由于取证困难和证人不足，这项工作多次搁浅。60 年代初，耶路撒冷—艾希曼大审判和法兰克福—奥斯维辛大审判在国际范围内引起了巨大轰动，并影响深远：数以百计的奥斯维辛幸存者从波兰、匈牙利、罗马尼亚远道而来，当庭作证。[①] 随着波兰与联邦德国的建交，两德统一和欧盟的建立，社会公众对于澄清纳粹历史的政治自觉性和参与度日益提高，原先调查工作中所面临的取证和调查障碍逐渐减少。因而，调查对象的范围也从高层纳粹成员扩大到一般地方纳粹机构负责人，再到派往东欧的普通警察，渐成规模。与此同时，理论研究也日益深入，讨论主要围绕那些影响判决和量刑的关键因素，比如行为人的主观自觉性（Eigeninitiative）、纳粹罪犯的追溯时效期限（Verjährungsfrist）、服从命令的压力（Befehlsnotstand）等。[②]

历史学和政治学中的纳粹施害者研究，起步于 20 世纪 60 年代，90 年代达到鼎盛。它首先在美国学界蔚然成风，汉娜·阿伦特（Hannah Arendt）和劳尔·希尔贝格历史重构的施害者形象主要集中在唯命是从型和行政官僚型这两个类型上。前者将阿道夫·艾希曼（Adolf Eichmann）描写成"缺乏思考力"，"只知道遵守上级命令的平庸官员"；[③] 后者则认为，整个大屠杀和集中营体系就是一个完美的流水线作业，每位施害者就像一个个小齿轮推动着这个机器持续运行。[④] 后来，施害者类型逐渐扩充和细化，研究也渐入新境。首先，女性视角在研究中崭露头角，并逐步赢得一席之地。传统意义上的施害者研究往往局限在男性范围之内，于是出现一种假象，好

① Katharina Stengel, "NS-Verfolgte als Prozesszeugen und Akteure," in Dagi Knellessen und Ralf Possekel（Hrsg.）, *Zeugnisformen: Berichte, künstlerische Werke und Erzählungen von NS-Verfolgten*, Berlin: Stiftung, Erinnerung, Verantwortung und Zukunft, 2015, S. 258ff.

② 详见 Herbert Jäger, *Verbrechen unter totalitärer Herrschaft*；Adalbert Rückerl, *Die Strafverfolgung von NS-Verbrechen 1945 – 1978*；Ursula Solf, "Wenn das Recht im Auge des Betrachters liegt: NS-Täter aus juristischer Perspektive," in Helgard Kramer（Hrsg.）, *NS-Täter aus interdisziplinärer Perspektive*, München: Martin Meidenbauer Verlagsbuchhandlung, 2006, S. 79 – 93。

③ 汉娜·阿伦特：《艾希曼在耶路撒冷——一份关于平庸的恶的报告》，安尼译，译林出版社，2016，第 50 页。

④ Raul Hilberg, *Die Vernichtung der europäischen Juden*, Bd. 3. Frankfurt am Main: Fischer Taschenbuch, 1990, S. 1061f.

像女性从未加入纳粹组织，与这一历史浩劫毫无瓜葛。事实上，从德国少女联盟（BDM）成员到"安乐死"计划中的女护士和女医生，从纳粹政府中女性从业人员到集中营（如 Ravensbrück，拉文斯布吕克）中的女看守，她们在这一历史中从未缺席。只是囿于家庭主妇和母亲的传统社会角色，她们的历史罪责在相当长一段时间内被忽略了。① 其次，以往施害者大多以群体化、抽象化、脸谱化的形象出现，如今，他们逐渐被生动、鲜活、具体的个体形象所取代。这一转变，主要归功于这一阶段出版了许多纳粹高层的个人传记以及该时期精英阶层的群体传记。② 再次，学界对施害者的认知在 20 世纪 90 年代发生了质的变化。60 年代，希尔贝格认为那些纳粹机构的行政官员在执行上级下达的任务时，不具备独立思考力；90 年代，他逐渐意识到，他们完全是可以独立思考、明辨是非的，对自己行为的非法

---

① 女性视角下的施害者研究详见 Insa Eschebach，"SS-Aufseherinnen des Frauenkonzentrationslager Ravensbrück: Erinnerungen ehemaliger Häftlinge," in Verein für Kritische Geschichtsschreibung（Hrsg.），*Werkstatt Geschichte* 5，Essen：Klartext Verlag，1996，S. 39 - 48；Kathrin Kompisch，*Täterinnen: Frauen im Nationalsozialismus*，Köln u. a.：Böhlau，2008；Alexandra Przyremebel，"Ilse Koch- 'normale' SS-Ehefrau oder 'Kommandeuse von Buchenwald'?"，in Klaus-Michael Mallmann und Gerhard Paul（Hrsg.），Karrieren der Gewalt，S. 126 - 133；Viola Schubert-Lehnhardt（Hrsg.），*Frauen als Täterinnen und Mittäterinnen im Nationalsozialismus: Gestaltungsspielräume und Handlungsmöglichkeiten*，Halle：Universität Halle-Wittenberg Verlag，2006；Gudrun Schwarz，"SS-Aufseherinnen in nationalsozialistischen Konzentrationslagern," in Wolfgang Benz（Hrsg.），*Täter und Opfer*，Dachau：Verlag Dachauer Hefte，1994. S. 32 - 49；Arthur L. Smith，*Die "Hexe von Buchenwald": Der Fall Ilse Koch*，Köln：Böhlau，1983。

② 纳粹高层的历史传记参见 Martin Broszat，*Rudolf Höß. Kommandant in Auschwitz: Autobiographische Aufzeichnungen*，München：Deutscher Taschenbuch Verlag，2009；Ulrich Herbert，*Best: Biographische Studien Über Radikalismus，Weltanschauung und Vernunft 1903 - 1989*，Bonn：J. H. W. Dietz，2011；Robert Pendorf，*Mörder und Ermordete: Eichmann und die Judenpolitik des Dritten Reiches*，Hamburg：Rütten & Loening，1961；Gitta Sereny，*Am Abgrund. Gespräche mit dem Henker: Franz Stangl und die Morde von Treblinka*，München：Piper，1995；dies.，*Albert Speer: Das Ringen mit der Wahrheit und das deutsche Trauma*，München：Droemersche Verlagsanstalt，1997。纳粹时期的精英阶层的群体传记参见 Wolfgang Benz und Barbara Distel，*Medizin im NS-Staat: Täter，Opfer und Handlanger*，Dachau：Verlag Dachauer Hefte，1988；Alan D. Beyerchen，*Wissenschaftler unter Hitler: Physiker im Dritten Reich*，Frankfurt am Main u. a.：Ullstein，1982；Ernst Klee，*Was sie taten-was sie wurden: Ärzte，Juristen und andere Beteiligte am Kranken-oder Judenmord*，Frankfurt am Main：Fischer，2004；Heiner Lichtenstein，*Himmlers grüne Helfer: Die Schutz-und Ordnungspolizei im "Dritten Reich"*，Köln：Bund-Verlag，1990；Jay Robert Lifton，*Ärzte im Dritten Reich*，Stuttgart：Klett-Cotta，1988；Tom Segev，*Die Soldaten des Bösen: Zur Geschichte der KZ-Kommandanten*，Reinbek bei Hamburg：Rowohlt，1992。

性也并非毫无察觉。① 最后，以前的研究，大多是彼此隔离的，学术交流和思想碰撞极为少见。90 年代以后，跨学科以及学科内部的思想争鸣，日益成为一种学界日常。在"历史家之争"（Historikerstreit）的背景之下，布罗宁与戈尔德哈根之间的学术争锋（Browning-Goldhagen-Debatten）可谓当时学界百家争鸣盛况的绝佳映射。②

四 文学中的施害者书写和研究

尽管施害者研究在其他学科中进行得如火如荼，但在文学书写和研究中，似乎面临着更多的桎梏、困境乃至诘难，以致发展态势极为不均衡。因此，这里将它作为一个特例。20 世纪和 21 世纪之交，可以视为纳粹施害者这个话语在文学书写和文本诠释发展历程中一个至关重要的时间节点：在此之前，它在写作、出版和接受中受到重重阻碍，研究成果寥寥无几，且非常零散；21 世纪初，随着记忆文化和历史记忆在公共文化空间中的无形浸润，不少作家和文学阐释学者冲破了原有的语言和思想栅栏，书写和研究终于进入了新的境界。

首先，"莫可名状"（Undarstellbarkeit）和"独一无二"（Singularität）这两个关键词一直主导着大屠杀的文学书写和阐释，一度让无数作家和学者陷入无措的困境。这种无力感，尤其在 20 世纪 60 年代中期之前，成为大屠杀文学发展的直接障碍。劳阿·祖尔茨巴赫尔（Laura Sulzbacher）曾描述过这一窘状："大多数非犹太裔德语作家不敢以大屠杀为题材进行创作，因为他们往往成为文艺评论中的众矢之的。相比之下，犹太裔作家在创作中或许更有优势一些，因为质疑他们美化纳粹罪行和无视受害者的感受的人

① Raul Hilberg, *Unerbetene Erinnerung: Der Weg eines Holocaust-Forschers*, Frankfurt am Main: Fischer, 1994, S. 108.

② 两位学者的研究对象均为派往波兰的汉堡 101 刑警队成员，但他们的研究方式和对施害者行为动机的解释方式截然不同：布罗宁立足于多元解读视角，认为让一个普通人成为刽子手的原因，不仅仅与当时的政治、历史背景和环境压力等外界因素相关，还取决于个人的家庭教育背景、性格特征和生活习惯等内在因素；戈尔德哈根则倾向于将这一历史灾难完全归结于反犹思想在社会各个层面的渗透和危害。详见 Christopher R. Browning, *Ganz normale Männer: Das Reserve-Polizeibataillon 101 und die "Endlösung" in Polen*, Reinbek bei Hamburg: Rowohlt, 1993; Daniel Jonah Goldhagen, *Hitlers willige Vollstrecker: Ganz gewöhnliche Deutsche*, Berlin: Wolf Jobst Siedler Verlag, 1996。

会少一些……除此之外，不少文艺评论家认为，大屠杀的书写必须忠于历史原貌，文人并不能随心所欲地对历史事件进行加工和创作。所以，很多作家都曾因此而饱受批评家和读者的诟病。"① 在不可描述的历史过往和忠实于历史史实的现实诉求的困顿中，很多作家开始在宁静安谧的自然田园中寻找灵魂的避难所。② 于是，大屠杀以及罪责话题的书写和讨论成为一些集中营亲历者的主要任务。

其次，这类作品的出版不仅仅受限于同盟国在不同占领区的文化政策，如严格的出版审查制度和苛刻的纸张配额制度，③ 还要受到图书市场和大众阅读品味等客观因素的制约。当时，很多作家很难找到出版社或出版商愿意出版他们的作品，少数得以付梓的作品大多是由私人出版社印刷出版，其中一些是在大屠杀幸存者自己筹办的出版社发行的，比如维也纳红星出版社（Stern-Verlag）就是当时由集中营幸存下来的奥地利共产党人创办。出版社还常常会根据市场需求和读者阅读习惯来增删和修改作品，比如《安妮日记》在德国的出版经历就颇为曲折：该书在 1955 年首次译成德文，在翻译和编辑的过程中，原作中对罪责追问的部分曾遭到改写和淡化，目的是迎合大多数读者的阅读偏好。直到 1988 年，该书的无删减版本才第一次在德国出版。④

再次，诸如此类的书写和出版困境也暗示了作品接受空间的狭隘。不少学者在相当长的一段时间内都以为，大屠杀幸存者在战后从未发声，因此研究工作也就无从下手。事实上，安德烈娅·赖特尔（Andrea Reiter）在 1995 年就曾列出一组清晰的数字，证明了这是历史的误解：仅仅截至 1960 年，大约有 6000 本集中营亲历者的文学作品在世界各地出版。除此之外，尚有 1 万至 2 万本亲历者书稿保存在美国、以色列和欧洲各大档案馆中，以待出版。⑤ 最新的研究结果进一步显示，仅在 1933—1949 年间，至少有 470

① Laura Sulzbacher, *Literarische Zeugnisse*：*Zur Erinnerung an den Holocaust in deutscher Nach-kriegsliteratur*, Chemnitz：Claus-Verlag, 2014, S. 10f.

② Ralf Schnell, *Die Literatur der Bundesrepublik*：*Autoren, Geschichte, Literaturbetrieb*, Stuttgart：Metzler, 1986, S. 75.

③ Helmut Peitsch, *Nachkriegsliteratur 1945 - 1989*, Göttingen：V & R Unipress, S. 57 - 65.

④ Laura Sulzbacher, *Literarische Zeugnisse*, S. 66f.

⑤ Andrea Reiter, "*Auf dass sie entsteigen der Dunkelheit*"：*Die literarische Bewältigung von KZ-Er-fahrung*, Wien：Löcker, S. 61.

本德语幸存者作品出现在图书市场上。特别在 1945—1949 年间，幸存者文学的发表达到了第一个历史高峰，多达 362 部作品。① 所以，西比勒·施密特（Sibylle Schmidt）在《见证的伦理和启示》（*Ethik und Episteme der Zeugenschaft*）一书中回顾审视这一现象时表示，这是我们对幸存者见证文学长期神话化的后果，是我们在远距离的时空阻隔下主观臆测和想象的结果。② 由此看来，问题的根源在于，这些作品出版之后，由于接受土壤的贫瘠，一直没能进入文化记忆层面，而是停留在松散无序、无人问津的个人记忆层面。

最后，导致纳粹施害者话题在文学书写和阐释中长期边缘化的原因，也可以具体归结到它所面临的伦理困境上。美国学者伊宁·迈克格劳斯林（Erin McGlothlin）认为，在以纳粹施害者为题材的文学作品的创作和接受过程中，无论是作者还是读者，都担心他人或自己会和作品中的施害者人物角色之间产生情感共鸣，甚至建立起正向的身份认同感，因为这偏离了人们的伦理道德原则。③ 这一问题投射到图书市场上就导致了这类作品的出版往往异常艰难。埃德加·希尔森拉特（Edgar Hilsenrath）的著名德语长篇小说《纳粹和理发师》（*The Nazi and the Barber*）写于 1968 年，1971 年在美国首次出版。先后被 60 余家出版社拒绝之后，1977 年才终于在德国出版。迈克格劳斯林在分析其长久不被德语出版机构所接纳的原因时认为，作者将小说的主人公刻画成一个无耻卑劣而不择手段的纳粹施害者，这严重偏离了当时德语读者的阅读口味，因为他们更容易接受受害者视角下的叙事方式。④ 因而，福伊希尔特在谈及大屠杀文学书写中伦理问题时意识到，甚至在受害者的文学书写和历史记忆中，施害者的问题也是一个不容

① Markus Roth, "Frühe deutsch-bzw. polnischsprachige Holocaust-und Lagerliteratur (1933 – 1949): Annotierte und georeferenzierte Online-Bibliographie zur Erforschung von Erinnerungsnarrativen", 2015 (unveröffentlicht). 该文为德国吉森大学大屠杀文学研究中心副主任马库斯·罗特博士在"早期大屠杀和集中营文学在线地理参考文献目录"（GeoBib）项目的结项会议上的发言稿。

② Sibylle Schmidt, *Ethik und Episteme der Zeugenschaft*, Konstanz: Konstanz University Press, 2015, S. 77.

③ Erin McGlothlin, "Narrative Perspective and the Holocaust Perpetrator: Edgar Hilsenrath's *The Nazi and the Barber and Jonathan Littell's The Kindly Ones*," in Jenni Adams, eds., *The Bloomsbury companion to Holocaust literature*, London etc., Bloomsbury, 2014, pp. 162 – 163.

④ Erin McGlothlin, "Narrative Perspective and the Holocaust Perpetrator", p. 163.

小觑的障碍："受害者在书写（大屠杀）过程中遇到的最大挑战是，在施害者形象的文学塑造中，自己应该如何妥当地进行道德定位。尽管每个施害者形象在具体场景中言行举止各不相同……每个受害者（在叙述中）却尽量不对他们做出任何伦理层面的评价。"① 在《大屠杀文学——奥斯维辛》（*Holocaustliteratur—Auschwitz*）一书中，为了让读者看到奥斯维辛历史的另一个叙述视角，福伊希尔特收录了两篇施害者的文献——鲁道夫·赫斯（Rudolf Höβ）的个人传记和约翰·克雷默（Johann Kremer）的日记片段。不料他却因此招来众多非议："他一直坚持使用大屠杀（Holocaust）这个概念，已经令人感到不适了；现在他又将该词的内涵延伸到犹太群体之外，把那些没有受过迫害的人乃至施害者的文献也囊括到大屠杀文学之中，这实在令人难以忍受。"② 安德烈·米夏埃利斯（Andree Michaelis）的这一质疑，看似是概念之争，实则将问题更多地指向施害者话语在文学批评中的逼仄伦理空间。因此，在 20 世纪 70 年代之前，大屠杀的书写总是被受害者（政治性）话语主导，而施害者话语一直被边缘化。③

21 世纪初，施害者话语渐渐走入文学诠释者的视野，成为文学解读的新对象。首先，迈克格劳斯林在对乔纳森·利特尔（Jonathan Littell）的《善良者》（*Die Wohlgesinnten*）进行文本分析时得出一个结论："随着时间的流逝，大屠杀中历史事件渐行渐远，（惨痛的个人）经历也日益淡薄起来。那些我们曾经以为不可想象的再现方式和叙述视角，忽然间变得可能了，所以可以肯定地说，我们俨然迈入了大屠杀文学书写的新阶段。"④ 此外，珍妮·亚当（Jenni Adam）在论文集《大屠杀文学和电影中施害者形象的重构》（*Representing Perpetrators in Holocaust Literature and Film*）的前言中明确表示，对施害者进行文学解读，不仅可以帮助我们从微观层面窥探到

① Sascha Feuchert, "Der 'ethische Pakt' und die 'Gedächtnisagentur': Literaturwissenschaft: Überlegungen zu ethischen Problemfeldern eines literaturwissenschaftlichen Umgangs mit Texten der Holocaustliteratur," in Christine Lubkoll und Oda Wischmeyer (Hrsg.), *Ethical Turn? Geisteswissenschaften in neuer Verantwortung*, München: Wilhelm Fink, 2009, S. 145.

② Andree Michaelis, *Erzählräume nach Auschwitz: Literarische und videographierte Zeugnisse von Überlebenden der Shoah*, Berlin: Akademie Verlag, S. 28.

③ 祖尔茨巴赫尔认为，这一僵局之所以在 70 年代末有所改观，主要是因为 1979 年在法律上取消了对纳粹罪犯刑事追溯时效期限的规定。Laura Sulzbacher, *Literarische Zeugnisse*, S. 69.

④ Erin McGlothin, "Narrative Perspective and the Holocaust Perpetrator", pp. 160 – 161.

施害者当时的个人动机、行为模式和主观感受，还可以从宏观层面为我们重构出大屠杀具体事件的历史语境。① 该书的众多作者从不同的视角探讨了施害者书写中的重要议题，比如作家可以通过哪些审美、叙述策略来左右受众对施害者形象的身份认同，政治话语对施害者形象的塑造、创作体裁的选择以及叙述策略有何影响，不同的民族、文化和代际身份认同会对施害者的文学书写带来哪些新的元素。②

在这一时期，纳粹施害者的文学接受和阐释，不仅仅在美国，似乎在整个世界范围内都进入了一个新的境界，话语空间愈发宽广，仅列举学者祖尔茨巴赫尔和安尼的两个例子。2014 年，祖尔茨巴赫尔的《文学性见证》（*Literarische Zeugnisse*）出版。她以斯特凡·赫尔姆林（Stephan Hermlin）的《共同的时光》（*Die Zeit der Gemeinsamkeit*）、埃德加·希尔森拉特（Edgar Hilsenrath）的《夜》（*Nacht*）和尤雷克·贝克尔（Jurek Becker）的《说谎者雅各布》（*Jakob der Lügner*）为代表，详细分析了三部作品中施害者形象的文学塑造方式：在前两部作品中，施害者个体或者群体都是完全缺席的；而在第三部作品中，德国人作为施害者形象出现，尽管是抽象模糊的集体形象，而不是具体清晰的个人形象。在贝克尔的笔下，他们仿佛是"无法进行独立思考的暴力机器"上的一部分，不具备任何鲜明的个体特征。③ 祖尔茨巴赫尔将文本解读和当时的创作背景结合起来，有力地论证了施害者形象在大屠杀文学中的塑造深受当时主流社会政治思潮和大众媒体传播的影响。她的结论和早期研究结果遥相呼应，比如汉娜·阿伦特"平庸的恶"的观点。

同样在 2014 年，安尼出版了专著《聆听沉默之音：战后德国小说与罪责话语研究》。首先，她以雅斯贝斯的《论罪责》为基点构筑了文本分析的基本框架，然后以时间维度为轴线选取了战后不同创作时期的三部德语小说作为分析素材，将罪责问题的探讨在哲学和文学的双重维度上展开。④ 其

---

①　Jenni Adams, "Introduction", in Jenni Adams and Sue Vice, eds., *Representing Perpetrators in Holocaust Literature and Film*, London/Portland: Vallentine Mitchell, 2014, pp. 3 – 4.

②　Jenni Adams and Sue Vice, eds., *Representing Perpetrators in Holocaust Literature and Film*, London/Portland: Vallentine Mitchell, 2014.

③　Laura Sulzbacher, *Literarische Zeugnisse*, S. 247.

④　三部小说分别是君特·格拉斯的《铁皮鼓》（1959）、西格弗里德·伦茨的《德语课》（1968）和本哈德·施林克的《朗读者》（1994）。

次，她对书中的施害者类型也进行了划分，50 年代格拉斯笔下是追风者，60 年代伦茨笔下是唯命是从者；到了 90 年代，施林克在书中除了刻画一个女性施害者形象之外，还进一步剖析了战后一代对"第二罪责"（die zweite Schuld）的这一历史遗产的反思。因而，在她看来，在创作背景的变迁之下，罪责话题和施害者形象在德国战后的代际作家作品中，有着不同的公共感知和文学表达：战争刚过，罪责二字，无人谈及，大多数人以战争受害者的身份自居，充满自我同情；60 年代，施害者宛如庞大纳粹机器上一个个小齿轮，隐身在极具狂热职责感的茫茫大众之中；90 年代的罪责话语，已经迁移到代际社会语境之中。此时，对施害者的历史追问已经不再是唯一创作主题，随之而来的则是战后一代主体意识的觉醒。①

五　结语

首先，纳粹施害者这个概念的定义，具有强烈的语境化色彩，不仅在每个学科中存在不同的理解，甚至在单个学科内部的不同研究中也表现出极大的差异性。但是，各个定义之间只存在侧重点的不同，不存在正误之分。这也就要求研究者要对这样一个承载了丰富的法律、历史、伦理内涵的概念，时刻保持概念上的敏感性，可以借鉴参照前人的研究成果，但不能单纯地坐享其成，一概而论。

其次，跨学科视野下的施害者研究，既有共通之处，又有差异存在。除文学之外，其他学科对施害者的研究主要集中在施害者的视角之下，以施害者方面的文献和史料为基础。因此，研究成果主要聚焦在声名显赫的纳粹成员身上，往往是那些并未直接执行迫害和屠杀政策的间接施害者。对直接施害者的研究，因为资料的匮乏，尚未成为研究的主流。在这一研究框架下，施害者的形象，基本上可以用"平庸的恶"一词来概括。

最后，与其他学科相比，文学可谓一个例外：起步晚，发展迟缓，在壁垒打破之后，迅速成为后起之秀。这和它所面临的双重任务分不开，文学（和其他学科一样）不仅承担着解读历史中的施害者的任务，同时还有重构纳粹施害者形象的文学书写责任。但是，文学中对大屠杀幸存者文学

① 安尼：《聆听沉默之音——战后德国小说与罪责话语研究》，华东师范大学出版社，2014。

的重新挖掘，为施害者研究提供了新的研究维度：第一，幸存者所回忆的施害者，是和他们有个人接触的纳粹底层成员，也就是直接参与并实施了大屠杀政策的那个群体和个人，所以，这对直接施害者的研究大有裨益；第二，恰恰因为如此，幸存者所刻画的直接施害者形象和学者借助历史史料重构的间接施害者形象之间，不仅可以形成极具张力的参照，而且还可以成为彼此有力的支撑。因而，这对目前跨学科视野下的施害者研究极具建设意义，值得进一步深究和探微。

德国的欧洲还是欧洲的德国

对教派化运动解释力的争论初探

——兼论神圣罗马帝国在欧洲的特殊情况

王　林[*]

1555 年《奥格斯堡宗教和约》签署之后，德国各地政府因为要遵守信条，求本辖区内的居民对各自的信仰类型进行公开声明，借此将与本地邦君信仰不一致的民众强行迁出。沃尔夫冈·莱因哈特（Wolfgang Reinhard）和海因茨·谢林（Heinz Schilling）则以此事将 16 世纪后半叶的历史解释为教派化运动时期（Confessional Age），以取代传统的反宗教改革（Counter-Reformation）或天主教改革（Catholic Reformation）时期。他们扩展教派化理论，并用社会学的理论进行解释。除此之外，他们还用它来解释现代早期专制主义和社会规范的源头。但一些学者主张教派化运动不利于近代早期民族国家的建构，因为它导致了认信冲突；反对者则坚持教派化运动有利于神圣罗马帝国统一。另外，针对具体情况，一些论著提出一些诸侯因为要保有劳动力，对民众的信仰问题并不是十分重视。本文拟通过对教派化运动的实行情况和相关争论的分析阐释教派化存在与否，并对教派化理论的解释力问题做一个简要的回答。

一　欧洲各国的情况

尽管出现了信仰上的分裂，但神学在 16 世纪仍然保持了在社会各个方

* 王林，云南大学历史与档案学院历史系 2015 级硕士研究生。

面中的统治地位。总之，宗教原则是这一时期文化和社会的核心。① 鲁尔夫·席德尔（Rulf Schieder）就曾言及："德国建立教会和忏悔冲突的体系要对比在美国执行还要严格的由于政治的和宗教的机构的分裂而造成的劳动力的分裂负责任。"② 从诸侯层面上讲，有的诸侯十分虔诚，所以辖区内的居民由于信仰问题被迫迁出；一些诸侯把政治和生产力因素看得比较重，所以对辖区内的信仰问题并不是十分苛刻。从民众角度进行分析，则是有技术的手工业者和犹太人等可利用价值高的民众多受到保护，而且没有坚决执行这一信条；而对普通大众而言，该信条的执行力度要大得多。另外，德国与欧洲其他国家情况也有所不同，需要进行针对性的分类研究。

（一）神圣罗马帝国

就像研究教派化理论的欧洲学者所言，微观史学的研究开始怀疑社会规训与教派化运动之间的关系，因此认为人们高估了这一理论的作用。海因里希·理查德·施密特（Heinrich Richard Schmidt）就通过对在伯尔尼的加尔文领地国家构建过程中的当地乡村和公社进行研究，得出了教派化理论在此地没有起到什么作用的结论。③ 除此之外，马克尔·福斯特（Marc Foster）还对施佩耶尔主教区进行了研究，表明天主教社区从社会底层发展出了认信运动，独立于国家的教派化运动。他进而总结道，该地区之所以没有出现教派化运动，是因为"施佩耶尔主教区的天主教人口发展出了一种不用宣称就已表明自己信仰的文化"。④ 贝格公爵领的案例研究也表明这一地区反对教派化运动。原因可能是该地区混合了天主教、加尔文教和路德教三种宗教。赫伯特·薛福勒（Herbert Schöffler）揭示了西里西亚地区的相关情况。该地区有三种宗教信仰，所以书报检查制度有所放松，进而使得人们有各自的信仰自由，教派化迁徙也没有得到实行。除了书报检查制度，关于戏院歌剧、弥撒布道等活动也有相关研究。通过这些研究，我们

---

①　Scott Dixon, *The Reformation in Germany* (Blackwell, 2002), p. 140.

②　Thomas A. Brady Jr., *Germany Histories in the Age of Reformation, 1400 – 1650* (Cambridge: Cambridge University Press, 2009), p. 416.

③　参见 Heinrich Richard Schmidt, "Sozialdisziplinierung? Ein Plädoyer fur das Ende des Etatismus in der Konfessionalisierungsforschung", in *Historische Zeitschrift*, 265, 1997, pp. 639 – 682。

④　Marc R. Forster, *The Counter-Reformation in the Villages. Religion and Reform in the Bishopric of Speyer, 1560 – 1720* (Ithaca, London: Cornell University Press), 1992, p. 4.

也可发现教派化运动并没有彻底推行下来。在信仰天主教的法兰克尼亚，马尔科特格莱茨（Marktgraitz）和马尔克措伊恩（Marktzeuln）直到1619年都没有改回信仰天主教。

同时加尔文宗信仰也以势如破竹般地迅速传播开来。首先帕拉丁选帝侯改宗加尔文教，之后拿骚－迪仑堡（Nassau-Dillenburg）、安哈尔特（Anhalt）、巴登－杜尔拉赫（Baden-Durlach）、立配（Lippe）、黑森－卡塞尔（Hesse-Kassel）等先后改宗。最引人瞩目的是萨克森选帝侯的改宗。[1] 另外，勃兰登堡选帝侯约翰·西吉斯孟德在1613年开始建立领地教会，并让其俯首于政府。但他的政策激起了领地人民的反对。最直接且最有危险的反抗则出自该教区的教民。路德派教士也因为政府的改宗行为而发起了一场小册子战斗。当柏林的天主教开始进行武力威胁时，该地区也爆发了动乱。这就迫使西吉斯孟德动用了民兵，如此才稳定住局面。[2] 就城市来讲，艾姆登（Emden）、亚琛（Aachen）以及莱茵兰地区的其他城镇都开始改宗加尔文教。"科隆战争"[3]同样意味着领地政府对宗教事务的失控，最后只能以武力方式解决冲突。

在南德，如士瓦本地区，在1555年之后出现了信仰混乱的情况。而这些地区的城市中也有很多宗教派别共存。同样在奥格斯堡，虽然在宗教协定签署之后路德派占据优势，但1583年的"日历之争"[4]再次暴露了政府对宗教事务的失控。而这种信仰混合的情况更多地出现在城市中。此外，施斯拉斯堡的市民也形成三股相互敌对的力量。[5] 总之，教派化运动是一个

---

[1]　Nischan Bodo，"Germany after 1550，"in Andrew Pettegree，ed.，*The Reformation World*（Routledge Press，2000），p. 396.

[2]　Nischan Bodo，*Prince*，*People and Confession*，*The Second Reformation in Brandenburg*（Pennsylvania University Press，1994），pp. 81－234.

[3]　该事件是由于1582年科隆大主教格布哈特·特鲁赫泽斯·冯·瓦尔德堡（Gebhard Truchsess von Waldburg）改宗加尔文教，威胁了1555年《奥格斯堡宗教和约》之后的信仰稳定局面，所以引来诸多斗争。之后教皇宣布撤换大主教，西班牙军队也进入该教区。

[4]　该事件起源于1583年奥格斯堡市议会决定采用格里高利历，该日历是儒略历的改进。当路德派教士听到市议会必须改变时，恐惧充满了他们的内心。而日历决定了每年的贸易、收成、裁判、节假日等日常生活的方方面面。新教人士开始大骂教皇为魔鬼和敌基督，再次将上半世纪的语言和论争提上日程。天主教也不甘示弱，声言要将他们驱逐出去。次年6月4日，城市爆发了动乱。人们破窗而入，枪战、围城不断。随后动乱被巴伐利亚和哈布斯堡的军队镇压。

[5]　转引自Peter G. Wallace，*The Long European Reformation*：*Religion*，*Political Conflict*，*and the Search for Conformity*，*1350－1750*（Palgrave Press，2004），p. 145。

动态的过程，任何城市和领地的宗教都是十分混杂的，很多是妥协的产物。[1] 面对他们的改宗情况，皇帝更多是保持沉默，而教皇则联合巴伐利亚军队和西班牙军队予以镇压。

总之，神圣罗马帝国一些地区在辖区内实行了教派化理论，而一些特殊地区由于种种原因没有实行，这就大大降低了该理论的解释力。由此可以看出，宗教在政治中仍然有重大的影响，这就妨碍了《奥格斯堡宗教和约》的执行力，也为三十年战争留下了隐患。

（二）欧洲其他国家和地区

1. 法国

之所以说法国特殊，是因为法国在现代早期没有出现像神圣罗马帝国那样的诸侯分裂割据的情况，王权相对强大，宗教也相对统一，新教的势力永远都是小范围的。因此没有出现教派化运动的可能性。法国国王早就与教皇签订了《布尔日国事诏书》，确立了自己对国内宗教事务的管理权。另外，在1560—1650年间，法国先后爆发了一系列的宗教战争（胡格诺战争），之后容忍了加尔文宗的存在。因此，法国并没有出现传统意义上的认信运动，即教派化运动。威廉姆·蒙特（William Monter）在他的著作中提到法国模式不同于神圣罗马帝国，因为教派化运动"是给国家权力定义，而不是在它的惠顾之下"进行的。[2] 但是一些专家从国王利用宗教分裂加强国家统一力量，并塑造专制君主和社会规训的角度分析，认为教派化运动在法国也出现了。马尔克·费纳德（Marc Venard）还将教派化运动在法国的时间从1530年延长至1648年。然而，对于费纳德的观点，有人通过实例予以反驳。汉龙（Hanlon）就研究了不同信仰家庭之间的通婚，以此反对教派化理论在法国的实行程度。但坚持者依旧主张宗教战争之后的法国绝不是单一宗教的国度，两种主要的宗教相互竞争并相互区别。这种情况一直持续到路易十四时代。尽管有教派化的情况，但历史证明了法国的近代

---

① Scott Dixon, *The Reformation in Germany*, p. 149.

② William Monter, *Judging the French Reformation: Heresy Trials by Sixteenth Century Parlements* (Cambridge: Cambridge University Press, 1999), p. 147.

化道路还是通过集权的王权来进行的，国家并没有分裂。

总之，批评教派化理论者认为宗教分歧是在王权强大之后进行的，虽说对国家认同有一定的作用，但对近代民族国家构建影响不大，所以对教派化运动不能做过高估计。

2. 英国

英国的情况与法国类似。当时英国王权也已经得到强化，教派化运动是在国王的控制下进行的，所以该运动是在英国王权强化之后进行的，故而一些专家对该理论有一定的抵触。其实早在 1351 年的代理主教条例和 1353 年的蔑视王权条例中就规定了英国独立于教皇的最高统治地位，并规定任何未经国王许可的与罗马亲密的活动都会被认为是非法的。这从英国著名史学家麦克莱的评论中可见一斑：他把英国的教会描绘成政府和新教徒"联合的果实"。由此可见英国的情况为政府领导下的国教构建过程，并不是在宗教基础上的国家构建。

此外，英格兰的教派化运动目的不是建立统一的民族国家，而是巩固它。正是这一原因，才使亨利四世与罗马教廷最终决裂。1536 年的"教义十条"标志着英国教会在教义方面独立于罗马教宗。此后在教会组织、礼拜仪式等方面也逐渐与罗马教廷划清了界限。

3. 其他地区

匈牙利的特兰西瓦尼亚地区有多种宗教派别共存，且被官方认可。而这种现象是与中世纪该地区复杂的民族关系和地理位置相联系的。该地区本已有希腊正教、天主教，后来随着宗教改革的爆发，路德宗和加尔文宗先后在该地扎根，之后得到广泛传播，使得情况更为复杂。特兰西瓦尼亚的统治者既是当地的贵族——有时是匈牙利的王公，又是奥斯曼土耳其人的下属，所以他们对教派的争斗不甚关心。也正是这种情况，使得加尔文派繁荣发展，政界也没有完全执行《奥格斯堡宗教和约》。尽管有研究表明王公贵族对加尔文宗情有独钟，但对希腊正教、天主教、路德宗也没有排斥；伊斯特凡·科伊尔（Istvan Keul）在他的书中也没有明确表示政府在其中起决定性作用。因此，当地信徒的信仰是自由的。事实是哈布斯堡家族被打败之后，当地王公贵族有了一定的独立性，但对神圣罗马帝国和奥斯曼土耳其帝国都臣服，因此特兰西瓦尼亚地区没有独立过。而教派化理论又是为国家的独立而出现的一种理论，所以它的解释力同样削弱了不少。

二 相关争论

自恩斯特·瓦尔特·才登（Ernst Walter Zeeden）提出教派化理论之后，[①] 外界的质疑声就不断出现。据才登所言，包括新教和天主教在内的所有信仰告白都发展成为复杂的教会结构和信仰的综合体。[②] 但这种反对力量多是在莱因哈特和谢林将其发扬光大之后才更加壮大的。

首先介绍一下两人的观点。莱因哈特定义了教派化运动的七种模式，第一种是纯教义区别的建立和信仰坦诚的书写。借此，一种教会就会与另一种不同的教会截然分开。第二种是通过新规则的确立使得不同信仰的人离开，以此保证个人宗教权威，即统一的神学家、教士、教师和世俗官员。第三种为通过印刷术宣传己方信仰而排挤所谓的"异端"。第四种即新规则的内化。第五种是对人民的规训，观察并驱离信仰少数派以尽可能地保证信仰团体的单一思想。第六种是对典礼仪式和出席活动的规定，这也很重要，比如洗礼、婚姻等。第七种是语言的规定。[③] 他通过七个方面的社会控制表现了国家的强制力，这也是"教随国定"原则确立之后出现的情况。相对于莱因哈特对教会贴标签，谢林对国家和社会给予了更多的关注。他把教

---

① 才登对教派化下的定义为"从思想和组织上巩固分化的基督教派，使其成为几近稳定与独立的教会组织，并形成独有的教义、组成结构、宗教与道德的生活方式"。E. W. Zeeden, "Grundlagen und Wege der Konfessionsbildung im Zeitalter der Glaubenkämpf," *Historische Zeitschrift*, 185 (1958), pp. 249 – 299.

② Scott Dixon, *The Reformation in Germany*, p. 144.

③ 关于莱因哈特的教派化理论及其模型的相关论述，参见 Wolfgang Reinhard, "Konfession und Konfessionalisierung in Europa," in Wolfgang Reinhard, ed., *Bekenntnis und Geschichte. Die Confessio Augustana im historischen Zusammenhang*, München, Vögel, 1981, pp. 165 – 189; Wolfgang Reinhard, "Zwang zur Konfessionalisierung? Prolegomena zu einer Theorie des konfessionellen Zeitalters," in *Zeitschrift für historische Forschung*, 10, 1983, pp. 257 – 277; Wolfgang Reinhard, "Reformation, Counter-Reformation, and the Early Modern State. A Reassessment," in *Catholic Historical Review*, 75, 1989, pp. 383 – 404; Wolfgang Reinhard, "Was ist katholische Konfessionalisierung?", in Wolfgang Reinhard and Heinz Schilling, eds., *Die katholische Konfessionalisierung. Wissenschaftliches Symposion der Gesellschaft zur Herausgabe des Corpus Catholicorum und des Vereins für Reformationsgeschichte*, Gütersloh, Gütersloher Verlagshaus, 1995, pp. 419 – 452。

派化运动视作"触及欧洲个体社会公共和私人生活的基础路径"。① 因此，他强调了四项影响因素：政治、社会、文化和思想。他们通过影响生活和行为共同塑造了近代早期的社会，最终的结果是国家认同。而两种宗教思想竞相为了争取世俗力量的支持而俯首于后者，这最终有利于民族国家的构建。② 此外，谢林把 1555—1618 年近半个世纪的时间看作"教派化运动时代"，进而划分出了四个阶段。第一阶段为准备阶段，从 16 世纪 40 年代末到 16 世

① Heinz Schilling, "Confessionalization in the Empire. Religious and Societal Change in Germany between 1555 and 1620," in Heinz Schilling, *Religion*, *Political Culture and the Emergence of Early Modern Society. Essays in German and Dutch History* (Brill, 1992), pp. 205 – 245.

② 关于海因茨·谢林的教派化理论的相关论述，参见 Heinz Schilling, "Die Konfessionalisierung von Kirche, Staat und Gesellschaft. Profil, Leistung, Defizite und Perspektiven eines geschichtswissenschaftlichen Paradigmas," in Reinhard and Schilling, eds., *Die katholische Konfessionalisierung. Wissenschaftliches Symposion der Gesellschaft zur Herausgabe des Corpus Catholicorum und des Vereins für Reformationsgeschichte*, Gütersloh, Gütersloher Verlagshaus, 1995, pp. 1 – 49; Heinz Schilling, "Konfessionalisierung und Formierung eines internationalen Systems während der frühen Neuzeit," in Hans R. Guggisberg and Gottfried G. Keoder, eds., *Die Reformation in Deutschland und Europa. Interpretationen und Debatten*, Gütersloh, Verlagshaus, 1993, pp. 591 – 613; Heinz Schilling, "Die konfessionellen Glaubenskriege und die Formierung des frühmodernen Europa," in Peter Herrmann, ed., *Glaubenskriege in Vergangenheit und Gegenwart*, Göttingen, Vandenhoeck & Ruprecht, 1996, pp. 123 – 137; Heinz Schilling, "Die Kirchenzucht im frühneuzeitlichen Europa in interkonfessionell vergleichender und interdisziplinärer Perspektive-eine Zwischenbilanz," in Heinz Schilling (ed.), *Kirchenzucht und Sozialdisziplinierung im frühneuzeitlichen Europa*, Berlin, Duncker&Humblot, 1994, pp. 11 – 40; Heinz Schilling, "Profil und Perspektiven einer interdisziplinären und komparatistischen Disziplinierungsforschung jenseits einer Dichotomie von Gesellschafts-und Kulturgeschichte," in Heinz Schilling, ed., *Institutionen*, *Instrumente und Akteure sozialer Kontrolle und Disziplinierung im frühneuzeitlichen Europa/Institutions*, *Instruments and Agents of Social Control and Discipline in Early Modern Europe*, Frankfurt a. M., Klostermann, 1999, pp. 3 – 36; Heinz Schilling, "Nationale Identität und Konfession in der europäischen Neuzeit," in Bernhard Giesen (ed.), *Nationale und kulturelle Identität. Studien zur Entwicklung des kollektiven Bewußtseins in der Neuzeit*, Frankfurt a. M., Suhrkamp, 1991, pp. 192 – 252; Heinz Schilling, "Konfessionelle und politische Identität im frühneuzeitlichen Europa," in Antoni Czacharoeski, ed., *Nationale und ethnische Minderheiten und regionale Identitäten in Mittelalter und Neuzeit*, Toruri, Wydawnictwo Uniwersytetu Mikolaja Kopernika, 1994, pp. 103 – 123; Heinz Schilling, "Confessionalisation and the Rise of Religious and Cultural Frontiers in Early Modern Europe," in Eszter Andor and Istvän György Töth, eds., *Frontiers of Faith. Religious Exchange and the Constitution of Religious Identities*, *1400 – 1750*, Budapest, Central European University/European Science Foundation, 2001, pp. 21 – 35; Heinz Schilling, "Nation und Konfession in der frühneuzeitlichen Geschichte Europas. Zu den konfessionsgeschichtlichen Voraussetzungen der frühmodernen Staatsbildung," in Klaus Garber, ed., *Nation und Literatur im Europa der Frühen Neuzeit*, Tübingen, Niemeyer, 1989, pp. 87 – 107。

纪 70 年代初。第二阶段为信仰对抗阶段，从 16 世纪 70 年代初到 16 世纪 80 年代。这一阶段天主教反扑，路德宗与加尔文宗划清界限并争夺德意志境内的诸侯。第三阶段是从 16 世纪 80 年代至 1618 年。这一阶段大量诸侯改信加尔文宗，这引发了三十年战争。第四阶段是从 1618 年至 18 世纪初，宗教妥协和虔诚主义是这一阶段的特征。[①]

随着教派化理论的发酵，20 世纪 80 年代之后越来越多的博士学位论文开始涉及这一领域，[②] 一系列书评也纷纷出现。[③] 而对这一理论的批评也出现了，主要有以下四种：第一，宏大叙事的确定性；第二，教派化阶段分期的争论；第三，教派化时期的神学争论和不同地区的不同特点；第四，对自上而下方法的批评。

首先，温弗里特·舒尔策（Winfried Schulze）认为历史的主观性和过程的独立性与教派化没有必然的联系。此外，他强调宗教宽容和宗教自由，进而认为教派化理论夸大了它的实行力度。所以，他主张宗教因素不是 16 世纪下半叶唯一影响历史发展的因素。[④] 之后，一些法律史学家和神学家也提出了异议。面对他们的指摘，谢林仍然坚持自己的观点，认为教派化仍然是这一时期的基础性事件。而莱因哈特则稍微改变了自己的观点，主张世俗化是教派化无意识的作用。随后，他认为现代化也是教派化无意识的作用。[⑤]

其次，莱因哈特和谢林两者关于教派化的时间也有很大的分歧，前者将时间范围大大扩展。莱因哈特认为该运动起源于 16 世纪 20 年代，终于

① Heinz Schilling, *Religion, Political Culture and the Emergence of Early Modern Society*, pp. 219 – 230.

② 关于应用这一理论进行研究的博士学位论文，参见 R. Po-chia Hsia, *Social Discipline in the Reformation. Central Europe 1550 – 1750*, London, New York, Routledge, 1989；Ute Lotz-Heumann, *Die doppelte Konfessionalisierung in Irland. Konflikt und Koexistenz im 16. und in der ersten Hälfte des 17. Jahrhunderts*, Mohr Siebeck, 2000。

③ 关于教派化理论的一些书评，参见 Joel F. Harrington and Helmut Walser Smith, "Confessionalization, Community, and State Building in Germany, 1555 – 1870," in *Journal of Modern History*, 1997, pp. 77 – 101。

④ 关于舒尔茨的观点，参见 Winfried Schultze, *Einführung in die Neuere Geschichte*, Stuttgart, Ulmer, 1987, p. 51。

⑤ Wolfgang Reinhard, "Gegenreformation als Modernisierung? Prolegomena zu einer Theorie des konfessionellen Zeitalters," in *Archiv für Reformationsgeschichte*, 68, 1977, pp. 226 – 252.

18 世纪初。① 他也把这一时段的教会定义为路德宗、加尔文宗和安利甘宗三大教会。② 其他一些学者也纷纷发表自己的观点。比如哈姆·克鲁艾挺克（Harm Klueting）主张教派化运动起于 1525 年，因为农民战争结束了宗教改革作为公众运动的时期，开始了国家对信仰的接管。③ 天主教史学家瓦尔特·齐格勒（Walter Ziegler）认为宗教改革时期的天主教会仍然是团结为一体的，没有出现所谓的大分裂。教派化运动只是一个特殊的阶段，并不妨碍天主教的大局。④ 而哥廷根大学的新教史学家托马斯·考夫曼（Thomas Kaufmann）则针锋相对地提出宗教改革打破了中世纪天主教一统天下的局面，并认为宗教改革与教派化运动两者紧密相连，密不可分。⑤

再次，针对该理论的代表性进行了讨论。一些学者举出许多反例以供批驳，而谢林和莱因哈特则坚持自己的观点，尽管他们承认自己的理论有所不足。

最后，海因里希·理查德·施密特（Heinrich Richard Schmidt）从微观史学和现代早期社会规训的角度进行了分析，认为莱因哈特和谢林高估了国家在教派化运动模式中的作用。他总结道，成功的社会规训不应仅仅归因于政府和国家的压力，而是村庄共同体的压力，后者要求自我规律和自我规范。他没有否认从上面而来的政府和国家的压力，也注意到了从下层而来的共同体的压力，如村庄，甚至是城市。进而他主张仅仅是因为社会需要如此，该运动才会成行。⑥ 而在个案分析中，马尔克·福斯特（Marc Foster）也通过施佩耶尔地区天主教自下而上的认信对该理论做了有力的反驳。⑦

除此之外，莱因哈特和谢林还把他们的理论扩展至其他国家，另外一

①　Wolfgang Reinhard, "Was ist katholische Konfessionalisierung?", p. 436.

②　Wolfgang Reinhard, "Zwang zur Konfessionalisierung?", p. 258.

③　Harm Klueting, *Das Konfessionelle Zeitalter 1525 – 1648*, Stuttgart, Ulmer, 1989.

④　Walter Ziegler, "Kritisches zur Konfessionalisierungsthese," in Frieβ and Kieβling, eds., *Konfessionalisierung und Region* (Ithaca, London: Cornell University Press, 1999), pp. 41 – 53.

⑤　Thomas Kaufmann, "Die Konfessionalisierung von Kirche und Gesellschaft. Sammelbericht Über eine Forschungsdebatte," *Theologische Literaturzeitung*, 1996, cols. 1118, 1115.

⑥　Heinrich Richard Schmidt, *Dorf und Religion. Reformierte Sittenzucht in Berner Landgemeinden der Frühen Neuzeit*, Fischer, 1995.

⑦　Marc R. Forster, *The Counter-Reformation in the Villages: Religion and Reform in the Bishopric of Speyer, 1560 –1720*, p. 4.

些专家也随其后，将其理论通用化、范式化。① 但仍有一些学者提出反对意见，认为不同国家有不同的特色，并发明了带有不同定语限制的教派化运动，比如荷兰模式、波西米亚模式②、特兰西瓦尼亚模式③。同时，针对教派化理论通过教会礼仪和文化生活控制人们的行为，有些学者也提出了异议。他们认为这些东西只能控制人们的行为，控制不了人们的内心活动。而在政府能力相对较弱的地区，出于经济发展的原因以及其他原因，这一理论并没有得到很好的实行。但通过教会礼仪等方面说明该理论缺乏解释力，这本身就是一种缺乏解释力的反驳。因为他们忽略了不同宗教信仰的人有迁出的自由和权利。不仅如此，一些研究表明在神圣罗马帝国宪法得到很好执行的地方，领地国家的构建也不是很容易的。这进一步有损其解释力。

而随着对该理论的批判，人们逐渐将视线转移到教派化运动与文学的关系上，并通过文学作品的流行和传播来反映实行情况。④

三　结论

"教随国定"确立之后，一方面宗教改革家都力图在某地诸侯的带领下建立地区性教会，将政治高于宗教的原则贯彻到底。比如在 1563 年《海德堡教义问答手册》出版时，弗里德里希选帝侯在序言中就指出：使他的臣民正确地敬畏和理解上帝的道是他的责任。可见新教思想为正在形成的国家提供了意识形态上的支持。⑤ 但另一方面，这并不意味着新教徒在诸侯的

---

① Olaf Mörke, "'Konfessionalisierung' als politisch-soziales Strukturprinzip? Das Verhältnis von Religion und Staatsbildung in der Republik der Vereinigten Niederlande im 16. und 17. Jahrhundert", in *Tijdschrift vor Sociale Geschiedenis*, 1996（16），pp. 31 - 60.

② 有的观点认为波西米亚不适用于帝国和约，这是因为其早在胡斯战争之后就已经实现了信仰自由。参见 Thomas A. Brady Jr., *Germany Histories in the Age of Reformation*, 1400 - 1650, p. 370; Mata, Petr., "Constructing and Crossing Confessional Boundaries: The High Nobility and the Reformation of Bohemia," in Howard Louthan, ed., *Diversity and Dissent: Negotiating Religious Difference in Central Europe*, 1500 - 1800, BogharmBook, 2001, pp. 10 - 29。

③ Volker Leppin and Ulrich A. Wien, Hg., *Konfessionsbildung und Konfessionskultur in Siebenbürgen in der Frühen Nuezeit*, Franz Steiner Verlag, 2005.

④ 关于该方面研究综述，参见 Ute Lotz-Heumann and Matthias Pohlig, "Confessionalization and Literature in the Empire, 1555 - 1700," in *Central European History*, 2007（40），pp. 35 - 61。

⑤ 王加丰：《西欧 16—17 世纪的宗教与政治》，安徽大学出版社，2010，第 93 页。

管辖之下丧失了选择和迁徙的自主性。他们中有的人对天主教十分仇恨，也对新教午休遏制的争论感到厌烦，因此也会反对统治者。这说明在新教统一的地区，"教会与国家关于信教的观念本质上存在着某种内在的紧张关系"。[①]谢林和莱因哈特的观点与其说是站在建立近代民族国家的角度，不如说是站在德意志特殊道路和邦国统一德意志的角度分析的。但我们不应因此就说其是后见之明，如果这样的话，那么所有的历史分析都将是后见之明。此外，我们不能用一个地区的个案来反对一种理论，因为每种理论都有其局限性，正是后者提出了批评意见。但如果用个案来反对理论，就会出现批评上的"错位"，形成盲目的评判，这样就会矫枉过正。当然，我们不应该将每一种理论当作万能模式进行推广。教派化理论也是如此，不能将其扩展至欧洲其他地区，应该仅限于神圣罗马帝国。因为英国、法国、西班牙、意大利没有出现像神圣罗马帝国一样的割据分裂情况，而且他们在教派化运动以前已经开始了近代民族统一国家的构建，这跟神圣罗马帝国情况不同。

　　故在本文看来，德国在欧洲具有一定的特殊性，不能将两者混为一谈，任何理论都要局限于一定的地域范围之内。但同时，德国也是欧洲的一员，我们在将理论进行推广的过程中要十分谨慎，也要做适当修改，不能照搬套用。

---

① Scott Dixon, *The Reformation in Germany*, p. 156.

德国社会民主党的"欧洲观"
（1946—1966）

祁丽媛[*]

一　导言

第二次世界大战结束后，欧洲国家逐渐走上一体化道路，从经济到军事、政治等多方面不断联合。德国在这一过程中扮演了重要角色。作为战后德国两大主要党派之一，德国社会民主党（简称"社民党"）对欧洲一体化的态度也发生了转变。在 1946—1966 年，作为议会反对党，社会民主党对欧洲一体化的态度转变，更多的是观念上的起源和演变，并没有导致国家政策的实质性变化。国内外的相关研究主要有三大方面：战后西欧国际关系和欧洲一体化进程的一般性研究，对社会民主党的研究，对德国社会民主党和欧洲一体化的研究。

关于战后西欧关系和欧洲一体化进程的一般性的研究数量较多，国内主要有陈乐民的《战后西欧国际关系（1945—1984）》（三联书店，2014），郭华榕、徐天新主编的《欧洲的分与合》（京华出版社，1998），姜南的《民族国家与欧洲一体化（1945—1973）》（中国社会科学出版社，2013），等等；国外研究有德里克·W. 厄尔温的《第二次世界大战后的西欧政治》

---

[*]　祁丽媛，北京大学历史学系德国史专业 2016 级硕士研究生。

（章定昭译，中国对外翻译出版公司，1985），皮埃尔·热贝尔的《欧洲统一的历史与现实》（丁一凡等译，中国社会科学出版社，1989），圣地亚哥·加奥纳·弗拉加的《欧洲一体化进程——过去与现在》（朱伦等译，社会科学文献出版社，2009），等等，内容均是梳理战后欧洲的一体化进程。

对社会民主党的研究，国内主要有王学东的文章《评德国社会民主党的转型》（《当代世界社会主义问题》2002年第1期）等，外文专著有米勒和波特霍夫的《德国社会民主党简史（1848—1983）》（刘敬钦等译，求实出版社，1984）和弗兰茨·瓦尔特的《德国社会民主党：从无产阶级到新中间》（张文红译，重庆出版社，2008）等。这些研究主要叙述了德国社会民主党的历史，并在此基础上强调了其从"工人党"到"人民党"的转型。

有关德国社会党和欧洲一体化的研究，国内主要有陶涛的《西欧社会党与欧洲一体化研究》（北京大学出版社，2001）和马志彦的《欧洲一体化影响下的德国社民党变革分析》（硕士学位论文，清华大学，2005）等，均用简短篇幅介绍了社民党对欧洲一体化态度的转变。德国学者的研究较为深入，主要包括 Kurt Thomas Schmitz 的《德国统一和欧洲一体化——社会民主党对联邦德国外交政策的贡献，特别考虑其作为反对党的纲领性转变》[1]和 Rudolf Hrbek 的《德国社会民主党：德国和欧洲——社会民主党对德国政治和西方一体化关系的态度》[2]等，其中前者主要考察国内政治因素对社民党纲领转变的影响，后者则关注德国统一和欧洲一体化哪一个更符合社民党的政治立场。

本文以德国社会民主党年鉴、党代表大会会议记录和机关报《前进报》等资料为基础，集中探究二战后作为反对党时期的社会民主党"欧洲"观念的转变及其国际政治动因。此外，引入同时期联盟党的主张进行比较，以在对比中更清楚地展现两党在最终目标相同的情况下具体道路选择的区别。

---

① *Deutsche Einheit und Europäische Integration——Der sozialdemokratische Beitrag zur Außenpolitik der Bundesrepublik Deutschland unter besonderer Berücksichtigung des programmatischen Wandels einer Oppositionspartei*（Bonn：Verlag Neue Gesellschaft GmbH，1972）.

② *Die SPD：Deutschland und Europa——Die Haltung der Sozialdemokratie zum Verhältnis von Deutschland-Politik und West-Intergration*（*1945—1957*）（Bonn：Europa Union Verlag GmbH，1972）.

二　德国社会民主党的"欧洲观"（1946—1955）

（一）背景

1945 年，在欧洲，第二次世界大战以德国投降结束。战后，为了对德国进行民主化改造，战胜国对德国进行分区占领，并提出拆除德国工业设备、萨尔区划归法国、鲁尔区实行国际共管等要求。

在处理德国问题上，美国发挥了重要的影响。二战后初期，美国首先实施"摩根索计划"，要求拆除德国所有工业设备和工厂，将德国变成一个农业国，使其不能再对欧洲安全产生任何威胁。随后，"出于与苏联对抗的需要，美国希望有一个联合起来的强大的欧洲，而不是一个分裂的羸弱的欧洲。欧洲只有统一起来，才能抵御苏联的推进，才能有效地'遏制'共产主义的扩展"，[①] 美国在 1947 年推出"马歇尔计划"，开始对欧洲实行经济援助。随着以美、苏为首的两大阵营的形成和对立，出现了第一次柏林危机、朝鲜战争等重大国际事件。

1949 年 8 月，联邦德国举行第一届联邦议会大选，社民党得票率29.2%，与之相对，基督教民主联盟（简称"基民盟"）和基督教社会联盟（简称"基社盟"）组成的联盟党得票率 31%，联盟党获得组阁权，基民盟候选人阿登纳当选为联邦政府第一任总理，社民党则成为议会反对党。

（二）社民党早期"欧洲观"：欢迎经济援助，反对欧洲一体化

首先，社民党欢迎美国的经济援助，赞扬马歇尔计划是美国对世界的责任。[②] 马歇尔计划要求欧洲应根据美国的建议自行起草一份重建计划，社民党也表示赞同，"长远看美国的这个想法很好，激励了欧洲自我恢复的积极性"。[③] 对于一些反对声音说这是美元帝国主义，社民党则批判道：当欧

---

① 姜南：《民族国家与欧洲一体化（1945—1973）》，第 44 页。

② *Protokoll der Verhandlungen des Parteitages der Sozialdemokratischen Partei Deutschlands*，*vom 29. Juni bis 2. Juli 1947 in Nürnberg*（Bonn：Verlag J. H. Diez Nachf. GmbH Berlin · Bonn-Bad Godesberg, 1976），S. 38.

③ *Protokoll der Verhandlungen des Parteitages der Sozialdemokratischen Partei Deutschlands 1947*，S. 38.

洲有 1 亿人在挨饿的时候，人们有权不陷入这种鼓动性的表述。①

　　而对于战后初期欧洲一体化的许多相关安排，社民党都表示反对。社民党多次谴责法国占领萨尔地区，强调“一个被分裂的德国就是一个被分裂的欧洲和一个被分裂的世界”。对于法国等其他国家指责德国不积极、不愿联合，社民党反驳道：如果没有给一个民族有效的大国地位，那就不能批评它没有积极性；② “整个德国需要权利和经济上的平等”。③ 对于工业拆除问题，社民党表示同意消除德国的战争潜力，但坚持保留建设德国的和平潜力，因此激烈反对阿登纳签订《彼得斯贝格协定》，批评这是把德国“变成了盟军肆无忌惮施加压力下的牺牲品”。④ 由此可见，社民党认为统一和平等的国际地位是德国参与一体化的前提条件。

　　出于同样的原因，社民党也反对 1949 年成立的欧洲委员会、1950 年由法国提出的“舒曼计划”和“欧洲军计划”。在社民党看来，萨尔的代表和德国代表在欧洲委员会享有同样权利，这是创始国之一的法国，“想要通过给萨尔地区‘联合成员资格’，在政治上将萨尔从德国分离出去”。⑤ 1950 年 5 月，法国宣布舒曼计划，提出将法、德两国的煤钢生产交由一个共同的高级机构管理，并将其纳入一个其他欧洲国家都可以加入的组织中。1951 年 4 月，法、德、意、荷、比、卢六国在巴黎签订《建立煤钢共同体条约》。社民党则反对政府的这一行为，认为舒曼计划损害了“德意志民族对自己的重工业的所有、支配和管理的权力”。⑥

　　在 1948 年第一次柏林危机和 1950 年朝鲜战争的刺激下，西欧的集体防务和德国重新武装问题被提上日程。法国总理普利文提出，组建一支“欧洲军”代替独立的德国军队。1952 年，法、德等六国签署了《欧洲防务共同体条约》。但由于法国国民议会的否决，欧洲防务共同体计划宣告失败。

---

① *Protokoll der Verhandlungen des Parteitages der Sozialdemokratischen Partei Deutschlands 1947*, S. 37.

② *Protokoll der Verhandlungen des Parteitages der Sozialdemokratischen Partei Deutschlands 1947*, S. 36.

③ “Für ein demokratisches Deutschland in einem geeinigten Europa,” S. 1.

④ “Kurt Schumacher: Europäische Konzentration,” *Neuer Vorwärts* (30. Dezember 1949): 1.

⑤ “Europa-Rat und Europa-Idee,” *Neuer Vorwärts* (5. Mai 1950): 2.

⑥ *Protokoll der Verhandlungen des Parteitages der Sozialdemokratischen Partei Deutschlands 1950*, S. 75.

德国社民党对于防务共同体计划明确表示了批判态度："防务共同体的其他五个成员国直接隶属北约，拥有选择将领和制订计划的权利，只有德国被排除在外。"① "德国不可能同时又是同志又是敌人，因此单方面限制德国的权利不符合伙伴关系。德国作为唯一带有沉重负担的成员加入欧洲防务共同体，和其他国家的地位是不平等的。"②

1955 年美、英、法等国批准《巴黎协定》，终止了对联邦德国的占领，吸收它加入北约，并允许其重新武装。社民党议会党团在表决中投票反对，虽然这未能阻止《巴黎协定》的执行。社民党认为这将使阿登纳政府的外交政策走进死胡同："这对德国统一有重大影响。联邦德国加入北约，苏联更不会归还其占领区。德国统一的前景更加晦暗，更加艰难且代价更大。"③ "社民党要和《巴黎协定》斗争到最后一秒。在苏占区还有 1800 万德国人处于专制政权的束缚之下……这一协定意味着德国的分裂成为既定事实，现在这代人可能无法看到德国重新统一。"④

（三） 与联盟党主张的异同

与社民党不同，联盟党一直积极推动欧洲一体化，大力支持舒曼计划、防务共同体计划和《巴黎协定》等。联邦总理阿登纳赞扬舒曼计划对德法关系和整个欧洲具有重大意义："萨尔的生产被纳入这个计划，因而法国与我们之间彼此疏远的一个重要因素将不复存在。煤、铁、钢基础工业的联营为今后消除法德之间的一切争端创造了一个真正的前提……将会为我们两国和欧洲的未来带来巨大进展。"⑤ 尽管法国提出的欧洲防务共同体计划很大程度地限制了联邦德国，但阿登纳仍然认为："建立一个欧洲防务集团是除了制定舒曼计划之外的又一确保欧洲持久安宁的重要因素。"⑥ 阿登纳认为社民党拒不参加的态度是不负责任的，"没有一个强大统一的欧洲，而

---

① *Jahrbuch der Sozialdemokratischen Partei Deutschlands 1952/53*（Bielefeld：Gesamtherstellung Press-Druck GmbH），S. 19.

② *Jahrbuch der Sozialdemokratischen Partei Deutschlands 1952/53*，S. 16.

③ *Jahrbuch der Sozialdemokratischen Partei Deutschlands 1954/55*（Hannover-Bonn：Neuer Vorwärts-Verlag Nau & Co.），Vorwort.

④ "Deutschlands Schicksal steht auf dem Spiel," *Vorwärts*（21. Januar 1955）：3.

⑤ 康拉德·阿登纳：《阿登纳回忆录》第 1 册，上海人民出版社，1976，第 377—378 页。

⑥ 康拉德·阿登纳：《阿登纳回忆录》第 1 册，第 599 页。

要在自由中实现德国统一是无法实现的"。①

　　综上，1946—1955 年，社民党的"欧洲观"是欢迎美国的经济援助，但由于欧洲一体化的措施没有给予德国与其他参加国同等的地位，社民党反对欧洲委员会、舒曼计划和欧洲防务共同体计划。与此相反，执政的联盟党则大力支持和推动欧洲一体化进程。可以看出，在追求重获平等国际地位的进程中，社民党和联盟党都把德国统一看作重要目标，但两党关于统一对获得平等国际地位之重要性的看法不同。社民党认为重新统一是基础，这导致了两党"欧洲观"的差异，也能解释为何社民党认为萨尔问题、工业拆除都无法容忍，而联盟党却可以接受。另一方面，社民党在反对《巴黎协定》时，考虑到它会"激怒"苏联，从而使德国陷入更加两难的境地；而联盟党则选择完全依靠西方阵营，对苏联采取敌视态度。

三　德国社会民主党的"欧洲观"（1955—1961）

（一）背景

　　虽然社民党对《巴黎协定》持否定态度，但联邦德国仍然于 1955 年 5 月 9 日加入了北约。与此相对，苏联在阻止联邦德国加入北约无效后，领导社会主义阵营缔结《华沙条约》，建立起与北约相抗衡的军事集团。美苏军备竞赛不断升级，特别是在核武器上。50 年代后期，美苏关系呈现缓和态势。1959 年，赫鲁晓夫与艾森豪威尔举行戴维营会谈，互相承认是超级大国。

　　1956 年 10 月，英法为夺取苏伊士运河控制权，与以色列联合，对埃及发动苏伊士运河战争。英、法、以遭到国际社会的指责，美苏两国均向三国施压，最终其被迫接受停火。这一方面是美苏之间的妥协与合作，另一方面也表明美国与欧洲盟友之间出现了裂痕，这反而推动了欧洲一体化进程。同时，苏伊士运河重要的地理位置使得能源供应面临不稳定的危险，促使欧洲国家开发利用核能，推动了欧洲原子能共同体的建立。

　　在联邦德国，联盟党的经济政策促进了联邦德国的经济发展，人民生

---

　　①　康拉德·阿登纳：《阿登纳回忆录》第 1 册，第 614—615 页。

活水平得到提高。社民党预计的阶级差距扩大、工人运动兴起、社民党能够上台执政的情况并没有发生，社民党自身在选举中的支持率反而不断走低。在这种情况下，社民党的观念也逐渐发生变化。

（二）社民党的"欧洲观"：支持经济一体化，要求裁减军备

"社民党观察过去的政策，认为政治和军事方面的一体化进程更困难，经济、社会和文化是推行欧洲政策更广阔且更有成效的领域。"[1] 这反映出这一时期社民党对欧洲一体化的态度：欢迎经济一体化，对政治、军事方面持谨慎态度，特别强调反对德国重新武装和核军备竞赛，倡导国际裁军。

1957 年 3 月 25 日，煤钢共同体成员国签订《罗马条约》，决定成立经济共同体和原子能共同体，取消成员国间进出口关税与限额，建立自由流动的共同市场，在贸易、农业等领域制定共同政策。[2] 相较于《欧洲防务共同体条约》，《罗马条约》原则上给予联邦德国与其他成员国平等的地位。社民党赞扬《罗马条约》"通过在共同市场内建立一个最佳的竞争秩序……对内撤销关税，对外采取共同关税，在欧洲经济共同体内消除所有贸易障碍"。[3] 社民党对原子能共同体也表示支持和期待，希望能够"通过欧洲原子能联营，共同研究和投资，为了和平目的的发展和使用核能"。[4] 1958 年 3 月，煤钢共同体等成立欧洲议会，社民党积极参与，认为欧洲议会提供机会给"来自 15 个国家的议员，一年 3 次交换对欧洲重要的政治问题的意见"，[5] "是欧洲更紧密的联合的助产者"。[6]

对于德国重新武装，社民党仍然持反对态度。特别是针对核武器部署问题，社民党坚决反对，批评这对裁减军备和欧洲的缓和毫无益处："德国的重新武装无论是对于和平，还是对于重新统一，都是最坏的选择。"[7] "世界上的核军备竞赛和东西方之间不断增强的紧张局势对人类是致命的危

---

① *Jahrbuch der Sozialdemokratischen Partei Deutschlands 1956/57* （Hannover-Bonn：Neuer Vorwärts-Verlag Nau & Co.），S. 15.

② 《欧洲共同体条约集》，戴炳然译，复旦大学出版社，1993，第 67—68 页。

③ *Jahrbuch der Sozialdemokratischen Partei Deutschlands 1956/57*，S. 32.

④ *Jahrbuch der Sozialdemokratischen Partei Deutschlands 1956/57*，S. 32.

⑤ *Jahrbuch der Sozialdemokratischen Partei Deutschlands 1956/57*，S. 18.

⑥ *Jahrbuch der Sozialdemokratischen Partei Deutschlands 1956/57*，S. 18.

⑦ "Deutschlands europäischer Beitrag," *Neuer Vorwärts* （18. August 1950）：2.

险。"① "核武器只能扩大危险。只有当军备竞赛结束，并且在德国统一的基础上签订限制军备条约，我们和其他民族才能有安全。"②

社民党提出建立一个集体安全系统，保障德国和欧洲的安全，"这一体系要让统一的德国能有效地加入：必须包含德国和它东西部的邻国；条约盟友承担互相不进攻的义务；用和平规定解决冲突；各成员国之间保持和平关系；在整个区域建立一个军备限制和军备控制的体系；美苏对欧洲的和平秩序做出保证"。③ 社民党特别强调，在缔结这一安全条约时，德国应该"拥有同等的权利，承担同等的义务"。④ 社民党认为，整个国际局势是"和平仍然没有保障，核军备竞赛的荒唐在继续，政治上的分裂首先出现在欧洲并持续扩大……社会民主党将依靠它强大的组织和政治能力，推动世界各国裁减军备，寻求政治缓和"。⑤

（三） 与联盟党主张的异同

社民党与联盟党的一大分歧在重新武装德国问题上。社民党强烈反对《巴黎协定》，认为这会引发苏联不满，降低谈判的可能性，延缓德国重新统一的进程。而联盟党则认为拒绝《巴黎协定》的受害者将是联邦德国，苏联会同意与遭到削弱的西方建立一个自由和统一的德国只是幻想，为此联邦德国牺牲主权和加入北约有明显的利益。⑥ 此外，社民党特别反对部署核武器，认为这对欧洲缓和无益，只能扩大危险。而联盟党则认为核政策对德国人民的安全是必要且有益的。⑦ 即使在1959年新的党纲——《哥德斯堡纲领》中，社民党同意国防建设的前提也是国际缓和、裁减军备和德国统一。⑧ 社

---

① *Protokoll der Verhandlungen des Parteitages der Sozialdemokratischen Partei Deutschlands*, vom 18. bis 23. Mai 1958 in Stuttgart（Hannover-Bonn：Neuer Vorwärts-Verlag Nau & Co.），S. 481.

② *Jahrbuch der Sozialdemokratischen Partei Deutschlands 1956/57*, S. 14.

③ *Jahrbuch der Sozialdemokratischen Partei Deutschlands 1956/57*, S. 14.

④ *Protokoll der Verhandlungen des Parteitages der Sozialdemokratischen Partei Deutschlands*, vom 10. bis 14. Juli 1956 in München（Hannover-Bonn：Neuer Vorwärts-Verlag Nau & Co.），S. 344.

⑤ *Jahrbuch der Sozialdemokratischen Partei Deutschlands 1956/57*, Vorwort.

⑥ 康拉德·阿登纳：《阿登纳回忆录》第2册，第467页。

⑦ *Jahrbuch der Sozialdemokratischen Partei Deutschlands 1958/59*（Hannover-Bonn：Neuer Vorwärts-Verlag Nau & Co.），S. 21.

⑧ *Godesberger Programm*, Grundsatzprogramm der Sozialdemokratischen Partei Deutschlands von 1959.

民党批评联盟党，在世界上许多国家，包括苏联都在裁军的背景下，"仍然要建立德国的军队……将会被《巴黎协定》榨干"。[①] "武装不能提升联邦共和国人民的安全，只能造成国际局势更加尖锐。"[②] "社民党将刻不容缓地推进东西方之间逐步地、可控地裁减核武器和传统武器的谈判。"[③]

社民党和联盟党的另一分歧点在于对苏态度。社民党经常提醒，德国政府的外交任务必须是对东方集团，特别是对苏关系正常化。[④] "要尽力和东方集团国家关系正常化，因为德国未来的统一要在一个自由、和平的环境下实现。"[⑤] 与此相反，联盟党一直选择亲近西方，对苏联实施敌对政策，即使在苏联发布裁军声明后，阿登纳仍然表示："必须警惕不要成为苏联'和平攻势'的牺牲品……共产主义对整个世界都是巨大的危险"，[⑥] "只要苏联还没有放弃斯大林的帝国主义外交政策，西方就不能相信他们的诚意"。[⑦]

综上所述，1955—1961 年，德国社会民主党的"欧洲观"发生了很大变化，从对欧洲一体化持反对态度转为支持经济一体化，前提是社民党认为德国得到平等的成员国地位。但对于重新武装等军事问题，社民党仍大力反对。与此相反，联盟党对于经济、军事一体化措施都积极支持。社民党的态度在美苏之间更偏中立，与西方阵营联合的同时也和东方集团搞好关系，以尽快实现国家统一。联盟党则始终对东方保持敌对态度，认为只有依靠西方才能保障国家的安全。

四　德国社会民主党的"欧洲观"（1961—1966）

（一）背景

20 世纪 60 年代，美苏冷战又呈紧张局势。1960 年日内瓦裁军峰会失

---

① "Adenauer und die Abrüstung，" *Vorwärts*（23. März 1956）：1.

② "Auf atomare Waffen verzichten，" *Vorwärts*（8. November 1957）：6.

③ *Protokoll der Verhandlungen des Parteitages der Sozialdemokratischen Partei Deutschlands 1958*, S. 481.

④ *Jahrbuch der Sozialdemokratischen Partei Deutschlands 1956/57*，S. 13.

⑤ "Bonn und die Ostblock-Staaten，" *Vorwärts*（22. Juni 1956）：1.

⑥ 康拉德·阿登纳：《阿登纳回忆录》第 3 册，第 173 页。

⑦ 康拉德·阿登纳：《阿登纳回忆录》第 3 册，第 172 页。

败，苏联再次进行氢弹研究并取得成功。1961 年苏联重提西方国家撤出西柏林，第三次柏林危机爆发，并以筑起柏林墙结束。1962 年古巴导弹危机爆发，美苏的激烈对抗使全世界一度陷入巨大的恐慌之中。

欧洲一体化进程在 60 年代一度陷入或明或暗的危机中。法国戴高乐政府要求建立一个"欧洲人的欧洲"，排斥美国，而且在 1963 年否决了英国加入共同市场的申请。法国认为其他国家的加入会使现有的六国共同市场变得截然不同，[1] 这种态度一度使欧洲一体化扩大的进程减缓，而且几次使欧洲一体化陷入"空椅危机"。尽管如此，在这一时期，欧洲一体化进程仍然取得了实质性的进展。1965 年，六国签订《布鲁塞尔条约》，决定将欧洲煤钢共同体、欧洲原子能共同体和欧洲经济共同体合并，称为"欧洲共同体"。

（二）社民党的"欧洲观"：全面支持一体化

紧张的国际局势使社民党认识到"德国再次和平统一将是一个漫长的过程"，[2] 但社民党仍然努力推进德国统一，在以欧洲和大西洋条约体系作为德国外交和统一政策的基础和框架的前提下，做一切防范苏联分裂德国的努力。欧洲不能再次被分裂，要做一切以扩展共同体。[3]

在这一阶段，社民党对一系列欧洲一体化组织都持积极评价，认为欧洲经济共同体对农业、贸易都有促进作用，并在法德和解的进程中扮演了一个积极角色。[4] 社民党将欧洲委员会看作一个很好的沟通场所。[5] 对于将欧洲煤钢共同体、欧洲原子能共同体和欧洲经济共同体统一为欧洲共同体，社民党更是表示，无论在德国联邦议会还是在欧洲议会都支持《布鲁塞尔条约》，[6] "社民党欢迎欧洲国家间经济合作组织的继续推进，把扩大欧共体

---

[1]　姜南：《民族国家与欧洲一体化（1945—1973）》，第 110 页。

[2]　*Jahrbuch der Sozialdemokratischen Partei Deutschlands 1960/61*（Hannover-Bonn：Neuer Vorwärts-Verlag Nau & Co.），Vorwort.

[3]　*Jahrbuch der Sozialdemokratischen Partei Deutschlands 1960/61*，S. 17.

[4]　*Jahrbuch der Sozialdemokratischen Partei Deutschlands 1962/63*（Hannover-Bonn：Neuer Vorwärts-Verlag Nau & Co.），S. 23.

[5]　*Jahrbuch der Sozialdemokratischen Partei Deutschlands 1962/63*，S. 34.

[6]　*Jahrbuch der Sozialdemokratischen Partei Deutschlands 1964/65*（Hannover-Bonn：Neuer Vorwärts-Verlag Nau & Co.），S. 51.

视作当前欧洲政策的首要任务"。①

社民党从 60 年代开始对欧洲一体化进程表示明确的支持态度，社民党著名政治家弗里茨·艾尔勒 1965 年 11 月在联邦议会上说，德国的利益在共同体里比单独面临孤立的危险时更大。②"欧洲合作是必要的，不只是在西方建立和保持军事一体化，还有经济一体化。我们希望，欧洲避免重新陷入国家利己的思想。欧洲共同体应该是欧洲建立政治秩序的核心和出发点。欧洲的未来依赖于一体化。只有一个联合的欧洲才能在世界政治上扮演重要角色，并在大西洋联盟框架内成为一个平等的伙伴。欢迎英国加入欧洲经济共同体。"③

军事方面，社民党仍然提倡限制军备，反对核武器。1960 年苏联成功试爆氢弹后，社民党提出北约与华约在欧洲的常规武器质量上应保持平衡，④ 还表示："只有普遍和有效的裁军，北约增强它保障和平的义务，人们才有可能摆脱军备竞赛的梦魇。联邦德国需要北约的保护，联邦国防军需要有效的供给和装备，但不要核武器。"⑤"有成果的裁军政策才是推进德国目标（维护和平、安全，德国人民自由行使自决权）的有效方式。"⑥

（三）与联盟党主张的异同

60 年代，社民党和联盟党都支持联邦德国加入各种一体化组织，欢迎一体化的扩大。社民党还多次提到"法德和解"，认为应该"确立法德友好关系，并以欧洲一体化政策为基础实现和解"，⑦ 这很大程度上和阿登纳一直以来致力于法德和解的政治目标相契合。

但阿登纳政府及继任的艾哈德政府都推行哈尔斯坦主义外交政策，强

---

① *Protokoll der Verhandlungen des Parteitages der Sozialdemokratischen Partei Deutschlands*, *vom 26. bis 30. Mai 1962 in Köln*（Hannover-Bonn：Neuer Vorwärts-Verlag Nau & Co.），S. 592.

② *Protokoll der Verhandlungen des Parteitages der Sozialdemokratischen Partei Deutschlands 1962*, S. 592.

③ *Jahrbuch der Sozialdemokratischen Partei Deutschlands 1966/67*，S. 275.

④ *Jahrbuch der Sozialdemokratischen Partei Deutschlands 1960/61*，S. 23.

⑤ *Jahrbuch der Sozialdemokratischen Partei Deutschlands 1960/61*，S. 422.

⑥ *Protokoll der Verhandlungen des Parteitages der Sozialdemokratischen Partei Deutschlands*, *vom 23. bis 27. November 1964 in Karlsruhe*（Hannover-Bonn：Neuer Vorwärts-Verlag Nau & Co.），S. 955.

⑦ *Jahrbuch der Sozialdemokratischen Partei Deutschlands 1964/65*，S. 53.

调联邦德国政府是德国唯一的合法政府，不承认民主德国，不同与民主德国建交的任何国家建立外交关系。这一强硬态度使得联邦德国和东方集团的关系十分僵化。而社民党则一直提议寻求外交新思路，提出"和东欧国家合作的意愿"和到东欧国家与苏联进行访问交流的政治方针。[①] 勃兰特在1966年社民党代表大会上强调："在新的历史时期和国际局势下，必须学习把一个分裂20年的民族的未来，放在不断发展变化的'世界内政'的框架内来看。"[②]"旧的军事、政治、经济、社会结构被打破，其他利益都在维护和平之下。如果我们不想使联邦共和国受到伤害，不想继续作为超级大国的角斗场……德国积极推动欧洲缓和，能够提升自身的影响和分量。"[③] 这一重视和东欧国家交流的方针，可以视为勃兰特出任联邦总理后提出的"新东方政策"的雏形。

综上所述，1961—1966年，社民党和联盟党对于欧洲一体化都持积极态度，支持联邦德国加入各种一体化组织。这说明两党都认为欧洲一体化对推动德国的发展有积极作用。两党间区别较大的是对东方集团的态度。联盟党认为一体化是西欧一体化，联邦德国要全力依靠西方阵营，与东方保持敌对才能确保自身的安全和发展。而社民党则认为，西欧一体化确实对联邦德国有益，但并不意味着要和东方对立，面对国际局势的变化，积极推动欧洲和世界局势缓和，谋求与东方国家关系正常化，才更有助于德国提高自身的国际影响力。

五　结语

本文通过对德国社会民主党年鉴、党代表大会会议记录和机关报《前进报》等资料的梳理、分析，并与联盟党的主张进行对比，得出社民党"欧洲观"演变的三个阶段。第一阶段，1946—1955年，二战结束后德国被分区占领，美苏对立逐渐加深。这一时期社民党的"欧洲观"是欢迎美国

---

① *Jahrbuch der Sozialdemokratischen Partei Deutschlands 1964/65*, S. 53, 370 – 371.

② *Protokoll der Verhandlungen des Parteitages der Sozialdemokratischen Partei Deutschlands*, *vom 1. bis 5. Juni 1966 in Dortmund*（Hannover-Bonn：Neuer Vorwärts-Verlag Nau & Co.），S. 60.

③ *Protokoll der Verhandlungen des Parteitages der Sozialdemokratischen Partei Deutschlands 1966*, S. 60.

的经济援助，但由于没有得到平等地位，对欧洲委员会、舒曼计划、欧洲防务共同体计划、欧洲一体化组织等都表示反对；与联盟党在萨尔问题、工业拆除、欧洲一体化、《巴黎协定》等具体问题上存在很大分歧。第二阶段，1955—1961 年，国际环境发生变化，发生了联邦德国加入北约、华约成立、苏伊士运河战争等国际大事。欧洲一体化进程不断推进，社民党认为联邦德国在获得平等国际地位的前提下，应该参与欧洲经济一体化，但在军事方面仍持反对态度，与联盟党在联邦德国重新武装和对苏态度两大方面观点相左。第三阶段，1961—1966 年，先后爆发第三次柏林危机和古巴导弹危机，西欧一体化遇到问题速度放缓，但仍有所推进，煤钢共同体、经济共同体和原子能共同体三大组织合并为欧洲共同体。这一阶段，社民党对于欧洲一体化表示支持，与联盟党在对东方集团的态度上分歧较大。

　　总之，国际环境的改变、追求平等国际地位的目标，是社会民主党"欧洲观"转变的主要驱动力。1946—1966 年，作为议会反对党，社民党的态度发生了由反对欧洲一体化到转而支持欧洲一体化的变化。社民党和联盟党的根本目标均是恢复德国平等的国际地位，但与联盟党先让渡平等权，全力依靠西方阵营的途径不同，社民党强调平等是参与一体化的前提。这种观念上的差别对两党的欧洲政策也产生很大影响。阿登纳时期一直把美德关系放在首位，对东方则奉行敌对的哈尔斯坦主义外交政策。而社民党一直强调在参与欧洲一体化的同时，也要谋求与东方国家关系正常化，这一观念特别体现在勃兰特就任联邦总理后提出的"新东方政策"，主要内容就是改善和苏联及东欧国家的关系，这为当时几近走入死胡同的德国外交拓展了新的空间。考察这一时期社民党"欧洲观"的演变，对全面、深入、系统地理解联邦德国的欧洲一体化政策具有重要的作用。

二战后德国民族国家认同与欧洲认同的融合及其成因探析

张豫洁[*]

回顾欧洲一体化的发展历程，从 1951 年《巴黎条约》批准创立欧洲煤钢共同体开始，德国①就为欧洲一体化的发展做出了表率，"波恩 – 巴黎"轴心日渐成为欧洲一体化的重要发动机。统一之后，德国仍然在推动制定欧盟宪法，并在欧债危机中承担了重大责任。在近几年席卷欧洲的难民危机中，德国再次挺身而出，大量收留难民，为欧洲的稳定做出了突出贡献。无论是在传统的一体化理论论述中，还是在后威斯特伐利亚时代的国际政治实践当中，国家认同与超国家认同大多处于相互对立、此消彼长的位置，而德国的政策实践则体现了两种认同一定程度上的共存与融合。德国在对外政策中体现出的这一特性并非国际关系中的主流，特别是在高度理性主义的国家假设下，德国的对外政策甚至呈现出某些反国家理性的特征。因而，德国的国家认同为何没有像其他民族国家一样较为明显地对抗超国家认同，却与超国家认同呈现出一定程度上的融合，是本文要解释的核心问题。

---

* 张豫洁，北京大学国际关系学院 2017 级博士研究生。

① 本文所指涉的冷战期间的德国政策主体仅指联邦德国。虽然冷战期间德国被美苏两大阵营分占，拥有各自的政府代表，但苏联控制下的民主德国政权依附度高、自主性比较差，且在统一之后，民主德国并入联邦德国，德国仍然延续联邦德国政府在西方阵营中的有关政策。所以，德国的政策更多地反映为联邦德国政府的政策制定背景与政策取向。

一   民族国家认同与欧洲认同的理论阐释

1. 认同、民族国家认同与欧洲认同

认同主要回答"我是谁"或"我们是谁"的问题，表示一种表述自我、区别于他者的形象。政治学常常把认同看作成员对共同体的归属感。[1]

正如亨廷顿所说，"任何层面上的认同，只能在与'其他'——与其他的人、部族、种族或文明——的关系来界定"。[2] 在国际政治的舞台上，"认同"无疑扮演着重要角色。尤其在建构主义学派的国际关系理论论述中，"认同"更是处于理论内核的位置，能够对国际行为体的身份、利益界定与政策行为产生直接或间接的影响。[3] "认同"最为核心的出发点在于体现一种自我与他者的区别，认同的建构过程亦即与他人的互动过程，同时在此过程当中重新完成对自身的认识。"认同"概念覆盖的范围十分广泛，亨廷顿所说的"文明"就可被视作认同的一种典型体现。除此之外，"民族国家认同"则是国际政治中另一种重要认同。作为现代国际体系中最为基本的一种认同与归属形式，民族认同是维系民族国家的社会—政治基础，是现代国际关系中最重要、也许是唯一获得效忠和认同的对象。"国家主权之所以成为一种制度，是与国家主权的内涵直接相关的。随着民族国家作为政治组织的主要形式出现，现代意义上的主权概念在中世纪晚期开始形成。"[4] 在现代国家的构建过程中，民族国家共同体往往通过历史传统和仪式的选择、传递与"民族"共享文化（语言、习俗、宗教等）可信性要素的确定、培育和传递来完成民族国家的塑造。[5] 与此同时，民族国家认同与国家主权认同更是紧密相关的。对民族国家认同的不断塑造事关在全体国民

---

① H. Tajfel, *Human Groups and Social Categories* (Cambridge University Press, 1981), p. 255.

② 塞缪尔·亨廷顿：《文明的冲突与世界秩序的重建》，周琪等译，新华出版社，1998，第134页。

③ Alexander Wendt, "Anarchy is What States Make of It: The Social Construction of Power Politics," *International Organization* 46 (1992): 392.

④ Joseph Strayer, *On the Medieval Origins of the Modern State* (New Jersey: Princeton University Press, 2005).

⑤ 王建娥：《国家建构和民族建构：内涵、特征及联系——以欧洲国家经验为例》，《西北师大学报》（社会科学版）2010年第3期，第22页。

中间创造对国家的认同，在全体国民中间创造出一种政治凝聚力，使其成为具有共同身份特征的民族。

相较于具有悠久历史且合法性较高的民族国家认同，超国家认同因不可避免地对民族国家认同造成或多或少的消解，而使其在这个仍旧由领土主权逻辑主导的国际体系中发展缓慢。本文所论述的"欧洲认同"就是超国家认同的一种典型体现。早在1973年，当时的欧共体就已经正式对欧洲认同问题进行了讨论，同年10月17日的欧共体哥本哈根外长会议上产生了一份名为《关于欧洲认同》的文件。根据欧盟的官方表述，基本认为欧洲认同主要包括欧洲文化认同、欧盟成员国身份与公民身份认同、欧盟的国际认同三个基本部分。欧洲文化认同侧重于欧洲共同的文化和历史遗产方面的内涵，欧盟成员国身份与公民身份认同强调的是作为欧盟这个政治共同体中的一员所带来的身份认同，而建设所谓的"欧洲防务认同"或者"欧洲防务特性"是欧盟国际认同的核心内容。本文所探讨的"欧洲认同"意涵，则更多地倾向于欧洲文化认同与对于欧盟共同体的政治认同，指的是在共享的欧洲文化基底的背景下，对自身作为欧盟公民的认知与认可程度，更为具体地表现为对欧洲一体化各领域建设的支持程度（比如司法机制建设、欧洲民主建设等）。

2. 民族国家认同与超国家认同互动的三种基本模式

民族意识和欧洲观念是欧洲近代化过程中的历史文化遗产，也是欧洲近代政治文化的重要构成。一般认为，在民族国家认同与超国家认同的互动过程当中存在三种基本模式：超国家主义、国家中心主义和多元主义。①超国家主义认为欧洲认同必然取代民族认同，一个覆盖政治、经济、文化等各方面的欧洲共同体指日可待；国家中心主义则更多地站在民族主义立场上，认为国家主权的让渡与一体化的程度非常有限，对欧洲认同的进一步发展持悲观态度；介于两者之间的，则是多元主义，认为欧洲认同和民族认同能够相互依存、相互补充。一般而言，国家中心主义的分析视角往往能得到更多的认同。由于仍然处于领土主权政治时代，民族国家仍然是最为重要的国家行为体，无政府状态下最高权威的缺乏使得国家习惯于从自身利益的角度出发来谋求生存与安全，而国家中心主义的这种独特地位，

---

① 李明明：《试析欧洲认同与民族认同的关系》，《欧洲研究》2005年第3期，第84页。

往往会阻碍许多国际合作的开展与一体化组织的发展。

不同于主流的国家中心主义路径，本文所具体分析的德国，是多元主义互动模式的一个典型案例。换言之，民族国家认同与超国家认同在德国的发展并不呈现出绝对的矛盾性。与之相反，德国的双重认同体现出一定的兼容性与统一性。值得注意的是，这种"统一性"并不指称德国已然完成了民族国家认同与超国家认同的高度融合与一体化，或者说超国家认同已然消解了国家认同。本文所指涉的"统一性"内涵，意指在一个民族国家认同占据绝对主流的时代，德国的国家利益与政策所具有的"超国家色彩"较为浓厚，并不狭隘局限于民族国家层面，而是同时在欧洲利益中界定、阐释自身的国家利益。正是由于在"他者"中发现了"自我"，德国的对外政策行为具有浓厚的欧洲主义、利他主义色彩，甚至可能被视为反"国家理性"的表现，本文的第二部分将对这种"统一性"的内涵展开更为详细的论述。

二　德国民族国家认同与欧洲
认同的统一性内涵

通过对德国二战后官方政策的梳理以及对欧盟权威民调机构欧洲晴雨表（Eurobarometer）资料的分析，本文认为，德国民族国家认同与欧洲认同的融合主要具有以下两层内涵：其一，较之欧盟内其他国家，德国的欧洲政策具有更强的连续性且对外决策的欧洲化程度更高，更能体现欧洲利益；其二，德国国民具有更强的欧洲公民意识与欧洲认同感。

1. 德国欧洲政策的连续性，为欧洲一体化提供公共产品

早在一体化初期欧洲煤钢共同体的建设过程中，联邦德国就通过对其自身军事能力的透明化处理表明了推动一体化建设的决心与诚意。而在德国统一之后，联邦德国兼并民主德国使得德国真正在国际社会中成为一个统一且更有力量的行为体，德国也因此在推动欧洲一体化的道路上扮演了更为重要的角色。由于冷战期间德国处于分裂的特殊历史境遇，作为战败国的德国在二战后一度失去了主权，处于美苏对抗前沿的德国并没有过多的选择空间，只有通过积极地将欧洲命运同自身国家命运联系在一起，才能得到欧洲其他各国的谅解，同时也促进自身地位的提升，从而为自身赢

得更多发展空间。勃兰特政府在欧洲政策方面突破了以往的"哈尔斯坦主义"，积极推行"新东方政策"，明确承诺放弃武力并承认欧洲既有的国家边界，积极与苏联阵营改善关系，着眼于更大的欧洲，寻求整个欧洲的和平。而 1990 年两德统一之后，历届政府确保了德国对外政策的延续性，并没有因为实力的强大而对对外政策做出巨大调整。正如两德统一后的首届政府总理科尔所说："德国统一与欧洲是密不可分的，德国将像争取德国统一那样继续坚持不懈地争取欧洲统一；德国是我们的祖国，统一的欧洲是我们的未来。"① 统一的德国没有改变"欧洲取向"的认同建构，一直致力于欧洲一体化的建设，德国的方方面面已经深刻地打下了欧洲的烙印。之后的施罗德政府则更强调将一体化目标作为指导理念，指出"只有在一个统一的欧洲中，德国才能实现自身的利益，维护自身的价值观"。②

　　从基民盟的第一任领袖阿登纳开始，该党的执政理念就是将德国同欧洲联系在一起，努力推进欧洲一体化进程。1994 年 12 月，为了更好地协调德国与欧盟之间的关系，德国联邦议院设立了"欧洲联盟事务委员会"。设立该委员会不仅是为了使德国能够更好地适应欧盟的发展，更是为了使德国能够进一步融入欧洲。德国联邦议院设立欧洲联盟事务委员会是欧盟条约生效、欧洲一体化进入一个新的发展阶段的产物，也是德国议会在因外交政策日益欧洲化而被削减职权后重新赢得监督权的重要举措。欧洲联盟事务委员会负责联邦议院有关欧洲问题的根本决策，具有在特定条件下代表联邦议院向联邦政府陈述立场的权力。③ 而默克尔总理自 2005 年 11 月上台至今，更加重视外交的平衡性和德国的欧洲政策。默克尔首次在联邦议院发表的施政声明中提出了"德国的外交和欧洲政策"。她将欧洲政策从传统的外交中提炼出来，赋予其更高的地位。现任总理默克尔任职期间继续将欧洲事务作为战略重点，成功推进了欧盟制宪。欧债危机爆发以来，德国一直在救助计划中担任出资大国的角色，维护欧元乃至欧洲的稳定。默

①　冯中林：《科尔最后任期政策、目标及其执政前景》，《欧洲》1995 年第 3 期。

②　CDU，CSU/FDP，*Wachstum*，*Bildung*，*Zusammenhalt-Koalitionsvertrag von CDU，CSU und FDP*（Berlin，2009）S. 114，转引自李伯杰《"一个麻烦的祖国"——论德意志民族的德国认同危机》，《清华大学学报》（哲学社会科学版）2010 年第 2 期，第 112 页。

③　连玉如：《德国欧盟事务委员会在德国外交决策中的地位和作用》，《欧洲研究》2001 年第 5 期，第 70 页。

克尔在一次采访中对媒体说道："没有欧洲，我们的价值、想法和理想根本无法共同体现。"① 默克尔政府在不损害德国利益的情况下，坚持欧洲政策，努力在两者中寻找平衡点。

德国欧洲政策的连续性不仅体现在二战以后的官方政策之中，而且更为直观地体现在德国为欧洲的稳定与发展提供的公共产品之中。从为了欧洲和平而选择建立煤钢共同体开始，德国为欧洲一体化做出了不懈努力，如为了欧洲经济一体化放弃德国马克。默克尔总理更是为"欧洲主义"理念而四处奔波，化解欧盟的一系列危机，譬如财政预算危机、制宪危机、欧盟扩大危机、债务危机与难民危机等，并做出了重要贡献——2007 年 12 月 13 日，欧盟 27 个成员国签署《里斯本条约》，为欧盟的机构改革铺平了道路。毫无疑问，这与德国政府的努力是分不开的。在欧洲难民危机中，人们也把希望寄托在德国身上，而德国的表现也是不负众望。欧盟边境管理局（Frontex）数据显示，在 2015 年，共计有 180 万难民抵达欧盟。欧盟委员会表示，这是二战以来全球最大的移民危机。在此期间抵达德国的难民数量创下纪录，约 120 万庇护者寻求登记注册。② 德国国家利益的实现固然需要以欧洲联盟的发展作为外在条件，但德国为欧洲一体化做出的贡献也远非其他欧洲国家可比。

2. 德国欧洲认同的舆情分析

欧洲晴雨表作为欧盟委员会的官方民调机构，每年分春秋两次发布有关欧盟各方面建设的报告。自 2012 年春季开始，欧洲晴雨表开始发布有关"欧洲公民意识与公民身份"的独立报告，报告中更为全面地分析了各国的欧洲认同状况。笔者通过分析 2012—2015 年欧洲晴雨表发布的有关欧洲认同的 7 份独立报告，发现德国的欧洲认同较之欧盟内其他国家明显呈现出认同度高、稳定性强的状态。

就"是否感觉自身是欧洲公民"这一核心指标来看，德国的认同比例一直稳居欧盟前列，而且在 2015 年春季报告中更是达到 81%，详细情况如

---

① 《默克尔艰难的平衡》，新华网，http://news.xinhuanet.com/globe/2013-01/17/c_132109548. htm，最后访问日期：2017 年 8 月 27 日。

② 《难民署最新统计数据：2015 年抵达欧洲的难民和移徙者突破百万》，新浪网，http://news.sina.com.cn/o/2015-12-31/doc-ifxneept3415305.shtml，最后访问日期：2017 年 9 月 10 日。

图 1 所示。而德国这种较高比例的欧洲认同，也体现在与法国、英国调查结果的对比之中，具体情况如图 2 所示。

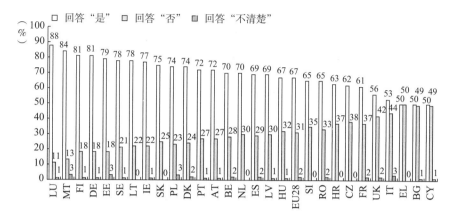

图 1　2015 年春季欧盟国家的欧洲认同情况

资料来源：欧洲晴雨表 2015 年春季报告。

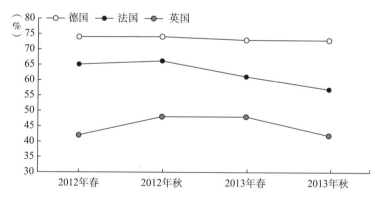

图 2　2012—2013 年德国与法国、英国的欧洲认同情况对比

资料来源：笔者根据欧洲晴雨表有关数据整理。

三　德国独特的民族国家构建路径与国家认同的弱化

正如弗里德里希·尼采所说，德国人的特点在于，"什么是德国的"这个问题在德国人中从未绝迹。要想理解德国为什么能够在一个民族国家主权占有绝对统治地位的时代实现民族国家认同与超国家认同一定程度的统一，需要将德国置于更为宏大的历史视野中去看，尤其是德国民族国家认同在发展过程中经过的曲折与面对的重重阻力。

德国在二战前并不持续与稳定的国家认同与民族国家形成之初所奉行的文化民族主义路径密切相关，与此同时，独特的二战失败经历使得德国开始寻求在欧洲认同中重构国家认同，并重新定位德国的国家地位与国家利益。第一个解释因素着重解释为什么二战前德国的国家认同较之其他欧洲国家而言并不持续、稳定，而这种并不稳固的国家认同恰恰能够为德国在二战后实现欧洲认同与国家认同的双重发展提供重要前提。而第二个解释因素则强调二战后的地缘政治状况为德国寻求双重认同的融合提供了机会。下面主要论述第一个解释因素，即德国文化民族主义式的国家构建路径与当时德国独特的社会经济状态相结合共同导致德国国家发展路径呈现"断裂"特征，在二战以前的国家认同并没有得到有效、持续且稳固的确立。

1. 文化民族主义与政治民族主义之辨

历史上民族国家的发展并没有统一路径，民族意识的形成也并不仅仅依托于血缘、地域或共同文化，事实上，欧洲历史上各民族的形成走过了不同的道路。法国大革命之后，像英吉利、法兰西、荷兰、波兰、俄罗斯等在民族主义理论滥觞之前便已获得民族认同感和民族意识的民族，被称为"老民族"。而德意志人、意大利人、加泰罗尼亚人等"新民族"，直到19世纪初民族主义运动肇兴时才依靠民族主义理论逐渐催生和强化了民族意识。① 不同于法国、英国等依靠共同历史、语言、种族等天然历史素材而构建民族国家的政治民族主义路径，因为地域、文化、血统、语言等传统纽带所能提供的认同都先天不足，所以德国人的民族认同才会成为一个问题，需要寻找替代路径。因而，以德国为代表的"新民族"走上了一条通过文化构建自身认同的文化民族主义路径。

当18世纪德意志民族意识以井喷的方式爆发之时，德国的知识分子及有识之士却发现，德国人之间的联系纽带几乎无处可寻。由于德国地处欧洲中部，"拥有数目庞大的直接与之接壤的邻国，还被历史上遗留下来的各种界线穿透，而这些边界更多的是由历史和政治决策，而不是由自然地理

---

① 休·西顿-沃森：《民族与国家——对民族起源与民族主义政治的探讨》，吴洪英、黄群译，中央民族大学出版社，2009，第21页。

所规定"。① 中部要塞的地理位置使周边国家认为一个统一强大的德国会威胁到自己的生存，所以历史上欧洲出现的均势往往以德国的分裂作为代价。由于处于漫长的小邦割据状态下，德意志人形成的地域观念、地域文化和族群认同已经相当牢固。②

族群的多样性与地域的高度分立性使得统一的语言也难以寻得，更遑论统一的历史了。恰如德国民族主义先驱赫尔德所言："浪漫主义努力从过去寻找成就，并从过去的成就中辨别出自己过去的精神"，"那对他们是宝贵的，因为它是他们自己的"。③ 要建构德意志人的民族意识，可堪使用的仍旧只有"文化民族"的理念，当西欧国家纷纷开始朝向政治民族迈进之时，德国人出于无奈，不得不祭起"文化民族"的大旗。其实，德意志民族意识在中世纪末期就已初露端倪，但是一系列战争、历史和传统的断裂剥夺了德国人形成民族认同的机会，到 1800 年前后的浪漫运动兴起之时，德意志民族意识才终于开始形成，但是民族认同却没有一个国家实体作为载体，于是认同的载体只能是文化，"文化民族"的理念支撑着德国人。④表 1 则简要展示了文化民族主义与政治民族主义在构建民族国家上的区别。

表 1　两种民族主义路径在构建民族国家上的区别

路径	产生背景	构建路径	典型代表国家	典型特征	相同之处
文化民族主义	国家支离破碎，政治分裂，经济分立度高	比较弱的历史/语言认同；新创造出来的文化产品	德国、意大利	浪漫主义（民族主义与民主主义的脱节）	都是为了建立民族国家这一政治形式
政治民族主义	存在相对完整的王朝国家谱系和独特文化	国家统一的政治体制确立；共同的历史情感；强调血缘、语言、地域融合等"硬纽带"	英国、法国	宪政理性主义（民族主义与民主主义的同步发展）	

资料来源：笔者根据相关资料整理。

---

① 李伯杰：《"一个麻烦的祖国"——论德意志民族的德国认同危机》，《清华大学学报》（哲学社会科学版）2010 年第 2 期，第 108 页。
② 李伯杰：《"一个麻烦的祖国"——论德意志民族的德国认同危机》，《清华大学学报》（哲学社会科学版）2010 年第 2 期，第 113 页。
③ R. G. 柯林武德：《历史的观念》，何兆武、张文杰译，中国社会科学出版社，1986，第 101 页。
④ 张淑娟、黄凤志：《"文化民族主义"思想根源探析——以德国文化民族主义为例》，《世界民族》2006 年第 6 期，第 9 页。

如上所述，德国所采取的文化民族主义国家构建路径是世界民族主义中一种与政治民族主义国家构建路径相区分的典型路径。在资本主义经济开始发展且对政治民主制度有所诉求，亟须形成一个新的且能够实现资产阶级政治与经济利益的共同体时，国家缺乏形成新共同体的纽带（如统一的文字、语言、历史记忆等），民族精英不得不通过文化的再造与重构来重新凝聚民族意识，而文化民族主义正是在这种情况下应运而生，担起重新打造一个民族国家的重任。德意志地区要想成为统一的民族国家，首先需要在文化上对外来文化进行肃清，这种在文化层面上表现出来的对外来文化入侵的愤恨、对德意志民族的歌颂与赞扬，以及对德意志统一的期望恰恰构成了文化民族主义的最初形态。它通过弘扬德意志民族的传统文化，抗拒法国文化的外来冲击，开创了近现代世界史上文化民族主义的原生形态。[①]

2. 文化民族主义构建路径与德国国家认同的弱化

法国历史学家加格奥泰曾说："德国是奇迹般地崛起和可怕的灾难之国。""德国人似乎陷入了某种历史的怪圈，两次经历了'弱小—兴盛—强大—发动战争—战败'的循环。"[②] 纵观德国近代民族国家的构建与发展历程，不难发现，从1871年德意志第二帝国的建立到魏玛共和国再到第三帝国，这些政体之间往往缺乏一以贯之的连续性，正如表2所示。换言之，自德意志建国之始至1945年二战结束，建构起来的德意志民族国家仍然多灾多难，难以给德国人的德国认同提供一个稳定的政治框架。"三个政体在短时间内一个取代一个，三个政体没有一个给当时的联邦公民提供了一个认同的机会，而这三个政体加起来就更不能提供。每一个政治体系都与前一个为敌，都从针对前一个政体的斗争中汲取本质的力量，也在这个斗争中累得筋疲力尽；德国经历了一个不断变换的历史洗礼，这在历史上是绝无仅有的。"[③] 所以，"德国近代的政治发展真正体现了德国历史的发展轨迹：

---

① 王春风：《德国文化民族主义理论探析》，《内蒙古大学学报》（人文社会科学版）2007年第6期，第65页。

② 辛蓄：《融入欧洲——二战后德国社会的转向》，上海社会科学院出版社，2005，第67页。

③ Martin und Sylvia Greifhagen，*Ein schwieriges Vaterland*，*Zur politischen Kultur im vereinigten Deutschland*，S. 34，转引自李伯杰《"一个麻烦的祖国"——论德意志民族的德国认同危机》，《清华大学学报》（哲学社会科学版）2010年第2期，第117页。

断裂"。①

表2　1871年以来的德国民族国家构建历程

历史发展阶段	民族国家构建的主要依据	结果	影响
1871—1919年德意志第二帝国	普鲁士的军国主义思想	民族主义的极端发展以及一战的失败	德国人寻求新的民主之路
1921—1939年魏玛共和国	残留明显封建色彩，国家的深刻分裂，弱势政府统治下民族国家未得到有效构建	纳粹分子上台	德国走向军国主义道路
1939—1945年纳粹德国	国家社会主义的意识形态纲领	德国人的民族主义再一次被唤起，发动了第二次世界大战	战争没有带来统一和财富，德国被分裂为东西两部分，国家主权被分裂
1945年至今德意志联邦共和国	政治民主体制；经济发展成就；相联结的"德国意识"与"欧洲意识"	德国实现了和平发展	国际地位提升，成为欧洲大国

资料来源：笔者根据相关资料整理。

　　缺乏统一的国家维系纽带使德国不得不选择文化民族主义式的国家构建路径。而这一国家构建路径与德国独特的经济社会状况相结合，尤其在当时德国资产阶级软弱的经济社会背景下，文化民族主义所带来的"文化自觉"容易被政治强人所利用，造成极右翼的意识形态发展，加剧国家发展的断裂性，国家认同无法得到稳定的构建。而二战之前，德国国家政体经历了三次更迭，政体的更迭使尚未稳固的国家认同又被推翻，持续与稳固的国家认同并没有在德意志的土地上得到有效建立，从而使得德国的国家认同较之传统的政治民族主义国家要弱。

　　其一，文化民族主义过分强调本民族身份，很容易为极端主义思想提供温床。知识分子为了德意志民族统一的需要而过分地强调德意志民族精神和民族性，最后使德国民族主义思想与理论激化成民族偏见与种族优越的论调。知识分子片面强调德意志民族的优秀，其本意是要唤醒德意志民族的意识，激励德意志民族反对拿破仑的民族压迫，争取民族独立，消除长期以来的民族自卑感，增强德意志民族的自信心。"这种典型的原生形态

---

① 李伯杰：《"一个麻烦的祖国"——论德意志民族的德国认同危机》，《清华大学学报》（哲学社会科学版）2010年第2期，第112页。

的文化民族主义就是在民主政治与资本主义经济已经有一定的发展基础但又相对落后于其他民族时诞生的一种新兴思潮",[①] 体现了知识分子作为民族文化精英的代表试图通过重建本民族文化特性来巩固民族文化身份的一种尝试与斗争。然而，这些宣传与号召在唤起民族凝聚力的同时，也不可避免地带来了一系列副产品，即容易滑入民族偏见与民族仇恨的桎梏之中，甚至进一步发展成为种族主义，这种倾向也非常明显地体现在了德国的国家政策变迁之中。1871 年，俾斯麦以"现实政策"完成了近代德国的统一，作为欧洲民族国家体系中的"迟到者"，德国的民族主义带有很强的抗争特色。"现实政策"由路德维希·冯·罗霍夫在 1853 年提出，指希冀德国增强实力并根据国家实力及国家利益的衡量实现统一并制定外交政策，表露出德国作为"迟到者"急切想要得到应该被承认的大国地位。19 世纪 90 年代后期，"世界政策"成为德意志帝国的对外政策。随着实力的膨胀，威廉二世将德国从谋求欧洲霸权的轨道拉到了谋求世界霸权的轨道之上，抛弃了"大陆政策"。1895 年 1 月，威廉二世曾公开宣称"德意志要成为世界帝国"，德国也因而开始大力扩张殖民地，扩建海军，试图挑战英法等老牌帝国主义国家，重新瓜分世界。

如上所述，脱胎于确立"文化自信"的文化民族主义国家构建路径往往过分强调自身民族的至高无上性。尤其是在民主制度发展尚有欠缺的情况下，不受制约的政治领导与极端的民族主义倾向使得民族国家构建更容易受到操纵、诱导，甚至给国家带来严重灾难。而这种民主制度发展的极不健全恰恰也是德国在二战之前所面临的状况，下文将对这一点进行更为详尽的论述。事实上，德国的历史发展也向我们展示了德意志民族国家构建历程中的一波三折，民族国家构建一度走入军国主义与纳粹主义误区。

其二，德国并不健全的民主制度环境扩大了文化民族主义的负面影响，使民族国家构建更为脆弱。德国在由封建生产方式向资本主义过渡的过程中，容克地主阶级的政治经济力量并没有得到彻底的拔除，这些力量反而在三次王朝战争中发挥了重要作用，地位甚至得到了一定程度的加强。"因而，在这样的时代背景之下，德国所建立的君主立宪制中'君主'是实而

---

① 王联：《世界民族主义论》，北京大学出版社，2002，第 50 页。

'立宪'是虚，反民主的普鲁士军事官僚专制体制便得到了良好的生长环境。容克资产阶级就是用这种政治体制统治着德意志帝国，庇护着德国资本主义的发展。"[1]

英国、法国式正常的、健全的政治民族主义发展道路往往遵循的是经济—政治—文化的路径，即资产阶级经济力量首先觉醒，成长为社会的一支重要力量，并试图获得更多的政治权力，在成功建立起自身的民族国家后，"又进一步加强本民族统一的资产阶级自由主义文化认同，与民主主义结合的西欧民族主义是近代西欧国家建立的巨大动力"。[2] 所以，西欧的启蒙运动对于英法及大多数依靠政治民族主义建国的国家而言，不仅仅是文化上的复兴，更彰显了一个不断壮大的资产阶级希望通过日益健全的民主政治对王权进行限制，从而实现其在政治、经济上的诉求。反观德国，情况则截然不同。

不同于英法革命中的小资产阶级与中产阶级在推翻君主专制、争取经济权益的过程中发挥了中坚作用，德国资本主义的代表——德国近代新兴的大资产阶级和资产阶级化的容克贵族才是德国统一的主导力量，并最终通过俾斯麦领导的普鲁士王国所发动的三次王朝战争建立了民族国家。稚嫩的新兴资产阶级难以担当起革命领袖的角色，并将其倡导的文化民族主义落实为政治上的实践，统一的德国国家因而也最终通过"自上而下"的方式由以俾斯麦为代表的德意志精英贵族通过铁与血打造出来，而并非市民阶级发挥重大作用的结果。而俾斯麦的现实主义政治哲学在之后的二十年中左右着德国的内政外交，似乎在国际舞台上又重新唤醒了德意志人的"自尊"和"自信"。不同于英法式经济—政治—文化的资产阶级革命与民族国家建立路径，在德国式文化—政治的路径当中，民主主义并没有得到充分发展，政治强人的理念往往能够左右国家发展且很少受到制约，德国统一之后容克阶层仍然能在德国的政治经济社会中发挥举足轻重的作用。软弱的德意志资产阶级发现无法依靠自身力量实现建立民族国家的愿望后，虽然反对封建专制却不能与之决裂，不得不将建立民族国家的种种希望寄

---

① 科佩尔·S. 平森：《德国近现代史》上册，范德一译，商务印书馆，1987，第40页。
② 王联：《世界民族主义论》，北京大学出版社，2002，第60页。

托在封建君主身上，一再满足于对专制旧制度的退让妥协和改造。德意志文化民族主义这种自我矛盾的特性无疑也深深影响了德意志民族主义在之后数十年的发展以及德意志国家历史的发展进程。

简而言之，德国的民族主义者希望能够将德国打造成一个资产阶级民主制国家，但历史背景与社会条件的限制，尤其是缺乏法国大革命那样的阶级基础，却似乎注定了二战以前的德国是一个难以发生英法式资产阶级民主革命的国家。他们渴望实现政治统一，国家却持续分裂、落后。即便刚建立了统一的德意志民族国家，但由于容克贵族与封建残余势力仍然掌握德国政权以及经济命脉，新兴资产阶级仍然处于经济上的弱势地位，能够发挥的作用变得异常有限。正是在这种特殊的背景下，德意志知识分子无法依照其设想，将自己的建国理想交付于政治精英并通过国家政权的力量实现，大量封建势力与德国资产阶级本身的软弱性使得德国当时并不存在这样的"下家"来延续文化民族主义式的建国理想。知识分子仍然只能徘徊在政治体系的边缘地带，国家依旧由政治军事强人与贵族主导。而这种对国家至高无上的崇拜再辅之以德国当时并不健全且缺乏有效制约的政治体系，其结果是右翼势力兴起，德国开始通过强硬的扩张主义政策谋求世界霸权。

四　二战经历及对战败的反省为协调
两种认同提供机遇

二战后的德国反思历史，积极融入欧洲，投入欧洲一体化建设的进程中。在德国精英和民众看来，只有成为欧共体一员，认同欧洲，才是德国未来之路。1990 年，随着冷战的结束，德国统一为独立的主权国家，可以说，德国建立真正民族国家的历程，到 20 世纪末才算完成。这个"迟到的民族国家"通过联合欧洲各国得到了和平和统一，重新获得了平等的国际地位，德国民众对于欧洲的认同感也在这个过程中逐步加深。而统一后的德国，也仍然坚持走一条"欧洲主义"的道路，真正使自身成为"欧洲的德国"。

1. 二战后德国的"克制文化"与欧洲政策

德国外交政策的法律基础和基本方针在《基本法》前言中有明确的规

定："在统一的欧洲内为世界和平服务。"① 而二战战败国的身份以及随时可能再次卷入军国主义漩涡的危险不仅悬在德国之上，更是悬在整个欧洲之上。因而，德国主动选择与欧洲相融合也是最符合其国家利益之举。德国选择放弃德国马克而推动欧洲经济一体化进程，也并不仅仅是出于利他的目的，这一"自利性"政策向"公益性"政策的转变，增强了德国的区域政治领导力，使德国能够团结欧洲货币伙伴进行统一的经济行动。而它自身也能够通过信誉塑造和利益供给洗刷自身的战败国身份，成功地建立区域政治公信力。

在第二次世界大战后的较长时期内，德国的政治精英们更倾向于持有一种欧洲认同的观念，即认为只有通过欧洲联合，才能确保其在国际舞台上继续发挥重要作用，而德国也才能因此发挥积极作用，就是说，德国离不开欧洲，也不能离开欧洲。这是二战后德国一直秉持的思想，也是从阿登纳政府时期起所追求的目标。在这样一种"克制文化"的背景下，德国不再选择推翻已有的欧洲秩序，而是充当美国忠实的跨大西洋伙伴与西欧诸国的友好邻国。这样的角色定位使得德国必须放弃第三帝国时期充满修正主义与单边主义色彩的帝国政策，转而寻求一种"克制"的战略文化，在尊重地缘政治现状的前提下，努力融入欧洲一体化过程，甚至担任欧洲一体化的先导，真正成为一个"好欧洲人"。

2. 欧洲认同与德国认同的交织融合

"经历了二战的灾难之后，德国人对自己的民族认同开始了意义深远的建构。20 世纪 50 年代，在联邦德国政治精英和民众中出现了一种共识，德国的未来在欧洲，德国的重要利益在欧洲一体化中才能充分体现。"② 从阿登纳政府时期开始，德国一方面寻求自身的统一、长远安全与发展，重新赢回国际社会对德国的信任；另一方面，在原有民族认同已然崩溃的情况下，为重新定义自己的身份寻找出路，德国最终选择了加入西方联盟，主动寻求同邻国的和解，直到之后发展出独立的"新东方政策"。而这种将"欧洲认同"与"国家认同"相糅合的过程，由德国的政治精英与官方政府

① 戴启秀：《德国对外关系发展述评》，李乐曾、郑春荣主编《德国发展报告（2012）》，社会科学文献出版社，2012，第 204 页。
② 邢来顺：《德国文化解读》，济南出版社，2005，第 49 页。

倡导，并通过德国的国内政策与欧洲政策体现出来，最终不断固化德国所拥有的双重认同，直至今日，二战失败给德国塑造的克制文化与和平文化仍然将德国与欧洲紧紧捆绑在一起。根据欧洲晴雨表的有关调查，在有关"什么是欧盟建立产生的最积极结果"这一项上，德国民众在欧元、自由开放市场等指标上认同度较低，但始终认为"和平"是欧盟所带来的最积极意义，在2015年春的最新调查中，持这种看法的德国民众比例已经高达72%，已经连续5年位居欧盟第一。

五　德国经验提供了一个理解民族国家认同与欧洲认同共存的新视角

在探讨"民族国家认同"与"欧洲认同"的关系时，以"物质主义"作为理论内核的理性选择视角与功能主义视角往往占据主流地位。这两类理论最为典型之处在于将民族国家认同向超国家认同的转化视为利益或是个人、社会需求的结果，大多是因为超国家制度比民族国家更好地满足了这些需求。[1] 对于功能主义者来说，"效率"是解释认同转移的核心概念。人们更倾向于认同那些在某些特定功能上更有效率的新制度。根据范勇鹏在《欧洲认同的形成——一个新制度主义的解释》[2] 一文中所做出的经验分析，在1993年《马斯特里赫特条约》生效之前，利益因素与欧洲认同的发展水平高度相关，但是在不同的国家群，分别在1995年或1998年之后出现了利益因素与欧洲认同发展趋势的背离。这种经验论证的结果无疑也符合常规的主权国家向超国家机构让渡权力的基本路径与发展过程。[3] 从这个意义上而言，现实政治中的民族国家认同与超国家认同更像是一种零和的关系，民族国家在功能性合作中让渡一部分认同给超国家机构，则必然导致自身认同的减少。然而，德国民族认同与欧洲认同的统一性实则为我们理解超国家认同与民族国家认同的发展、共存提供了一种新视角，德国的民族国家认同与欧洲认同在二战之后产生之初即是相伴而生的，两者随着时

---

① Ernst Haas, *The Uniting of Europe: Political, Social and Economic Forces, 1950—1957* (Stanford: Stanford University Press, 1958), p. 16.

② 范勇鹏：《欧洲认同的形成——一个新制度主义的解释》，《世界经济与政治》2008年第2期。

③ 马胜利、邝杨：《欧洲认同研究》，社会科学文献出版社，2008，第204页。

间的推移不断增强，具有一定的和谐性与统一性。具体而言，这种差异简
要体现在图 3 中。当然，正如前文对"统一性"的定义所述，这种统一性
并不意味着两种认同之间的界限已经完全消失，而只是说明由于德国自身
的这种双重认同特性，使得其与欧洲内部其他主权国家的认同模式构建相
比呈现出非常显著的差异性。

一般的民族国家认同与欧洲认同（超国家认同）发展路径

二战后德国的民族国家认同与欧洲认同（超国家认同）发展路径

图 3　不同的民族国家认同与欧洲认同（超国家认同）发展路径对比

随着德意志民族国家在 1990 年最终完成统一，民族国家在德意志土地
上更加迅速地茁壮成长，经济的繁荣发展与政治民主体制的日趋稳定是否
会使德国走出二战前的发展误区，走上一条更为健康的民族国家发展道路？
而德国在现实政治中的实践，尤其是在欧债危机与难民危机中首先担负起
责任会不可避免地影响国家利益与人民生活，又是否会消弭德国的欧洲认
同？德国双重认同的发展走向关乎欧洲一体化进程与欧洲的和平稳定，值
得继续关注和研究。

民主德国统一社会党"两个民族理论"的理论探索

——以《新德意志报》（1971—1989）为基础

范继敏[*]

一 引言

20 世纪 70 年代，美苏冷战缓和。为了避免陷入外交孤立，更为了避免两德分裂成为定局，联邦德国勃兰特政府奉行"新东方政策"，试图"以接近求转变"，承认了民主德国存在这一事实。民主德国一方面坚定地要求联邦德国在国际法意义上承认民主德国这个国家；另一方面，为建设发达的社会主义社会，也开启了与联邦德国对话与交流的大门。两德签订了经济、文化、通信、技术等方面的一系列条约，加强双方经贸文化交流，翻开了两德关系新篇章。于联邦德国而言，两德频繁交往，为强势的联邦德国向民主德国输出资本、技术、意识形态助力。于民主德国而言，对联邦德国开门迎客，却是祸福相依。

受两德统一、民主德国不复存在这一历史结局影响，民主德国的德国政策、意识形态等相对不受学界重视。[①] 针对 20 世纪 70 年代后两德关系史

---

[*] 范继敏，北京大学历史学系德国史专业 2018 级博士研究生。

[①] 参见邓红英《民主德国德国政策的演变（1949—1990）》，湖北人民出版社，2009。

的研究,一方面,侧重点在联邦德国的"新东方政策",对民主德国的德国政策分析较少;另一方面,关于民主德国的德国政策研究,缺乏对政策形成机制、国家意识形态的分析。而要全面、不偏不倚地了解这段历史,对民主德国的德国政策与意识形态进行实证研究十分必要。就民主德国而言,官方意识形态渗透在国家行为、社会生活的方方面面,对外充当捍卫政权合法性,抵抗联邦德国打文化民族牌、搞资本攻势的重要武器;对内是社会主义建设的强心剂和社会凝聚力的黏合剂。因此,了解民主德国的官方意识形态,能够帮助我们更加客观、准确地理解民主德国的德国政策。

1971 年 6 月,在统一社会党(简称"统社党")第八次全国代表大会上,新任总书记昂纳克正式提出了"两个民族理论",即在社会主义的民主德国形成了一个社会主义的民族,而在帝国主义的联邦德国,资本主义民族继续存在。"两个民族理论"构成了 1971—1989 年民主德国内政外交政策的重要理论基础和官方意识形态背景,因而可以作为我们理解民主德国德国政策的一个切入点。国力日渐强盛的联邦德国始终是民主德国政权的巨大威胁,如何建构区别于联邦德国的自我边界、抵制联邦德国的文化民族主义攻势,是维护民主德国政权的关键所在。"两个民族理论"并非科学意义上的民族理论,作为一种官方意识形态,其功能就是建构区别于联邦德国的自我边界。

作为统社党中央委员会中央机关报,《新德意志报》由领导层直接控制,充当官方意识形态的传声筒,是民主德国官方最重要、影响最广泛的党报。1971—1989 年,民主德国领导层和理论家许多涉及"两个民族理论"的报告与理论文章发表于《新德意志报》。因此,《新德意志报》可以作为我们了解"两个民族理论"的可靠资料。全面梳理《新德意志报》中对"两个民族理论"的理论探索,可以解读民主德国在民族与统一问题上的官方意识形态。

二 "两个民族理论"的发展演变和理论探索

(一) 历史分期与"两个民族理论"的发展演变

"两个民族理论"形成与发展的过程中,民主德国的理论家们在统一社会党领导层授意下，开展了民族问题大讨论。瓦尔特·施密特将民族问题讨论分为三个阶段：第一阶段从 1970 年到 1974 年 10 月，理论家们强调社会主义的民主德国与资本主义的联邦德国之间在社会政治方面的对立，已经完全渗透到民族问题上；第二阶段从 1974 年 12 月到 20 世纪 70 年代末期，承认了种族因素在民族构成、发展中的地位；第三阶段是整个 20 世纪 80 年代，民族问题在政治和科学谈论中失去了意义，关于民族问题的固定立场保留在政治政策方面，不再质疑社会主义民族的论点，反而希望通过展现一个确切的、宽广的历史图景，促进民主德国的身份认同。①

本文在这个历史分期的基础上，根据《新德意志报》中关于"两个民族理论"的理论探索内容，将"两个民族理论"的发展演变分为两个阶段：第一阶段从 1971 年到 1974 年 10 月；第二阶段从 1974 年末到 1989 年 11 月柏林墙开放。

1. 第一阶段：从 1971 年到 1974 年 10 月

第一阶段，从 1971 年统社党第八次全国代表大会筹备期开始，到 1974 年 10 月对《德意志民主共和国宪法》进行第二次修改，理论侧重点为民族的社会主义性质。

国际方面，20 世纪 70 年代，美苏冷战趋于缓和，联邦德国奉行新东方政策，打"文化民族"牌，"以文化的完整性弥补政治的分裂对立"，② 在外交政策、意识形态上，向民主德国展开攻势。1970 年 8 月 12 日，联邦德国和苏联缔结了《德苏条约》，宣布奥得河—尼斯河边界、两德现存边界不可侵犯，③ 为民主德国与联邦德国进一步展开对话谈判开辟了道路，但也使民主德国意识到，苏联对民主德国并不是毫无保留地支持。④

国内方面，1971 年统社党第八次全国代表大会上，埃里希·昂纳克成

①　Schmidt, Von Walter, "Nationsdiskussionen in der DDR in den siebziger und achtziger Jahren: Das Zwei-Nationen-Konzept und sein Scheitern," in Heiner Timmermann Hrsg., *Nationalismus in Europa nach 1945* (Berlin: Duncker & Humblot, 2001), S. 71.

②　彭滂沱：《德国问题与欧洲秩序》，台北：三民书局，1992，第 182 页。

③　《联邦德国东方政策文件集》，龚荷花、祝逸清、马灿荣、蒋建清译，中国对外翻译出版公司，1987，第 8 页。译自《联邦政府缓和政策文件集》第 1 册《东方政策》，联邦德国新闻局，1981。

④　在《德苏条约》中，联邦德国只是承认民主德国的事实存在，苏联在联邦德国没有在国际法意义上承认民主德国的条件下，就与联邦德国缔结了该条约。

为新任统社党中央委员会总书记。为维护、巩固民主德国政权,应对联邦德国的外交和意识形态攻势,昂纳克提出"两个民族理论",肯定民主德国建国以来的建设成就,突出两德之间的对立。为避免在对联邦德国外交中处于被动守势,民主德国主动与联邦德国开展外交谈判。1972 年 12 月 21日,两德签订《基础条约》,联邦德国承认了民主德国的现实存在,却没有在国际法意义上承认民主德国是个主权国家,双方分歧犹在。对民主德国来说,《基础条约》为它和世界上其他非共产主义国家建立外交关系扫清了障碍。"1972—1974 年,民主德国几乎同世界上所有国家建立了外交关系。"① 1973 年,联邦德国和民主德国成为联合国成员国。

1974 年 10 月,值建国 25 周年之际,既为在法律上肯定民主德国的政治、经济、文化、社会、外交成就,也为在两德之间日益频繁的经贸、人员往来中彰显、巩固政权合法性,民主德国修改了宪法,将第一条中"民主德国"的定义由"德意志民族的社会主义国家"改为"工人和农民的社会主义国家",删去第八条中"两个德意志国家相互靠拢,直至统一"的内容。

从 1971 年到 1974 年 10 月,民主德国经历了领导人换届,两德关系在缓和的国际局势中步入新阶段,开始进行趋于正常的经贸往来,民主德国相继取得了一系列外交成就。与之对应,此阶段的"两个民族理论"适应了两德关系新发展的背景,为了维护政权合法性,相比于德意志身份,民主德国更加强调国家与民族的社会主义性质,并落实到 1974 年宪法中。

2. 第二阶段:从 1974 年末到 1989 年 11 月

第二阶段,从 1974 年末统社党第十三次中央委员会全体会议,到 1989年 11 月柏林墙开放。这一阶段的"两个民族理论"考虑到了民族的德意志属性,即在民主德国形成了"社会主义的德意志民族"。

到 70 年代中旬,1971 年统社党第八次全国代表大会提出的经济、社会福利、文化建设方面的计划付诸实施,民主德国在建设发达的社会主义社会中成就显著,为社会主义身份奠定了物质基础。在民族问题上,"两个民族理论"提出后,官方没有清楚地阐明社会主义性质和德意志民族性质之

---

① Werber, Hermann, Hrsg., *Dokumente zur Geschichte der Deutschen Demokratischen Republik 1945 – 1985* (München: Deutscher Taschenbuch Verlag GmbH & Co. KG, 1986), S. 318.

间的关系，理论家们则带有很强的目的性，即将该理论合法化，却很少批判、检验该理论。1974 年新宪法删去了大多数与民族相联系的内容，这一历史虚无主义的做法遭到了人民的质疑和反对。人们开始向理论家们询问：民主德国的公民究竟是否还是德意志人？此外，民主德国内部出现了一些"去德意志化"的极端表现。① 与此同时，外交上的一系列成就，逐渐增强了民主德国作为德意志民族代言人之一的底气。《基础条约》的签订，表明联邦德国放弃了德意志民族的唯一代表权。因此，在处理国际关系，尤其是涉及社会主义国家和联邦德国的问题时，民主德国领导层开始表现出越来越强烈的民族意识。②

在这种内外背景之下，1974 年 12 月，统社党第十三次中央委员会全体会议上，昂纳克宣布：民主德国代表社会主义的德国，绝大多数的民主德国公民，在族群（Ethnie）意义上（Nationalität）是德意志人。至此，民主德国在强调社会主义性质时，也承认了民族的德意志属性。1976 年统社党第九次全国代表大会通过了新党纲，"社会主义的德意志民族"的表述被写入新党纲。1978 年，两德就现行边界签订议定书，民主德国的领土边界得到联邦德国的承认和尊重。

进入 20 世纪 80 年代，两德在交通、通信、经济技术合作等方面缔结了一系列条约，双方关系继续发展。民主德国仍旧把得到联邦德国国际法意义上的承认当作外交政策目标，1981 年统社党第十次全国代表大会上，昂纳克重申"哥拉谈话"③，要求联邦德国不要忽视民主德国的主权独立，尊重、承认德意志民主共和国国籍。但联邦德国始终坚持"民族自决基础上的统一"，坚称两德关系是"德国内部的特殊关系"。在 80 年代既深化合作

---

① "原本政府机关名称及出版品内容中之德国、德国人民等字样，均改为东德、东德人民——除了共党党纸《新德国报》外。东德国歌因有'德国，统一的祖国'一句，故被禁唱，改为演奏或哼曲的方式表达。"见彭滂沱《德国问题与欧洲秩序》，第 184 页。

② Schmidt, Von Walter, "Nationsdiskussionen in der DDR in den siebziger und achtziger Jahren: Das Zwei-Nationen-Konzept und sein Scheitern," in Heiner Timmermann Hrsg., *Nationalismus in Europa nach 1945*, S. 67.

③ 1980 年 10 月 13 日，昂纳克在哥拉市发表谈话，肯定了民主德国和联邦德国双边关系发展取得的成就，同时也指出，两德关系正常化中仍存在很多问题，认为联邦德国违背了《基础条约》，没有尊重民主德国的主权，要求联邦德国坚持尊重主权、互不干涉内政的原则，尊重德意志民主共和国国籍，在国际法意义上承认民主德国。详见 Werber, Hermann, Hrsg., *Dokumente zur Geschichte der Deutschen Demokratischen Republik 1945 – 1985*, S. 373 – 374。

又矛盾突出的背景下，民主德国继续坚持"两个民族理论"，但理论探索明显变少。领导层集中精力于现实主义的外交策略，而理论家们的重心则在于推进民主德国的身份认同。1989 年 11 月民主德国政府被迫开放两德边界。① 鉴于国内外危机，在坚持民主德国政权合法性的前提下，民主德国承认"两个民族理论"有些高估现实社会生活对民族形成的影响。②

综上，从 1974 年末到 1989 年 11 月，"两个民族理论"探讨了社会主义性质和德意志属性之间的关系，开始承认并从德意志历史中找寻德意志身份。

（二）"两个民族理论"的理论探索

1. 从 1971 年到 1974 年 10 月：社会主义的民族

这一时期，社会主义被认为是民族的基本性质。"两个民族理论"的基本表述为：民主德国发展出了一个社会主义的民族，在联邦德国，旧的资本主义民族继续存在。理论探索以《共产党宣言》为合法性基础，以阶级斗争理论为理论基础。理论探索重心是社会主义性质，强调民主德国与社会制度相对立的联邦德国在民族和国家层面上的对立。

第一，从理论与现实的关系入手，通过引用《共产党宣言》中的说法，以阶级斗争理论为基础，将其与民主德国的社会主义现实相结合，阐明民主德国社会主义民族的形成机制，论证其合法性。马克思、恩格斯在《共产党宣言》中做出论断："民族问题永远是阶级问题，民族的性质由占统治地位的阶级所决定，无产阶级通过夺权，将民族的发展实质性地带到一个新层次。"③ 在民主德国，工人阶级夺取政权，成为民族中占统治地位的阶级，在社会主义革命和建设社会主义社会的过程中，一个新的民族形式——社会主义民族在民主德国形成了。④ 这么一来，民主德国的社会主义民族，并非无源之水、无本之木，不是统一社会党的凭空想象，它是《共产党宣言》中民族理论的现实反映，具有合法性。

---

① 汉斯·莫德罗：《我眼中的改革》，马细谱、余志和、赵雪林译，中央编译出版社，2012，第 179 页。
② "Chance offener deutscher Zweistaatlichkeit," *Neues Deutschland*, 29. 12. 1989.
③ "Die Lösung der nationalen Frage im Sozialismus," *Neues Deutshland*, 16. 03. 1973.
④ "Die Lösung der nationalen Frage im Sozialismus," *Neues Deutshland*, 16. 03. 1973.

第二，为了清楚地解释民主德国的社会主义民族形成机制，民主德国理论家根据唯物主义史观，粗线条地描绘了世界历史进程，然后将世界历史发展的一般规律具体化，大致梳理了德国的历史进程。由于资产阶级和无产阶级之间存在不可调和的矛盾，世界历史进程必然是从资本主义向社会主义过渡。① 具体到德国的历史发展过程，资产阶级的德意志民族，在从封建主义向资本主义过渡时产生，在 1871—1945 年，存在于一个统一国家的框架之下。② 二战后，德国大资产阶级出于对革命的畏惧，与帝国主义国家结盟，在 1949 年建立了联邦德国，③ 后来，联邦德国成为北约成员国，代表了旧的资产阶级的德意志民族。④ 民主德国则继承了德意志历史的优良传统。在民主德国，工人阶级与农民和其他劳动阶层联合，居于统治地位。因此，德意志历史的现状是，帝国主义的联邦德国和社会主义的民主德国并存。

第三，基于德意志历史发展进程，民主德国理论家阐明了社会主义民族的特征。社会主义民族是在工人阶级的领导下形成的社会主义的人类共同体。⑤ 民主德国是有主权的社会主义国家，⑥ 建立了拥有领土的工农政权，这是社会主义民族的政治基础；实现了社会主义的生产关系，即生产资料的公有化，这是经济基础；民主德国的各阶级，在工人阶级的领导下，友好共存，这是阶级基础；民主德国的主流文化是以马列主义为核心的意识形态和新型社会主义的民族文化，这是社会主义民族的民族文化。⑦ 历史文化瑰宝继续存在于社会主义的民族文化中，并迎来一个新的全盛期。⑧ 由于无产阶级的国际主义性质，社会主义民族也具有国际性，是社会主义民族共同体中不可分割的一员，⑨ 推进社会主义经济一体化，有利于建设强大的

---

① "In der DDR entwickelt sich die sozialistische Nation," *Neues Deutschland*, 03. 07. 1973.

② "Zur nationale Frage," *Neues Deutschland*, 14. 01. 1971.

③ "Sozialistische Nation unter Führung der Arbeiterklasse," *Neues Deutschland*, 29. 05. 1973.

④ "Zur nationale Frage," *Neues Deutschland*, 14. 01. 1971.

⑤ "Zwei entgegengesetzte Wege," *Neues Deutschland*, 18. 01. 1971.

⑥ "Die Lösung der nationalen Frage im Sozialismus," *Neues Deutshland*, 16. 03. 1973.

⑦ "In der DDR entwickelt sich die sozialistische Nation," *Neues Deutschland*, 03. 07. 1973.

⑧ "Sozialistische Nation unter Führung der Arbeiterklasse," *Neues Deutschland*, 29. 05. 1973.

⑨ "Ein für beide Seiten fairer Grundlagenvertrag: Abgeordneter Wolfgang Rösser für die Fraktion der NDPD," *Neues Deutschland*, 14. 06. 1973.

民主德国，保障欧洲安全，维护世界和平。①

第四，一方面，联邦德国成为北约成员国，加入了美帝国主义的全球战略；另一方面，民主德国成为一个主权国家，开展了社会主义建设。因此，两个国家、两种社会制度之间，完成了国家层面的分离过程，民主德国与联邦德国是两个互不依赖的主权国家。《基础条约》的签订表明，社会制度相对立的两个德意志国家并存的状态被承认，两国之间建立了国际法意义上正常的国家间关系。②

据此，"两个民族理论"的具体含义逐渐显现出来。首先，共同的语言、文化传统，并不必然意味着奥地利、瑞士、民主德国和联邦德国都属于一个民族。③ 进而言之，民主德国与联邦德国在民族问题上存在分歧。④ 其次，经过 25 年的发展，在民主德国形成了社会主义的民族，民主德国通过这个民族身份，构建了自我边界，与联邦德国和联邦德国的资本主义民族相区别。在此意义上，一个统一的德意志民族不再存在，⑤ 民主德国不是通过一些民族因素与联邦德国相联系。再次，在民族问题上，反对联邦德国宣称的"民族的统一"，抵制联邦德国的民族主义。该理论基于这样一个判断：联邦德国的民族主义实质是帝国主义，是资本主义的趋利行为，目的是分裂国际共产主义运动和社会主义世界体系中的国家，消灭社会主义性质的民主德国。⑥ 最后，民主德国的社会主义民族是世界社会主义民族共同体的一部分，民主德国是社会主义国家阵营中不可分割的一员。帝国主义与民族本身就存在矛盾，因为帝国主义会煽动民族之间的矛盾。⑦ 社会主义民族之间则友好相处，组成了社会主义民族共同体。

2. 从 1974 年末到 1989 年 11 月：社会主义的德意志民族

这一时期，"两个民族理论"的探索开始深入，既进一步细化两德的民

---

① "In der DDR entwickelt sich die sozialistische Nation," *Neues Deutschland*, 03. 07. 1973.

② "Ein für beide Seiten fairer Grundlagenvertrag: Abgeordneter Wolfgang Rösser für die Fraktion der NDPD," *Neues Deutschland*, 14. 06. 1973.

③ "Sozialistische Nation unter Führung der Arbeiterklasse," *Neues Deutschland*, 29. 05. 1973.

④ "Ein für beide Seiten fairer Grundlagenvertrag: Abgeordneter Wolfgang Rösser für die Fraktion der NDPD," *Neues Deutschland*, 14. 06. 1973.

⑤ "Zur nationale Frage," *Neues Deutschland*, 14. 01. 1971.

⑥ "Die Lösung der nationalen Frage im Sozialismus," *Neues Deutshland*, 16. 03. 1973.

⑦ "Ein für beide Seiten fairer Grundlagenvertrag: Abgeordneter Wolfgang Rösser für die Fraktion der NDPD," *Neues Deutschland*, 14. 06. 1973.

族差别，又承认两德有共同的族群意义上的德意志民族属性，即在民主德国形成了一个社会主义的德意志民族。

第一，理论家廓清了民族这个概念。首先，民族属于历史范畴，其产生和改变依赖于具体的历史条件。美利坚民族和奥地利民族的形成就是明证。[1] 其次，民族是经济的、社会政治的、意识形态发展进程的产物，也是资产阶级领导的人民群众和封建贵族之间、以资产阶级革命为高潮的阶级斗争的产物。最后，商品生产和商品交换的经济关系的形成和确立，民族市场的发展，为民族的产生和发展奠定了决定性的基础。资本主义民族的形成，就是由上升中的资本主义的经济的、政治的、国家的发展需求所决定。[2] 而联邦德国的理论家试图将民族神秘化为永恒的东西，将民族描述为一种脱离了阶级斗争的东西，[3] 这是有政治目的的。

第二，不同于前一阶段笼统的历史叙事，民主德国理论家对德意志民族的历史进行了细致的梳理，为社会主义的德意志民族找寻历史根基，继续强调、重申民主德国与联邦德国之间的对立和分离。"德意志民族是一个资本主义性质的民族，在长期的历史发展过程中产生。在德国，资本主义的民族形成于15世纪与16世纪之交，跟资本主义生产关系的形成和传播有关……德意志资产阶级通过资本主义的发展和先进的资本主义民族文化的形成，促进了民族的形成。虽然资产阶级是奠定民族的经济基础的主力，但是，他们没有在消灭封建力量的斗争中，担负起统治者的责任。……1848—1849年的资产阶级民主革命极大地推动了德意志资本主义民族的形成。但是，由于德意志资产阶级的历史失误，革命受到重创。1870—1871年，德意志帝国建立，资产阶级的德意志民族正式形成。资产阶级的德意志民族国家是以由普鲁士容克贵族领导的自上的革命道路实现的。容克贵族和大资产阶级的反动统治，激化了资本主义民族内部的特殊矛盾，严重影响了德意志民族的发展道路。统治阶级旨在扩张和占领的侵略政策，两

---

[1]　"Ein Wendepunkt in unserer Geschichte," *Neues Deutschland*, 13. 12. 1974.

[2]　Kosing, Alfred, und Walter Schmidt, "Nation und Nationalität in der DDR," *Neues Deutschland*, 15. 02. 1975.

[3]　"Unsere Nation ist Ergebnis der Epoche," *Neues Deutschland*, 22. 07. 1981.

度把德意志民族投入战争的深渊。"① 而无产阶级伴随资本主义工业产生，是资本主义民族的一部分，必须在民族的框架下，为摆脱剥削和阶级统治而奋斗。二战后，联邦德国的大资产阶级走上了分裂道路，建立了一个分裂国家；民主德国的无产阶级和其他劳动者阶级联合起来，通过社会主义革命和建设，发展成一个民族。民主德国的社会主义的德意志民族，不仅在德意志历史中找到了根基，也找到了与联邦德国相区别的身份边界。

第三，为了将民主德国的民族状况与德意志历史联系起来，阐明民族的社会主义性质和德意志属性之间的关系，民主德国理论家引入列宁提出的族群意义上的民族（Nationalität）② 概念，民主德国的绝大多数公民，国籍是德意志民主共和国，在族群意义上是德意志民族（Nationalität）。民族（Nation）包含了经济、社会、阶级和族群因素，其中经济、社会、阶级因素，永远起决定作用。族群意义上的民族（Nationalität）概念，只强调族群因素。也就是说，一方面，民主德国的社会主义的德意志民族（Nation），是社会主义性质和族群意义上的德意志属性的统一体；另一方面，在族群意义上，德语、共同的起源和生活习惯并不意味着两德公民同属一个民族（Nation），只说明两者有族群意义上的德意志民族（Nationalität）属性。联邦德国理论家仅仅把族群因素当作构成民族（Nation）的因素。

第四，在廓清两种民族概念、分析了构成民族的因素之后，民主德国理论家阐释了民族的演变机制。一个独立的经济、社会、政治发展过程，可以导致种族特征发生变化。"荷兰、瑞士和奥地利独立的社会和民族发展导致了种族特征差别的出现，在荷兰民族形成中，产生了独立的语言。"③在民主德国，社会主义生活方式还影响了思考、行为方式和风俗习惯。④

第五，民主德国理论家指出，"德意志的"（deutsch）这个形容词，通过和社会主义相联系获得了一个新品质，剔除了所有的反动性，继承了所

---

① Kosing, Alfred, und Walter Schmidt, "Nation und Nationalität in der DDR," *Neues Deutschland*, 15. 02. 1975.

② 本文中，对 Nationalität 这一民族概念的中文翻译，前面都会加上"族群（Ethnie）意义上的"这一限定语。如果单独出现"民族"二字，一律是指 Nation。

③ Kosing, Alfred, und Walter Schmidt, "Nation und Nationalität in der DDR," *Neues Deutschland*, 15. 02. 1975.

④ "Vom 9. Parteitag der Sozialistischen Einheitspartei Deutschlands," *Neues Deutschland*, 25. 05. 1976.

有的进步性。① 此论断体现了统一社会党对社会主义民族和德意志历史之间关系的理解：首先，民主德国是德意志历史和欧洲历史的一部分，社会主义的德意志民族，继承了历史上德意志民族的好的品质和德意志历史上先进的、人文主义的文化遗产，以及世界文化成就。其次，在联邦德国，资产阶级是统治阶级。攻击性、大国沙文主义，不是德意志民族性的罪过，而是资本主义社会的罪过。社会主义性质的德意志民族，自然不具备这些罪恶品质。最后，近30年来，一代人经历了最为艰辛的初创阶段，与帝国主义展开激烈斗争，以劳苦工作建立社会主义，这段历史是德意志历史的一部分，应该被铭记，这一代人的经验和知识应该传给子孙后代。

第六，民主德国理论家深化了对社会主义民族的国际主义性质的探索，阐明了民主德国的社会主义的德意志民族和其他民族之间的关系：民主德国的社会主义的德意志民族，其生存、发展离不开其他国家的社会主义民族的支持。② 社会主义民族都是欧洲和平的促进力量。

最后，我们可以总结出这一时期"两个民族理论"的具体内容：首先，民主德国与联邦德国产生了两个不同的民族，旧的资本主义的德意志民族在联邦德国继续存在，在民主德国，资本主义的德意志民族的一部分——无产阶级和在无产阶级领导下相互团结的各劳动阶层，经过社会主义变革，发展成了社会主义的德意志民族。这个民族概念由社会的、经济的、政治的、意识形态的因素所决定，同时包含种族因素。其次，民主德国与联邦德国在1945年以前有着共同的德意志历史，两国绝大多数公民同属于一个族群意义上的德意志民族（Nationalität），但两者继承了不同的历史遗产。再次，历史发展表明，民主德国已经是一个主权独立的国家，尽管两国人民都有德意志属性，但两国之间只能建立国际法意义上主权国家之间的关系。最后，民主德国的社会主义的德意志民族，由于其社会主义性质，以及社会主义民族的国际主义性质，与其他社会主义民族紧密相依。

---

① "Über das Wesen der sozialistischen Nation," *Neues Deutschland*, 26.05.1977.

② "Über das Wesen der sozialistischen Nation," *Neues Deutschland*, 26.05.1977.

三　结语

　　“两个民族理论”是民主德国官方在民族问题上官方意识形态的理论性表述，出于维护民主德国政权的根本目的，强调民主德国和联邦德国之间的对立，充当了民主德国用以应对联邦德国外交攻势的意识形态武器。具体而言有两个理论探索阶段：第一阶段从 1971 年到 1974 年 10 月，核心内容在于民族的社会主义性质，《共产党宣言》是其合法性来源，历史叙事比较粗线条，强调联邦德国和民主德国在国家层面的对立与区别；第二阶段从 1974 年末到 1989 年 11 月，兼顾民族的社会主义性质和种族意义上的德意志属性，详细阐释了社会主义的德意志民族与德意志历史的关系，对民族概念进行了深入剖析，引入了种族意义上的民族概念（Nationlität），将社会主义的德意志民族视为一个既容纳社会主义社会因素，又包含德意志种族因素的统一体，其中社会的、政治的、经济的因素，在民族性质中起决定性作用。柏林墙倒塌之后，统一社会党承认，“两个民族理论”有些高估现实社会生活对民族形成的影响 。

　　在“两个民族理论”的框架下，民主德国通过奉行务实的德国政策，心存戒备地与联邦德国在经贸、技术、交通开展有限度的交流与合作，以推动国内社会主义建设，同时，积极促进与联邦德国在维护欧洲和平方面达成共识，谋求国际地位的提高和联邦德国在国际法意义上的承认。此外，民主德国通过“两个民族理论”，强调与联邦德国的区别，回溯民族历史，建立自我边界，进行自我定位，促进社会整合，构建公民的身份认同。但是，由于社会主义建设没有为理论提供足够坚实的现实基础，“两个民族理论”对社会整合的作用终究是有限的。

德国绿党对北约的批判
（1980—2005）

程援探[*]

  诞生于 20 世纪 80 年代初的德国绿党，是西方新社会运动的产物。1983 年，绿党打破德国联邦议会 5% 的得票限制，进入联邦议会。1993 年，绿党与前民主德国的联盟 90 合并，成立了新的联盟 90/绿党。1998 年，绿党与社会民主党一起组成联合执政党并连续执政 7 年，实现了从在野党到执政党地位的历史转折。德国绿党自成立之初就将非暴力原则作为立党之根本。1980 年的第一个纲领明确指出："我们代表一种完整的理论，它与那种片面的、以要求更多生产为牌号的政治学是对立的。我们的政策以未来的长远观点为指导，以四个基本原则为基础：生态学，社会责任感，基层民主以及非暴力。"[①] 不同于传统政党在其源生时期或多或少表现出极端的、暴力的特点，德国绿党不主张通过暴力形式实现社会变革和其所提倡的生态革命。绿党的产生与发展使德国政坛出现一种新的政治色彩，为德国社会在新的历史条件下的发展增添了活力。

  从街头走向议会的德国绿党在整个欧洲乃至世界范围内都是十分具有影响力的政党。自建党以来，绿党就因其非暴力原则与和平主义政治纲领而对作为军事政治组织的北约持反对态度。本文试图探讨的是从 1980 年建

---

[*] 程援探，北京大学历史系德国史专业 2016 级硕士研究生。

① 弗·卡普拉、查·斯普雷纳克：《绿色政治——全球的希望》，石音译，东方出版社，1988，第 58 页。

党以来到 2005 年"红绿联盟"结束执政的这一时间段内，德国绿党对北约的态度和观念。

一　1980—1989 年德国绿党对北约的态度

（一）背景介绍

绿党的出现和发展依托于 20 世纪 60 年代以来西方国家产生的一系列群众性斗争运动。二战后西方社会经济迅速发展，传统的工业生产方式使整个自然环境超出其所能承受的限度而产生很多环境问题。环境恶化引发人们对环境问题的广泛关注，生态运动兴起；反叛的一代对资产阶级民主制度的不满引发了西欧主要国家的"68 学生运动"，其所释放出的反抗斗争精神成为新社会运动的思想动力；随着女性意识的进一步觉醒，一场新的妇女解放运动兴起于 60 年代中后期；在二战后的冷战格局中，美苏两个超级大国为争夺世界霸权而剑拔弩张，核试验和军备竞赛愈演愈烈，世界和平受到严重威胁。在这种大背景下，1980 年 1 月在德意志联邦共和国的卡尔斯鲁厄，德国绿党正式成立。1983 年绿党打破德国联邦议会 5% 的得票限制，成为议会第四大政党，不仅确立了在德国政坛的地位，也冲击了德国传统政党体系。

二战后，分别以美苏为首的北约和华约军事集团相继成立并形成尖锐对峙。20 世纪 50 年代，北约提出采取核威慑战略，维持全球战略平衡；六七十年代美苏关系日益紧张，核军备竞赛升级，两国开始在欧洲部署中程导弹；80 年代美国总统里根提出星球大战计划，苏联也大幅增加军备开支。二战后联邦德国第一任总理阿登纳推崇西欧一体化政策，1955 年《巴黎协定》生效，"西德开始具有主权独立国家地位；正式参加北约组织和西欧联盟，并开始重新武装"。① 自此，联邦德国成为北约重要成员国，在北约的武装力量建设、战略调整和北约发展的具体运作中发挥重要作用。从 80 年代到 90 年代初这一时期，联邦德国政府都坚持联盟政策，通过北约来维系

---

① 连玉如：《新世界政治与德国外交政策——"新德国问题"探索》，北京大学出版社，2003，第 211 页。

与美国的结盟关系，从而维护自身安全。

（二）基本认识：反对北约核威慑战略

20 世纪 50 年代北约为弥补与苏联在常规力量对比上的不足，提出加强核力量建设，建立"多边核力量"。"'多边核力量计划'的主旨是，在美国的帮助下，用核武器装备成员国（主要是欧洲成员国）军队，交给北约组织统一指挥。"① 在这样的背景下，联邦德国对北约的这一计划表示全力支持，积极争取装备核武器。在北约的核力量建设问题上，联邦德国的态度是热情而坚定的。而绿党则认为北约的核力量建设危害世界和平，反对军事联盟的对峙。绿党的"生态和平理念直指主流的威慑原则和均势战略"。"当联邦总理施密特鉴于当时的美苏、美欧关系，提出北约必须坚持核威慑战略，实现全球战略平衡的主张时，德国绿党针锋相对指出依靠军事均衡战略和威慑战略不可能保障持久的和平，并响亮地提出'和平宣言'。"② 因此，绿党在这一时期对北约的基本认识可以概括为：反对北约的核威慑战略，认为联邦德国应该摆脱美国和北约的军事化外交政策。

1981 年 10 月 2—4 日在奥芬巴赫召开的绿党联邦代表大会决议通过《和平宣言》，在该宣言中，绿党表达了对世界和平局势的深切担忧，并号召发起一个新的和平运动。绿党在谈及军事集团的对峙和北约组织时提到："我们希望从集团对峙的逻辑中解脱出来。我们的目标是一个无核的、非军事化的欧洲，一个不结盟和中立的欧洲。因此为了建立一个从波兰到葡萄牙的无核化的欧洲，我们支持'罗素和平基金会'③ 的号召。""通向不结盟的欧洲的道路需要联邦德国从北约逐步退出——正因为联邦德国与其他

---

① 刘芝平：《冷战时期联邦德国在北约发展中的地位和作用》，博士学位论文，华东师范大学，2005。

② 夏讯鸽：《德国绿党的外交理念与政策》，《开放导报》2003 年第 5 期，第 32 页。

③ 以英国著名哲学家、数学家和逻辑学家 B. 罗素命名的"罗素和平基金会"成立于 1963 年。自 20 世纪 70 年代末以来，国际局势发生了变化。随着苏联入侵阿富汗，"缓和"时代结束，两个超级大国的核军备竞赛愈演愈烈，国际安全受到了日益严重的威胁。1980 年，罗素和平基金会发表了《罗素呼吁书》，主要内容是：要求实现全欧无核化，各有核国家撤除本国的核武器，呼吁各国人民不为军事集团效忠，要求各国人民之间的和平往来和交流不应受本国政府的限制，反对任何大国控制和平运动。总而言之，要求消除对抗，促进缓和。这份呼吁书得到世界许多国家，特别是西欧人民的热烈响应。见黄传杰《罗素基金会介绍》，《西欧研究》1983 年第 2 期。

西欧国家不同而扮演了一个特别忠实的美国盟友的角色，追求霸权和利用美国的进攻战略，从而实现核破坏。"① 1989 年正值北约成立 40 周年，绿党在其官方杂志上重申了对北约核威慑战略的反对。"1949 年 4 月 4 日 12 个国家在华盛顿签署了《北大西洋公约》。1955 年 5 月 9 日联邦德国加入了因此成立的北约。欧洲和世界的一部分就此确立并持续到了今天。"绿党认为西方国家口中应对"对自由的威胁"，"一定是在为高度武装的军事集团北约而辩护。对假想敌的战争行为的'威慑'使西方高度武装，因此使欧洲 40 年的和平成为可能。我们确定，欧洲的这种和平意味着世界其他地区 40 年的战争"。绿党还认为，凭借核威慑战略是得不到真正的和平的。"威慑"的手段过去和现在都是高度武装。因此，单方面裁军的措施现在提上日程。"我们需要与威慑战略全面地决裂。"② 在此基础上绿党提出了禁止在联邦德国存放核武器等要求。

　　绿党认为联邦德国必须摆脱美国和北约的军事化外交政策，其中包括两个方面的原因。第一，绿党认为在一个美苏两国主导的冷战格局下，军事联盟的本质是超级大国对其联盟伙伴的霸权手段，因此联邦德国和其他欧洲国家都应该从美苏两个超级大国的控制中解放出来。"在《和平宣言》中超级大国被描述成令人厌恶的恶棍，它们'将其军事联盟国家和势力范围看作其占有领土，插手这些国家内部的社会与政治关系并为自己索要权利'。"③ "欧洲人的生活只有通过一个自决的实际政策，通过从两个超级大国美国和苏联中解放才能被维持。联邦德国和其他国家都不应该成为超级大国的强权政治和干预政治的受害者。中欧从集团对峙中解放出来的一个机会就是与分散的自治的和平力量合作。自治、相互承认与合作必须成为泛欧洲政策的原则。"而绿党的和平运动目标即建立起"一个欧洲的和平秩序，这个秩序建立于欧安会最后决定之上并且是对'单方面解除武装的极端主义，禁止外国军队驻扎，集团依赖性，克服精神、政治和逻辑上的威慑'这些原则的补充"。④ 除此之外，"北约和美国军事化的外交政策越来越多地针对第三世界，首先针对那些对现在占统治性的世界经济秩序提出疑

①　*Das Friedensmanifest der Grünen*（Bonn：Verlag Bundesvorstand DER GRüNEN），1981.

②　"Resolution der Aktionskonferenz zu 40 Jahren NATO," *Grüner basis-dienst*（5.1989）：26.

③　"Grüne Friedenpolitik—wohin?" *Grüner basis-dienst*（11.1983）：36.

④　"Raus aus der NATO—aber wie?" *Grüner basis-dienst*（7/8.1984）：50.

问的国家。……欧洲的战争危险通过这种军事化的外交政策增加了"。"我们不再参与北约的事务，要成为独立于集团之外的存在。我们单方面解除武装的策略履行着这个高要求的任务。摆脱这一外交政策的任务是一个过程，这个过程必须由绿党来描绘，必须被具体化，仅仅将其作为一个目标拿来还不够。我们单方面裁军的策略在某种程度上可以说指明了各个步骤，可以使目标得以实现。正如我们所支持的单方面独立的裁军步骤的草案意味着，联邦德国随着现实的裁军步骤走在前面，独立于任何磋商，独立于其对立面华沙条约组织所做的和未做的，也独立于北约及其集团霸主美国。"① 第二，绿党对联邦德国在北约中的地位和作用也有清晰的认知。"联邦德国在北约中直到今日都没有扮演一个老实人的角色，而是一个纵火者的角色。这一点是不言而喻的。""北约有三个类别的成员国：当有事情发生，美国人有单独决定权；第二等级的成员决定，他们是否要参与；受压迫的第三等级，如德意志联邦共和国，必须自动参与。"② 因此，联邦德国若继续存在于北约组织中，就是继续做美国的"帮凶"。

绿党否定了北约内部进行的一系列改革。"如果在北约的领导下，世界范围内开始实施空地一体战，那么这条道路则是朝着军事化和战争的方向。《北大西洋公约》的基本原则被遗弃；《基本法》以一种明显的方式遭到破坏。"③ 北约的改革"只有装饰性的和调节气氛的功能，既没有对空地一体战提出问题，也没有显示出一个新的和平政治的质量。集团结构将会固化，威慑思想将会硬化处理。'罗杰斯计划'④ 在这个草案中与攻势的战争领导配合一致。北约政策的矛盾更不会通过人员调动而得以解决"。⑤ 因此，绿

---

① *Protokoll der Bundesversammlung der Grünen*, *vom 16. bis 19. Mai 1986 in Hannover*（Bonn：Verlag Bundesvorstand der GRüNEN），S. 125.

② *Protokoll der Bundesversammlung der Grünen 1986*，S. 128.

③ "Raus aus der NATO—aber wie?" *Grüner basis-dienst*（7/8. 1984）：49.

④ 北约 1983—1987 年防务计划，由北约最高司令罗杰斯提出。其主要内容是利用现代技术的最新成果，发展具有大面积杀伤能力的远程精确制导武器，以便在战时能有力打击敌人的后续部队、后方设施和后勤供应；在敌人失去后续支持时对其第一梯队实施分割围歼，从而实现不使用核武器即获得胜利的目的。该计划旨在加速发展高技术常规武器，减少对核武器的依赖，有利于北约继续发挥其军事技术优势，在战略上具有很大的灵活性。1982 年北约冬季例会通过了这一防务计划。

⑤ "Raus aus der NATO—aber wie?" *Grüner basis-dienst*（7/8. 1984）：49.

党认为"退出北约"首先要"谋求可预计的单方面解除武装步骤的计划"。① 也就是说，朝着军事化和战争方向发展的北约，是违背《北大西洋公约》和联邦德国的《基本法》的，而所谓的北约改革并没有从根本上解决问题。因此，让北约解散的第一步是退出北约这个军事一体化组织。

绿党将单方面裁军计划视为一个摆脱北约的跳板。"绿党希望集团解散，包括北约。绿党认为欧洲是一个集体的欧洲，而不仅仅代表西欧或者欧共体。如果人们希望集团解散，人们则必须寻找手段和道路，其中一个就是有限的单方面裁军。"② "不着眼于苏联和华约国家来讨论西方联盟的发展，是天真的。"③ 因此要建立一个包括苏联在内的泛欧洲的和平结构，一方面排除苏联的霸权野心，确保其强权政治潜力的同化；另一方面为了使西欧在军事上完全与美国脱离开来。战略上的决定性问题实际上是，鉴于苏联曾是潜在的霸权国家和欧洲的威胁因素，只能有一个与苏联一起的强大的欧洲集体和平结构"欧洲集体之家"，在保有苏联大国地位的条件下。如果没有一个对欧洲来说可以接受的解决方案，且这个方案能够建立内部和外部的结构，排除苏联的霸权野心，确保强权政治潜力的同化，将不会有西欧从美国的完整的军事脱离。而"欧安会④程序在对集团分歧的克服中已经成为最重要的因素。它形成了东西方关系的母体。绿党必须放弃对欧安会程序的冷漠与忽视并且关注其和平与外交政策的倡议。绿党的政策应该针对于此，即在欧安会程序的框架下提升发展，在其结束时能够充当欧洲集体和平会议"。⑤ 因此绿党呼吁加强对欧安会的关注。

在常规武器方面，绿党也反对北约扩充军备。为降低裁军带来的影响，北约国家计划采取改换军备的措施。1987 年 9 月 19—20 日，绿党于奥尔登堡召开联邦代表大会，其间通过的《和平决议》表达了对北约增加新型中

---

① "Raus aus der NATO—aber wie?" *Grüner basis-dienst*（7/8. 1984）：50.
② "Mit der NATO gegen die NATO?" *Grüner basis-dienst*（5. 1989）：24.
③ "Überlegungen zu einer Auβen-und Friedenspolitik der GRüNEN," *Grüner basis-dienst*（5. 1989）：20.
④ 全称"欧洲安全与合作会议"，是欧洲国家及北约非欧洲成员国讨论欧洲安全与合作问题的国际会议。首次会议于 1973 年 7 月在芬兰首都赫尔辛基召开，参加会议的有 33 个欧洲国家以及美国和加拿大。1995 年 1 月 1 日起，该组织更名为"欧洲安全与合作组织"，简称"欧安组织"。
⑤ "Überlegungen zu einer Auβen-und Friedenspolitik der GRüNEN," *Grüner basis-dienst*（5. 1989）：20.

程导弹计划的反对。"绿党拒绝这个计划并要求放弃任何新的核武器以及常
规武器的重整军备项目。在苏联两次被北约以核武器威胁后，西方国家现
在必须在传统范围内开始裁军。绿党将在联邦议会中提出相应的提案，以
此显示，联邦德国如何能够建设性地在单方面裁军步骤上有进展。此外，
绿党致力于联邦德国完全的非核化。"同时，"绿党拒绝任何进一步扩大波
恩－巴黎军事轴心的企图，它是双边的，不仅在西欧联盟的语境中，也在
军事化的欧共体的语境中。欧洲军国主义和欧洲原子弹不比美国军国主义
和美国原子弹更好"。最后，重申绿党对北约以及国际和平运动的态度。
"绿党继续坚持联邦德国应退出北约。和平政策不能在军事集团的基础上被
推进。我们致力于军事集团的瓦解。"① 因此，不仅在核武器方面，在常规
武器方面绿党也反对北约扩充军备。

（三）政策主张：联邦德国应该"退出北约"

在这一时期，绿党一直主张联邦德国退出北约组织。1983 年 11 月 18—
20 日在杜伊斯堡召开的绿党联邦代表大会决议通过的《和平政策声明》正
式提出"解散军事联盟——退出北约"。在苏联入侵阿富汗，美苏核军备竞
赛进一步加剧的背景下，绿党提出其和平政策的目标是："致力于无核区和
一个无核的欧洲的建立；致力于克服（核）威慑的精神、逻辑和政策；致
力于一个不断增强的跨越国界和集团的和平与解放运动的合作；致力于在
所有国家的单方面裁军步骤，对此我们必须开始从自己做起；致力于两大
军事集团北约和华约的解散，我们必须走出北约；致力于所有外国军队从
联邦德国以及从长远来看从其他国家的撤退。同时反对任何用核武器、生
化武器和传统武器的重新武装；反对任何形式的武器系统、军备和遏制技
术的直接或间接出口；反对任何形式的直接或间接的干涉政策；反对任何
在西德地面投入核武器的共同决定，比如通过否决权；反对在联邦德国的
核武器贮存。"② 这是绿党首次正式提出"退出北约"的政策主张。"对北
约和美国的激进批判的立场在纲领工作的准备阶段通过倡议'北约没有和

---

① *Wer Null will，darf nicht Null tun！Resolution zur Friedenspolitik der GRüNEN*，19/20. 9. 1987.
② *Auflösung der Militärblöcke—Raus aus der NATO*，*Friedenspolitisches Programm*，1983.

平——退出北约'而得到支持，这个倡议在 1984 年正式提出。"① 绿党认为，北约和美国处于最具有侵略性的战争联盟的顶端这一事实是无法改变的。

绿党不仅表达了"联邦德国应该退出北约"的主张，而且详细探讨了退出的时间以及方式等。在具体的政治建议上，绿党提出，"退出北约，解散军事集团是我们的目标之一。奥斯卡·拉封丹②提出的放弃北约军事一体化的建议，对社会民主党来说是全新的，尽管在这里也不能获得半数以上得票。拉封丹的建议不是回到民族国家的道路，而是选择走向欧洲一体化"。③ 绿党就其《和平政策声明》中的模糊和矛盾之处进行了进一步讨论。"在过去几年中和平政策是绿党的主要活动范围。因此人们可以认为，绿党在安全政策、和平政策、防卫政策领域是最在行的。"④ 对于立即退出还是逐渐退出北约这个问题，绿党表示："尽管按照奥芬巴赫的《和平宣言》，联邦政府必须'逐步'摆脱北约。但是在我们看来必须要着手进行的第一个步骤，是在此期间立即退出北约。要立即宣布废除（联邦德国的）北约成员国资格，一个无意义的政治上的北约成员国资格是多余的。他们想立刻退出还是争取逐步退出？这一点到现在为止仍不明朗，但是鉴于其重要意义应该被逐步搞清楚。"⑤ 绿党内部对如何退出北约这个问题仍未达成一致意见，《和平宣言》用了"逐步退出北约"这样较为温和的措辞，但部分更加激进的绿党人士认为要即刻宣布废除联邦德国的成员国资格。这一主张不仅出于维护欧洲与世界和平的需要，同时也期望联邦德国和欧洲能够摆脱美国的控制，打造一个欧洲人的欧洲。

1986 年 5 月 16—19 日绿党在下萨克森州首府汉诺威召开联邦代表大会，会议进一步明确了"退出北约"这一主张。"从 1983 年以来的过去的 3

① Volmer, Ludger, *Die Grünen und die Außenpolitik-ein schwieriges Verhältnis*: *eine Ideen*, *Programm-und Ereignisgeschichte grüner Außenpolitik*（Münster: Verlag Westfalen Dampfschiff GmbH, 1998）, S. 204.

② 德国政治家、政治评论家，曾任社会民主党总理候选人、社会民主党主席，后因与施罗德在施政理念上的差异而辞职。

③ "Ausweg aus der Aufrüstung verhandlungspolitische Lösungen suchen," *Grüner basis-dienst*（10. 1983）: 14.

④ "Grüne Friedenpolitik—wohin?" *Grüner basis-dienst*（11. 1983）: 34.

⑤ "Grüne Friedenpolitik—wohin?" *Grüner basis-dienst*（11. 1983）: 36.

年中，没有发生任何事情，能够成为削弱这个主张的诱因。但是发生了很多事情，证实了'退出北约'这一要求的正确性。"① 鉴于一系列对世界和平与安全造成威胁的事件，绿党重申其观点："我们必须对我们的选民清楚地表明，毫不含糊地定义我们的最终立场，我们政策的最终目标。这只能是退出北约。"② 绿党对这个问题没有丝毫回避，并指出："将我们的草案模糊化，最后没有任何正当理由地抹去以前一直所代表的立场，对我们的选民是不诚实的，也是不必要的。"③ "退出北约能够缓和集团对峙的局面，降低欧洲的战争危险。由于退出北约同时意味着联邦德国与美国的战争进程脱离，它极大地削弱了战争联盟北约及其领导力量，并且把联邦德国追求侵略性外交政策的可能性降到最低。"④ "一方面我们要批判性地接受欧共体和欧洲议会，另一方面我们要坚定不移地贯彻拒绝军事联盟的立场和在欧洲裁军的框架下实现解散北约与华约的目标。"⑤ 在 1987 年的联邦选举纲领中绿党再次提出："我们希望联邦德国能够脱离北约和美国的军事化外交，德国应该退出北约。"⑥ 由此可见绿党在"退出北约"这一问题上立场十分坚定。

绿党认为，"退出北约"要求联邦德国单方面裁军，并在竞选纲领中将这一计划确立下来。在汉诺威的联邦代表大会通过的纲领草案中，绿党提出其竞选口号——"我们迈出单方面裁军的第一步"。⑦ 具体说来，就是"从撤回所有大规模杀伤性武器到逐步减少外籍武装力量，到其完全消失；从保证撤出核力量，到在冲突和危机情况中没有大规模杀伤性武器在德国地面被引入或者从德国地面投入；逐步削减德国防御力量以及要求联邦国

---

① *Protokoll der Bundesversammlung der Grünen, vom 16. bis 19. Mai 1986 in Hannover* (Bonn: Verlag Bundesvorstand der GRüNEN, 1986), S. 127.

② *Protokoll der Bundesversammlung der Grünen 1986*, S. 127.

③ *Protokoll der Bundesversammlung der Grünen 1986*, S. 128.

④ "NATO-Austritt oder Auflösung der Militärbündnisse—ein politischer Gegensatz," *Die NATO-Broschüre der GRÜNEN* (Bonn: Die GRÜNEN im Bundestag), S. 100.

⑤ "Die GRÜNEN und die NATO—eine Frage, die keine ist," *Die NATO-Broschüre der GRÜNEN*, S. 109.

⑥ Volmer, Ludger, *Die Grünen und die Außenpolitik-ein schwieriges Verhältnis: eine Ideen, Programm-und Ereignisgeschichte grüner Außenpolitik*, S. 199.

⑦ *Protokoll der Bundesversammlung der Grünen 1986*, S. 125.

防军重组为民兵性的防御部队，实现没有武器的社会防御的最终目标"。①
此外，绿党对联邦德国提出几点要求："第一点，否决原子武器装备。我们
期待一个没有原子武器存放的联邦德国，并在联邦德国对原子武器的生产、
占有和支配通过《基本法》得以禁止。第二点，单方面减少 1/4 的联邦国
防军以及军事预算。我们要求一个联邦议会决议，其明确敦促其他北约国
家与联邦德国一样减少 1/4 的兵力。废除战时条约（*War-Time-Host-Nation-*
Abkommen）也属于此。我们期盼一个非暴力的和非军事化的联邦德国。第
三点，对与西欧国家的军事合作说'不'。特别是关于法德密切的军事关系
以及对英国和法国核武器的拒绝，以避免增加集团间的分歧。我们期盼一
个这样的联邦德国，在所有欧洲国家的集团合作中扮演一个建设性的角
色。"而绿党"之所以要强烈推出单方面裁军的草案，是因为我们认为，尽
管存在着各自的和平政治的原则性立场，在绿党内部，在和平运动内部，
在民众中，不同的人都可以参与这个战略。人们可以出于基督教和平主义
的刺激支持单方面裁军"。② 从这一点来说，绿党可以通过这一提案获得更
加广泛的支持。

二　1990—1997 年德国绿党对北约的态度

（一）背景介绍

进入 20 世纪 90 年代，德国绿党的发展遭遇了瓶颈。"1990 年两德统一
后首次进行了联邦议会选举，绿党因为只获得了 3.8% 的选票，未能迈过
5% 的得票门槛而失去了在议会中的席位。"1990 年大选的失败暴露了绿党
的缺陷，出于未来发展的考虑，绿党准备与前民主德国的联盟 90 合并。
"两党于 1993 年在莱比锡联合召开会议，会上两党决定实施合并，组建为
一个新的、统一的德国绿党，这就是联盟 90/绿党。"③ 合并后的绿党实力不
断增强，在 1994 年的大选中重新返回联邦议会，显示出旺盛的生命力。德
国政坛的传统老牌政党联盟党和社民党不得不重视这一股绿色力量的崛起，

---

① *Protokoll der Bundesversammlung der Grünen 1986*，S. 128.

② "Resolution der Aktionskonferenz zu 40 Jahren NATO," *Grüner basis-dienst*（5. 1989）：26.

③ 王芝茂：《德国绿党的发展与政策》，中央编译出版社，2009，第 32 页。

都公开表示愿意将其作为执政联盟伙伴。

　　20世纪90年代初世界政治格局发生重大调整，东欧剧变、苏联解体、华约解散，冷战也因此画下了句点。然而北约不仅保留了下来，还发展成为世界最大的军事政治组织，不断插手重大国际事件。在这一时期，一方面，科尔政府继续坚持联盟政策，将北约看作保证德国自身安全的重要依靠。德国北约战略的延续性较为明显，德美关系也仍以合作为主。"1994年德国政府发表的《白皮书》指明了德国国家安全战略的三层目标：保卫德国及其盟国的安全；建立有利于德国的欧洲安全机制；成为世界政治大国。作为欧洲安全的核心，德国应致力于在共同的价值和利益的基础上与美国维持持久的同盟；在统一的欧洲与北美之间建立享有平等权利的伙伴关系，突出北约的作用。"① 另一方面，德国表现出承担更多国际责任的态度，试图增加在联盟中的自主性以及扩大发言权。

（二）基本认识：反对北约组织继续保留

　　冷战结束后，北约的去留成为欧美盟国讨论的中心话题之一。科尔政府对北约和美国报以感恩之心，跟随美国的步调，支持北约继续保留下来，并继续将北约作为保障自身安全的依托。绿党在该问题上与执政党态度迥然不同，对北约的保留持反对态度。东欧剧变和华约的解散对北约发展并未造成根本性影响，尤其在发展核武器方面。"东方军事集团的瓦解和由东欧剧变导致的东西方冲突的结束也能导致北约的瓦解以及西方的裁军这样的希望，被证明是渺茫的。"② 绿党坚决反对统一后的德国成为西方联盟的一个具有军事潜力的新角色，参与北约对第三世界国家的军事干预。此外，根据北约的设想，欧洲集体安全体系不是与苏联合作，而是针对苏联的。"过去在华约中的东欧国家会成为北约的安全政策的前部地带。苏联太大，与其他东欧国家不同，它总是将自己看作'社会主义的'。它将会继续被看作敌人，不管它在过去的形式中继续存在还是在其单一共和国中逐渐瓦解。"③ "当在'欧洲集体安全体系'之下的扩大的北约的行动被理解为一

---

① 吴学永：《德国安全战略的新发展》，《欧洲》1996年第2期。

② *Keine Intervention und keine Bundesmarine in den Golf*, Offener Brief der GRüNEN, beschlossen auf dem Sonderparteitag, Bayreuth, 23.9.1990.

③ "Der Kalte Krieg ist zu Ende, nicht für die NATO!" *Grüner basis-dienst*（3.1990）：25.

个针对苏联而建立的集团时，在欧洲的军事对峙明显没有结束。"① 因此，绿党认为应该解散北约，让位于一个包括苏联在内的"欧洲集体安全体系"。东西方对峙结束，对于和平的期望本可最终实现，但这个机会被错过。"华约组织解散后我们希望北约开始同样的进程。但是相反，北约延伸到了奥德河—尼斯河边界，这可能不是北约将达到的最后的边界。北约一再证明其军事联盟的特性，并未被改造成一个政治体系。"② 绿党对保留北约极为不满。"太多组织保留下来，它们要对世界性问题负责：对自然资源的过度利用，发展中国家和发达国家的戏剧性的落差，任意的界线和统治关系，利润和所谓国家利益的支配。保留下来的还有有利于军火工业的畸形的经济结构和政界以及军界的军事导向的强权政治。"③ "北约是唯一剩下的对抗敌人的军事联盟。……对于北约来说问题不在于它是否会扩张，而在于它作为一个军事联盟而存在。'为了和平的伙伴关系'只是一个拖延战略，对于后冷战时代北约并没有一个明确的纲领性计划。""西方国家以重整军备代替裁军。虽然军事上超级大国的原子核军营被拆除，军队的个人独裁也有所减弱，但是冷战的胜利者和失败者通过销售他们的产品为他们的军事力量和军备工业寻找新的合法性。"④ 冷战双方在新的局部战争中找到了富有生命力的政治手段。历史的教训并不能避免德国重蹈覆辙，德国也在外部限制取消后根据联邦政府的意愿重新"正常地"卷入强权力量的游戏中。绿党认为，"欧洲外交政策站在一个新的岔路口前。欧洲追求建立自身的军事力量，可能以'西欧联盟'为其工具。《马斯特里赫特条约》签订后旧的欧洲军事合作机构已经被解散，可以预见北约的欧洲组织也将被解散"。⑤ 但克林顿政府在北约问题上态度较为强硬，不会支持西欧联盟的独立发展。

　　冷战结束后，北约着手进行战略改革。1996 年春，北约国家在柏林召开会议，通过了一个新的北约纲领。但是绿党认为其改革并不令人满意，其"防卫"政策实际上意味着为全球性的干预做准备。"这个在柏林召开的

①　"Der Kalte Krieg ist zu Ende, nicht für die NATO!" *Grüner basis-dienst* (3. 1990)：26.

②　"Redebeiträge zur Irak Debatte auf der BDK Bayreuth," *Grüner basis-dienst* (8. 1990)：17.

③　"Das eine tun, das andere nicht lassen," *Schrägstrich* (7/8. 1994)：11.

④　"Der Konflikt ist in uns," *Schrägstrich* (7/8. 1994)：12.

⑤　"Militärische Konkurrenz für die NATO," *Schrägstrich* (7/8. 1994)：16.

联邦政府也在场的北约春季会议具有高度象征性，在这里做出的关于世界上最大的军事组织的'结构改革'的决定，是很激进的。"北约拥有一个统一的领导结构，以使成员国免受攻击为目标，随着东西方冲突的结束，这个任务失去了意义。"现在，正如极端保守主义的军事记者卡尔·菲尔德迈耶所说，它提出了新的任务：'这些任务要求干涉准备和灵活性。'"① 在旧的北约"防卫主义"中已经包含了很多侵略性的因素，尤其是威胁使用原子武器。而北约欲推出全新的计划，即让北约军队走出北约地区，成为全球性的"危机干预力量"，在世界范围内进行军事干预。这与旧北约的"防卫主义"相比更加具有侵略性。

（三）政策主张：解散北约、反对北约扩大

在 1990 年两德统一前夕，绿党提出"两个德国现在开始解除武装，2000 年实现非军事化"的政策主张。② 除此之外，绿党希望两大军事集团解散并致力于建立一个新的欧洲和平秩序，东欧国家也能够平等地参与。1991年 4 月 26—28 日在诺伊明斯特尔召开的绿党联邦大会决议提出"德国士兵不能在海外参与任务"。联邦德国试图以海湾战争作为一个契机，修改《基本法》，使德国士兵被派往北约防卫范围以外是符合宪法的。绿党认为，"随着宪法的改变，联邦德国在世界范围内进入一个强权政治的新阶段。我们拒绝在修改《基本法》之后所隐藏的强权政治野心。德国士兵不应该被派往国外，既不能在国家的单独行动中，也不能在北约、西欧联盟和联合国框架下的多国部队中或者以其他任何一种形式。我们尤其批评德国士兵对联合国行动的参与。不考虑难以解决的问题，即联合在其现在的形式中是不是或者可以成为一个和平工具，在联合国的框架下联邦国防军的参与在政治上是灾难性的，因为这是朝着错误方向的一个步骤，即朝着另外的投送形式，例如在西欧联盟的框架中。在德国历史的背景下是清楚的：我们不要苛求德国士兵在世界上作为'和平使者'！"③ 但 1994 年联邦宪法

---

① "Die NATO trägt ab sofort Trikolore," *Schrägstrich* (7/8. 1996): 7.

② "Entmilitarisierung beider deutscher Staaten jetzt beginnen Militärfrei 2000！" *Grüner basis-dienst* (6. 1990): 28.

③ *Keine deutschen Soldaten ins Ausland-Nein zur geplanten Grundgesetzänderung*, Revolution der Bundesversammlung, Neumünster, 26 – 28. 4. 1991.

法院的判决还是解除了德国向北约防卫范围以外派遣联邦国防军的禁令。当这一决定做出后，绿党的主席指出：“宪法权利应该被正确利用”，① 德国应对霸权主义野心进行自我限制并拒绝快速建成一支干预部队。

在这种国际和国内形势下，绿党人士认为他们面临着一个看似无法解决的冲突。但是在任何情况下绿党都会坚持其关于和平主义的认知，“联盟90/绿党遵循其和平主义、反军事主义、反法西斯主义和国际团结的传统”，② “以废除联邦国防军取代削减国防军，解散军事联盟北约”。③ 冷战后的北约将俄罗斯看作一个欧洲的不稳定因素，以防御俄罗斯的入侵为名，逐渐恢复北约的传统功能并增强武装。绿党重申其主张，即一个欧洲集体安全体系的建立不能将俄罗斯排除在外，对欧安会寄予了极大的期望。“俄罗斯现在建议扩大欧洲安全与合作会议，也符合我们的要求。北约的联盟结构将溶解在一个欧洲集体安全体系中。”“具有决定性的一点是，关于欧洲集体和平秩序我们必须阐明促进欧安会进一步发展的替代性方案。”④ 但该建议遭到西方国家的拒绝，他们同时拒绝对北约做出任何改变。1995 年 12月 1—3 日在不来梅召开的联邦大会决议提出以 “积极的和平与人权政策取代军事化的战争投入，外交政策文明化成为主导思想”。同时提出，“政治的非军事化意味着北约的瓦解和文明结构的重建是必须平行进行的过程”。⑤ 绿党提出致力于非军事化和欧洲集体和平秩序的建立，并在竞选纲领中表达其裁军战略，以及对北约的遏制战略和在欧安会的框架下重建欧洲集体安全体系的决心。

随着冷战的结束，美国进一步凸显了谋求世界霸权的野心，企图将北约战略纳入美国全球战略中，因此希望扩大北约的规模，接纳更多的成员国。绿党对此持反对态度。“北约的扩张不是西欧国家服务于维护和平，而

① Volmer, Ludger, *Die Grünen und die Außenpolitik-ein schwieriges Verhältnis: eine Ideen-, Programm-und Ereignisgeschichte grüner Außenpolitik*, S. 511.

② *Gewaltfreiheit und Menschenrechtefriedenspolitische Grundlinien von BüNDNIS 90/DIE GRüNEN*, Beschluss der Bundesversammlung, Bonn, 9. 10. 1993.

③ “Das eine tun, das andere nicht lassen,” *Schrägstrich* (7/8. 1994): 12.

④ “Der Konflikt ist in uns,” *Schrägstrich* (7/8. 1994): 13.

⑤ *Aktive Friedens-und Menschenrechtspolitik statt militärischer Kampfeinsätze*, Beschluss der Bundesversammlung, Bremen, 1–3. 12. 1995.

是军事力量的扩张，例如将俄罗斯看作一个威胁。"① "我们拒绝任何扩大北约的行为。北约作为军事联盟的特征自冷战结束后并未有所削减。相反，随着核武器首次部署，它表现出了很大威胁，并且扩大了在世界范围内进行干预的行动。北约以军事阵线为先决条件或者创造军事阵线，只是为了确保其自身存在的必要性。因此，北约的每次扩大都是一个朝着错误方向的步骤。"② "欧洲防卫计划和北约东扩都针对俄罗斯，尽管十分清楚的是，欧洲安全问题只有与俄罗斯一起才能被解决。俄罗斯在里斯本的欧安会最高首脑会晤中看到防止北约扩张的最后可能性。"在原来的东西方阵营中已经商量好的军备上限在东方阵营解散后对俄罗斯明显是不利的，北约东扩又使这一局面得以加强。因此，俄罗斯希望在里斯本的首脑会晤中与各国在军备控制方面达成一致，减少地区间的不平衡。绿党也认为，"自从北约成功扮演了和平使者的角色并取得合法性，欧安会的许多小的成果被低估了"。③ 因而，绿党认为扩大北约在世界范围内增加了军事威胁。

三 1998—2005 年德国绿党对北约的态度

（一）背景介绍

德国绿党在 1998 年的大选中获得了 6.7% 的选票和 47 个席位，获得其梦寐以求的执政地位，首次与社会民主党一起组成红绿联盟，成为联合执政党之一。绿党领导人约希卡·费舍尔出任德国副总理兼外交部部长。2002年绿党在大选中获得 8.6% 的选票和 55 个席位，保留了执政资格，继续与社会民主党组阁执政。随着国内政治经济局势的恶化，联邦总理施罗德执意于 2005 年在议会提出对自己的不信任案，要求提前举行大选，最终红绿联盟失去了继续执政的资格。因此，绿党作为社会民主党的唯一联合执政党在联邦政府中共经历了 7 年任期。

---

① "Bewaffnete Friedenshelden," *Schrägstrich* (1/2. 1995).

② *Aktive Friedens-und Menschenrechtspolitik statt militärischer Kampfeinsätze*, Beschluss der Bundesversammlung, Bremen, 1 – 3. 12. 1995.

③ "Machtkämpfe um die Sicherheit in Europa," *Schrägstrich* (1/2. 1997): 38.

（二）基本认识：批判北约霸权主义

这一时期，针对美国和北约充当世界警察插手全球事务、引发局部战争的情况，绿党批判北约的霸权主义和干涉政策。1998 年大选前夕，绿党提出"和平运动在过去的 80 年代是除生态以外绿党建设的根基之一。和平主义是中心思想，针对北约增加军备的非暴力抵抗是和平运动的道路和目标，使这个运动实现社会再循环。而对于核威慑的逻辑可能引发骤变的担忧，则是很盛行的"。绿党认为，北约成员国在一定程度上是不值得信任的。"北大西洋联盟毫无疑问是雅尔塔的产物，并在冷战中发展壮大。它必须忍受一些成员国的新殖民主义的越轨行为，就像 1956 年苏伊士运河战争一样。它还不止一次凭借其霸权要求别国承担军事徭役。然而当人们有这种看法，即北约毕竟是一个军事联盟，它的成员国的大多数都将民主写入宪法，既不会重复对战争的贪婪，也不会草率地对待其公民的性命时，他们的目光一定是狭隘的。"[1] 对北约的批判还表现在："我们的纲领批评北约作为一个军事联盟的角色，这个军事联盟没有放弃原子核打击的可能性，也没有促进能够经受住考验的和平政策。这里通过我们的文明外交政策的纲领，通过重建欧安会的结构，通过改善军备和提供武器出口展示了一个可替代的选择，这是我们党派的源头和目标。"[2] 在为大选做准备期间，绿党提出在下一个 4 年的新政治纲领，关于北约问题表示："我们希望北约解除常规武装和核武装。我们希望所有核武器从德国地区撤出。德意志联邦共和国应该致力于发展成一个欧洲的无核地区。"[3] 在绿党的坚持下，在联合政府执政协议中加入了将尽力敦促北约首先放弃使用核武器的立场。同时，在联合国进行关于消除核武器投票表决时，德国没有像以往那样投反对票，而是投了弃权票。[4] 由此可见，绿党认为北约应该放弃霸权主义，放弃核武器打击。

红绿联盟政府形成后，总理施罗德就表示德国外交政策需要连续性，也就是说，新政府应该更多地听从社会民主党而不是坚持绿党所谓的极端

---

① "Europa, der Frieden und die NATO," *Schrägstrich*（3/4. 1998）：30.

② "Den Eurotanker nicht in die Nische stellen," *Schrägstrich*（3/4. 1998）：31.

③ "Vier Jahre für einen politischen Neuanfang," *Schrägstrich*（7/8. 1998）：16.

④ 刘东国：《绿党政治》，上海社会科学院出版社，2002，第 158 页。

的和平主义，在北约问题上同样如此。在这样一种情况下，退出北约的可能性极小，因此绿党提出当前比重提退出北约或者解散北约更加重要的事情在于，加强德国在北约中的政治影响力，对北约进行非军事化改革。"进入政府后我们参与了北约成员国。在现实存在的框架条件下我们尝试引入诸如不首先使用核武器、传统的裁军以及增强公民权利等。"绿党认为必须对北约的战略改革施加影响。"北约政策调整的艰难道路只有当考虑到北约成员国的利益时才能成功。我们并非陷入天真的幻想，即简单改变北约的新的战略纲领。取而代之的是，我们要在北约战略的进一步发展中加入我们的政策。"① "对于北约的进一步转变我们应该加强我们的政治影响。应该将北约唯一的准则定位为：一个确保民主与人权的联盟。军事暴力绝不能作为霸权政治的工具。"② 1999 年为北约成立 50 周年，绿党在对北约的回顾中写道：控制德国人，赶走俄罗斯人，让美国人进来，这是北约的三重基本任务。但很多事情发生了改变。北约的安全哲学，即核威慑战略，自 80 年代初就出现明显的矛盾。它不仅受到广泛的和平运动的反抗，而且保守的政治家也产生了怀疑。和平运动与绿党卓有成效地促进了对核武器的放弃以及集团对峙的结束。今天冷战早已结束，华约也解散了，西方联盟却依然存在。北约的继续存在并不能只归因于制度竞争的赢家的坚持己见，它的动机还不过时。尽管德国不再被遏制，但为了使强权政治思想不可能实现以及消除邻国对欧洲中部巨人的恐惧，德国需要被包括在一个国际安全结构中，这是北约继续存在的意义。这样说来，"当 90 年代初欧安会更名为欧洲安全与合作组织时，绿党希望这个组织能够在一个扩大化的非军事的安全概念基础上接管其所描述的功能，北约就可以变成多余的"。③ 绿党认为现在的北约还有存在的必要性，它能够把德国囊括在一个安全结构中。如果欧安会能得到进一步发展，那么北约则没有必要继续存在下去。

（三）政策主张：在重大事件中的态度

根据红绿联盟政府的表述，"德国外交政策是和平政策。新的联邦政府

---

① "Kleine Schritte in die richtige Richtung," *Schrägstrich*（11/12. 1999）：9.

② "Vier Jahre für einen politischen Neuanfang," *Schrägstrich*（7/8. 1998）：16.

③ "50 Jahre und kein bisschen weise?" *Schrägstrich*（3/4. 1999）：42.

将会进一步发展之前德国外交政策的基本路线：与邻国的和平合作，跨大西洋伙伴关系的维护，深化和扩大欧盟，在欧安会开展泛欧合作，对中欧、东欧和南欧的民主与稳定承担特殊责任以及促进南方所有国家发展。外交政策的基础是对国际法的关注，对人权、对话准备、非暴力和建立信任的支持。新的联邦政府将国际合作看作关系全球未来安全的政策"。而红绿联盟政府对北约的态度在其联合协议中也有明确表述："新的联邦政府将大西洋联盟视为维护欧洲稳定与安全以及建立欧洲持久的和平秩序的不可或缺的工具。这个通过联盟而得到保障的统一国家的参与（美国及其在欧洲的存在）依然是欧洲安全的先决条件。"① 在这里，我们要将红绿联盟政府的表述和绿党自身的主张区分开来。这两者不能完全等同。作为被选择的相对较弱的联合执政党，绿党在很大程度上处于一个相对被动的地位，在对外政策的制定上话语权十分有限。尽管外长费舍尔来自绿党，但他本人也在就职后声明不是替政党推行外交事务，而是替整个国家制定外交政策。本节主要考察绿党本身在以下重大事件中的主张，而非红绿联盟政府的外交政策。

1. 科索沃危机

在南斯拉夫社会主义联邦共和国解体的大背景下，科索沃的阿尔巴尼亚族人试图通过暴力手段独立，1999 年科索沃战争爆发。北约在未经过联合国安理会授权的情况下对南联盟进行了轰炸。作为北约重要成员国，德国在支持军事解决科索沃危机上具有至关重要的作用。有学者认为，科索沃危机使绿党代表的和平与非暴力的声誉大大受损，"一向坚定地认为维护人权与放弃军事暴力是不矛盾的绿党在科索沃事件上无奈把这一自己重申过无数次的观点推翻了"。"1999 年 3 月 24 日，费舍尔在德国电视台发表讲话时说：'当弱小民族遭遇来自强大民族的集体毁灭时，欧洲国家为了维护人权，有义务保护他们的人身安全。'在这一措辞中绿党的非暴力原则无足轻重，而武力维护人权成了天经地义的事。绿党的道德核心（其中包括非暴力和反对将战争作为解决冲突的手段）由此受到重创。"② 笔者认为，由

---

① *Aufbruch und Erneuerung-Deutschlands Weg ins 21. Jahrhundert*，Koalitionsvereinbarung zwischen der Sozialdemokratischen Partei Deutschlands und Bündnis 90/Die GRüNEN，Bonn，20. 10. 1998.

② 朱苗苗：《德国绿党外交政策的发展及变化历程》，《德国研究》2001 年第 2 期，第 33 页。

费舍尔的这段措辞得出"绿党推翻其和平与非暴力原则"这一结论是不准确的。在科索沃问题上，绿党已经成功地发挥了其影响和作用，积极推动和平解决，缓解军事紧张的态势。考察绿党本身，我们可以发现，党派内的多数对武力解决科索沃危机的政策持批判态度。

绿党的联邦代表大会在埃尔福特提出了一个和平持久解决科索沃冲突的方案，表达了绿党在科索沃危机中的态度："关于解决科索沃冲突的协商在兰布莱被推迟到 1999 年 3 月 15 日。尽管有德国外交部部长的努力，以及俄罗斯政府积极参与，但是由于产生冲突的双方态度强硬，至今未达成任何妥协。尽管如此我们还是希望，能够在这个月通过一个和平协议，促进该地区的持久和平进程。我们敦促科索沃的冲突双方，中止所有武力对抗。我们谴责所有通过进一步的武力破坏和平进程的尝试。"关于北约未经联合国安理会授权，绿党声明："我们期望，德国政府在 4 月的北约首脑会晤中在关于新的北约战略的决定中根据联盟协议反对北约普遍的自我授权。我们希望德国政府的代表在华盛顿对于贯彻和平政治的立场表现得强有力。"①在这份决议中，绿党对武力解决科索沃冲突表示谴责，对北约未经联合国授权的行为表示反对。

绿党多数人认为北约空袭带来了更大的灾难，为了保障人权必须结束战争，而结束战争的第一步就是停止空袭。"在超过 7 周的时间里德国在二战结束后第一次陷入战争，联邦国防军投入战争。北约并没有完成阻止人道主义灾难的目标，没有制止无法言说的种族驱逐政策。相反，空袭使得科索沃的情况恶化和扩大化。在此期间难民和平民的情况变得更加糟糕，令人难以忍受。如果我们要使国际援助组织进入科索沃成为可能，北约必须停止空袭。南斯拉夫军队对科索沃 - 阿尔巴尼亚人民的驱逐政策不会通过任何事件而具有合法性，也不会通过北约空袭。我们所有人对此是意见一致的，人权不属于一个国家的内部事务。我们必须坚定地反对侵犯人权的行为。军事手段原则上不适合人权的贯彻，战争也是侵犯人权。我们必须面对不是军事的，而是文明手段的坚决投入。""随着空袭推进了军事扩大化，更多的文明目标被轰炸，整个南斯拉夫的生活基础与环境被炸毁了。空袭并没有解决任何问题，反而制造了许多新的问题。它强化了塞族的南

---

① "Resolution zum Kosovokonflikt," *Schrägstrich* (3/4. 1999)：15.

斯拉夫方面以及阿尔巴尼亚方面可怕的民族主义，削弱了南斯拉夫的民主力量。它使飞行补给和难民救援组织进入科索沃境内成为不可能。如果还不中止军事扩大化，塞尔维亚人和阿尔巴尼亚人将难以共同生活。自轰炸开始之时我们就被那些赞成空袭的人问到我们的备选方案，我们对这个轰炸是表示反对的。现在，在进行了 7 周的轰炸后，我们要反问那些赞成空袭的人：这场战争给人民带来什么？北约最初的目标并没有实现。”“如果我们想重新赢回对解决冲突的文明道路的授权，我们必须承认，北约的轰炸是一个错误。我们必须转向人民权利。我们不会从政府中退出，而是希望改变政府的方针。为了人民的利益，我们必须结束战争。也就是说，迈出第一步，立刻停止北约空袭。”① 通过一系列决议和官方杂志的报道，笔者认为绿党自身在科索沃危机中对北约轰炸南联盟明显持反对态度。

在科索沃战争结束后，绿党对其外交政策做了回顾并重申其和平外交观念，认为有义务保证科索沃战争“是欧洲的最后一场战争”。② “在与其他党派的激烈竞争中我们必须让公民清楚：‘联盟 90/绿党是一个解放的，以公正为导向的，生态的，民主的，以民权为导向的以及和平的/非军事化的政党。’这是纲领的原话。在行动中这个政党在所有的纲领性声明中对外交政策的理解总是与两个基本原则——一方面是非暴力以及政策的非军事化，另一方面是对人权的热情联系起来。为北约在南斯拉夫上空的空袭辩护的目的使这两个原则被相互利用，这是令人难以忍受的。”③ “在 1980 年绿党联邦纲领中批准的裁军和非暴力的义务在对外关系的塑造中，以及 1993 年与联盟 90 的‘基本共识’中所强调的拒绝‘以战争作为解决冲突的手段’应该作为绿党政策的基础。它也适用于对暴力投入的民主的合法性证明的陈述。它不仅适用于国家内部层面，也适用于国际层面。只有对联合国的暴力垄断的授权形成了国际关系文明化的长期保障。每一个绿党基本纲领对此都应该明确。”④ 在科索沃战争结束一年后，绿党再次提出，“北约的干预本应该结束这场人道主义的灾难，这场通过民众的驱逐和逃离而显露出苗头的灾难。这个目标并未实现。相反，在北约空袭下塞尔维亚增强了其

---

①　“Der Kosovokonflikt,” *Schrägstrich* (5/6. 1999)：6.

②　“Zurück und nach vorn,” *Schrägstrich* (7/8. 1999)：8.

③　“Krisen vorbeugen, Vertrauen schaffen,” *Schrägstrich* (9/10. 1999)：25.

④　“Krisen vorbeugen, Vertrauen schaffen,” *Schrägstrich* (9/10. 1999)：26.

恐怖统治。在长达 78 天后，芬兰和俄罗斯的调停才使这场战争得以结束。但至少对科索沃－阿尔巴尼亚人的完全的驱逐以及整个南部巴尔干地区的非稳定化状态停止了，被驱逐者可以遣返。伴随着这些可见的成果的是塞尔维亚方面大量文明成果的破坏。北约发起对抗塞尔维亚的战争以及转移平民的许诺，被证明是谬误"。"我们没有理由淡化这场由红绿联盟政府共同负责的空战。这是一件极大的恶事，它破坏了和平主义的幻想，试图通过军事手段来强迫得到和平。"① 绿党最后还提到，尽管和平运动对绿党在科索沃危机中的表现感到失望，但一个积极的外交政策需要和平运动的支持和激励，因此绿党与和平运动之间应该以对话代替独断。

2. 阿富汗战争

"9·11"事件后以美国为首的联军发起对基地组织和塔利班的战争，即阿富汗战争，同时也标志着反恐战争的开始。德国政府对美国表示支持，决定派遣地面部队参与美英在阿富汗的反恐行动。但是这种支持更确切地来说，是社会民主党的表态。施罗德总理在得知"9·11"事件发生后，致电内阁成员召开紧急会议。他在其自传中写道："我认为最关键的是德国国内要保持一致，包括在野党在内，完成联盟义务也要团结一致。联邦军参与美国军事行动的可能性已经清晰地展现在我的眼前。当务之急是要向内阁、执政联盟和在野党说明向美国提供毫无保留的支持之必要性。"② "2001年 11 月，施罗德公布了一份由美国政府提出的包括提供 3000 名德国士兵的'愿望表'。具体包括驻扎在科威特的防原子、生物和化学武器部队，在非洲之角巡逻的海军舰队，以阻止塔利班和基地组织武装经海路逃往非洲；向反恐的盟军部队提供救援和医疗服务的部队以及一支空中运输部队。此外，一支 100 人组成的联邦国防军特种部队将直接被派往阿富汗作战。"③ 但派兵前往阿富汗作战却引发了红绿联盟自成立以来一次最严重的危机。绿党对为反恐在全球范围内派遣联邦国防军持反对态度。

2001 年绿党在其《基本法纲领草案》中提出：我们赞成德国在与北约

---

① "Dialog statt Rechthaberei," *Schrägstrich* (5/6. 2000)：30.
② 格哈德·施罗德：《抉择：我的政治生涯——施罗德回忆录》，徐静华、李越译，译林出版社，2007，第 93 页。
③ 蔡浩：《从德国对阿富汗和伊拉克问题的不同态度看德美外交差异》，《德国研究》2004 年第 3 期，第 5 页。

以及欧盟/西欧联盟的协作中敦促集体安全的增强。德国通过与北约国家协作，防御恐怖主义，而承担起其联盟义务。我们拒绝北约的军事合作在与联合国任务的竞争中成为全球规则政治的工具。北约对于所有潜在对手都是占有压倒性优势的。其现代化速度使邻近国家进一步倒退，因此产生了新的不平衡。我们拒绝在世界范围的人道主义干预的框架下或者为确保所谓"国家利益"，如原料供应或者贸易渠道而采取的联盟行动。因此我们同样拒绝联邦国防军参与这样的行动。联邦国防军可参与经联合国授权的为维护和重建和平的国际行动。通过参与这样的行动以及联合国授权下的稳定的可支配力量，德意志联邦共和国致力于增强国际组织的处理能力，减轻其执行任务的负担。[①]"团结一致不代表盲目地支持美国的军事战略。我们认为，即使目的正当，也不能不择手段。"[②]

绿党在关于阿富汗战争的决定中称：

> 针对阿富汗的战争在政治上是错误的，没有服务于打击恐怖主义的目标；在人道主义方面是不负责任的，并且制造了新的政治问题。这是一场冒险，一场所有人和整个德国都不应该参与进来的冒险。因此通过派遣德国士兵来表示对这场战争的支持是不负责任的，它必须被停止。

> 联邦议会授予联邦政府军事投入的权力，而它并不了解这些军事投入的特性和投入地点。军事投入的目标、地点和时间点，以及这3900名士兵的任务，都是不清楚的。同意授权联邦国防军参加一个细节尚不明确的军事行动，对于议会的责任来说是不合理的。联邦国防军的战争参与在打破"不以武力作为德国外交政策的手段"这一禁忌上又迈出了具有决定性的一步。我们认为这种趋势是错误的。

> 与"9·11"的遇难者及其家人团结起来对我们来说是人道的和政治的责任。但它并不意味着，追寻朋友和盟友的步调而陷入死胡同。在德国、欧洲和美国，破坏这个新兴恐怖主义组织的结构和网络，阻

---

① "Entwurf für das Grundsatzprogramm von BüNDNIS 90/DIE GRüNEN," *Schrägstrich* （7/8.2001）：64.

② *Internationalen Terrorismus bekämpfen in kritischer Solidarität handeln*，*die Rot-Grüne Koalition fortsetzen*，Beschluss der Bundesdelegiertenkonferenz，24 – 25.11.2001.

止恐怖主义分子的训练和计划以及将直接参与者绳之以法，是我们的第一要务。

战争和通向战争的行为导致了激化的人道主义灾难。大范围轰炸，集束炸弹和杀伤弹的使用，以及不确定数字的平民在联军对居住区、电话总机、医院和食品储存库的轰炸中死亡，这些使阿富汗的局势在近20年的战争后在某种程度上再次恶化，这种程度对很多人来说具有直接的生命危险。[①]

绿党还提出，为防止恐怖主义而采取必要措施是正确的，阿富汗在世界范围内一直属于危机策源地，但是"联邦总理关于'无限制的团结'和'打破军事禁忌'的言论唤起了对德国大规模战争参与的担心。……红绿联盟政府应该做出负责任的和谨慎的反应"。[②] 因此，绿党对施罗德向境外派遣联邦国防军的决定表现出极大的担忧。

3. 伊拉克战争

2003年3月英美军队为主的联合部队在伊拉克发起军事行动，美国以伊拉克藏有大规模杀伤性武器并暗中支持恐怖分子为由，绕开联合国安理会，单方面对伊拉克实施军事打击。"德国总理施罗德2002年夏以'德国道路'为名拒绝美国领导下的对伊军事行动，从而引发了二战结束以来德美关系中最严重的一场危机。施罗德的立场也得到了社会民主党领导层的支持。德国政府内部的共识是，即使对伊拉克的军事行动获得了联合国授权，德国也不会参与。"[③]

2002年5月4—5日在威斯巴登召开的联邦代表大会上绿党通过"不针对伊拉克采取军事行动"的决议。具体内容如下：

1. 我们强烈谴责萨达姆·侯赛因的残暴专制，他应该对最严重的人权损害负责。

2. 根据联合国安理会的有关决议，伊拉克对其生物武器、化学武

---

① "Die Afghanistan-Entscheidung," *Schrägstrich*（11/12. 2001）：8.

② "Afghanistan: Den Frieden fördern," *Schrägstrich*（9/10. 2002.）：25.

③ 蔡浩：《从德国对阿富汗和伊拉克问题的不同态度看德美外交差异》，《德国研究》2004年第3期，第5页。

器和核武器以及生产装备完全负责。这些决议要求，为了能够监督武器和生产装备情况，为联合国检察官无限制地开放伊拉克。

3. 我们因此全力支持联合国秘书长安南在巴格达与政权代表的谈话。联合国安理会的有关决议和对联合国武器检查团的开放必须被完全列入计划。

4. 鉴于美国或其他国家针对伊拉克的军事行动，90联盟/绿党支持弗里茨·库恩和约希卡·费舍尔的立场，并且要求在美国或者其他国家军事干预伊拉克的情况下，不仅反对这样的军事行动，而且放弃对这种行动的每一个军事或者文明支持。[1]

2002年12月7—8日的汉诺威决议称：美英针对伊拉克的单独军事行动没有国际法上的支持。"在美国在没有联合国授权的情况下针对伊拉克的所谓'预防性的袭击战争'中，我们对联邦政府提出以下要求：德国在欧洲盟友的框架中清楚地表达了与美国的'预防性自卫'政策之间的矛盾。德国联邦政府在《基本法》的框架下对美国已经计划好的针对伊拉克的预防性战争发布明确的禁令。"[2]

绿党将伊拉克战争视为"一场大风险"。"萨达姆·侯赛因领导的伊拉克政府是一个极权政府，这个政府在严重侵犯人权的基础上对内掌握了权力。由于反复拒绝1991—1998年与联合国检查团的合作，该政权违反了一系列联合国决议。现在与联合国武器检查团的合作也是不充分的。对于伊拉克的威胁性的怀疑加深了。但是现在还没有迹象表明，从伊拉克发出了不可调和的战争危险信号。也没有证据表明伊拉克政府与世界范围内的恐怖主义者有具体的合作或者参加'9·11'恐怖袭击。……对伊拉克的军事袭击对这一地区以及欧洲来说隐藏着广泛的风险，例如，萨达姆·侯赛因可能会使用现有的大规模杀伤性武器，如果他看到其统治的结束。在伊拉克战后秩序的重建中将会堆积很大的和旷日持久的问题。可能为期一年的军事存在是必要的。近东整个地区的不稳定性会被担心。自两年前开始的

---

[1] *Keine Militärischen Aktionen gegen den Irak*, Beschluss der Bundesdelegiertenkonferenz, Wiesbaden, 4/5. 5. 2002.

[2] *Keine Völkerrechtswidrige Unterstützung eines militärischen Alleingangs der USA und Großbritanniens gegen Irak*, Beschluss der Bundesdelegiertenkonferenz, Hannover, 7/8. 12. 2002.

逐渐恶化的巴以冲突可能由于对伊拉克的军事干涉而进一步激化。军事进攻这一地区将会形成一个新的冲突地带，而这一地区由于巴以冲突以及克什米尔冲突已经表现得不稳定。近东地区的不稳定不可避免地对作为相邻地区的欧洲产生影响并且可能导致欧盟内部的紧张关系。"[1] 2003 年 1 月 13 日绿党通过一项决议，呼吁和平解决伊拉克冲突并且强调"我们拒绝战争"。2 月德国将获得联合国安理会轮值主席职位，因而对此负有重要责任。绿党认为一场新的战争是一个错误，并会造成毁灭性的后果。"我们绿党和社会民主党允诺，假如这场战争真的发生，我们不会给予支持，我们也不会参加。一个新的伊拉克战争不仅会使反抗恐怖主义的国际联盟破裂，而且会使近东的危险局面不稳定化。对自然资源的兴趣不能为这样的战争辩护。在伊拉克危机中我们的基本立场建立在很久以来的事实基础上，并且在将来也不会改变。"[2] 绿党的基本立场是，必须根据《联合国宪章》第七章通过联合国安理会的授权来批准强制性措施。其政策旨在使安理会取得一致，通过非军事暴力解决危机。上述立场对 2003 年 2 月 22 日在柏林召开的州理事会产生影响。德国绿党主席莱因哈德·比蒂科夫和外交部部长约希卡·费舍尔强调了党派和联邦政府的立场。"我们希望大规模杀伤性武器从伊拉克撤出"，比蒂科夫说，"但是我们不想要战争，因为我们看到了这样的选择"。约希卡·费舍尔强调，世界范围内的和平示威与反美主义没有关系。他说，"我不认为，人们试图将这些示威贬为反美主义"。它不是针对美国，而是"为了和平，产生于对和平的深切忧虑，以及对一个错误决定可能产生的影响的忧虑"。[3] 联邦政府对伊拉克战争的明确反对得到了欧洲和世界范围内的诸多认可。其不仅在政策层面上主张反战，在实践层面也对和平示威运动表示支持。

四　结语

以上通过对德国绿党 1980—2005 年的机关刊物以及联邦代表大会决议、

---

[1]　"Ein hohes Risiko," *Schrägstrich* (1 – 3. 2003)：13.

[2]　"Resolution zur Irak Krise：Wir lehnen den Krieg ab," *Schrägstrich*，1 – 3. 2003，S. 14 – 15.

[3]　"Aus tiefer Sorge um den Frieden," *Schrägstrich*，1 – 3. 2003，S. 15.

纲领和辩论集等档案的梳理和分析，从基本认识和政策主张两个层面，分三个阶段考察绿党对北约组织的态度。1980—1989 年，成立初期的绿党基于非暴力与和平主义原则坚决批判北约的核威慑战略，认为联邦德国应该脱离美国和北约的军事化外交。因此绿党提出"联邦德国必须退出北约"的主张，并在竞选纲领中明确了单方面裁军的计划。1990—1997 年，在苏联解体、东欧剧变和华约解散的背景下，北约的去留也成为欧美盟国讨论的话题之一。绿党指出，北约之路通往危险和灾难，反对继续保留北约。因此，绿党提出解散军事联盟的主张，反对北约的扩大。1998—2005 年，绿党完成了由在野党到执政党的角色转换，作为执政党之一的绿党批判北约的霸权主义，提出要加强德国在北约中的政治影响。在和北约有关的重大事件中，绿党在观念上延续了对北约以武力解决冲突的批判态度。在科索沃危机、阿富汗战争、伊拉克战争等重大事件中，绿党坚持对北约的谴责，或表示拒绝合作。

总之，这一时期内绿党从思想观念和意识形态上对北约的批判和反对态度一直贯穿始终，尽管不同时期的侧重点和对北约的政策主张有所不同。而这种观念的思想渊源可追溯到绿党成立之初所提倡的非暴力与和平主义原则。有学者认为，绿党执政后逐渐失去其特性和原则，利用对现实政治的平衡能力去谋取政治利益，对北约的态度发生了重大改变。但这种观点一般建立在对红绿联盟政府外交政策的分析之上，忽视了思想观念史方面的考察，混淆了国家外交政策和党的思想观念这两者之间的区别。本文认为，绿党基于非暴力与和平主义原则对北约的批判性主张贯穿始终，而正是这种观念为德国在重大外交挑战中提供了有益的指导，具有相当大的积极意义。尽管出于维护红绿联盟和德美关系的考量，绿党在具体的外交实践中多有掣肘，但其"绿色化"外交风格已经渗透进德国外交的血液中。考察绿党对北约的态度对我们更加深入、全面、系统地了解绿党的外交政策以及整个德国的外交政策具有重要意义。

欧盟东扩进程中德国的"波兰代言人"角色解析

孙嘉惠[*]

2004 年 5 月 1 日，欧盟完成了其第五次扩张，吸纳了十个新成员国。本文所指的欧盟东扩进程就是指苏联解体、东欧剧变、冷战结束以来中东欧国家将"回归西方"作为其外交目标、适应欧盟标准，经历长达十余年的努力，完成入盟谈判后成为正式欧盟成员的这一过程。而波兰因其国土面积、人口数量、地理位置等因素在新成员中最具代表性，被称为"东扩第一国"。在欧盟东扩的进程中，德国发挥了重要作用，被誉为波兰在欧盟中的"代言人"。对德国该角色的解读和分析便于厘清冷战后德国与波兰关系的发展及两国加深和解的历史过程。当前的欧盟面临多重危局，难民危机、对"多速欧洲"前景的讨论和"欧尔班现象"及民粹主义的出现显示出中东欧国家对于欧盟的"离心倾向"及其与以德国为代表的传统欧盟国家在一些问题上的立场分歧。对这一历史过程的回顾也有助于理解德国在欧洲一体化中的政策和立场。

一 冷战结束给德波关系带来新开端

20 世纪 90 年代，随着苏联解体、东欧剧变、柏林墙倒塌、德国统一、

* 孙嘉惠，北京外国语大学德语系德语语言文学专业 2014 级博士研究生。

冷战结束，欧洲的政治格局发生了深刻变化。民主德国并入后，联邦德国成为一个拥有 8000 多万人口、35 万平方公里国土、占据欧洲大陆中心位置、实现完全主权的国家。1990 年 11 月，德波两国签署《边界协定》，最终从国际法层面确定了奥得河—尼斯河一线为德波之间的边界并承诺不再寻求变更。德波边界问题这个二战结束后的遗留问题从 1945 年起就从事实上给德波关系的缓和造成障碍。20 世纪 60 年代末，维利·勃兰特在"以接近求变化"（Wandel durch Annäherung）的思想指引下推行"新东方政策"，打破哈尔斯坦主义关于"不与承认民主德国的国家建交"的规定。其中重要的一步就是与波兰签订"华沙条约"，承认现有边界以换取德波之间关系的缓和。然而，由于彼时德国国内对此边界线承认的阻力较大，而《波茨坦公告》规定该边界问题"留由统一的德国政府"解决，加上两极格局所限，所以直到柏林墙倒塌，联邦德国正式放弃对该线东部领土的要求，才从国际法层面最终确立德波边界。这一历史事件不仅为邻国支持德国统一提供了必要条件，也是德国与东部邻国波兰之间真正实现关系正常化、开启全面和解的根本前提。1991 年 6 月 17 日，德波签订共 38 条的《睦邻友好合约》，这是时至今日德波关系发展的根本条约基础。

二　波兰"回归西方"的外交目标

脱离了苏东集团的波兰在 1989 年 12 月建立共和国时起就将"回归欧洲"、靠拢欧共体①作为自己的外交目标。冷战后两极格局的瓦解使得中东欧土地上出现力量真空，所以波兰亟须做出一个方向性的战略判断。然而，东欧剧变之初，欧盟对中东欧的政策非常矛盾。一方面，从政治和安全的利益看，欧盟希望中东欧国家成为欧盟成员国；另一方面，中东欧国家经济发展的水平差异和中东欧与欧盟国家的制度鸿沟，又使欧盟对东扩不愿做出具体的承诺。此时的波兰也没有明确的欧洲战略，1991 年瓦文萨总统对波兰融入西方的提议遭到了冷淡的反应。②

---

① 根据《布鲁塞尔条约》，欧共体于 1967 年 7 月 1 日正式成立；根据《马斯特里赫特条约》，欧盟于 1993 年 11 月 1 日正式成立，并完全取代欧共体。下文叙述中，欧共体、欧盟混用，不再做出具体区分。

② 孔田平：《波兰的欧盟政策与入盟谈判战略》，《欧洲研究》2004 年第 2 期。

　　波兰对于加入欧盟的这一目标和方向判断基于多方面的综合考量。首先是经济利益方面的考虑。加入欧盟将有助于波兰促进其经济发展，具体包括：全方位实现欧盟的市场准入，实现自由贸易；从欧盟有关市场经济的法律和法规中受益，获得欧盟的结构基金；促进对波兰国内外直接投资的迅速增加，促进波兰经济工业和基础设施的现代化；[1] 促进波兰经济的开放和增长，引进新的思想、知识和资本。[2]

　　其次是文化认同方面的原因。东欧剧变后中东欧国家普遍提出"回归欧洲"的口号，表明其意欲摆脱苏联的政治、经济和军事控制及影响，迅速发展同西方的政治、经济和军事联系这种新的地缘政治取向，而这也反映了西方现行的政治价值取向（建立民主的和多元化的公民社会）和经济制度（建立市场经济）对中东欧转型国家的吸引力。而从文明归属来看，自从 10 世纪皈依天主教，波兰就进入了欧洲文明的轨道。外长齐莫谢维奇强调，波兰的思想和文化具有欧洲属性。[3] 所以从特定意义上说，"回归西方"从根本上由波兰等中东欧国家的文明属性所决定，是其历史和文化特性得以释然的结果。[4]

　　再次，地缘政治与安全角度的考虑。对于地处欧盟和俄罗斯之间的波兰来说，在后苏联时代选择倒向西方（加入北约获得共同防御的保护伞也是其重要目标之一），有助于抵御来自俄罗斯这一东部强邻的安全威胁。另外，欧盟是波兰与西邻德国进行合作的合适框架，欧盟身份为波兰提供可能性，波兰可通过在欧盟这一超国家组织中进行政治合作来影响与德关系或控制这种影响，也能确保波德之间的双边关系问题在这一共同机制中得到更好解决。这个在 18 世纪时成为普鲁士、俄罗斯、奥匈帝国利益牺牲品的国家，在 20 世纪也同样遭到了西邻德国发动的战争的蹂躏，长久时期内作为国家的波兰一度并不存在，历史经验和教训让波兰人感觉到，自己的存亡往往取决于别国。因此，加入欧盟符合波兰对于"与波兰讨论关于波兰的事，而不是背着波兰"这一理念的设想，波兰的成员国身份和解决来

---

① 朱晓中：《中东欧与欧洲一体化》，社会科学文献出版社，2002，第 191—192 页。
② 孔田平：《波兰的欧盟政策与入盟谈判战略》，《欧洲研究》2004 年第 2 期。
③ 孔田平：《波兰的欧盟政策与入盟谈判战略》，《欧洲研究》2004 年第 2 期。
④ 朱晓中：《中东欧与欧洲一体化》，第 21 页。

自西邻德国的安全威胁这一问题密切相关。[①]

最后,加入欧盟有助于波兰提高政治地位及国际影响力。毫无疑问,加入欧盟后的波兰将会实现政治上"抱团取暖"的目的。共同作为国际上强有力的行为体,也是对诸多欧洲国家而言加入欧盟的吸引力所在。

所以,尽管入盟需要进行旷日持久、艰苦繁难的谈判,但实现加入欧盟的战略目标则是波兰举国上下的普遍愿望、利益要求和历史使命。这是波兰国内各不同社会群体、阶层和政治力量的基本共识。

三 德国的支持立场及原因

在苏联解体、东欧剧变、冷战结束之后,德国认为十分有必要推动其东部这些刚脱离苏东阵营的国家靠拢欧共体。早在其1989年11月的"十点和平计划"中,科尔就已经明确表达了对深化和扩大欧共体的立场:"欧共体的吸引力是且将会一直是整个欧洲发展的决定性因素。我们必须加强这种吸引力……欧共体不只限于埃伯河畔,而必须向东开放。只有这样——我们一直认为十二国是一部分而不是全部(欧洲)——才能使欧共体成为真正全面的欧洲一体化的基础。"[②]

但这一目标不可能仅通过德国的独自努力来实现,原因有二。一方面,实现统一后的德国外交政策走向本身就引起邻国的不安和担忧,这些疑虑主要包括:统一德国将更多地转向中东欧,对欧盟兴趣减少;德国会主导欧盟;德国统一的经济成本会给欧盟带来财政负担。所以德国的外交政策必须面对艰难的任务:稳定中东欧国家并促进其靠拢欧盟,打消邻国对于统一德国外交政策变化的担忧和疑虑。另一方面,吸收中东欧国家加入欧盟的经济代价单凭德国自己是无力承担的。[③] 因此,欧盟就是实现德国这一

① Thomas Lämmer, "Die deutsch-polnische Beziehungen nach 1990. Deutsche Polenpolitik im Spannungsfeld von Vergangenheit, Eigeninteresse und Europäischer Union," in Dirk Hofmann and Thomas Lämmer, *Integration als Aufgabe-Polen*, *Tschechien und Deutschland vor der Osterweiterung der Europäischen Union* (Göttingen, 2002), S. 62.

② Gisela Müller-Brandeck-Bocquet, *Deutsche Europapolitik von Adenauer bis Merkel* (VS Verlag für Sozialwissenschaften, 2010), S. 162.

③ Oleksiy Semeniy, *Die Rolle Deutschlands in der EU-Osterweiterung: Geschichte, Ergebnisse und Perspektiven* (VDM Verlag Dr. Müller, 2007), S. 112.

战略目标的最佳机制。"德国的外交战略在于成功地将与欧盟共同定义自己的周边目标。通过这样，它对于欧盟机制、政策、价值观的塑造产生了重要影响。"①

与德国从一开始就全力支持欧盟东扩不同的是，法国对此持怀疑态度。因为这样一来欧盟的中心将会东移，自己相对于德国而言的地缘优势和政治领导地位将会下降。所以法国的战略目标是优先与地中海沿岸的南部欧洲国家发展关系。然而，如果不支持欧盟东扩，那么冷战后这一地区的动荡局势有可能给德国以发挥更重要角色的机会，而这样一来又会使法国和其他欧共体国家更无力施加影响。于是，法国总统密特朗只好选择既支持深化也支持扩大，而其中前者居于优先地位。②"于是首先不能让统一德国独自成为新欧洲的中心，法国应该尝试与德国共同履行这个职责。……不过，德国也有意愿来与法国共同推行东部政策，因为首先出于历史因素，德国不敢再单独向东部发起任何行动，其次，单凭统一德国自己无力从经济上承担中东欧国家较高的愿望和期许。"③ 所以，即便仍然存在利益冲突，德国和法国在东扩这一问题的基本立场上终于还是达成了共识。到了20世纪90年代中期，当欧盟内部对于扩大已经达成共识之后，德国联邦政府就将这一话题与欧盟内部改革与深化相结合，以构建扩大所需的基本前提。在这一进程中，德国充分利用了自己的地缘优势，成为新欧洲政策制定中事实上的政治领袖。④

1990年2月，波兰外长首次使用"利益共同体"（Interessengemeinschaft）来强调德波关系对于欧洲未来的重要意义。1990年5月25日，波兰正式向欧共体提出了进行联系协定谈判的申请。1991年6月17日，德波签订《睦邻友好合约》，为此后双边关系的发展奠定基础，同时也写入了德国

---

① Simon Bulmer, Charlie Jeffery and William E. Paterson, *Germany's European diplomacy* (Manchester, 2000), p. 17; Oleksiy Semeniy, *Die Rolle Deutschlands in der EU-Osterweiterung: Geschichte, Ergebnisse und Perspektiven*, S. 112.

② 与法国不同，英国支持欧盟扩大的考虑是，扩大会进一步阻止融合的脚步。参见 Gisela Müller-Brandeck-Bocquet, *Deutsche Europapolitik von Adenauer bis Merkel*, S. 162。

③ Woyke, Wichard, *Deutsch-französische Beziehungen seit der Wiedervereinigung* (VS Verlag für Sozialwissenschaften, 2004), S. 7.

④ Oleksiy Semeniy, *Die Rolle Deutschlands in der EU-Osterweiterung: Geschichte, Ergebnisse und Perspektiven*, S. 113.

帮助波兰实现其加入欧共体目标的立场。1991 年 8 月，在德国外长根舍尔的推动下，德、法、波三国间机制"魏玛三角"成立，发表了《关于欧洲未来的共同宣言》（又称《魏玛声明》），进一步彰显德国对波兰靠拢西方的支持态度，其他欧共体成员国中鲜有持如此立场者。

从德国的视角来看，欧盟东扩对于整个中东欧的政治经济稳定不可或缺。德国对波兰加入欧盟持积极支持态度主要有以下四点原因。

首先，东部转型国家的政治和经济不稳定对德国影响很大，这由其自身的地理位置决定。冷战结束后，两极格局的平衡局面被打破，这种权力真空亟待填补。德国位于欧洲中部的十字路口上，与东邻波兰、捷克的边界就是欧盟外部边界的一部分。欧盟东扩意味着这些边界的"内部化"——波兰的东部国界将使欧盟边界东移 700 公里。此外，冷战之后的动荡局面会使这些中东欧国家面临战略抉择的问题：如果入盟前景不明、"倒向西边"无望，那么它们是否选择重新向俄罗斯靠拢？所以，欧盟吸纳波兰、匈牙利、捷克、斯洛伐克、保加利亚等国的加入，对德国而言意味着自身更优越的地缘位置和更安全的周边局势。而波兰因其人口数、国土面积，毫无疑问是当之无愧的"东扩第一国"。[1]

其次，欧盟东扩可以使德国长期而无障碍地获得新增中东欧国家的消费市场，给德国经济带来增长的可能性，这其中自然包括将最大的转型国家波兰纳入欧洲共同市场。与该地区国家密切的经济联系还会给德国企业在这些政治局面稳定的国家投资提供更多的可能性，双重促进也意味着增加欧盟整体的经济活力。德国是中东欧国家最重要的经济贸易伙伴，东扩对德国经济发展十分重要。

再次，欧盟的扩大和深化符合德国的外交战略，使德国避免遭遇在政治上被孤立的局面，即在更强大的欧盟框架内更好地实现自身利益。尽管最初对欧洲一体化起决定性推动作用的是法国，初衷是通过联合的形式将德国限制在一个机构之内。但积极推进欧洲一体化则成为联邦德国二战以来，尤其是德国统一后历届联邦政府外交政策的首要目标。建立超国家机构的欧洲联盟是德国获得更高的政治独立性和为本身换取更大政治分量的

---

[1]　杨烨：《欧盟东扩中的"波兰现象"评析》，《俄罗斯中亚东欧研究》2004 年第 4 期，第 42 页。

途径，其欧盟政策实质上是以欧洲名义提要求，通过在欧盟内适当、协调的战略来取得自身政治利益和经济利益。成功的扩大将增强欧盟在同其他国际贸易和政治集团交往中的影响力，达到"抱团取暖"的目的。

最后，作为二战的发起者和曾给邻国带来深重灾难的国家，德国对波兰尤其负有历史责任和道德义务，助波入盟有助于德波两国深层和解的实现。红绿联盟政府在执政纲领中论述其外交政策的目标和价值观时指出，德国"对中东欧和南欧国家民主和稳定肩负特殊责任"，"会通过与波兰发展更紧密的伙伴关系来体现德国对波兰担负的特别历史责任"。①

而从外部因素来看，中东欧国家也明确地向德国表达希望在其经济转型过程中得到支持的期待。② 冷战结束后德国所面临的重要外部角色期望来自中东欧国家，德国是它们心目中接引它们加入欧盟的最佳伙伴国，而德国也希望尽力满足这种期待。③ 总体而言，德国支持以波兰为代表的中东欧国家加入欧盟的目标和努力是多种因素综合的结果，而这与波兰希望借助欧盟的力量保障自己的安全地位、增加经济利益的外交策略吻合。

四　德国支持波兰加入欧盟的措施

（一）德国外长的倡议："魏玛三角"机制

1991 年 8 月 28 日，由时任德国外长根舍尔发起，德、法、波三国外长在代表欧洲文化的古城魏玛举行会议，建立了每年定期会晤的机制，即所谓"魏玛三角"。同时，三国还发表了《关于欧洲未来的共同宣言》，表达了德、法、波为促进稳定发展和建立彼此之间的互信、建立"面向未来的欧洲"，将自己的政策放在政府间层面进行相互协调的意愿。④ "魏玛三角"并非国际法意义上的组织，而是一个经常举行"非正式"政治对话的平台，

①　*Aufbruch und Erneuerung-Deutschlands Weg ins 21. Jahrhundert*，Koalitionsvereinbarung zwischen der Sozialdemokratischen Partei Deutschlands und Buendnis 90/Die Grünen，1998，S. 39.

②　Gisela Müller-Brandeck-Bocquet，*Deutsche Europapolitik von Adenauer bis Merkel*，S. 162.

③　熊炜：《统一以后的德国外交政策（1990—2004）》，世界知识出版社，2008，第 12 页。

④　Vgl. Klaus-Heinrich Standke，*Das Weimarer Dreieck in Europa. Die deutsch-französisch-polnische Zusammenarbeit. Entstehung-Potentiale-Perspektive*，http://www. klaus-heinrich-standke. de/admin/datenbank/secure/files/1341482927_. pdf，2010，S. 2.

其初衷是令三国从不同的前提条件出发,在了解彼此不同的基础上协调各自的政策,就各自对欧盟未来的发展形态展开讨论。① 这一机制首先给德国提供了一个向国际社会展示自己支持欧洲一体化的态度及实现与邻国和解的意愿的平台,有助于邻国减少对于所谓"太强大的德国"的担忧。这也解释了为什么动议由德国外长发起——通过外交的"软权力"来建立信任即是德国背后的考量。② "魏玛三角"的设计是使德波之间的和解参照德法之间的模式进行,这样波兰就能够正式得到"与西欧人共同的待遇和感受"。③ 对于波兰来说,将自己纳入和另外两个欧洲核心国家组成的三角机制之中,是其重新回归欧洲迈出的第一步,也提升了自己在中东欧国家之中的影响力和地位。同时,这也是波兰借力法国、遏制德国在东欧和前苏联地区扩大影响力的一种有效措施。④ 这个机制的另一作用是打消法国对自身角色在未来欧盟的东扩中会有所削弱,甚至为德国所取代的这一疑虑。⑤ 因为在同一机制框架下,德国的行动更具有可控性和可预测性,"魏玛三角"能够使法国在一定程度上保留自己欧洲的"政治领袖"地位。希拉克赋予该机制高度的重要性,并预言"巴黎－波恩－华沙"轴心将成为欧洲一体化的发动机。⑥

总之,"魏玛三角"的目标在于尝试"定义三国为了欧洲未来发展的共同基本利益,同时发展出一种既能关注各对话文化,又尊重并不总能相容的欧盟政治目标,却也不错失让德、法、波关系成为欧洲一体化发动机的良机"。⑦ 在 20 世纪 90 年代,这一机制取得了良好的效果。美国当代著名

---

① Vgl. Thomas Lämmer, "Die deutsch-polnische Beziehungen nach 1990. Deutsche Polenpolitik im Spannungsfeld von Vergangenheit, Eigeninteresse und Europäischer Union," in Dirk Hofmann and Thomas Lämmer, *Integration als Aufgabe-Polen, Tschechien und Deutschland vor der Osterweiterung der Europäischen Union*, S. 53.

② Vgl. Adam Holsch, *Verpasster Neuanfang? Deutschland, Polen und die EU* (Bouvier, 2007), S. 42.

③ Wolfgang Bergsdorf, *Erbfreunde: Deutschland und Frankreich im 21. Jahrhundert* (Weimar: Verlag der Bauhaus-Univ. Weimar, 2007), S. 25.

④ 熊炜:《统一以后的德国外交政策 (1990—2004)》,第 114—115 页。

⑤ Wolfgang Bergsdorf, *Erbfreunde: Deutschland und Frankreich im 21. Jahrhundert*, S. 25.

⑥ 参见熊炜《统一以后的德国外交政策 (1990—2004)》,第 114 页。

⑦ Ludger Kühnhardt, Henri Ménudier and Janusz Reiter, *Das Weimarer Dreieck. Die deutsch-polnisch-französischen Beziehungen als Motor der Europäischen Integration*, ZEI Diskussionspapier C72/2000, S. 27.

战略理论家布热津斯基认为：“所谓的魏玛三角……在欧洲大陆形成了一个拥有三个国家总共 1.8 亿人口和十分明确的民族认同感的重要地缘政治轴心。一方面它进一步加强了德国在中欧的主导作用，但另一方面德国的作用又因波兰和法国参加三方对话而有所抵消。”①而“魏玛三角”多大程度上能为德国所用来促进与波兰的互相理解，取决于德国给予这一三方合作机制怎样的角色定位。②

（二）具体步骤

1. 科尔政府时期（1990—1998）

1991 年 12 月，欧共体和波兰、捷克斯洛伐克、匈牙利签署联系国协定，确定了协定双方的权利和义务。这一“欧洲协定”并未对这些国家加入欧盟的前景机遇进行承诺，且其中所规定的贸易自由化在现实中并没有落实。然而，它仍具有政治含义，是对中东欧国家转轨的国际承认。1992 年 6 月，欧共体执委会向在里斯本召开的欧共体首脑会议提交了题为“扩大的挑战”的报告，将中东欧联系国加入欧共体的问题列入议事日程。1993 年 6 月，欧盟哥本哈根首脑会议公布了入盟标准，即“哥本哈根标准”③，首次承诺将在满足这些标准的条件下接纳联系国入盟，这一声明是

---

① 兹比格涅夫·布热津斯基：《大棋局：美国的首要地位及其地缘战略》，中国国际问题研究所译，上海人民出版社，2007，第 58 页。

② Thomas Lämmer, "Die deutsch-polnische Beziehungen nach 1990. Deutsche Polenpolitik im Spannungsfeld von Vergangenheit, Eigeninteresse und Europäischer Union," in Dirk Hofmann and Thomas Lämmer, *Integration als Aufgabe-Polen, Tschechien und Deutschland vor der Osterweiterung der Europäischen Union*, S. 62.

③ 哥本哈根标准对入盟国家主要有四方面的要求：（1）申请国必须是稳定的、多元化的民主国家，至少拥有独立的政党、定期进行选举、依法治国、尊重人权和保护少数民族权益。（2）申请国必须具备可以发挥功能的市场经济。在内容上它包括：私营部门在产出中占较大比重、价格自由化、实行竞争政策、限制国家补贴和一定程度的资本自由流动等。在质量上它是指：政府的政策是否旨在开放竞争性市场和减少补贴；政府是否支持本国企业阻碍内向投资。（3）申请国必须能够面对欧盟内部的，特别是欧洲单一市场环境中的竞争压力和劳动力市场压力。（4）申请国必须赞同欧共体/欧盟的经济、货币和政治联盟的目标，能够确保承担成员国的义务，特别是执行共同法的规定，包括界定“四大自由”（商品、服务、资本和人员的自由流动）的法律规范；共同农业政策（CAP）；竞争政策规则；财政协调一致；对欠发达国家的义务；愿意而且能够遵守 1958 年欧共体成立以来确定的各种决定和法律条文。参见 Council of European Union, *Presidency Conclusions: Copenhagen European Council* (Brussels, 1993)，转引自朱晓中《中东欧与欧洲一体化》，第 124—125 页。

欧共体—中东欧关系中的重要里程碑，标志着欧共体对中东欧联系国政策的重大转变。德国对中东欧国家靠拢欧共体的支持于 1993 年正式开始，德、法、波三国外长于 11 月联名向西欧联盟主席国卢森堡写信，要求西欧联盟向中东欧国家敞开加入的大门。1994 年 4 月 8 日，波兰正式向欧盟提出入盟申请，后又向当时的欧盟轮值主席国德国提出"加速进程"的要求。在国内进行了多次的政治讨论之后，德国采纳了总理科尔的意见，确定了将推动欧盟东扩作为 1994 年德国的首要政治议题及德国担任欧盟轮值主席国的重要目标：德国应该借助这个机会，助力中东欧国家入盟，这也符合德国对波兰的责任。外长金克尔说："中东欧的转型民主国家从哥本哈根峰会上获得了入盟前景。为了实现这历史性的一步，这些国家必须坚定努力，符合入盟要求。自由贸易和加强政治对话是回归欧洲的重要步骤。……中东欧国家的人民希望得到欧盟中的完全地位。而这也恰恰符合我们德国人的利益，我们将竭尽全力来填平旧有的沟壑，并阻止新沟壑的形成。"①

在哥本哈根标准公布后，如何帮助中东欧候选国"达标"就成为欧共体/欧盟和中东欧国家关系中的中心内容。而这些标准虽已出台但尚未被具体化，这就给德国落实自己对于欧盟扩大的设想以及对欧盟政策提议进行改变以外交空间。② 1994 年 12 月 9 日，在德国任轮值主席国期间召开的埃森峰会上，除了将于 1995 年加入欧盟的瑞典、芬兰和奥地利 3 个准成员国之外，匈牙利、波兰、捷克、斯洛伐克、罗马尼亚和保加利亚 6 国代表也被邀请列席欧洲理事会（Europäischer Rat）会议，这无疑向 6 个入盟候选国发出了政治信号。如何在哥本哈根标准的基础上使中东欧联系国前进的目标更加明确和具体是埃森峰会的主要使命。依据德国的倡议，峰会出台了一项欧盟东扩战略，要求欧盟委员会不仅应当具体确定对入盟候选国的要求，还应该在欧盟内部进行相应的调整和改革，以适应东扩提出的要求，这一"准备加入战略"又称"埃森战略"，其包括 4 个核心要点：欧洲协定的实施；在准备过程中发挥重要作用的法尔计划；在欧盟和候选国之间开展

---

① Gisela Müller-Brandeck-Bocquet, *Deutsche Europapolitik von Adenauer bis Merkel*, S. 164.

② Oleksiy Semeniy, *Die Rolle Deutschlands in der EU-Osterweiterung： Geschichte, Ergebnisse und Perspektiven*, S. 116.

"结构型对话"；后来出台的"扩大白皮书"。① 正是在此时出现了德国的"波兰代言人"角色这一提法。

1997 年 6 月的阿姆斯特丹峰会赋予欧盟的深化改革以优先地位，因此欧盟扩大的进程暂被搁置。但欧盟执委会对波兰的入盟申请做出了正面回应。而德波政府间（内阁）磋商也于 1997 年开始。与此同时，科尔成功劝说其他欧盟国家列出 10 个可以作为入盟候选国的名单并计划于 6 个月内开启入盟谈判。因此，"欧盟的东扩按照德国的设想进行"。② 1997 年 12 月 12—13 日，欧盟卢森堡峰会通过决议，波兰成为欧盟委员会邀请的首批参加东扩谈判的国家之一。1998 年底，在与同一批候选国进行会晤商谈协调问题后，波兰开始了入盟谈判。同样也是在德国的积极支持和努力下，波兰成功加入北约。

2. 施罗德时期（1998—2005）

第一届红绿联盟政府无缝衔接了科尔政府对于东扩的支持立场，红绿联盟政府在联合执政声明中表示："继续发展与邻国的和平伙伴关系，推进欧盟的扩大和深化。"③"欧盟的扩大和进一步深化是我们欧洲政策的中心。"④

不过，从实际情况来看，此后的一段时间内，德国其实面临矛盾的局面：一方面是德国本国的经济利益，另一方面是德国支持这些国家尽快加入欧盟的基本立场。且施罗德政府从不掩饰德国的欧盟政策是一种利益政策，公开主张维护自己的国家利益。另外，该政府强调应注重维护利益的正当性和可行性，强调近期利益与中长期利益、自身利益与欧盟其他国家利益之间的均衡。⑤ 施罗德也在政府声明中表示，欧盟的深化和扩大完全符合德国的利益。1999 年 3 月，在担任轮值主席国期间，德国又提出了

① Oleksiy Semeniy, *Die Rolle Deutschlands in der EU-Osterweiterung*：*Geschichte*, *Ergebnisse und Perspektiven*, S. 104.

② Adam Holsch, *Verpasster Neuanfang? Deutschland*, *Polen und die EU*, S. 60.

③ *Aufbruch und Erneuerung-Deutschlands Weg ins 21. Jahrhundert*, Koalitionsvereinbarung zwischen der Sozialdemokratischen Partei Deutschlands und Buendnis90/Die Gruenen, 1998, Präambel, S. 2.

④ *Wachstum. Bildung. Zusammenarbeit. Der Koalitionsvertrag zwischen CDU*, CSU und FDP. 17. Legislaturperiode, 2002, S. 113.

⑤ 孙恪勤：《施罗德政府的欧盟政策》，《现代国际关系》2001 年第 12 期。

"2010 议程"（Agenda 2010）。有学者甚至认为，德国政府的换届意味着德波关系"黄金时期"的终结。[1]

1999 年 12 月，在德国的推动下，欧盟赫尔辛基首脑会议通过决议：波兰与保加利亚等 6 个国家启动入盟谈判程序。2000 年底的尼斯峰会上，欧洲理事会明确了对东扩而言必要的机制改革措施，其中包括投票权重的重新分配。这一次，应波兰的请求，德国再次表达了对波兰的支持：德国否定了法国提出的草案（波兰的投票权重少于西班牙），支持了对波兰有利的投票方案，成功地运用外交手段帮助候选国获得了更有利的地位。虽然这次峰会的结果为后来的欧盟制宪危机埋下伏笔，但在 2001 年 1 月 19 日的政府声明中，施罗德对此评价积极："我们实现了我们想要的。欧盟将于 2003 年初有能力接纳新成员。"

然而，随着东扩谈判的深入，各种矛盾逐步暴露并日趋尖锐。在 2001 年 11 月社会民主党代表大会上，施罗德表示希望在 2002 年底结束与候选国的谈判。对于东扩的支持态度并未阻止德国政府"有意识地自信地"追求德国利益。为保护德国劳动力市场不受东欧劳动力的冲击，施罗德在 2001 年 12 月的联合执政协议中要求欧盟对新成员国劳动力的自由迁徙规定 7 年的过渡期，但是可以在其入盟 5 年后视具体情况而考察是否可以缩短这一时间段。最终欧洲理事会采纳了施罗德的 7 年过渡期建议，但规定考察期从入盟 2 年后就开始，新成员国也接受了这一规定。这也被施罗德看作维护德国利益的外交成功。

在 2002 年 12 月的哥本哈根峰会上，欧洲理事会确认，波兰符合哥本哈根标准，并决定完成对波兰的入盟谈判。但是在德国方面这一决议也不是毫无争议，因为德国政府出于国内大选的考量一度想反对确认最终的入盟确切日期。在峰会前夕进行激烈的讨论后，德国政府终于同意为这一决议开绿灯。

施罗德政府期间，德国虽然在东扩问题的战略上奉行积极立场并采取了许多积极措施，但在具体政策上，特别是涉及自身利益时却采取了十分谨慎的态度，一是强调入盟的各项标准不能降低，敦促候选国努力达标；

---

[1]　Thomas Lämmer, "Die deutsch-polnische Beziehungen nach 1990. Deutsche Polenpolitik im Spannungsfeld von Vergangenheit, Eigeninteresse und Europäischer Union," in Dirk Hofmann and Thomas Lämmer, *Integration als Aufgabe—Polen, Tschechien und Deutschland vor der Osterweiterung der Europäischen Union*, S. 53.

二是对有些国家提出的东扩后重新审议预算的建议表现出决不让步的立场；三是因中东欧国家廉价劳动力冲击而提出的过渡期要求；四是拒绝讨论具体的东扩时间表。① 施罗德欧盟政策的核心利益是强化德国对欧盟的领导权，例如在"2000 议程"谈判中的资金问题上采取高姿态推动会议达成共识，提高了德国在欧盟内部的政治影响力，以积极进取精神加强德国对欧盟的领导地位。②

不过，总体来看，施罗德政府期间延续了前届政府对于东扩的根本立场，从政府的联合执政声明和德国担任欧盟轮值主席国的纲领也可看出。所以，红绿联盟政府时期德国外交更为自信、更加考量自我利益的外交风格不应掩盖其对欧盟东扩做出实质性贡献的事实。

五 波兰入盟谈判完成后的德波关系

随着 2002 年底入盟谈判的完成，2003 年国内公投通过，波兰最终于 2004 年 5 月成功加入欧盟，实现了自己建立共和国以来最重要的外交目标。20 世纪 90 年代到 21 世纪初是德波关系的"黄金时期"，德波事实上的确结成了一个以波兰加入欧盟作为共同目标的"利益共同体"。可以说，如果没有德国的努力，波兰等中东欧国家加入欧盟的进程至少会被推迟。然而矛盾的是，波兰成功加入欧盟却也同时意味着德波之间共同目标的不复存在。从 2003 年起，德波之间龃龉凸显：一方面，因此前聚焦波兰入盟而被暂时搁置的两国间历史问题重新浮出水面；另一方面，伊拉克战争中"新老欧洲"的分裂、德波在欧盟制宪中的不同立场、德俄之间天然气管道合作项目绕开波兰等事件显示，欧盟似乎变成了德波关系的"另一个战场"，德波"利益共同体"变成了"冲突共同体"。有学者认为，欧盟东扩本应成为德波关系更上一层楼的绝佳契机，却被错过了。宾根说，"两国关系进入了新阶段，但仍然没有找到合适的剧本"。③ 直至 2007 年波兰图斯克政府上

---

① 孙恪勤：《施罗德政府的欧盟政策》，《现代国际关系》2001 年第 12 期。

② 孙恪勤：《施罗德政府的欧盟政策》，《现代国际关系》2001 年第 12 期。

③ Dieter Bingen, "Die deutsch-polnischen Beziehungen und die polnische Innenpolitik. Bilanz 15 Jahre nach der Unterzeichnung des Partnerschaftsvertrags," https://www.uni-hamburg.de/onTEAM/grafik/1176796137/ring_bingen.pdf, 最后访问日期：2017 年 5 月 21 日。

台，德波关系才逐渐回暖。经历了关系起伏的德国与波兰，如今仍在欧盟中磨合，而两国关系的发展将很大程度上作用于欧洲一体化实践。

六　总结

回溯冷战后欧盟东扩前的这段历史可以发现，支持波兰东扩是德国利益考量和价值观因素共同作用的结果。首先，这是由德国地处欧洲中部、连接东西欧的重要地理位置和安全因素所决定；其次，欧盟东扩对德国和欧盟经济而言都有着积极的促进作用；再次，促进欧盟东扩是德国欧洲政策的题中之义，支持邻国加入欧盟也符合德国多边主义外交策略的要求；最后，帮助波兰实现其外交目标也属于德国对在过去曾惨遭战争蹂躏的东邻的历史责任。这四点解释了德国成为"波兰代言人"角色的原因。德国扮演的"波兰代言人"角色符合自己的利益，也是其欧盟政策、与邻国和解政策的要求使然。而这与波兰希望借助欧盟的力量保障自己的安全地位、增加经济利益的外交策略吻合。1990 年德国统一的实现、奥德河—尼斯河一线边界被最终确立的德波和解是欧盟东扩的前提和必要条件之一，整个 20 世纪 90 年代以及 21 世纪初被看作德波关系的"黄金时期"。在这一阶段内德波在经贸、政治、民间交往、文化交流等各方面关系的发展有了质的提升，德波和解取得了重要成果。但所谓德波"利益共同体"并不意味着德波存在完全相同的利益，而是在波兰加入欧盟这一问题上存在可以兼容的利益。然而这一"利益共同体"建立在一个不稳定的基础之上，而波兰对德国始终抱有不信任的态度则植根于历史记忆。同时，欧盟东扩中德波之间遭遇的问题未必会导致双方的分歧和冲突，但如果这些问题与波兰抵抗强邻德国的心理需求相关联，则会更进一步影响这一利益共同体的稳定性。这种互信的建立和历史记忆的消退需要时间。不过，德波这对历史宿敌在一体化的框架内实现珍贵的和解，毫无疑问属于欧盟东扩的重要意义之一，而欧盟东扩的进程和结果也反过来促进德国与波兰之间的深层和解。

浅谈欧洲的"建军大业"

——从欧洲军团的运作看欧洲的防务合作进程

陈楚珂[*]

一 导论

(一) 选题背景

对于世界上绝大部分国家而言,军队作为国家机器的重要组成部分,是一国主权的象征。[①] 因此,如果出现一个真正意义上的跨国军队,能够行使主权国家军队的部分乃至全部职能,那么相关国家的合作无疑已经达到了很高的水平。以此为目标而成立的欧洲军团(Eurocorps)虽然尚未能实现这一点,但无论从命名还是实际进展上看,它都在缓慢却坚定地朝着这个方向努力,而这种尝试和欧洲联盟内部其他领域让渡主权的国家间合作一样,是全世界独一无二的。

* 陈楚珂,北京大学国际关系学院 2016 级硕士研究生。
① 军队并非主权国家的必要组成部分,目前全球约有 30 个国家没有正规军队。其中有些是由于国土面积太小,例如摩纳哥、梵蒂冈等"袖珍国家";有些是为了防止发生军事政变而自愿解除军事武装,例如哥斯达黎加;有些是在遭受入侵后被废除了军队,例如格林纳达和巴拿马;有些则是受到国际条约规定的限制,例如日本。但这些"例外"并不影响本文的中心观点。此外,有些国家虽然没有军队,但其防务由大国保障,这与本文讨论的"跨国军队"的合作是两个概念。

为什么要建立一支欧洲军队？这支跨国军队承担着何种特殊作用或功能？它最终能否成功？对欧洲一体化的进程来说，欧洲军团的发展具有怎样的意义？它会否成为欧洲脱离美国和北约、实现安全和防务独立的重要标志？针对这些问题，本文希望能够进行初步的回答。

（二）研究意义

首先，纵观欧洲军团的历史，会发现它与经济一体化这一二战后欧洲联合的起点有诸多相似之处：两者都以法德合作为起点和核心，之后逐步扩展到欧洲其他国家；它们都是面对外界的威胁和现实的挑战，以加强欧洲的整体实力和独立自主为目的而采取的措施；随着英国"脱欧"等世界局势的变化，它们的未来发展都面临着新的机遇和困难。从这个意义上说，欧洲军团的演变与欧洲一体化的整体进程是相互契合的，前者是后者在特定领域的缩影，后者的很多内容、特点和问题在前者身上都有所体现。因此，研究欧洲军团可以成为观察欧洲一体化的一种视角，甚至是一条捷径。

其次，欧洲的自主安全和独立防务作为当前美欧关系中最突出的潜在矛盾点，已然成为一个重要的研究议题，于是评估现阶段欧洲的防务能力、厘清欧洲安全和防务合作的现状就变得尤为必要。欧洲军团是防务合作的重要成果，带有突出的政府间合作色彩，它同时受到北约和欧盟的约束，围绕它进行的折冲既展示了欧洲主义和大西洋主义之间的思想博弈，也反映出各方在既有框架下的能动性和局限性，有以小见大之效。

最后，从后文的文献综述可以看到，目前学界对欧洲军团的研究相对匮乏，也让本文的研究有了更多学术价值，可以作为对欧洲军团相关知识的补充和扩展。

（三）文献综述

目前国内外尚无一本专门研究欧洲军团的中英文著作，法国学者 Raymond Couraud 和 Ronald Hirle 合著过一本 *L'Eurocorps et l'Europe de la défense*（《欧洲军团与欧洲防务》，Paris：Éd. Hirlé，2009），但因尚未得见无从得知具体内容。除此之外，欧洲军团大多被纳入共同安全与防务政策，在一些著作和文章中有简单提及。例如，欧洲公共管理学院副教授 Simon Duke 的著作 *The Elusive Quest for European Security：From EDC to CFSP*（London：

Macmillan Press Ltd.，2000）详细介绍了欧洲安全合作的进程，其中关于欧洲军团的章节介绍了它的成立、功能、架构、特点和问题，虽然篇幅不长，但很具参考价值。又如，美国布兰迪斯大学教授 Robert J. Art 1996 年发表文章"Why Western Europe Needs the United States and NATO"，通过采访相关当事人和整理当时的新闻报道，补充了欧洲军团创建过程中的一些细节，特别是德国方面领导人和官员的想法。

此外，一些文章从单个国家的视角，对欧洲军团的地位和意义进行了剖析，尤以法国和美国为重。1993 年，当时的巴黎市市长、后来的法国总统雅克·希拉克的顾问 Pierre Lellouche 发表文章 "France in Search of Security"，从冷战后法国安全的角度出发，提出了欧洲军团的发展方向；1995 年，伦敦国王学院教授 Anand Menon 在其文章 "From Independence to Cooperation：France，NATO and European Security" 中，分析了欧洲军团建立和发展过程中法国的立场和态度变化；1997 年，美国众议院共和党政策委员会的外交和防务政策高级分析师 Mark P. Lagon 在一篇名为 "The Eurocorps：A NATO Pillar，Not Placebo" 的文章中，站在美国的利益角度认为欧洲军团的存在对美国有利，它不会成为欧洲安全认同的基础进而对美国构成威胁。

概括而言，对于欧洲军团的研究存在以下两个问题：一是时间较早，大多在 2000 年及以前，近年来有关欧洲军团的具体发展历程，散见于国内外的各种新闻报道中，没有人做过系统的梳理；二是比较简略，鲜有专门针对欧洲军团的深入研究，2010 年德国军队进驻法国，被认为是法德关系取得的又一大突破，欧洲军团也随之再次成为关注焦点，但相应的研究并未同步跟进。有鉴于此，本文试图展示欧洲军团自创建至今的完整发展脉络，并深入挖掘其性质和特点。

二 欧洲军团的发展与构成

（一）合作的历史

欧洲军团于 1992 年建立总部，1993 年启动，1995 年开始正式运作，是一支政府间的军队，其最高指挥部位于法德边境的斯特拉斯堡，迄今共有 5 个成员国——比利时、法国、德国、卢森堡、西班牙，以及 4 个关联国——

希腊、意大利、波兰和土耳其。军团司令由主要成员国轮流提出人选担任，每两年轮换一次。

关于建立欧洲联合军队的构想由法国总统密特朗和德国总理科尔提出并落实，以1989年建成的法德混合旅（Franco-German Brigade）为基础，目前包括一个德国装甲师、一个法国装甲师、一个比利时机械化部队师（包括一个卢森堡连）、一个西班牙旅和法德混合旅，拥有兵力约6万人。欧洲军团并非一支常驻的军队，其所属部队平时都由本国管辖，只有在联合行动时接受统一调遣。具体而言，由各参加国的军方和外交部门首脑组成联合委员会，将具体任务的指挥责任委托给军团司令部，"军团指挥官在此基础上与他的参谋部人员一起计划各种可能的具体使用方案"。①

二战后欧洲国家间的防务合作可以追溯到1948年英、法、荷、比、卢5国签订的《布鲁塞尔条约》，随着法国"普利文计划"的失败和联邦德国加入西欧联盟，法德两国从50年代起就已经在一个由英国发起和主导的欧洲防务机制下结成了合作关系。到了60年代，法德开始谋求建立以欧洲为中心的防务合作，1966年法国退出北约军事一体化机构后，以开启和深化欧洲政治合作（EPC）机制为代表，这一愿景取得了实质性进展。1991年10月15日，密特朗和科尔联名写信给当时的欧共体理事会主席——荷兰首相吕贝尔斯，首次正式提出组建法德联合军团；1992年2月7日，《马斯特里赫特条约》正式生效，规定"加强西欧联盟作为欧洲联盟的防务组成部分……西欧联盟根据欧洲联盟的要求，细化和执行欧盟在防务领域的决定和行动"；② 1992年5月，法德两国领导人在法国拉罗尔会晤后宣称，联合军团将向西欧联盟所有成员国开放，"第一步先在原来4200人的法德混合旅的基础上，再由法德各抽调一个作战师（即法驻德国的第1装甲师和德第10装甲师）组成3.5万人的法德军团；第二步吸收其他西欧联盟成员国参加，最终建成约5万人的'欧洲军团'"；③ 1993—1995年，比利时、西班牙和卢森堡相继加入。自此，欧洲军团作为被纳入欧洲联盟框架内的西

---

① 屈国华：《欧洲军团剪影》，《现代军事》2000年第12期，第45页。
② Council of the European Communities, Commission of the European Communities, *Treaty on European Union*, 1992, p. 243.
③ 陈宣圣：《筹建中的"欧洲军团"简介》，《国际展望》1992年第14期，第31页。

欧联盟的隶属机构，成为欧洲政治联盟范畴内的重要军事力量。

（二）合作的特征

欧洲军团只是欧洲防务合作的很小一部分，仅在西欧联盟体制下就有"法西意南欧－地中海快速反应部队"、"英法荷联合部队"和"英法欧洲空军大队"等多国部队。但其特殊性在于，它的起点是法德合作，它的目标是建成一支欧洲的军团，类似的设想在经济和贸易等领域已经取得了重大成就，同样的结果是否会发生在军事安全领域？为此必须关注欧洲军团的最新动态，在它的发展进程中反映出的某些特点和问题不仅属于军团本身，更具有普遍性。

1. 国家间互信的不断增强

20 世纪 80 年代法德混合旅成立后，两支法军的团级单位便在德国西南边境驻扎，但德国的战斗人员并未对等地进驻法国；2009 年 2 月，德国总理默克尔和法国总统萨科齐发表联合声明，宣布将安排一支德军的战斗部队驻扎法国；2010 年 2 月 10 日，在两国国防部部长的见证下，德国第 291 歼击营正式进驻斯特拉斯堡，成为二战后首支进入法国领土的德国军队。默克尔在当天的新闻发布会上表示："现在我们可以说，德国士兵在法国是受欢迎的。联想起纳粹德国对法国的累累罪行，这次驻扎行动更具有象征意义。"萨科齐说："法国在和平的氛围中迎接德国士兵的到来，我们深感荣幸。这是两国坚定友谊的最新证明。"①

如果说二战后初期的法德和解，是法国出于防范和遏制德国、德国为了成为"正常国家"而达成经济上的"绑定"，双方各取所需的话，那么德国军队得以平静地进驻法国领土这一事实折射出的是从政府到民众整个国家的心理和认知的改变，它意味着对历史的正视、对现状的肯定和对未来的信心。它表明以欧洲军团为纽带，法德两国结成了著名社会和政治学家 Karl Deutsch 所说的"安全共同体"，它指的是一群国家再也不准备互相开战，"20 世纪末的健忘症掩盖了将法德间的和平视为理所当然这件事的伟大

---

① 《德国军队战后首次进驻法国》，新华网，http://news.xinhuanet.com/world/2010－12/12/c_12870983.htm，最后访问日期：2017 年 5 月 21 日。

成就"。① 从最初的经济共同体到几十年后的安全共同体,两国在持续增强的相互信任的驱动下,不断扩展合作领域、加深合作程度,尽管今后的合作不可能一帆风顺,但这种心态的根本转变能够提供强大的动力和保障。

2. 语言的障碍与文化的冲突

在斯特拉斯堡的最高司令部,"来自 5 个国家的参谋人员和后勤保障人员被混合编制在各部门共同工作"。军团创建之初曾提出各国都可以使用本国语言,但在实际工作中十分不便,因此最终决定以法语和德语为工作语言,而出于和西欧联盟及北约联系的需要,英语实际上也成为一门准工作语言。"这在受教育程度较高的军官中实行起来还算方便,但在士兵中推行起来就有困难。"虽然军团为此开设了为期 3 个月的语言培训班,但也只能达到日常简单对话的水平,"为了确保上级的命令或指示能准确无误地传达到每个士兵,最后不得不采取如下办法:军团发布命令或指示时必须有一名德国军官和一名法国军官在场,他们将命令或指示内容用法语或德语记录下来后再复印多份,然后把这两种文本的命令或指示发下去"。② 语言障碍的存在一方面会影响指令传达和军事沟通,降低工作效率,"如果成员范围继续扩大,(官方语言)也会随之增加,关于和平与战争方案的有效沟通所面临的挑战需要解决";③ 另一方面也会加深各国部队间的隔阂,如果法德两国在军团内部同时拥有军事和文化上的优势,其他国家的归属感和积极性可能会受到影响,例如军团内的另一个大国西班牙。

同样的语言问题也存在于欧盟内部,目前拥有 28 个成员国的欧盟共有 24 种官方语言,它们享有同等权利,欧盟所有官方文件、出版物、重要会议以及官方网站,都必须同时使用这些语言。《里斯本条约》明确规定:"会议认为,将条约翻译成第 53 (2) 款提到的各种语言有助于实现第 2 (3) 款的第四分段提出的尊重联盟的丰富文化和语言多样性的目标。"④ 着眼于欧盟的长期发展,随着合作议题的丰富尤其在涉及安全防务方面的紧

① Mark P. Lagon, "The Eurocorps: A NATO Pillar, Not Placebo," in Jeffrey Gedmin, ed. , *European Integration and American Interests: What the New Europe Really Means for the United States* (Washington, D. C. : The AEI Press, 1997), p. 136.

② 屈国华:《欧洲军团剪影》,《现代军事》2000 年第 12 期,第 46 页。

③ Simon Duke, *The Elusive Quest for European Security: From EDC to CFSP* (London: Macmillan Press Ltd. , 2000), p. 251.

④ *Treaty of Lisbon*, 2007, p. 256.

急磋商时，语言沟通的困难可能会进一步凸显，届时为了解决这一难题，要么创造出一种普遍适用的"欧洲语"，要么违背各成员国文化平等的原则选取其中使用人数最多的作为官方工作语言。前者的操作难度较大，而后者可能会引起其他国家的不满而导致欧洲联盟取得的既有成果遭到侵蚀，最终只有两个结果：一是欧盟的既有原则发生重大调整；二是与此相关的合作进程就此搁浅。

有学者说过："法国人不会放弃对巴尔扎克、雨果的'主权'，英国人永远要保持拥有莎士比亚、狄更斯的'主权'，德国人绝对以拥有歌德、康德、尼采为自己的民族骄傲……'主权'不只是'领土'和决定权，'主权'问题也是感情问题。"[1] 语言曾经是欧洲民族国家诞生的重要标志之一，各国是否愿意在这个问题上做出妥协和让步？考虑到这一层，欧洲的联合就不仅仅是器物层面的合作，它也是情感和文化的融合。

三 欧洲军团的性质与职能

1993年，在欧洲军团的成立仪式上，德国国防部部长福尔克·吕厄称"欧洲军团是欧洲防务的中心基石"，"这条道路通向欧洲统一，我们欧洲人必须联合起来，有能力处理我们大陆上的危机和冲突"。[2] 然而回顾军团20多年的发展，很难说它已经能够有效应对危机、独立解决冲突，其能力和权力呈现两方面的特点——内容上的有限性与地位上的依附性。

(一) 有限性

根据《里斯本条约》的相关规定，"共同安全与防务政策是共同外交与安全政策的组成部分。它为联盟提供利用民事和军事资产实施行动的能力"，[3] "联盟可运用于民事和军事手段的任务应包括：联合裁军行动、人道主义救援任务、军事建议与援助任务、预防冲突与维和任务、作战力量在

---

① 陈乐民、周弘：《欧洲文明的进程》，三联书店，2003，第350页。

② 韦伟：《欧洲军团与欧洲安全》，《现代军事》1994年第4期，第35页。

③ 《欧洲联盟基础条约：经〈里斯本条约〉修订》，程卫东、李靖堃译，社会科学文献出版社，2010，第50页。

危机处理中肩负的任务，以及在维和与冲突后稳定局势的任务"。① 类似的，欧洲军团的具体任务有四个："第一，与《华盛顿条约》第 5 条和修订后的《布鲁塞尔条约》第 10 条相一致的共同防务；第二，人道主义与救援任务；第三，维和行动；第四，危机管理中的作战部队任务。"② 在冷战结束后欧洲国家参与的地区战争中，这支数万人的联合部队并未展现出广泛的参与程度和突出的作战水平，它成立之后的最主要行动就是先后在波黑、科索沃等地区承担维和任务，与经济领域取得的突破性和开创性合作成就相比，欧盟国家的军事和安全合作尚停留在较为表面的层次，其政治意义要远大于军事意义。

影响欧洲军团发挥效用的原因除了欧洲安全与防务合作本身的局限性之外，另一个重要因素是德国军队本身受到的严格制约。根据《德意志联邦共和国基本法》第 24 条第 2 款的规定，"为维护和平，联邦可以加入互保之集体安全体系；为此，联邦须同意限制其主权，以建立并确保欧洲及世界各国间之持久和平秩序"，③ 德国军队无法在北约、联合国等集体安全体系所规定的范畴之外活动，致使欧洲军团难以充分行使它所拥有的全部职权。进入 21 世纪以来，德国国内不断出现修宪呼声，但在军队部署的问题上一直秉持谨慎和保守态度，而这种"经济巨人，军事侏儒"的国家形象某种程度上也影响和塑造了欧盟的整体面貌。

（二）依附性

有学者指出，欧盟的安全和防务结构经历了从极不对称的"三块两极"到大体相持的"两块两极"的变化。其中，"两极"指的是美英的大西洋主义和法德的欧洲主义，而冷战时期的"三块"——"美国主导的北约、英国主导的西欧联盟、法德主导的欧洲防务合作"——"随着西欧联盟的机

---

① 《欧洲联盟基础条约：经〈里斯本条约〉修订》，第 51 页。

② Simon Duke, *The Elusive Quest for European Security: From EDC to CFSP* (New York: St. Martin's Press), p. 249. 其中《华盛顿条约》和《布鲁塞尔条约》的相关条款都强调要服从于美国主导的北约框架。

③ 原文为："Der Bund kann sich zur Wahrung des Friedens einem System gegenseitiger kollektiver Sicherheit einordnen; er wird hierbei in die Beschränkungen seiner Hoheitsrechte einwilligen, die eine friedliche und dauerhafte Ordnung in Europa und zwischen den Völkern der Welt herbeiführen und sichern."

构和职能逐步被并入欧盟"，演变为"北约和欧盟的 ESDP（欧盟安全与防务政策）"。① 这一说法有助于认识体系结构的变化，但也必须看到，其中"法德主导的欧洲防务合作"（包括后来经过整合的 ESDP）从诞生伊始，就一直作为北约的辅助力量而存在，"留给欧洲的是一个作用有待质疑的欧洲军团，它的所有意图和目标都附属于北约而不是西欧联盟"。②

筹建欧洲军团和与北约进行接触的工作几乎是同时进行的。欧洲军团的倡议提出不久，美国国家安全顾问布伦特·斯考克罗夫特就给德国政府官员写信，表示"德国面对法国在盟军倡议上的阻碍，没有采取足够强硬的立场"，华盛顿的官员公开表示反对军团的成立，"认为它违反了同盟在罗马峰会上达成的协定，即欧洲防务实体的建立应当在一定程度上加强同盟的完整性"。③ 美国的态度直接影响了德国的想法，"虽然科尔同意和法国启动军队（即欧洲军团），但他坚持它必须与北约兼容，他认为欧洲军团将通过打开'一扇进入联盟的欧洲之门'，把法国重新带回和北约的紧密的军事合作中"。④ 欧洲军团中的德国军队同时接受北约和军团的指令，因此欧洲军团不可能成为独立于北约之外的一支欧洲专属部队。"科尔支持英国和美国的想法，将欧洲军团纳入西欧联盟的三个多国单位之一，另外两个分别是英荷联合登陆部队和北约的多国师总部……比起一支欧洲军队的核心，它看上去更像是从属于西欧联盟，而非彼此平等。"⑤

与德国相比，法国建立欧洲独立防务的立场更为强硬，决心也更为坚定，但即便如此，"自 1992 年以来，法国在通过创立欧洲军团增加欧洲份额的同时，也开始和北约建立起实质的关系"，⑥ 最终法国在欧洲军团的问

① 梁晓君：《抉择，在大西洋主义和欧洲主义之间：英国与战后欧洲安全和防务建设》，《国际政治》2005 年第 5 期，第 2—4 页。

② Anand Menon, "From Independence to Cooperation: France, NATO and European Security," *International Affairs* 71 (1995): 34.

③ Frederick Kempe, "U. S., Bonn Clash Over Pact With France: Franco-German Agreement For Non-NATO Corps Pits Bush Against Kohl," *Wall Street Journal* (27 May 1992): A9.

④ Robert J. Art, "Why Western Europe Needs the United States and NATO," *Political Science Quarterly* 111 (1996): 26.

⑤ Robert J. Art, "Why Western Europe Needs the United States and NATO," *Political Science Quarterly* 111 (1996): 26 – 27.

⑥ Anand Menon, "From Independence to Cooperation: France, NATO and European Security," *International Affairs* 71 (1995): 25.

题上也向北约做出了妥协。一个在北约和西欧联盟控制下行动的欧洲军团符合美英两国的利益，正是在它们的首肯和支持下，欧洲军团得以存续和发展。因此在真正运行中，欧洲军团往往是作为北约的助手和组成部分，履行美国不愿为欧洲承担的保护责任，参加次要的军事行动。

四　结论

从 20 世纪 50 年代"普利文计划"的失败到 90 年代欧洲军团的落地，欧洲的防务一体化实现了从理想到现实的质的突破，当中离不开法国的大力推动和德国的积极配合；然而与此同时，无论是欧洲军团还是在此基础上进一步发展扩充的欧洲快速反应部队，都没能成为保障欧洲安全的独立军事力量。

从能力上说，欧盟的经济实力足以支撑远比当前庞大得多的防务体系，但欧洲国家并不愿意大幅增加国务支出，遑论加大对集体安全和共同防务的投入。2015 年英国、法国和德国的 GDP 分别约为 2.9 万亿美元、2.4 万亿美元和 3.4 万亿美元，[①] 但根据欧洲防务局（European Defense Agency）的统计，三国防务支出占当年 GDP 的比例分别为 2.05%、1.79% 和 1.16%，其中英国防务支出达到 525 亿欧元，与 2014 年相比增长了 9%，而法德均不超过 400 亿欧元，且与上一年基本持平。[②] 与英国相比尚且如此，法德两国的防务支出与美国相比更是差距甚远。因此，反思欧洲的共同安全与防务政策，最根本的不是衡量它们的能力，而在于审视欧洲国家的心态。

前文梳理了欧洲军团的演变历史、归纳了欧洲军团的性质特点，归根结底，欧洲军团发展的不充分背后是一种"欧洲安全特性"（European Security Identity）的缺位，它有两个层面的含义：安全的获得是否要超越民族国家的边界和脱离一国政府的控制？欧洲是否要真正在美国之外发展自己的独立防务？以欧洲军团为集中体现，目前欧盟国家尚未形成统一的安全

---

① 世界银行数据库，http://databank.worldbank.org/data/home.aspx，最后访问日期：2017 年 5 月 23 日。

② 欧洲防务局统计数据，http://eda.europa.eu/info-hub/defence-data-portal，最后访问日期：2017 年 5 月 23 日。

特性，即便是最初达成合作的法德两国，对于如何才能更好地维护欧洲的安全也有方式和程度上的不同看法。代替一致的安全认同存在于欧盟各国思维中的，是对现状的肯定和对美国的依赖。以建立一支欧洲人自己的军队为初衷的欧洲军团，逐步被纳入北约的框架、接受美国的指挥，而对于当中的每一个环节，欧洲人都能找到充分的理由给出解释。欧洲的"建军大业"如此，防务合作如此，若无思维方式的根本转变与安全认同的高度凝聚，欧洲一体化的未来亦是如此。

逆全球化视野下德国
与欧盟的命运

马伟军[*]

自从 2008 年全球金融危机以来，孤立主义和逆全球化的呼声不断高涨，特别是在难民危机、英国脱欧和特朗普当选的时代背景下，德国作为欧盟的重要成员国，何去何从将对欧盟的命运和国际政治产生深远的影响。

一　德国与欧洲一体化

从 1870 年到 1940 年，德国[①]在狭隘民族主义和极端民族主义的"鼓舞"下，发动的普法战争和两次世界大战给欧洲和世界带来了历史性的巨大灾难。虽然德国在两次世界大战中均战败，但德国对战争的狂热以及发动战争的能力给欧洲，特别是给法国留下了深深的恐惧感。战胜国，尤其是法国担心德国军国主义死灰复燃，再次发动战争给他们带来惨绝人寰的

　*　马伟军，兰州大学历史文化学院 2015 级硕士研究生。

① 在本文中，德国一般指德意志联邦共和国。普法战争时期指北德意志联邦，1871 年完成了德意志统一并建立了德意志帝国；德意志帝国在 1914 年挑起第一次世界大战，1918 年因战败而宣告崩溃；1919 年 2 月建立魏玛共和国；1933 年，希特勒建立了纳粹德国，即第三帝国，第二次世界大战战败后，被四国分区占领；1948 年 6 月，美、英、法三国占领区合并，于 1949 年 5 月 23 日成立了德意志联邦共和国，同年 10 月 7 日，东部的苏战区成立了德意志民主共和国，德国从此分裂为两个主权国家，1990 年 10 月 3 日民主德国加入联邦德国，两德重新统一。

巨大灾难。因此，二战后美、英、法、苏四大国采取了肢解德国的政策，德国被四国分区占领，国家主权被剥夺，工业和经济全面瘫痪，成为一个"非正常化国家"。但是随着冷战的爆发，美、英、法三国为了自己的战略利益，相继调整了肢解德国的政策，把西占区合并为联邦德国，德国（联邦德国和民主德国）成为东西方两大集团对抗的前沿阵地。此时此刻，德国又一次到了命运抉择的关键时刻，何去何从成为考验德国政治家的一个战略性难题。

在寻找德国出路问题方面，德国国内出现了以康拉德·阿登纳为代表的德国基督教民主联盟的欧洲主义、以库特·舒马赫为代表的德国社会民主党的民族主义和以雅各布·凯泽尔为代表的中立主义三种主要的政治势力，最终以康拉德·阿登纳为主席的德国基督教民主联盟的欧洲主义势力胜出，阿登纳当选为德国首任总理，这注定"阿登纳将会在以后的欧洲一体化中发挥关键作用"。[1] 毫无疑问，阿登纳的主张是面对复杂的国际政治形势，反思历史，总结两次世界大战的惨痛教训，基于二战后德国现实得出的正确结论，因为与欧洲的对抗不符合德国和欧洲的利益，只有同欧洲共处、共存与共荣，只有推动西欧联合，才能摆脱二战后孤立和被占领的状态，才能捍卫德国的利益。

阿登纳在 1945 年 10 月 31 日写给前杜伊斯堡市市长的信中表达了对德国局势的设想和思考："西欧为首的大国是英国和法国。没有被俄国占领的德国部分，是西欧的一个组成部分。如果这个部分衰退了，那么对整个西欧，也对英国和法国带来的后果将是十分严重的。"阿登纳认为，让西欧在英法两国的领导下联合起来，实现美、英、法占领区的政治和经济的安定，不仅符合德国的利益，而且符合英法两国的利益。"如果德国成了丘吉尔所说的欧洲中部的一具腐烂的尸体"，它将和纳粹德国对欧洲造成的灾难一样而再次对欧洲造成致命危害。只有通过西欧的联合才能实现法国和比利时对安全的要求。[2] 阿登纳不仅知道而且理解德国的邻国对

---

① Walter Hallstein, *United Europe: Challenge and Opportunity* (Cambridge: Oxford University Press, 1962), p. 8，转引自张才圣《德国与欧洲一体化》，人民出版社，2011，第 36 页。

② 康拉德·阿登纳：《阿登纳回忆录（1945—1953）》，上海外国语学院等译，上海人民出版社，1976，第 31—33 页。

"德国问题"的忧虑。① 他认为，建立包括德国在内的欧洲合众国才能确保邻国的安全，凭借武力不但不能实现欧洲的持久和平，还会造成灾难。戴高乐将军也认识到法德和解的重要性。他在 1945 年的一次演说中说："法国人和德国人必须把过去的事一笔勾销，要彼此合作和意识到他们都是欧洲人。"② 德国问题的解决在于欧洲联合，欧洲联合的关键在于实现法德和解，法德和解的关键在于萨尔问题的解决。法德政治精英为了实现两国的和解，积极贡献自己的智慧和力量。当法国外长舒曼于 1950 年 5 月提出基于让·莫内设想的将"法德两国的整个煤、铁、钢的生产由一个共同的高级机构进行管理"的计划时，阿登纳认为"舒曼计划完全符合我长久以来所主张的关于欧洲基础工业联营的想法。我立即通知罗贝尔·舒曼，我由衷地赞同他的建议"。③ 舒曼计划是德法关系发展的里程碑，为今后消除德法之间的一切争端创造了前提。④

　　1951 年 4 月 18 日，联邦德国、法国、意大利、荷兰、比利时、卢森堡6 国签订《欧洲煤钢共同体条约》；1957 年 3 月 25 日上述 6 国又签订了《欧洲经济共同体条约》和《欧洲原子能联营条约》组成的《罗马条约》；1963 年 1 月 22 日联邦德国总理阿登纳和法国总统戴高乐在巴黎的爱丽舍宫签署了《德法条约》，德法进一步和解。表面上，德国在 20 世纪五六十年代的欧洲一体化过程中顺从和迁就法国，作用不大，实际上德国的顺从和妥协极大地推动了欧洲一体化的起步，并且维系了欧洲一体化的势头。正如我国著名德国问题研究专家连玉如所说："法国的舒曼是有功绩的，他倡导建立欧洲煤钢联营为西欧联合卓有成效地进一步发展奠定了基础，但从宏观上来看，他的实际作用比阿登纳要逊色得多。"⑤

---

① 笔者认为，德国问题是一个具有周期性的问题，主要表现为弱势时忍辱负重，发展自强；强势时追求霸权，发动战争，陷入"复仇"和"战争"的怪圈。德国问题主要是德法之间相互不信任问题，换而言之，就是一个心理问题，担心德国再次发动称霸战争。二战之后，德国问题的开始解决，推动了欧洲一体化的发展，而德国以欧盟为平台，不仅实现了自己的飞速发展，还促使欧洲联合。欧债危机后，德国力量的展现，再次引起人们的忧虑，到底是"欧洲的德国"还是"德国的欧洲"。德国问题的解决关键在于德国在欧洲联合下理性发展和邻国的自强，铭记历史教训，立足欧洲，发展德国，服务欧洲。

② 康拉德·阿登纳：《阿登纳回忆录（1945—1953）》，第 32—34 页。

③ 康拉德·阿登纳：《阿登纳回忆录（1945—1953）》，第 374 页。

④ 康拉德·阿登纳：《阿登纳回忆录（1945—1953）》，第 378 页。

⑤ 连玉如：《新世界政治与德国外交政策——"新德国问题探索"》，北京大学出版社，2003，第 178 页。

随着国际政治局势的发展，欧洲一体化在 20 世纪 60 年代中期已经陷入低潮，就像勃兰特所说："欧洲战后最初阶段的那种热情已迅速烟消云散。使共同体机构的齿轮……伟大的思想在危险中、在一个无聊的欧洲中沉沦了。"① 在欧洲一体化的困境中，德国领导人没有退缩，特别是 1969 年 10 月勃兰特上台执政后改变前任总理对法国的顺从和谨小慎微的态度，以德国经济实力为支撑，积极主动推动欧洲一体化，德法在欧洲一体化中角色的重要性开始发生改变。② 勃兰特推动欧洲共同体扩大的态度是非常明确的，他说："我们的确要求把共同体进行到底，并加以扩大，如果今天法国对我们这一要求抱着共同体扩大所需要的那种信任而做出答复，我们应该为此感到满意并鼓掌欢迎。"③ 在 1969 年 12 月召开的欧共体海牙会议上，德国利用这一机会重启了欧洲一体化的车轮，这也预示着德国开始在欧洲一体化过程中逐渐发挥主导作用。④ 在勃兰特之后，施密特利用与法国总统德斯坦的个人关系和德国强大的经济实力，建立了领导欧洲一体化的"法德轴心"，德国在欧洲一体化进程中发挥着越来越重要的作用。尽管科尔上台后对德国的欧洲政策做了调整，但仍然大力推动欧洲一体化，因为推动欧洲一体化是实现德国新发展的重要因素。即使在法国对欧洲一体化冷漠时，科尔委婉地批评法国："《罗马条约》和墨西拿精神……很明显在今天的欧洲并没有发现。"⑤ 在科尔执政期间，我们不难发现他领导下的德国为了"建立自由统一欧洲下的一个自由的统一的德国"所做的努力。德国最终在 1990 年 10 月实现统一，并于 1992 年与欧共体成员国签订了《欧洲联盟条约》，开启了欧洲一体化的新时代。

不论德国是作为欧洲一体化初期的"追随者"还是作为今天欧洲一体化的"领导者"，欧洲一体化政策作为德国外交政策的支柱和核心，没有动摇。德国通过倡导和参与欧洲一体化，实现了社会经济的迅速发展和国家统一，实现了"国家正常化"。统一后的德国，国力大增，面对是"欧洲的

① 维利·勃兰特：《会见与思考》，张连根等译，商务印书馆，1979，第 307 页。
② 张才圣：《德国与欧洲一体化》，第 176—177 页。
③ 维利·勃兰特：《会见与思考》，第 310 页。
④ 张才圣：《德国与欧洲一体化》，第 180 页。
⑤ Thomas Pedersen, Germany, France and the Integration of Europe: A Realist Interpretation (London and New York: Pinter, 1998), p. 92, 转引自张才圣《德国与欧洲一体化》，第 232 页。

德国"还是"德国的欧洲"的质疑，不论是科尔的继任者施罗德还是现任总理默克尔，都始终如一地积极推动欧洲联合发展，依托欧盟，实现了德国国家利益。

二　逆全球化思潮下的德国与欧盟

逆全球化问题作为当前国际政治研究中的热点，引起了政界和学界的广泛关注。那么，到底什么是逆全球化？它与反全球化又有什么区别和联系？其主要诉求是什么？对国际政治，特别是欧盟有什么影响呢？对于逆全球化是仁者见仁，智者见智，学界没有达成共识。"逆全球化"，顾名思义就是全球化进程的一种逆转趋势，它不同于反全球化[①]，实质上也就是去全球化，与以资本、生产和市场在全球层面加速一体化的全球化进程背道而驰，是指重新赋权给地方和国家层面。[②] 逆全球化思潮在当前主要表现为经济上的贸易保护主义，政治上的反传统、反精英民主的民粹主义，它体现在国内的种族主义和阶层断裂以及国际上的国家主义，归根结底就是一切以本国的利益为出发点和落脚点。特朗普竞选时的"美国第一"和上任后签署行政命令退出 TPP 和《巴黎协定》就是一种典型的逆全球化行动。英国受欧债危机、外来移民、恐怖袭击威胁等多种负面因素的影响，认为在欧盟承担的义务较多而获取的利益太少，是全球化和欧洲一体化的输家，这种对欧盟的不满在 2016 年 6 月的脱欧公投中得到体现。[③] 英国脱欧所引发的政治风暴把欧盟推向了风口浪尖，在欧盟内部很可能产生多米诺骨牌效应。

自 2008 年全球金融危机以来，世界经济增长乏力，欧盟经济也由于欧

---

① 反全球化是对全球化的质疑和批判，但并不反对全球化本身，是对全球化进程中贸易规则等不公平和不合理现象的批判和反思，它一定程度上推动了全球化向着更好的方向发展，因而反全球化是全球化的"另一种推动者"。详见唐庆鹏《逆全球化新动向的政治学分析》，《当代世界与社会主义》2017 年第 4 期。

② Walden Bello, *Deglobalization: Ideas for a New World Economy* (Dhaka: University Press Ltd., 2004)，转引自郑春荣《欧盟逆全球化思潮涌动的原因与表现》，《国际展望》2017 年第 1 期。

③ 刘向丽、于洋：《英国脱欧的贸易原因及启示》，《天津师范大学学报》（社会科学版）2017 年第 4 期。

债危机、难民危机、暴恐危机等多重危机而雪上加霜，前景不容乐观。以2016年6月23日英国脱欧公投以51.9%的支持率险胜和2016年11月8日特朗普出乎预料地当选美国总统两个"黑天鹅事件"为标志，逆全球化已成为一种社会思潮，引起了国际社会对全球化进程逆转的担忧。英国脱欧标志着全球一体化程度最高的区域出现重大裂痕，也使欧洲一体化的前景变得黯淡。① 英国脱欧险胜和特朗普当选在某种程度上说明了民粹主义的胜利，而民粹主义②所表现出来的逆全球化倾向对国际政治经济产生重要影响。在英国脱欧对欧盟造成冲击的同时，就像法国总理卡泽纳夫所说欧盟无法再承受反欧新政府主政法国带来的冲击，法国大选将又是对欧盟的一次重要考验。③ 在2017年5月7日的法国大选中，马克龙战胜了极右翼政党的勒庞当选为法国总统，人们担心的另一只"黑天鹅"折断了翅膀，没能飞起，对欧盟和全球化来说是柳暗花明。

在欧盟正面临欧盟内部和全球前所未有的地区冲突、恐怖主义、移民压力、贸易保护主义和社会经济不平等的挑战时，德国政府没有动摇捍卫全球化和欧洲一体化的立场。默克尔在2017年6月19日汉堡举行的20国集团与非政府组织对话论坛上的讲话很好地表达了德国积极推动和引领全球化的立场和原因，她说："全球化可以塑造，关键是我们要齐心协力。当我们朝着共同的目标时，每个人都受益。这就是德国正在努力加强国际合作的原因。"④ 此外，德国外长西格玛尔·加布里尔在欧盟外交事务委员会上的呼吁反映了德国继续引领欧洲一体化的立场，他认为："只有联合，欧洲的声音在21世纪才能被听到。只有联合，我们才能在全球化政治治理中

---

① 周方银：《当前西方国家思潮的演变趋势与深层动因》，《学术前沿》2017年第2期。

② 有学者认为，民粹主义的表达具有阶级性和民族性，民粹主义的阶级性倾向于左翼激进主义，反对贫富差距和精英统治；而民族性倾向于右翼保守主义，反对自由贸易和外国移民，维护本民族利益，总之，民粹主义具有反全球化倾向。详见林红《当代民粹主义的两极化趋势及其制度根源》，《国际政治研究》2017年第1期；佟德志：《解读民粹主义》，《国际政治研究》2017年第2期。

③ 赵怡蓁：《法国总理卡泽纳夫警告：欧盟无法承受勒庞当选冲击》，http://world.huanqiu.com/exclusive/2017-05/10582281.html，最后访问日期：2017年7月12日。

④ Angela Merkel, "Federal Chancellor Angela Merkel at the G20 Dialogue Forum with Non Government Organisations (C20) in Hamburg on 19 June 2017," https://www.bundesregierung.de/Content/EN/Reden/2017/2017-06-19-bk-merkel-c20_en.html? nn = 393812，最后访问日期：2017年7月12日。

足够强大，发生质变。"① 因此，德国不会脱欧，"德国的命运与欧洲的命运休戚相关，德国的国家利益只有通过欧洲一体化才能得到可靠保证"。② 新当选的法国总统马克龙从参选以来就主张与德国一道引领欧盟新发展和推动全球化，就职以后特别重视"德法伙伴"关系的作用，积极主动为解决欧盟危机贡献法国方案，他曾说："当法国和德国用一个声音说话时，欧洲将会取得进展。"德法两国的亲密关系被媒体称为"默克龙"，这反映了德国总理默克尔和法国总统马克龙重启德法欧盟火车头的希望。③ 默克尔表示："只有欧洲发展的好，德国才会发展好。而只有拥有一个强大的法国，欧洲才能发展好。"④ 作为欧盟支柱的德法两国正在为解决欧盟改革问题而不断努力，欧盟将在两国的领导下继续缓慢前进。

德国作为欧洲一体化和经济全球化的倡导者和推动者，在欧洲一体化和经济全球化过程中实现了经济的飞速发展和国家统一，依托欧盟在欧洲和世界事务中发挥了重要影响，突破了德国一直处于的"经济巨人，政治侏儒"的地位，实现了既是"经济巨人"又是"政治大国"的转变，最大化地实现了国家利益。正如现实主义国际政治学家汉斯·摩根索所说："国家外交政策的制定是由这个国家的国家利益决定的，国家利益是衡量一个国家对外政策的最高标准。"⑤ 在逆全球化和难民危机的时代背景下，继续坚持欧洲联合统一和全球化，积极应对难民危机，对难民进行人道主义援助是符合德国的国家利益的。一方面，二战之后的德国，基于对历史的深刻反思和现实的考虑，把"欧洲一体化和欧盟作为其对外政策的核心，加强欧盟的凝聚力和欧盟所有成员国的密切合作是德国长期的优先政策"，⑥ 这不仅是对历史的负责，也

---

① Sigmar Gabriel, "A Strong Europe in the World of Today," http://www. auswaertiges-amt. de/EN/Infoservice/Presse/Reden/2017/170626_ECFR. html? nn = 559384，最后访问日期：2017年7月12日。

② 吕耀坤：《德国与欧洲一体化》，《德国研究》1998年第3期。

③ Peter Muller, "France, Germany and the EU," http://www. spiegel. de/international/europe/france-germany-partnership-to-bring-the-eu-forward-a-1157040. html，最后访问日期：2017年7月12日。

④ 青木：《"默克龙"共绘欧洲改革路线图》，http://world. huanqiu. com/exclusive/2017 - 05/10683198. html，最后访问日期：2017年7月12日。

⑤ 汉斯·摩根索：《国家间政治》，徐昕等译，北京大学出版社，1996，第191页。

⑥ Federal Foreign Office, "Germany's foreign & european policy priorities," http://www. auswaertiges-amt. de/EN/Aussenpolitik/Themen/Schwerpunkte/Uebersicht_node. html，最后访问日期：2017年7月12日。

是赢得他国信任和占领道德制高点的重要举措，符合新时期德国发展的需要。另一方面，德国作为经济全球化和欧洲一体化的最大受益者之一，通过积极参与经济全球化和推动欧洲一体化不仅确保了德国安全，而且通过欧盟内的人员、货物自由流动和货币自由流通实现了经济又好又快发展。

三　德国大选与欧盟的命运

德国作为欧盟的重要支柱，和法国在欧洲一体化过程发挥了牵引作用。在逆全球化思潮强劲的今天，右翼民粹主义浪潮席卷整个欧洲，就连取得"反民粹主义共识"的德国也未能幸免，2013 年 2 月成立的右翼民粹政党——德国选择党强劲的发展势头将对德国 2017 年 9 月 24 日的联邦议会大选产生影响，大选结局将左右德国与欧盟的命运。

就目前情况来看，根据德国民意调查机构 INSA 在 2017 年 7 月 10 日公布的统计数字，德国选择党 9.5% 的支持率与 2013 年 5% 左右的支持率相比明显增高，但与 2016 年以来快速增长的支持率相比明显下降。① 这说明德国右翼民粹主义势力的起落与以英国脱欧和特朗普当选美国总统为代表的逆全球化思潮和以马克龙当选法国总统为代表的全球化思潮不无关系，2017 年国际逆全球化思潮没有 2016 年强劲，这对德国 2017 年大选来说是一个好兆头。2017 年 4 月 19 日，素有"德国特朗普"之称的德国选择党领导人佩特里表示不会代表该党参加 9 月 24 日的大选，这也从侧面说明德国右翼民粹主义势力将难以在德国掀起风浪。

现任总理默克尔表示谋求连任，其与社会民主党人舒尔茨之间展开了激烈角逐，虽然默克尔面临着执政以来的最大危机，但由于其执政能力和对德国经济社会发展的贡献，她所在的基督教民主联盟仍然保持着巨大优势。默克尔所在的基督教民主联盟于 2017 年 5 月 14 日赢得了北莱茵－威斯特法伦州②

---

① 参见德国各研究机构对各政党民调支持率的调查情况，http://www.wahlrecht.de/umfragen/，最后访问日期：2017 年 7 月 24 日。

② 北莱茵－威斯特法伦为德国人口最多的联邦州，素有德国大选风向标之称。此外，该州为社民党的大本营，但在这次地方选举中社民党仅获得 31.5% 的选民支持，社民党候选人舒尔茨遭受重创，增加了默克尔谋求连任的成功率。详见黄琴《2017 年德国大选舒尔茨失利　三州连胜的默克尔也许赢定了》，http://www.dyhjw.com/gold/20170515 - 42346. html，最后访问日期：2017 年 7 月 13 日。

的地方选举，表明其谋求连任成功的可能性大大增加。此外，根据德国各民调机构的调查数据，默克尔所在的基督教民主联盟支持率明显高于舒尔茨所在的社会民主党，具体情况如表 1 所示。

表 1　2017 年德国联邦议会选举民意调查结果

如果下周日联邦议会选举								
民调机构	Allensbach	Emnid	Forsa	Forsch'gr. Wahlen	GMS	Infratest dimap	INSA	上届议会选举
公布时间	2017 年 6 月 20 日	2017 年 7 月 8 日	2017 年 7 月 11 日	2017 年 7 月 7 日	2017 年 7 月 6 日	2017 年 7 月 6 日	2017 年 7 月 10 日	2013 年 9 月 22 日
基民盟/基社盟	40%	38%	39%	40%	39%	39%	36%	41.5%
社民党	24%	25%	22%	24%	23%	23%	25%	25.7%
绿党	7%	8%	8%	8%	9%	8%	6.5%	8.4%
自民党	10.5%	8%	8%	8%	9%	9%	9%	4.8%
左翼党	8.5%	9%	9%	9%	8%	9%	9.5%	8.6%
德国选择党	6.5%	7%	8%	7%	7%	9%	9.5%	4.7%
其他	3.5%	5%	6%	4%	5%	3%	4.5%	6.2%

资料来源：http://www.wahlrecht.de/umfragen/，最后访问日期：2017 年 7 月 13 日。

综上所述，如果没有大变局，默克尔将会再次当选德国总理，德国将会与法国携手，用"德法引擎"推动欧盟改革，继续推动全球化和欧洲一体化向前发展。即使舒尔茨①当选，作为欧洲主义者的他也将继续推动欧洲联合，实施人道主义难民政策，反对逆全球化，积极参与全球化。总之，德国的大选结局改变不了德国欧洲一体化的政策，有德法两国引领欧盟改革发展，欧盟的大厦不会倒塌。

---

① 舒尔茨于 2012—2017 年任欧洲议会议长，作为欧洲主义者，为欧洲一体化做出了巨大贡献。在逆全球化思潮下，他仍主张欧洲一体化，认为欧盟虽然不完美，但它是我们解决我们所面临的挑战的最好工具。详见 Martin Schulz, "Speech of the President of the European Parliament, Martin Schulz at the European Council of 15 December, 2016," http://www.europarl.europa.eu/former_ep_presidents/president-schulz-2014 – 2016/en/press-room/speech_of_the_president_of_the_european_parliament_martin_schulz_at_the_european_council_of_15_d, 最后访问日期：2017 年 7 月 14 日。

英国脱欧背景下"德国问题"再思考

李强实[*]

长期以来，围绕"欧洲的德国"还是"德国的欧洲"这一问题，诉讼不断、争论不休。这些争论中也不乏真知灼见。以伍贻康教授和连玉如教授等为代表的一大批专家学者长期致力于对这一问题的研究，取得了丰硕的成果。以笔者愚见，不论是旧有的"德国问题"，还是随着历史的演变具有了新形式以及新内容的"德国问题"，其实归根结底都是关于德国的影响力和话语权的问题。而德国所追求的影响力和话语权，不仅仅限于欧盟或欧洲，而已经扩展到了整个西方世界乃至全球范围。当然，欧盟是德国的根本，是它发挥更大影响力的凭借。特别是在现在英国退出欧盟、法国内部某些势力也有意退出欧盟的情况下，欧盟内部已经难有国家与德国相匹敌，欧盟可以算得上是德国的主场。德国一定会抓住这个有利时机不断巩固和发展自己在欧盟中的影响力。它绝对不会乐见欧盟的分崩离析。从德国追求自己的影响力和话语权上来说，"德国问题"从来就没有真正解决过，不论是新的还是旧的。因为这一问题的内核就没有变过，德国自始至终所追求的就是自己的影响力和话语权、自己的国家利益，不论是以霸权统治欧洲的形式还是妄图主导欧盟、主导欧洲一体化进程的方式。"欧洲的

---

* 李强实，南京大学德语系德语语言文学专业 2016 级硕士研究生。

德国"是它原则层面的问题，"德国的欧洲"是它操作层面的问题。① 如果我们把这一论断深究下去就会发现，"德国的欧洲"一直以来都是德国追求的目的，是它外交等一系列方针政策的出发点和落脚点，而"欧洲的德国"则是其幌子，是障眼法。《礼记·檀弓下》有言："师必有名。"中国人在几千年前早已明白之理，德国人又怎会不知？

德国不断追求影响力和话语权，恰恰从侧面反映出德国对在欧洲和全球范围内被边缘化以及失语状态的恐惧。要探究德国这种意识的根源，就必须回到德国的历史中去探求。纵观德国历史，我们很难将问题的根源归结于一点，单从某一因素上来寻求答案显然不够全面。德国的这种意识应是复杂因素长期而系统地作用的产物。究其原因，大致有五点：第一，德国长期以来脱离西方的传统；第二，地理位置和地缘政治的影响；第三，德国传统中对文化的过度崇拜以及对政治的极度反感；第四，德国自工业化以来在经济上的强盛地位；第五，德国"大空间经济"的战略构想。

一　德国脱离西方的传统

纵观德国历史，除去二战之后这短短的几十年的时间，德国在漫长的历史长河中，一直处在偏离西方的进程中。这也正是哈贝马斯呼吁德国要拥抱西方的原因。对这一问题的说明，首先要求我们对"西方"这一概念进行某些必要的廓清。一直以来，人们常以地理位置、文化背景和政治制度等因素来区分东方和西方。但在这样的区分标准下，却常有一些例外情况，比如日本和俄罗斯的划分等。当然在不同的历史时期，对于东西方的划分标准是不尽相同的。但我们却不能排除一个核心标准的存在。这个核心标准究竟是什么呢？它应该是统一的西方价值，当然这个"统一"并非意味着完全一致。而是说，西方应是一个"价值共同体"。② 按照德国洪堡大学当代史教授海因里希·奥古斯特·温克勒（Heinrich August Winkler）的观点，在欧洲并没有统一的欧洲价值，只有西方价值。③ 这就点明了所谓

---

① 连玉如：《21世纪"德国问题"发展新考》，《德国研究》2012年第4期，第18—29页。

② 海因里希·奥古斯特·温克勒：《永远生活在希特勒阴影下吗?》，丁君君译，三联书店，2011，第200页。

③ 海因里希·奥古斯特·温克勒：《永远生活在希特勒阴影下吗?》，第200页。

的西方绝不能以单纯的地理或政治实体来衡量。即便在欧洲范围内，随着历史的流变，所谓的地理意义上的西方也是不断变化的。"所谓的古代西方，指的是中世纪时期（在某些国家一直到中世纪以后很长时间）以罗马为宗教中心的那部分欧洲，属西教廷地区。"① 随着历史的演变，西方除了欧洲的部分国家在内，也包含"北美大益格鲁－撒克逊传统的民主国家"。② 这一西方概念所秉承的就是自文艺复兴、人文主义、宗教改革和启蒙运动以来的人权、法治国家、民主传统以及自由和统一等价值观念。西方是所谓人权、自由和民主的象征。尽管，德国历史上经受过这些思想运动的洗礼，也经历过宗教权力和世俗权力以及贵族权力和平民权力的对立和分离，但它长期所走的道路仍是偏离西方价值的道路。这也是德国发动两次世界大战的根源之一。德国发动两次世界大战的原因不能简单地归结于普鲁士，也不能像盟国管制委员会第 46 号令那样简单粗暴地将普鲁士定义为"军国主义和反动的载体"。③ 如果深究下去，德国偏离西方传统的根源应该追溯到 1848 年革命的失败。1848 年革命的参与者所秉承的正是西方自由和统一的价值和理想。但随着革命的失败，这两个任务也无一达成，最终才为普鲁士主导德国的历史进程提供了条件。普鲁士的很大一部分疆域在以前并不属于神圣罗马帝国，它的政治中心在东方，并不在西方，它的整个价值体系也不接近于西方。在普鲁士"容克的经济利益向资产阶级渗透，资产阶级的政治利益向容克靠拢"，④ 这就使得普鲁士更偏离西方了，也就导致以普鲁士为主体所构建起来的德国也处于不断偏离西方的进程中。

二　地理位置和地缘政治的影响

在 1848 年革命之前，德国虽未显露出很明显的偏离西方的迹象，但它与从属于古代西方的其他国家却处于长期的矛盾和对立之中。虽然德国在历史上顶着神圣罗马帝国的名号，但它却无法与古罗马帝国相媲美。而随着众多民族国家的建立，它也已远远落后于历史的潮流了。即便是在欧洲

① 海因里希·奥古斯特·温克勒：《永远生活在希特勒阴影下吗?》，第 201 页。
② 海因里希·奥古斯特·温克勒：《永远生活在希特勒阴影下吗?》，第 201 页。
③ 弗里德里希·梅尼克：《世界主义与民族国家》，孟钟捷译，上海三联书店，2007，第 14 页。
④ 丁建弘：《德国通史》，上海社会科学院出版社，2016，第 275 页。

民族国家未建立之前，它也已经处于颓势，在应对国际和国内事务上捉襟见肘、力有不逮，很难与英、法等国相抗衡了。

历史的发展总是处于特定的时空之中，对于研究一个民族或国家的历史来说，了解和掌握它的地理知识就显得尤为重要。德国处于欧洲中心位置的区位优势，本应成为其发展的极大优势条件，但在实际的历史进程中，却给德国带来了无尽的灾难。欧洲中心的地理位置，昭示着德国拥有众多的邻国，防止他国的入侵，维持本国疆域的稳定便成为它的头等大事。一旦实力衰弱，只能沦为被宰割的鱼肉。长期以来，德国在欧洲地理的中心位置与它在地缘政治上的边缘位置形成了强烈的反差。这也与英、法等地理位置处于欧洲边缘，但在地缘政治上却处于中心位置的国家形成了鲜明的对比。地理上处于中心位置的德国，却要常常忍受地理位置处于边缘的英、法等国的侵略和算计。战时，德意志是欧洲强国厮杀的棋盘；和平时期，则是它们博弈的棋子。德国作为欧洲各强国势力施展自己野心的竞技场，一再引起其周边邻居对维持它的分裂状态的共同兴趣。没有哪个欧洲国家会乐见德意志的统一，以及一个德意志强国的诞生。"三十年战争"等一系列战争无不把德国作为厮杀的战场和争斗的筹码。这一系列惨痛的战争记忆铭刻在德国人的历史和脑海中。这种在政治上的长期失语状态和边缘化的处境，使得德国人迫切地想抚平过去的伤疤，力求本国的影响力和话语权。但物极必反，德国的过于偏执和毫不餍足，对欧洲霸权和世界霸权的狂热追逐，最终给自己酿下了苦果，也给世界带来了灾难。

即便历史的教训在前，但过去痛苦历史记忆的作用太过强大，德国根本不会放弃自己长期的追求。德国自二战以来，融入西方的一系列举动，在欧盟中的所作所为，以及目前在国际上突破军事领域的"克制文化"传统，参与一系列维和活动，还有一直谋求联合国的常任理事国席位等，不正是为了追求它的目的吗？不正是以德国的国家利益为导向吗？

三　对文化的过度崇拜以及对政治的极度反感

德国过去在地缘政治上的这种劣势，也直接影响到了它整个国家的思想和心态。人们常常把德国赞誉为"诗人和思想家的国度"。德国人也一直为自己国家的文化而自豪，一直把自己标榜为文化之国，认为英、法等不过是讲求肤浅的物质文明的国家，认为文化之国要比文明之国高一等。其实，真正有文化的很少谈及文化，德国对文化的大肆宣扬是企图掩盖德国过去文化落后局面的遮羞布，也是德国面对本国过去政治分崩离析状态的迷幻剂。但沉醉于文化上的一点点成就所带来的荣耀之中，无异于饮鸩止渴，德国在推崇文化的道路上越走越远，最终与文明世界相对立。

德国的文化真的就发达到在世界上卓尔不群的地步吗？文学是文化的重要组成部分和重要体现，那么我们就以德国文学为例加以探讨。现在研究德国文学史的专著层出不穷、汗牛充栋，几乎所有此类书籍都将德国的文学追溯到中世纪。这就给人一个错觉，貌似德国的文学史非常漫长，文学成就很是突出。但我们仔细研究一下，就会发现，事实与感觉大相径庭。德国在1750年前的文学成就几乎可以说是微不足道，根本就没有达到欧洲文学的一般水平。即便是那些日耳曼文学研究专家极力推崇的文学作品，也只不过是敝帚自珍罢了，难与其他国家同时期的文学成就相媲美。德国文学作品真正成就突出，令英、法等国刮目相看要等到1800年前后，这时德国文学才达到了它历史上的第一个高峰。海因茨·史腊斐（Heinz Schlaffer）教授认为，德意志文学在18世纪"功业始成"。[1]

但不管怎么说，在德国一直存在将文化和政治相割裂的传统，"政治意识发展的滞后被看成哲学、文学和艺术繁荣发展的前提"[2]。在被后人命名为《德意志的伟大》（*Deutsche Größe*）的文章中，席勒写道："这是一种道义上的伟大，它存在于文化与民族特征之中，这些都是独立于政治命运而存在的……因此，当政治帝国步履蹒跚时，精神帝国则打下了更为坚实、完美的基石。"[3] 文化被看作对政治的一种补偿，要作为改变政治的最有效手段。归根结底，还是要归结于德国长时间处于弱势的政治地位。但这并不妨碍德国打着捍卫德意志文化的旗号与他国争斗，甚至是主动发动战争。一战时，那些教授的《致文明世界的宣言》不就正好印证了这一点吗？

---

① 海因茨·史腊斐：《德意志文学简史》，胡蔚译，北京大学出版社，2013，第49页。
② 沃尔夫·勒佩尼斯：《德国历史中的文化诱惑》，刘春华、高新华译，译林出版社，2010，第20页。
③ 弗里德里希·梅尼克：《世界主义与民族国家》，第41页。

四 德国工业化以来的强盛地位

历史终究要给德国扬眉吐气的机会。随着工业革命的开展，统一的强大民族国家的建立，德国终于可以不用再为自己政治上的弱势地位扼腕叹息，不用沉迷于本国的文化寻求迷醉与安慰。J. M. 凯恩斯曾经说过："德意志帝国与其说是建立在铁和血上，不如说是建立在煤和铁上。"[①] 统一之前的德国本是一个传统的农业国，第一次工业革命的主要领导者是英、法，但工业化的浪潮毕竟席卷了德国，一定程度上促进了德国经济的发展。随着第二次工业革命的开展，德国成了这次工业革命的弄潮儿，实现了本国工业现代化的跳跃式发展，这促进了德国的统一。反过来，德国的统一却又促进了德国经济的进一步发展，为德国争夺欧洲和世界霸权奠定了基础。在所有工业化国家内部，民族主义的扩张势力都得到了经济利益上的强有力援助。在之后的历史中，尽管德国经历了一战和二战的失败以及随之而来的经济的崩溃，但德国总能借助内外有利条件，迅速实现本国经济的恢复和发展，特别是二战之后联邦德国社会生产力快速发展，创造了引人注目的"经济奇迹"。现今，德国在欧盟中的主导地位就是得益于德国经济的强盛。特别是2008年席卷世界的金融危机爆发以来，德国经济对于德国在欧盟乃至世界地位的影响就更举足轻重了。德国也正是凭着自己的经济优势，开始尝试主导欧盟和欧洲一体化进程，以前欧盟中的法德同盟逐渐转变为德法同盟。尽管其他欧盟成员国对德国有许多怨气，但不得不借助于德国的经济能力，希望德国能为解决其他成员国的债务危机承担更大的责任，希望德国能带欧洲脱离经济下滑的泥淖。德国对这一点又岂不心知肚明？经济的强盛为德国追求更大的话语权和影响力提供了坚实的基础，这与日本一直谋求自己所谓的"政治大国"地位，不当"经济上的巨人，政治上的矮子"如出一辙。

五 德国"大空间经济"的战略构想

德国目前在欧盟范围内的经济优势，也得益于它"大空间经济"的战

---

① 丁建弘：《德国通史》，第223页。

略构想。回顾人类几千年的文明史，各个国家、民族之间以及各个国家内部杀伐不断，征战不休。和平延续的时间要远远少于动乱的时间。诱发战争的原因众多，我们很难说某一方面的因素是最根本的，但经济因素应该是其中一个基础性因素。每场战争的爆发都有其经济的动因。农业社会时期的战争大多数以争夺人口及土地等为目的。工业化时代的战争又多以争夺世界市场为出发点。一战爆发的关键因素就是经济。对世界市场的争夺在某种程度上导致了一战的爆发。1871 年德意志第二帝国的建立开启了德国历史上前所未有的较长时间的和平发展时期，为国家的发展提供了优越的外部和内部环境。随着第二次工业革命的逐步发展，统一后的德意志帝国已经进入高度工业化的发展阶段，变为了"世界第二工业强国"。德国工业的繁荣又使其对商品倾销市场和原料产地的需求加大。这就势必使其与英、法等老牌殖民帝国爆发矛盾，最终成为诱发战争的原因之一。总之，战争与经济相伴相随。

同时，零和博弈的思想在西方世界有着深远的影响，不少人认为"修昔底德陷阱"无法避免，一个新崛起的大国必然要挑战现存大国，而现存大国也必然会回应这种威胁，这样战争变得不可避免。所以，他们的一切谋划都是为战争做准备，他们的经济在某种程度上也可以称为"战争经济"。正如一个国家的军事安全需要有一定的战略纵深和战略迂回空间一样，一个国家的经济安全也需要广阔的发展空间和战略迂回空间。除了幅员辽阔、能基本做到资源自给自足的大国之外，一般的国家很难在面对外部的威胁或封锁时，仍然能够保障本国的经济安全。那么这样的国家，为了获得战略迂回空间，以便达到保障本国经济安全的目的，出路只有一个，那就是努力推动区域经济的合作或联合。只有这样，才能获取自己所缺乏的资源和市场，为我所用，弥补自己的不足。拿破仑在对英国的斗争中，为了从经济上拖垮英国，采取了大陆封锁政策，企图以大陆征服海洋。但是资本主义经济是开放的经济，在早期资本主义时期，英国等宗主国需要从殖民地掠夺原材料，并在殖民地倾销商品，没有任何资本主义国家可以完全做到自给自足。虽然法国实施大陆封锁政策，但法国没有强大的海军力量，根本无法彻底阻断英国的海外贸易。英国拥有强大的海军，仍然主宰着海上霸权，仍然畅通无阻地开展着海外贸易。而且英国凭借着自己的海上优势，封锁了法国同各中立国以及自己殖民地的联系，使法国既失去了原材料的来源，也失去了商品的销售市场。法国虽然试图依靠自己在大陆的军事胜利，将中东欧各国囊括为一体，但没有取得成功，整个大陆体系呈现分崩离析之势。法国的经济实力毕竟逊于英国，凭借其一己之力根本无法在经济上与英国相抗衡，其经济的失败，最终加速了拿破仑帝国的崩溃。一战爆发前，德国大力发展海军，力图谋求世界市场。同样在英国海军的封锁威胁之下，德国处于弱势的海军无法打破英国的封锁。同时，德国的经济无法做到自给自足，无法和海外市场进行联系，在大陆上更不能获得自己所需的原料及市场，最终只能引发经济的崩溃。经济的崩溃又势必会导致国内政治及社会局势的混乱，最终导致战争的失败及政权的更迭。

据李维教授的研究，早在19世纪上半叶，德意志民族的思想家、理论家弗里德里希·李斯特（Friedrich List）就指出，"德意志的小邦国根本无力对抗英国主宰下的自由世界经济体系，他们必须联合起来，发展依托欧洲大陆的大空间经济"。① 一战之后，德国的社会精英也更加认识到了构建以德国为中心的大空间经济的重要性。此时，德国不再也没有能力参与国际市场的争夺，将关注的重点放在了欧洲大陆。在军事工业化的时代，为了向东夺取"生存空间"，纳粹政权将所有力量都投入战争经济轨道，力图获取经济发展的广阔空间。但以残忍的战争手段来达成经济目的最终是不会取得成功的。二战之后，为保障本国的经济安全，德国仍然没有放弃"大空间经济"的发展战略。但此时，德国改变了自己的策略，不是以战争为手段，而是在和平的框架下推进"大空间经济"战略的实施。特别是随着欧洲政治经济一体化进程的不断发展深入，德国在欧盟的框架内，凭借本国的经济优势，逐步构建起在欧盟乃至整个欧洲范围内的经济发展大空间。此外，德国凭借欧盟这一平台，逐步深化与中国等欧洲之外的重要经济体之间的合作，扩大自己的市场，为本国经济的发展构建了更大的发展空间。所以，德国出于"大空间经济"的战略考量，也会坚持推动欧洲一体化进程的不断深化，维持欧盟的稳定，以此来构建以德国为中心的"大空间经济"，保障本国经济广阔战略迂回空间的稳定，维护本国的经济安

① 李维：《德国对中国的启示：建立"大空间经济"》，《中国与世界观察》2015年第3—4期，第67—70页。

全，不断谋求本国话语权和影响力。

六 结语

一言以蔽之，"德国问题"是德国为避免自己重新被边缘化，为避免重蹈自己的失语状态，而极力谋求自己的话语权和影响力的问题。对于一个主权国家来说，谋求自己的利益无可厚非。但在谋求自己的利益之时，应当考虑到国际社会的共生性，遵循共生性国际社会的内在发展逻辑，必须在维护和平与稳定的框架下采取正当合理的方法，照顾到其他国家特别是弱国和小国的利益和感受，必须适当考虑到竞争对手的利益。如果一味谋求本国利益的最大化，最后只能适得其反，反而不利于本国利益的实现。德国现在激起希腊、法国等国家的强烈反感，默克尔甚至被与希特勒相提并论，恰恰暴露出德国在追求自己利益时，蛮横的家长制作风、对他国正当利益的忽视以及对他国缺乏谅解。欧盟的前身以及欧盟创立的一个初衷就是要在这个框架内限制德国，使一个重新强大的德国不至于再次危及欧洲的安全。所以，欧盟中的其他成员国绝不会乐见德国把欧盟变为德国的欧盟，欧洲其他国家也不会乐见德国把欧洲变为德国的欧洲。

当代德国政治、经济与外交

以侨为桥：德国侨务外交模式探析*

2017 年 1 月 10 日，德国对外关系学院（Institut für Auslandsbeziehungen，简称 Ifa）成立 100 周年之际，德国外交部部长弗兰克·瓦尔特·施泰因迈尔出席庆典活动并发表讲话，指出："百年学院丝毫没有给人陈旧的感觉，反而以自己的开放和活力为我们的文化、教育外交政策增添了新的动力，这个机构时刻保持着创新，使自己不断与全世界进行文化交流，学院将人们聚集在一起，打开一个新世纪的大门，在这个世界中我们合作、对话，尤其在今天这个充满危机的时代，合作和对话使我们在重大问题上互相包容理解。"[1] 回顾德国海外侨民变迁，我们可以发现，从中世纪末至第二次世界大战，大批德国人移居苏东地区和海外。1913 年，德国在华公司 296 家，近 3000 德国人定居中国哈尔滨、青岛、上海等地。[2] 1990 年两德统一后，德国迎来经济发展的新时期，也面临着复杂的外部环境，而海外侨胞在开展公共外交中独特而重要的作用开始显现和得到重视，原因在于侨民的社会地位不断提升，实力不断增强。经济上，侨民经济已经成为

* 本文为国家社会科学基金重点项目"德国联邦议会与'记忆文化'建构研究（1990—2015）"（项目号：16ASS003）的阶段性研究成果。

** 孙怡雯，中国人民大学外国语学院德语语言文学专业 2016 级硕士研究生。

[1] 参见 http://www.ifa.de/100-jahre-ifa/frank-walter-steinmeier.html，最后访问日期：2017 年 3 月 24 日。

[2] 柯伟林：《蒋介石政府与纳粹德国》，陈谦平等译，中国青年出版社，1994，第 31 页。

世界经济发展的一支重要力量；科技上，发达国家集聚着海外侨民专业人才，所从事的研究大多为高新科技领域；政治上，侨民逐渐摆脱"不问政治国事"的传统，参政意识日渐增强，德国政府也开始将侨务工作转为外交重点。2013年默克尔再次出任联邦总理后，德国政府的对外政策由"克制"开始转为积极，由原来的"贸易大国"、"文明大国"向"建构大国"拓展，政府计划未来在全球治理和促进地区与世界和平发展方面发出更强音，并采取了一系列措施。德国对外关系学院在这一新的时代背景下，更加肩负着推广德国文化、促进侨务外交的使命，它的新行动、新政策也值得我国参考借鉴。

一　建构主义理论与德国侨民变迁回顾

建构主义并不是与现实主义、自由主义并列的理论学派，而是一种相对于理性主义的研究方法和理论视角，其根本目的在于通过用观念解释行为，来强调以往被忽视的主观性因素的重要性，观念—认同—行为是建构主义的基本理论范式，其中身份认同是一个核心概念，它通过行为主体将主观因素与客观表现联系起来。在国际体系中，行为主体（主要是国家）的身份认同是对自己在体系中所扮演角色的一种认知，而围绕这种认知的形成与影响，在建构主义框架下就产生了角色分析这一理论方法。在外交政策研究中，角色分析理论把国家的"认同"具体化为"角色"这一概念，超越了传统理论中的利益、体系等研究外交政策的基本要素，从主观层面上考察了国家的自我认知对外交行为的影响。角色理论相对于外交政策的传统研究方法来说优点突出，可以将影响国家决策的客观因素与国家的具体政策选择有效地衔接起来，因为其承认外交主体与客体（本国与别国）对相同物质因素的不同认知方式都能对行为的角色定位产生影响，所以这一理论方法更贴近现实。就德国而言，运用角色理论的建构主义方法有助于理解德国复杂的历史属性，找到清晰的定位，追溯许多矛盾行为的根源。具体而言，德国外交面临着内、中、外三个层面的任务，欧盟、北约和世界可以说就是这三个层面的代表，以德国为主体，分别形成了相对独立的行为体系。在每个层面和体系中，德国都需要设计相应的角色定位。对于现今向全球新秩序迈进的德国来说，建构在德国对外政策上尤为重要。[①]

据 2015 年统计数据显示，德国每年大约有 2.5 万侨民外流，2004—2013 年德国外流侨民数达到近 150 万人，其中 70% 是受过高等教育的知识分子，而因工作侨居他国的人数占总侨民的 66.9%。[②] 这种现象并不是近年来才出现的，德国人口迁移现象在历史上并不罕见，暂且不谈欧洲中世纪的民族大迁徙及十字军东征，大批人员外流的现象可追溯到 1871 年德意志第二帝国成立。当时，大量德国居民由于工作、婚姻、资产和文化交流等侨居国外。同时，由于工业发展和劳动力需要，外来务工人口（大多为波兰人）也大量向德国迁移。一战时，人口迁移现象达到小高峰。一战后的魏玛共和国时期，人口迁移数量有所下降。《凡尔赛和约》签订后，强制性移民（难民、政治驱逐）成为侨民侨居的主要原因，柏林甚至成为欧洲范围内俄国移民的中心聚集地。二战期间，德国纳粹"种族政策"高压控制下，数以万计的犹太居民和政治避难者逃离德国。另外，由于战争需求，约有 1200 万名外来务工人员被迫在德国从事劳动，为战争服务。

二战结束后，1000 万至 1200 万名原居住在东欧地区的德国居民流离失所。1950 年，他们中的大多数人返回德国或迁往海外。[③] 后来的"经济奇迹"又吸引大量土耳其人迁往德国工作。直至今日，德国已成为多元民族融合的大国，而德国居民也有不少人去海外接受教育或移居，或在国外高精尖领域工作。

2004—2013 年，外流德国侨民的目的地国仍以欧洲国家为主。在拥有德国侨民的国家中，瑞士排名第一，其次是美国、奥地利、波兰等，除美国以外的欧洲境外国家的德裔侨民数约占总侨民数的 42%（见图 1）。[④] 针对日益复杂的侨民状况，德国也采取了相应的对策，对外教育和侨民文化教育是侨务外交的重点。德国学者达尼埃尔·奥斯特洛夫斯基（Daniel Os-

---

① 参见李绘新《试析当代德国外交的不确定性——以角色分析理论为视角》，《现代国际关系》2004 年第 1 期，第 27 页。

② 参见 http://www.spiegel.de/wirtschaft/soziales/auswanderung-aus-deutschland-neue-studie-zeigt-gruende-a-1022743.html，最后访问日期：2017 年 5 月 20 日。

③ 参见 http://www.bpb.de/gesellschaft/migration/dossier-migration/56355/migration-1871-1950，最后访问日期：2017 年 5 月 21 日。

④ 参见 http://www.spiegel.de/wirtschaft/soziales/auswanderung-aus-deutschland-neue-studie-zeigt-gruende-a-1022743.html，最后访问日期：2017 年 5 月 20 日。

trowski）在《德国驻外机构的公共外交》一书中，将公共外交分为三类，即媒体关系、对外文化教育政策及建立关系网，而对外文化教育政策自 20世纪 70 年代起被称为德国外交的"第三根支柱"。①德国积极利用网络媒介向侨民宣传德国形象，同时在侨民聚集地建立德国学校（Deutsche Schule），供侨民子女接受教育。此外，在德国政府主导下，各级中立机构纷纷在海外建立，为侨民提供各种服务。其中，德国海外学院作为独立于政府之外的机构，既与德国外交政策保持高度一致，又不受政府干涉，不断进行自我完善和发展，同时为德国的侨务外交及公共外交贡献一己之力。

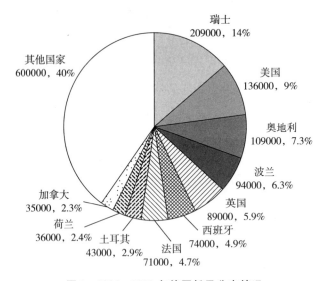

图 1　2004—2013 年德国侨民分布情况

二　Ifa 的历史发展：战争与和平的博弈史

1917 年，德国海外学院（Deutsche Ausland-Institut，Ifa 的前身，简称DAI）应运而生，主要创立者是斯图加特的大企业家特奥多尔·瓦纳（Theodor Wanner）。瓦纳尤为关注外交、贸易和人类文化学，他本人也为著名的斯图加特人类文化学博物馆做出了巨大的贡献。早在一战前，瓦纳就萌生了建立"德国对外研究所"的想法，但这一计划在 1914—1916 年发生的三

---

① 参见张舒阳《德国公共外交对中国的启示》，《政府法制》2014 年第 2 期，第 30 页。

件事的影响下才真正成熟。其一，1914 年 8 月，一战刚刚打响，以"德国精神文化及在国外的德国侨民"（Deutsche Geisteskultur und Deutschtum im Ausland）为主题的展览会在莱比锡交易会开展，集中展示了之前曾被忽视的德国移民及其后裔对德国的意义。其二，1915 年弗里德里希·瑙曼（Friedrich Naumann）出版的《中欧》一书引起广泛关注，作为自由主义政治家的瑙曼在书中提及德国在欧洲中部的政治和经济利益，但几乎没有提到当时生活在中欧的大量德国移民，因此遭到了"符腾堡贸易地理及促进德国在世界利益组织"（WürttembergischeVereinfür Handelsgeographie und zur Förderung deutscher Interessen im Auslande）的强烈批评。其三，1916 年柏林大学教授卡尔·海因里希·贝克尔（Carl Heinrich Becker），即后来的普鲁士文化部部长，在向普鲁士议会提交的呈文中写道：要将外国研究作为一门新兴大学专业，以此来提升对世界的认识，促进德国的世界政治教育。瓦纳在这三件事的基础上制订了一系列可行规划，他的计划在战争时期得到了当时社会的进步社交圈子和贵族圈子的资金支持。1917 年，这一新成立的机构被当时的符腾堡国王威廉二世称为"战争中的和平手段"（Werk des Friedens mitten im Krieg），以此表达他期待早日和平的愿望。

事实上，这一机构在一战中一直处于边缘状态，其真正的工作于 1918 年才正式开始。建立之初的德国海外学院主要负责资助境外德国侨民、定期向新闻媒体界提供信息、举办各项展览、维护和保存大量对外文化政策的档案。1918 年 10 月，学院管理层人员由原来的 2 人扩大到 30 名官员和公众人物，科学研究咨询委员会的加入为经济文化方面的工作提供了巨大支持。董事会有 7 名成员，分管不同的地区。魏玛共和国时期，海外学院分设 1 个东欧部门、1 个东亚部门，以及 5 个职能部门，即移民侨民咨询处、就业介绍处、法律顾问处（尤其针对国际联盟和少数民族权利）、资金下放部门（针对境外德国人或德国移民）和广告媒体部门。1926 年又成立了一个美国业务部门，1926—1927 年，德国对外研究所共有约 50 名成员。由于移民侨民咨询处和法律顾问处的特殊作用，境外德国人成了对外研究所工作的重心。瓦纳及其合伙人一致认为，他们也应对境外德国民众承担义务，这一观点曾在战争时期被忽视，但作为研究美国的学者和研究侨民问题、侨民保险、侨民输送的专家，瓦纳十分重视侨民的问题，因此在魏玛共和国时期，无论是在内务还是外交方面，瓦纳都在积极组织协商侨民移民问题。

由于瓦纳本人就是"南德意志广播电台"的创始人之一，又兼任"帝国广播公司"的副会长，他很早就开始关注用新媒体开拓学院工作的可行性。媒体可以帮助学院扩大受众数量，使其主张得到广泛的传播，并获取大量境外信息。1925 年，海外学院原址被改建为养老院和孤儿院，海外学院则搬到了夏洛特广场，即现在对外关系学院的所在地。同一时间，德国海外学院的现代化广播电台也开设起来，以广播节目形式，定期向身居国外的德侨播放由瓦纳的合伙人弗里茨·维特海默（Fritz Wertheimer）出版的半月刊《境外德国人》（Der Auslanddeutsche）。

由于广播和印刷媒体的大量投入，学院的展览活动少之又少，学院自身陷入财政困境。自 1928 年起，学院就开始负债，瓦纳在 1931—1932 年的年度总结报告中写道："十分遗憾，我们的展览活动必须在缺乏资金的威胁下开展。"同时，魏玛共和国的内政危机也阻碍了海外学院的工作，右派极端主义的兴起也不利于学院发展。希特勒和纳粹政党的反犹主义威胁着它的工作基础。早在 1933 年 1 月 30 日前，以理性和自由为主导的学院工作活动就受到了强烈攻击，务实求真的科学工作在这种状态下难以为继。①

1933 年纳粹上台，海外学院领导人发生变化，迫使此机构接纳纳粹党路线。学院一开始主要是开展活动、为有移民意愿的人提供建议。到了 1933 年，它的活动开始转向直接与境外德国人建立联系。1934 年发表的《德国对外研究所的新任务》宣称其官方目标是："培养生活在国外的德国人，建立统一的德意志世界观，使其发展成为类似于第三帝国士兵似的人物。"希特勒及其宣传部部长戈培尔提出"步调一致"政策，强迫各组织、机构和民众的思想高度一体化，海外学院作为"国家民族政策的规划中心"与盖世太保（纳粹秘密警察）、纳粹党、纳粹党外事局紧密联系在一起，还协助当时的纳粹德国制订和实施殖民计划。当时的秘书长弗里茨·威特海默因其犹太人身份而被禁止参与学院的工作，创始人兼首席执行官特奥多尔·瓦纳也被排挤下台。②

---

① 参见 "Gründung und Entwicklung des Deutschen Ausland-Instituts 1917 – 1932," www.ifa.de，最后访问日期：2017 年 5 月 20 日。
② 参见 "Theodor Wanner-ein Portrait," www.ifa.de，最后访问日期：2017 年 5 月 20 日。

德国海外学院在纳粹时期很快"壮大"了起来。1933 年有工作人员 52 人，二战爆发时已经有 157 名员工。它的财政预算也从 1933 年的 30 万德国马克上升到 1942 年的 140 万德国马克，这种高额财政投入一直保持到 1944 年。内政部、外交部、符腾堡州和斯图加特宣传部都为它提供基金资助。学院作为纳粹宣传的传播工具，在"境外德国人"中产生巨大的影响，在国内也不遗余力地通过印刷品为国家、政党、军事机构服务，并举行关于军事方面的众多讲座。1939 年 8 月 31 日，该学院为国防军署开设"特别信息服务"，定期撰写有关海外德国后裔的报告，记录中立国和同盟国与战争相关的事件。海外学院还发表倡议书，努力让生活在美国的德国人在思想上贴近德意志帝国，从而使美国难以加入战争。

1945 年德国战败后，海外学院被战胜国解散。1949 年，联邦德国政府按照该学院建立时的初衷而重新加以组建，并更名为德国对外关系学院，使之成为一个公法团体，并将其工作重心转向公益事业。作为一个媒介组织，该学院开展了对外文化政策领域的一系列工作。新成立的学院好比是联邦德国"对外交流的初级学堂"，未来文化来往的"枢纽"，不再依附于政府，而是成为一个促进各国沟通交流的独立平台。在经济上，学院摒弃过往纳粹理念，得到了联邦外交部的财政支持。

提供移民侨民顾问服务，创办杂志，开设图书馆，对外捐赠图书，举办展览——第一批项目看起来丰富多样，而事实是创始阶段的狂喜褪去后，学院的影响力十分有限。纳粹历史遗留问题和冷战带来了重重障碍，外交政策不重视文化领域，方针变动和定位改变，与其他半官方机构尤其是歌德学院的同质性竞争，财政预算与人员不足，海外知名度低等都成为该学院面临的巨大考验。但其在文化政治合作中一直努力提升影响力、寻求话语权，这也是德国对外文化政策漫漫求索路的缩影。这种状况也是人们讨论德意志联邦共和国外交史的时候，很少有人提到德国对外关系学院的重要原因之一。但是，作为民主化进程中的一环，此机构承载了厚重的历史，并延续至今。

三　Ifa 的机构设置与活动亮点

值德国对外关系学院成立 100 周年之际，了解其当前机构和人员设置，弄清其新的侨务外交使命，有深刻的借鉴意义。学院的大部分资金来源于德国外交部，但其重大决策和机构设立相当独立，不受政府控制。这与德国外交政策的独特性密不可分：总理享有"方针决策权"，外交部及多个政府部门参与决策，不同的研究机构作为智囊团提供决策依据。在管理方面，实行"各司其职、各负其责"，外交部负责文化外交工作的总体规划和统筹协调，联邦教育科研部主管对外科研交流合作，联邦政府和州政府联合管理境外的德国学校，高校间的国际合作以及对外媒体宣传则分别隶属于各联邦州文化部部长以及文化和媒体总署。在具体执行方面，政府将执行权下放给不同的官方、半官方、非政府组织及民间组织机构，同时又通过框架协定，借助政策规定和控制基金、拨款等手段来规划各个执行机构的任务范畴和具体项目，保证执行机构认真贯彻从国家利益战略高度确立的外交政策理念和原则。[①]

就学院的行政设置而言，主席和秘书长作为最高领导统筹整个机构运转、出席重要活动会议，与境外媒体、各个基金会和其他文化机构进行磋商、签署协议。目前，对外关系学院的主席是厄休拉·塞勒－奥尔布里宁女士（Ursula Seiler-Albring），秘书长是罗纳德·格莱茨先生（Ronald Grätz），女性在领导层的任职会更全面、有效地推动机构的工作开展。行政部门有总体策划部、文艺部、交流部、媒体部和管理部（见图2）。学院学术中心独立于行政部门，主要从事文化和外交政治研究，组织专家分析国际形势和对外政策。总体策划部负责活动创新以及活动形式与内容的确定，制定活动方案，安排各个部门的活动职能；文艺部定期举办对外关系学院长廊，在境外举办艺术展览，促进德国艺术领域的创新与挖掘，定期参与每届威尼斯双年展；交流部负责境外文化项目的实施，化解境外侨民矛盾，获取难民和海外侨民的信息并进行整理，报道外来移民的状况，负责语言课程的开展；媒体部主要负责学院图书馆的日常运转，关注文献研究，定期出版学院杂志《文化交流》（Kulturaustausch），为本国居民及侨民提供在线服务；管理部为整个机构提供强大的后勤保障，分配项目资金和人员薪金，保障员工福利和机构法律权益，处理多媒体技术故障，定期对机构设

---

① 参见孟虹《服务于国家利益的德国文化外交》，《光明日报》2010 年 5 月 28 日，第 8 版。

施进行检查维护，保护机构内部资金和不动产。① 各部门协调运作，分工明确，权责统一，这是该学院成功举办多种活动、开展艺术长廊、长期代表外交部出席威尼斯双年展的直接保障。主要负责人员的照片、联系方式和职责会在官方网站上清晰地展示出来，便于提高工作效率，避免出现推卸责任的情况。

此外，各个基金会组织也纷纷与学院建立合作关系。近年来，对外关系学院的全球巡回展览就是由德国联邦文化基金会（Kulturstiftung des Bundes）赞助支持的，在中国的上海、南京、成都、北京都有过巡回展出。该学院也将资金用于教育事业和公益事业，定期向从事艺术、文化领域工作的青年提供不同的资助项目及奖学金项目。另一部分资金会用于支持与伊斯兰国家对话，支持危机地区非政府组织工作人员的项目，以及为分散在中欧、东欧、南欧和独联体国家的少数德国侨胞的生活工作提供帮助。学院的语言学校面向社会提供德语语言课程，近几年来该机构在非洲也开展了多个教育项目，将德意志历史文化传播到世界各地。由学院主编出版的季度性杂志《文化交流》由德国外交部提供出版经费，但杂志内容完全由该学院编排，该杂志的读者已经遍布全球146个国家。② 《文化交流》的内容主要围绕文化和社会问题，每期杂志都会有一个关于全球化进程中不断变化的文化的中心主题，关于这个主题的内容篇幅会占据整个杂志的2/3，其中收录的文章由不同文化背景和国家背景的作者提供，文章关注点大多为当下热点问题，例如气候变化、人口增长、难民危机和社会消费，或者评论单一国家和地区的热点问题，如美国、俄罗斯、伊朗、土耳其。此外，杂志会收录一些精选的访谈记录、评论和新闻报道，避免形式的单一。《文化交流》在多国设有常驻记者，亲身体验当地社会人情，做到发文客观，以提高阅读价值。其中侨民与《文化交流》的互动较多，他们不仅是杂志的忠诚粉丝，也经常从居住国提供一手文献、视频资料，反映当地社会问题。近年来，Ifa开启了在线杂志平台，供各国读者在线购买、阅读杂

---

① 参见 http://www.ifa.de/ueber-uns/organisationsstruktur.html，最后访问日期：2017年5月17日。

② 参见 https://de.wikipedia.org/wiki/Kulturaustausch_（Magazin），最后访问日期：2017年5月25日。

志，并对内容发表在线留言。①

　　历经百年沧桑的对外关系学院如今在欧洲、亚洲、美洲和非洲均有合作交流项目，分散在各地的海外侨民通过学院的官方网站选择所在区域，便可以轻松获得近期在当地的文化交流项目信息。2017 年 1 月，秘书长罗纳德·格莱茨在接受采访时表示，在世界范围内为德国公民在预防冲突、处理冲突以及促进民主与和平方面的工作提供支持，是学院的另一个明确的工作目标。在这一方面，为来自不同国家和生活领域的侨民搭建论坛并提高这些侨民的素养，与增强转型国家和危机地区的社会组织力量、为它们构建和平的活动提供支持是同等重要的。文化和危机以及文化冲突这些话题是文化沟通工作的核心领域。这种全球化的思想，与民族主义和极右民粹主义的思维方式和发展趋势相对抗，把对话视为一种学习和一种态度。它在本质上以过程为导向，对结果持开放的姿态。② 由此可见，海外侨民作为一种特殊群体，在展现建构大国形象、开展国际对话中的作用不可小觑。从某种程度上说，德国重视侨务外交的各项工作正体现了"得侨民者得外交"的理念。

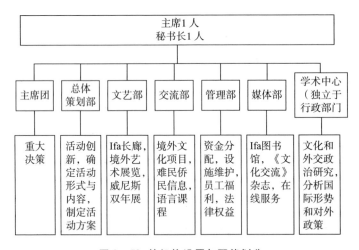

图 2　Ifa 的机构设置与职能划分

---

① 参见 http://www.kulturaustausch.de/index.php? id = 4，最后访问日期：2017 年 5 月 25 日。

② 参见 http://m.focus.de/regional/brandenburg/stadt-frankfurt-oder-welches-euro pa-wollen-wir ＿，最后访问日期：2017 年 3 月 24 日。

四　Ifa 发展对中国的借鉴意义

2011 年 10 月，中国在全国侨务工作会议中首次提出"侨务公共外交"概念，国务院侨办主任李海峰在会议上发言指出，要"以'以侨为桥——沟通中国与世界'为主线，加强侨务公共外交"。他强调中国侨务工作在"十二五"期间的主要任务包括服务经济社会发展，维护和促进祖国统一，拓展侨务公共外交，弘扬中华优秀文化，培育壮大友好力量和依法依规维护侨益等。[1]

中国是一个拥有 6000 万海外侨民的大国，侨民力量不容忽视，应鼓励海外侨胞以多种方式向住在国政府及主流社会介绍中国的基本国情、发展道路和内外政策，帮助他们客观看待和认识中国的发展进步，要使海外侨胞成为促进中国与住在国各领域合作交流的友好使者。[2] 目前，中国侨务部门针对外界关注的热点问题，积极组织海外侨胞实地参访和交流，邀请华文媒体负责人和编辑记者参加"海外华文媒体高级研修班"，邀请海外华文媒体来华采访，引导他们正确认识中国的国情、社情和民情。全球化进程也改变了华侨的生存状态，从而对他们的生存状况产生了新的影响，他们的身份归属和文化认同也开始具有新的特点，过去的落叶归根与现在的文化自由相博弈，侨民文化也遇到了新的机遇与挑战。此外，国际上"中国威胁论"的呼声仍然持续，这种言论使得发展中国家对中国怀有较大的戒心，在与中国华侨的交往中难免会有不满情绪。对于海外侨胞的新生代而言，他们生长在国外，受当地教育，对中国语言文化缺乏了解，意识形态方面也与中国存在差异。因此，他们的祖国认同感比父辈弱。要发挥这一群体对中国公共外交的作用，也存在较大的挑战。借鉴德国对外关系学院发展的经验，中国侨务外交工作可做出以下几点改善。

其一，完善侨务外交政策。政府部分参与外交决策，充分重视各地侨联、民主党派的建议。在实施决策过程中，各侨联、侨团拥有一定的实施

---

① 参见 http://www.chinanews.com/zgqj/2011/10－21/3406592.shtml，最后访问日期：2017 年 4 月 12 日。

② 参见 http://www.chinanews.com/zgqj/2011/10－21/3406592.shtml，最后访问日期：2017 年 5 月 23 日。

自由，同时可以将具体执行任务下放给半官方或非政府组织、民间组织机构，但要接受政府监督管理，政府通过控制资金等手段保持政策与实施的一致性。

其二，为侨民子女设立境外学校。德国政府在境外领事区设有德国学校（Deutsche Schule），保障侨民子女接受教育，德国学校经费由政府承担，采用德国教育模式，学生毕业后与境内毕业生享受同等待遇，参加考试申请大学。中国在德国开办的小学和中学大多为非官方机构或个人资助建立，"各个山头各据一方"，有很多是港、澳、台地区富商捐建的中小学，没有形成自上而下的有序体系，师资力量也不足。中国虽在柏林设有中国文化中心和驻德教育部门，但多与德国各基金会或文化机构合作，并未真正建立便于侨民子女教育的学校体系，这也和 20 世纪 80 年代前我国驻德领事馆不允许领事家属子女随同赴德的规定有关。在侨民日益增多的今天，政府可制订增设境外中国小学和中学的政策规划，派遣优秀中国教师常驻授课，打造境外的中国教育模式，在学校资金保障问题上学习该学院的机构设置，维护境外合法权益，专设境外维权机构，保障后勤供应。

其三，积极利用媒体，尤其是社交新媒体，出版编辑侨务月刊或季刊，反映境内热点问题，关注国际形势，同时介绍中外科技、经济、文学艺术领域的合作活动，鼓励侨民积极参与，让侨胞及时了解国内动态，同时向世界展示中国各方面日新月异的发展状况。同时，开通侨民网站、微信平台等线上留言板块，不仅在国内实行公开透明的民主监督制，也要在侨民聚集区设立意见反馈栏，及时了解侨民矛盾和意见，有效解决。

其四，作为海外侨民的坚强后盾，尤其是在发生危险灾害时，做好侨民撤离工作。敦促境外大使馆切实负责侨民人身安全，遇到灾难时提供紧急避难场所，及时联系有关政府做好侨民安全撤离工作。

五　结语

在社会建构的大框架下，侨务外交已然成为大国政策中的重要组成部分。自德国转向积极有为的外交政策以来，德国对外关系学院在侨民文化政策的促进上起到中流砥柱的作用。学院成立 100 周年之际，德媒对这一机构的关注度持续上升，复杂的历史背景并没有使其失去力量，从一战前期的美好设想，到二战时被纳粹的对外宣传所利用，再到联邦德国时期以全新形象走向世界，它在民主和平的道路上步履更加坚定。新时期侨务外交崛起，该学院积极配合政府外交步伐，努力推动文化传播，关注境外德国侨民，始终践行着德国外交主张，从机构设置到活动行为焕然一新，不断焕发活力。

　　在中德两国关系日益稳固的今天，德国对外关系学院机构的设置与发展十分值得中国学习借鉴，为中国侨务外交提供新的视角，启示我们在人员迁徙、国际流动的今天，应合理利用境外侨民将文化引进来和走出去政策不断完善、实践；同时保护好海外华侨的权利利益，通过建立中国学校、编辑针对侨民的月刊季刊、开设线上线下侨民留言板块等具体措施，展现中国对侨民的重视，彰显大国形象，体现大国实力，加快"中国梦"的实现。

论重新统一以来德国极右翼
势力的发展特点及影响[*]

刘湘君[**]

20 世纪 90 年代以来，冷战结束，美苏两大阵营曾长期坚持的政治意识形态对抗逐渐瓦解，在这一背景下，各国社会普遍弥漫着怀疑与迷茫的情绪。德国在经历了重新统一的欣喜后，也面临一系列棘手的社会问题：两德政治文化、经济水平等方面的差异导致的融入难题；援助原民主德国地区给原联邦德国地区人民带来的丧失感与恐慌感。在这种情况下，德国极右翼势力迅速卷土重来：不到 30 年间，被正式宣布违宪并取缔的德国极右翼组织就多达 12 个。据统计，1990—2015 年，共有 179 起因极右翼暴力犯罪而发生的致命案件。[①] 即使是以保卫国家安全，维护自由和民主为己任的德国联邦国防军也没能逃离极右翼势力的泥潭：2017 年 5 月 "弗朗哥·A 事件" 一经曝光立刻引起人们对德国极右翼势力发展现状的担忧；据德国《时代报》（Zeit）2017 年 9 月 29 日报道，联邦军事情报局在回答联邦议院的相关质询时称，进入 2017 年以来，军队内又新增 286 起疑似极右主义

---

* 本文为国家社会科学基金重点项目 "德国联邦议会与'记忆文化'建构研究（1990—2015）"（项目号：16ASS003）的阶段性研究成果。
** 刘湘君，中国人民大学外国语学院德语语言文学专业 2016 级硕士研究生。
① 参见 http://www.thepaper.cn/newsDetail_forward_1692961_1，最后访问日期：2017 年 6 月 1 日。

事件。①

在德国这一有着特殊历史背景的国家，对极右翼思想的打击可谓十分严厉。然而德国的极右翼势力却依然存在，甚至有着不容小觑的影响力，对社会稳定、民主政治构成极大的威胁。因此，本文试图从德国极右翼势力的发展态势着手，分析其发展的原因，并对其人员与组织结构以及意识形态和动员方式的发展特点进行阐释。最后，本文还将介绍并分析德国极右翼势力在选举中的表现及其影响，以期能为如何与极右翼势力做斗争，维护民主制度，防止历史的倒退提供参考建议。

一　"极端右翼"的概念界定

"左"与"右"是政治学中两个重要的术语。自法国大革命时期起，"左"与"右"开始进入西方政治舞台，"左"被用来形容现代的、改革的政策、主张或政党团体等，"右"则成为传统与保守的代名词。在政治学领域，虽然在不同历史时期，"左"与"右"的内涵有些许变化，但其核心解释还是得到了普遍认同。

然而对于"极端右翼"这一概念，学术界还未给出一个清晰准确的界定。即使是这类群体的命名问题，学术界至今仍未形成统一观点。1945年前后，学术界常用"激进右派"指代与法西斯主义有因缘联系又不认同法西斯主义的团体。② 1963年丹尼尔·贝尔（Daniel Bell）出版《极右翼》一书，"极右翼"这一概念开始进入学者的视线。③ 而涉及德意志人民联盟（DVU）、德国共和党（REP）这类政党的定义就更多了：极端右翼政党、激进右翼政党、激进右翼民粹主义政党、新民粹主义政党等。将这些定义汇总来看，这类政党指的是在政治光谱中比传统右派政党更为偏右、惯于采用民粹主义这一政治动员方式的政党。

负责德国国内安全情报工作的联邦宪法保卫局（BfV）对"何谓极端右

---

① 参见 http://www.zeit.de/politik/deutschland/2017-09/bundeswehr-rechtsextremismus-verdachts-faelle-militaerischer-abschirmdienst，最后访问日期：2017年10月7日。

② 参见杨云珍《当代西欧极右翼政党研究》，上海人民出版社，2012，第31页。

③ 参见杨云珍《当代西欧极右翼政党研究》，第31页。

翼"曾做出以下说明：德国极端右翼这一意识形态并不具备统一的结构，它通常会利用民族主义、种族主义及反犹主义等已经形成的意识形态因素，提出新的要求。极端右翼认为，归属于一个族群、民族或种族的身份决定了一个人的价值。这种价值观从根本上是与重视个人尊严的《基本法》相违背的。此外，极端右翼意识形态还与专制独裁的国家观念有着紧密联系。这一意识形态要求在所谓的"同一种族"的人民之间建立"民族共同体"，在这一共同体内，国家领导人遵从其主观意愿治理国家。也就是说，在极右翼国家中不会对所谓"自由的"、"民主的"基本秩序加以管控，人民没有选举国家领导人的权力，议会中也不会存在反对声音。① 德国联邦宪法保卫局虽然也没有明确定义"极端右翼"这一概念，却揭示了极端右翼意识形态的两个本质特征：反民主、反宪政。本文将统一使用"极端右翼"一词，限定及描述这类组织、活动及其成员。

为了更好地理解极右意识形态所要求的"民族共同体"，需引入"社会排斥理论"。现代意义上的"社会排斥"这一概念是由法国学者勒内·勒努瓦（Rene Lenoir）于1974年首次提出的，侧重于指没有受到国家福利保障而被社会发展排斥在外的人。随着越来越多的社会危机爆发，"社会排斥"这一概念不再仅限于物质层面，而是开始更多地强调个人与社会整体之间关系的断裂。② 随后，这一概念逐渐被欧盟所采纳，成为欧盟社会政策的重点。③ 现代社会排斥理论中强调的"社会排斥"是一个多维度的概念，是一个积累的、动态的过程。极右翼团体要求在"同一种族的"人民之间建立"民族共同体"，就意味着一部分群体（如难民）无法获得政治地位，也就是说，极右翼团体对部分群体施加了政治排斥。在这一意识形态的驱动下，极右翼势力就会采取一系列排斥行为，例如近年来德国发生的诸多针对难民的暴力事件等。这种政治排斥是与目前欧盟倡导的"多元文化"相违背的，也严重损害了社会秩序的稳定。因此，对极右翼势力进行监督、管理、控制以及打压是十分必要的。

---

① 参见 https://www.verfassungsschutz.de/de/arbeitsfelder/af-rechtsextremismus/was-ist-rechtsextremismus，最后访问日期：2017年6月5日。
② 参见冯倩《社会排斥理论研究综述》，《中共桂林市委党校学报》2010年第1期，第25页。
③ 参见冯倩《社会排斥理论研究综述》，《中共桂林市委党校学报》2010年第1期，第25页。

二　死灰复燃，伺机而动

——极右翼势力再抬头的态势及原因

二战后初期，盟国在德推行"四 D"计划。在"非纳粹化"运动中，德国对当时的 800 万名纳粹党员分三个阶段进行了全面清洗。[①] 自此以后，"反犹主义"、"种族主义"及隐藏在这些主题背后的极右翼势力一直受到高度警惕，面临的打击也越发严厉。在立法层面，1949 年颁布的《基本法》第 21 条就明确规定，"侵犯自由民主的基本秩序，或威胁到德意志联邦共和国的生存"的政党属于违宪政党；[②] 除"政党入宪"外，联邦德国还于 1967 年制定了规范政党活动的《政党法》，这是世界上最早专门规定政党制度的单项法典之一。[③] 在组织架构方面，德国联邦宪法法院一直扮演着重要的"保卫者"角色。此外，联邦宪法保卫局还专门设置了"反右翼激进分子处"，与德国其他安全机关一同负责对极右翼势力的监管工作。在严密的监管与严厉的打击下，1990—2016 年，德国联邦宪法法院共裁定了 12 个极右翼团体违宪。[④] "老牌"的极右翼政党"德国国家民主党"（NPD）也曾遭到两次违宪起诉，其组织规模、活跃程度均因此受到很大挫伤。虽然面临政府的严格管控，也为广大民众高度警惕，德国社会中的极右翼思想却一直没有被彻底清除，甚至在社会矛盾激化的背景下还会爆发出较大的活

---

① 参见刘立群《德国极右翼势力问题探究》，《欧洲研究》2003 年第 2 期，第 38 页。

② 参见 http://www. gesetze-im-internet. de/gg/art_21. html，最后访问日期：2017 年 10 月 7 日。

③ 参见崔英楠《德国的政党法治化给我们的启示》，《法学》2005 年第 7 期，第 29 页。

④ 12 个被取缔的极右翼团体及被取缔的时间分别为："Weisse Wölfe Terrorcrew"（WWT, 2016 - 02 - 10）；"Altermedia Deutschland"（2016 - 01 - 04）；"Hilfsorganisation für nationale politische Gefangene und deren Angehörige e. V."（HNG, 2009 - 03 - 09）；"Heimattreue Deutsche Jugend-Bund zum Schutz für Umwelt, Mitwelt und Heimat e. V."（HDJ, 2011 - 08 - 30）；"Verein zur Rehabilitierung der wegen Bestreitens des Holocaust Verfolgten"（VRBHV, 2008 - 04 - 18）；"Collegium Humanum" mit "Bauernhilfe e. V."（CH, 2008 - 04 - 18）；"Blood & Honour" mit "White Youth"（B&H, 2000 - 09 - 12）；"Freiheitliche Deutsche Arbeiterpartei"（FAP, 1995 - 02 - 22）；"Wiking-Jugend e. V."（WJ, 1994 - 11 - 10）；"Nationale Offensive"（NO, 1992 - 12 - 21）；"Deutsche Alternative"（DA, 1992 - 12 - 08）；"Nationalistische Front"（NF, 1992 - 11 - 26）。参见 https://www. verfassungsschutz. de/de/arbeitsfelder/af-rechtsextremismus/verbotene-organisationen-rechtsextremismus，最后访问日期：2017 年 6 月 5 日。

力，展现巨大的破坏力。

为了了解极右翼势力的发展趋势，需先选定一因子以判断极右翼势力活跃程度。在裁定政治团体是否违宪的过程中，德国联邦宪法法院的判断依据主要有两个：一是该组织的意识形态违反《基本法》规定，二是其行为违反刑法而构成犯罪。与意识形态相比，具体行为更具客观性、可识别性，因此为了更有效地监督管控极右翼势力，德国联邦宪法保卫局一直对具有极右翼背景的暴力行为保持着高度关注。而从极右翼势力自身来看，其"极端性"也恰恰表现在，他们表达政治诉求的方式经常是极端的、暴力的、直接的且有形的。从以上两点可以推论：德国极右翼势力每年的活跃程度，能够在一定程度上通过相应年度中发生在德国的极右暴力事件的总数反映出来，且其暴力事件总数的年际变化可以表现出，极右翼势力在这一时间段内活跃程度是否发生了改变，以及发生了怎样的改变。德国联邦宪法保卫局年度报告显示，1991—2016 年的年度极右暴力事件总数变化如图 1 所示。

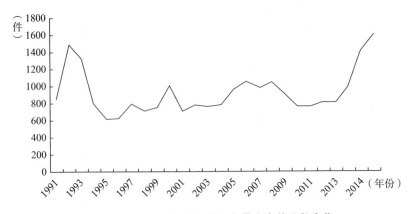

图 1　1991—2016 年的年度极右暴力事件总数变化

资料来源：参见 https://www.verfassungsschutz.de/，最后访问日期：2017 年 4 月 7 日。

从历时性的角度来看，极右暴力事件总数并未呈现直线性上升或下降的发展变化趋势，而是处于一种看似无规律的波动状态。然而，这种看似无规律的背后却隐藏着诸多"巧合"：1992—1993 年极右翼势力非常活跃的一段时间，正值两德统一不久，两德之间横亘的多种差异日益凸显，联邦德国人民的经济丧失感、民主德国人民的政治丧失感不断加剧，多种社会矛盾日趋尖锐；第二个小高峰出现在 2000 年，美国纳斯达克股票市场崩盘，经济陷入危机，世界各主要工业国也受到波及，出现经济衰退、失业率上升、福利缩减等一系列社会问题；2007—2008 年，全球性的金融危机再次爆发，极右暴力事件在这一时期再度达到高峰；此后，随着难民危机自 2014 年起席卷欧洲，作为接纳难民总数最多的国家，德国面临难民安置难、难民融入德国社会难、违法事件增多、国民心理恐慌等一系列社会问题，极右翼势力再次集结人马，卷土重来。

以上分析说明，1991—2016 年德国极右暴力事件的四个高发时期都伴随着其社会问题的爆发与社会矛盾的激化。这表明，极右翼势力的活跃度很大程度上是由"良好"的社会背景条件是否存在所决定的。极右思想寄生于现代社会存在的各种社会矛盾之中，由于涉及体制机制等根本问题，这些社会矛盾很难完全消灭，因此也就导致即使在严厉的打击之下，极右思想、极右翼势力依然可以存活，并且在适当的时机下，可以瞬间恢复生命力、战斗力。但是由于缺乏系统性、科学性的指导纲领以及完善的组织结构，且成员素质普遍偏低，组织内部极易产生矛盾，迅速卷起的极右翼浪潮很难坐稳打下的"江山"，通常很快又会跌落下来，再次进入蛰伏期。因此，极右翼势力的活跃程度正如每年发生的极右暴力事件总数一般，呈现波浪形的变化态势。

除受社会危机影响之外，极右暴力事件的爆发还伴随着另外一个"巧合"：1994 年德国大选，1993 年极右暴力事件总数达到高峰；2009 年德国大选，2008 年极右暴力事件总数达到高峰；2017 年德国大选，2016 年极右暴力事件总数又升至历史新高。这一"巧合"在一定程度上印证了极右翼势力的活动目的——对主流政治施加影响。此外，由于极右翼政党的主要竞争对象是传统的保守政党，所以相对于以社民党（SPD）为代表的左派政党执政的时期（1998—2005），极右翼势力在右派政党执政的时期活跃度更高。而当传统的右派、左派政党观念开始趋同时，极右翼势力就会迅速占据政治光谱的极右区域，吸引大批关注，赢得较大的影响力。[①] 在 2005—2008 年的大联盟时期，德国极右翼势力的活跃程度一直处于较高水平就恰好印证了这一点。

总结来看，在民主制度的背景下，德国极右翼势力面临着来自多方的

---

① 参见杨云珍《当代西欧极右翼政党研究》，第 4 页。

打击。但由于极右翼势力根植于难以完全消除的社会矛盾中，因此即使在日趋完善高效的打击之下，极右翼势力也一直没有完全丧失与民主制度博弈的生命力，并受社会背景、政治局势等多方影响，呈现波浪形的发展态势。这一特点对于维护德国社会稳定与民主制度是一个不小的挑战。

三　异军突起，心怀叵测
——德国极右翼势力人员与组织结构的变化

政治团体的组织结构是指存在于该组织内部的各种要素之间以某种方式组成的一个统一整体，它具有稳定性、联系性、适应性。[①] 在极右翼团体中，这些结构要素包括团体的领袖、其他成员、各级机构、青年团体、女性团体等。这些结构要素之间相互依存并相互作用，是一个组织能否实现内部高效运转、取得良好绩效的先决条件。20世纪90年代以来，德国极右翼团体在人员结构、机构设置方面的发展变化似乎证明，其对民主制度可能存在的威胁在逐渐弱化。

首先，在人员结构方面，受极右翼势力活跃程度波动变化、政府监管力度、社会背景等多方影响，极右翼团体人员规模并不稳定，常呈现较大的不规律的变化态势。即使是在结构相对稳定的政党中，极右翼政党成员规模的变化也非常明显。以德国国家民主党为例，该党在20世纪90年代的上半阶段经历了一次人员流失，1996年乌多·沃格特（Udo Voigt）当选党主席，推行一系列新政，退党潮才得以遏制。此后成员规模重新扩大，至2007年达到7200人，成为当时成员规模最庞大的右翼团体。然而，在2007—2015年，德国国家民主党又陷入了人员减少的困境。[②] 与此同时，德国极右翼势力整体都面临着人员规模的缩减。但这是否意味着极右翼势力的危害性亦有所削弱呢？

从表1可以看出，除2015年、2016年外，虽然自2007年以来，极右翼分子总人数一直呈下降趋势，但是以暴力为导向的极右翼分子人数不但没

<hr />

① 参见钱文华《美国两大政党组织结构研究》，上海人民出版社，2012，第14页。
② 参见 http://www.bpb.de/politik/grundfragen/parteien-in-deutschland/42124/mitgliederentwick-lung-der-kleineren-nicht-im-bundestag-vertretenen-parteien，最后访问日期：2017年4月7日。

有明显减少，其占总人数的比重反而节节攀升，并已突破 50%。这表明核心极右翼分子、极右翼的中坚力量依然保持着对极右意识形态的高度忠诚，导致极右翼势力的危险系数在德国不但没有降低，反而存在有所增加的可能性。

表1　2007—2016 年极右翼分子分类统计

单位：名，%

年份	极右翼分子	比去年增长	以暴力为导向的极右翼分子	暴力导向的极右翼分子占比
2007	31000	—	—	—
2008	30000	− 1000	—	—
2009	26600	− 3400	—	—
2010	25000	− 1600	9500	38.00
2011	22400	− 2600	9800	43.75
2012	22150	− 250	9600	43.34
2013	21700	− 450	9600	44.24
2014	21000	− 700	10500	50.00
2015	22600	1600	11800	52.21
2016	23100	500	12100	52.38

资料来源：参见 https://www. verfassungsschutz. de/，最后访问日期：2017 年 4 月 7 日。2010 年前，联邦宪法保卫局报告还未引入"以暴力为导向的极右翼分子"这一统计项，因此缺乏 2007—2009 年的相关统计数据。自 2014 年起，"有实施暴力意图的极右翼分子"一项被改为"以暴力为导向的极右翼分子"。本表中，这两项均被纳入"以暴力为导向的极右翼分子"一项。

　　除诉诸暴力的核心极右翼分子占比有所增加之外，在极右翼势力的成员结构方面，女性的比重也有所增加。此前学界普遍认为，极右翼活动是"男性的活动"。但就其 21 世纪的发展情况来看，女性也越来越多地参与极右翼活动，并发挥着越来越大的影响力。2014 年 12 月 26 日在科隆举行的"反对萨拉菲"（Hooligans gegen Salafisten）运动，参加人数 3000—5000 名，其中女性超过千名。[①] 2006 年，德国国家民主党在联邦层面成立了下属机构"国家妇女会"（RNF），女性在该党中扮演的角色越发重要。国家妇女会很

---

①　参见 http://www. bpb. de/politik/extremismus/rechtsextremismus/222259/frauen-in-der-npd，最后访问日期：2017 年 4 月 7 日。

快就在德国六个联邦州分设州一级子机构，提出了诸如"难民导致了越来越多的性侵事件"之类极具民粹主义色彩的口号。① 2008 年德国国家民主党的秘书长彼得·马克斯（Peter Marx）称，党内新成员中女性所占比例达50%。② 在过去的几年里，国家妇女会常常参与德国地方性活动，尤其是原民主德国地区一些地方组织的"爱国欧洲人反对西方伊斯兰化运动"（Pegida）。国家妇女会领导团的成员安婕·门策尔（Antje Mentzel）同时是该运动在马格德堡（Magdeburg）的组织者之一。

此外，虽然学界普遍认为，极右翼分子以及极右翼政党的支持者多来自于原民主德国地区，但据德国国家民主党官网统计结果显示，该党派不仅在原民主德国地区获得了较多支持声音（如在萨克森 94 人，勃兰登堡 87人，图林根 83 人，梅克伦堡－前波美拉尼亚 70 人），在联邦德国的巴伐利亚（100 人）、汉堡（87 人）、巴登－符腾堡（71 人）等地区也有很多明确表态支持其参加 2017 年大选的人员。③ 另外，德国极右翼分子也已不再是此前学界普遍认为的"穷人和文化程度较低者"。以在德国刚刚兴起的"认同运动"（IBD）为例，在 11 位最为活跃的成员之中，不仅有建筑、电气工程等专业的在读学生（Robert Timm、Hannes Krünägel、Philip Thaler），还有机械制造工程师（Stefan Lüdtke）、建筑工程师（Nils Altmieks）、计算机科学家（Dawid Ratajczak）、数学家（Daniel Sebbin）、政治学家（Daniel Fiβ）、政治经济学家（Sebastian Zeilinger）等受教育水平较高者。④ 由此可见，极右翼分子已经开始撕下曾经的社会"弱势群体"的标签，并逐渐在全德境内知识阶层人员中赢得认同。

与人员结构相对应，极右翼团体也在积极调整并完善其组织架构。目前，德国国家民主党已经建立起以联邦、州、地方为单位的三级制组织，并成立了"青年国家民主党"（JN），创办了党报《德国之音》（Deutsche

---

① 六个联邦州分别为莱茵兰－普法尔茨州、巴登－符腾堡州、萨克森州、梅克伦堡－前波美拉尼亚州、萨克森－安哈尔特州和图林根州。

② 参见 http://www.tagesspiegel.de/politik/frauen-in-der-npd-jung-weiblich-rechtsextrem/1299176.html，最后访问日期：2017 年 4 月 7 日。

③ 参见 https://npd.de/bundestagswahl-2017/，最后访问日期：2017 年 6 月 8 日。

④ Robert Timm，Nils Altmieks，Stefan Lüdtke，Philip Thaler，Daniel Funke，Hannes Krünägel，Dawid Ratajczak，Tony Gerber，Daniel Sebbin，Daniel Fiβ，Sebastian Zeilinger，参见 https://www.identitaere-bewegung.de/category/unsere-aktivisten/，最后访问日期：2017 年 6 月 8 日。

Stimme）。2003 年，德国国家民主党又成立了"地方政治联合会"（KPV），专门团结国家民主党在地方议会中的代表，广泛总结经验，协调统一各州议员的行动。2006 年，该党党内女性成员的"发声筒"国家妇女会正式成立。德国国家民主党不遗余力地完善自身组织架构，一方面是为了提高决策的效率以及科学性，另一方面也是出于对提升自身合法性的考量。自成立以来，该党一直行走在"政党违宪"的刀尖上。2000 年至今，该党违宪案曾两次被提交至联邦宪法法院，虽至今仍未被取缔，但其处境其实"不容乐观"。① 因而，除了在发表言论、组织活动等方面更加谨慎之外，该党也极力在组织建设等方面更加向民主政党靠拢，以彰显自身的合法性。然而，这些看似符合民主要求的组织架构实质上仍服务于其"反民主、反宪政"的核心政治诉求。这一点不仅体现在国家妇女会提出的"难民导致了越来越多的性侵事件"口号中，也体现在青年国家民主党成员经常出现在新纳粹联合会，更加公开地表明其亲新纳粹的政治立场。②

表面上看，近年来德国极右翼势力一方面在人员数量上有所下降，女性占比逐渐提高，对社会的威胁似乎有所减少；另一方面其组织架构也越发科学完善，逐步向主流传统政党靠拢，机制的民主程度似乎有所提高。但在这样的面纱下，极右翼势力"反民主、反宪政"的核心政治诉求并未改变，其对社会秩序可能造成的威胁并没有消减。此外，极右翼团体表面上向民主制度靠拢是一种十分有效的伪装。在这样的背景下，民主制度所面临的挑战将会越发严峻。

四　巧立名目，甚嚣尘上
——极右翼势力意识形态与动员方式的变化

对于西欧极右翼势力意识形态，学术界有诸多不同观点。有些观点认为，极右翼政党具有单一的意识形态特征，如种族主义、排外主义、民族主义等；而以德国政治学教授汉斯－格奥尔格·贝茨（Hans-Georg Betz）为

---

① 参见 http://www.zeit.de/politik/deutschland/2017 – 02/npd-bundesrat-finanzierung-verfassungs-feindliche-parteien，最后访问日期：2017 年 10 月 7 日。

② 参见 http://www.belltower.news/lexikontext/junge-nationaldemokraten-jn，最后访问日期：2017 年 5 月 31 日。

代表的学者则提出：极右翼政党意识形态表现为移民问题上的民族主义和经济上的新自由主义。美国政治学家卡茨·穆德（Cas Mudde）梳理了相关学术文献后，发现在对极右翼政党不同的定义中，有五个特征被超过一半的定义引用："民族主义"、"排外主义"、"种族主义"、"反民主的情绪"以及"要求一个强大的国家"。① 为了探讨这些特征在过去的几十年间是否发生变化以及发生了怎样的变化，本文将2010—2016年发生的极右暴力事件分主题汇总，如图2所示。

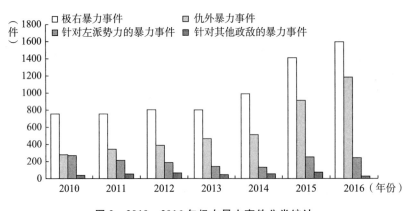

图2　2010—2016年极右暴力事件分类统计

资料来源：参见 https://www.verfassungsschutz.de/，最后访问日期：2017年4月6日。

根据德国联邦宪法保卫局的分类标准，按照不同主题，极右暴力事件可分为三大类：仇外暴力事件、针对左派势力的暴力事件以及针对其他政敌的暴力事件。从图2中可以看出，仇外暴力事件一直占最大比重，在2016年这一类事件几乎占据了极右暴力事件总数的3/4。此外，无论是在暴力事件总数有所减少（2011年、2013年）还是大幅上升（2014年、2015年）的年份，仇外暴力事件的数量一直呈上升态势，与之对应的是针对左派势力的暴力事件不断减少（2015年除外）。还有一点值得关注，除2013年大选年外，针对其他政敌的暴力事件呈现缓慢增加的发展趋势。然而相对于其他两类事件，这类事件总数一直处于最低水平，占比也相对稳定。

虽然图2显示，排外、仇外是近几年来极右翼势力在德国最常选取的主

---

① 参见张莉《西欧民主制度的幽灵——右翼民粹主义政党研究》，中央编译出版社，2011，第18页。

题，但是这些主题所代表的民族主义、排外主义并不能算作极右翼势力意识形态的核心与本质。极右翼势力之所以选取这些主题，是为了借助现实生活中存在的社会矛盾，煽动民众不安与恐慌的情绪，挑起选民与主流政治的对立，从而赢得认同与支持率。这一点体现在极右活动的主题会随社会背景的变化而转变。1996 年乌多·沃格特当选德国国家民主党主席后，该党提出了反对美国、反对帝国主义等具有极右色彩的口号，形成了极具侵略性的（伪）反资本主义观。① 而在难民危机、伊斯兰文化渗入、欧洲一体化、经济全球化、文化多元化等当今社会背景下，排外、仇外、本土主义与保护主义就会成为极右分子最"青睐"的武器。但我们发现，不论活动主题如何变化，极右势力从根本上来看，仍是想撼动民主政治制度，其"反民主、反宪政"的意识形态核心并未发生改变。

为了适应变化的社会环境，极右翼团体不仅会为其意识形态的核心选择符合时代背景的不同主题，还非常擅长进行思想动员。一方面，极右翼团体力图使其思想传递到更多的人身边。因此，近些年来，除了张贴海报、分发传单、印刷刊物等，互联网发挥的作用越发重要：极右翼团体非常重视"脸书"、"推特"等社交平台；一些具有极右倾向的公共网媒如"独有的自由"（eigentümlich frei）也是备受极右势力青睐的"根据地"；此外，极右翼团体通常也会建立独立的网页作为其宣传基地。通过这些网络平台，极右翼团体试图在进行思想动员的过程中，吸收和扩大受众群体。另一方面，极右翼团体也非常重视其思想动员的针对性。极右翼势力非常关注具有右派色彩的地区性文化现象。德国国家民主党和德国共和党曾致力于对"光头党文化"施加影响，使很大一部分有极右倾向的光头党成员加入德国国家民主党等政党组织。

从这两方面入手，极右翼团体的动员策略越发具有欺骗性与诱惑力。1997 年，德国国家民主党提出"三大支柱动员工作模型"，即"争夺头脑"、"争夺街道"、"争夺选民"，② 使其成员规模在 1996—1998 年扩大了

---

① 参见 http://www.bpb.de/politik/extremismus/rechtsextremismus/41797/entwicklung-des-parteifo-ermig-organisierten-rechtsextremismus-nach-1945，最后访问日期：2017 年 4 月 6 日。

② 即 Schlacht um die Köpfe, Schlacht um die Straβe, Schlacht um die Wähler，参见 http://www.bpb.de/politik/extremismus/rechtsextremismus/41797/entwicklung-des-parteifoermig-organisierten-rechtsextremismus-nach-1945，最后访问日期：2017 年 4 月 6 日。

近一倍。① 其中，"争夺头脑"的目标群体主要是年轻的学生，为此德国国家民主党经常在学校门口派发刻有极右翼色彩音乐的免费光盘，以便在早期就争取到潜在的成员。而第二个支柱"争夺街道"则指通过大规模的游行示威活动等，造成更大的影响力，更强烈地吸引社会的关注，以期促成更大的全民族的反抗活动。这些动员措施取得了不小的成果：在1997年组织的反对"德国国防军罪行展"的示威游行中，极右翼势力共集结了约5000名参与者，2004年德国国家民主党的党报《德国之音》在萨克森州的缪卡（Mücka/Sachsen）举行的庆祝会吸引了近6000人。

在不同的时代背景下，极右翼团体在德国会提出不同的主题与口号，但终归还是服务于其"反民主、反宪政"的意识形态核心。而其思想动员的策略虽然在不同时期也有所改变，但总体上极右翼团体一方面企图尽可能大地扩大波及范围，另一方面致力于重点策反特定人群。意识到这两个不变的核心，对于抵制、打击极右翼势力具有重要意义。

五　跻身议会，挑战升级
——德国极右翼势力在德国地方选举中的表现及其影响

极右翼势力多被分为两类：一类是遭到国家严厉打击和取缔、公开或隐蔽地从事暴力活动的新纳粹组织，其为了规避德国宪法禁止组织纳粹团体的规定自称为"团伙"，暴力倾向尤为明显；另一类的极右翼势力如德国国家民主党则放弃公然使用暴力手段，希望通过选举的方式进入议会实践其政治主张。②

随着极右翼势力的发展，一些极右翼政党在德国选举尤其是州议会的选举中取得过一定成绩：继1968年后，德国国家民主党在2004年萨克森州议会选举中取得了9.2%的选票，再次成功进入联邦州议会；2004年，德国人民联盟在勃兰登堡州也取得了6.1%的高支持率；2006年德国国家民主党在梅克伦堡－前波美拉尼亚州又取得了7.3%的得票率，实现了三进州议

---

① 参见 http://www.bpb.de/politik/grundfragen/parteien-in-deutschland/42205/npd，最后访问日期：2017年4月6日。

② 参见杨云珍《德国极右势力的现状、成因及影响》，周淑珍编著《世界政党格局变迁与中国政党制度发展》，中国友谊出版公司，2013，第261—262页。

会。这对德国社会构成不小的冲击。但从整体来看，极右翼政党在德国选举中的表现还无法称为成功，因为即使在 2005 年的联邦选举中，德国国家民主党取得了自 1969 年以来的最好成绩，1.6% 的得票率依然没有使其迈过联邦议会的门槛。此外，在 2006 年柏林议会选举中，德国国家民主党只收获了 2.6% 的选票，同年在萨克森－安哈尔特州选举中该党取得的支持率也不到 3% 。①

德国极右翼政党难以取得选举成果，一方面是因为德国拥有特殊的历史背景，选民对极右翼势力怀有较大的警惕性。另一方面，德国在制度层面对极右翼政党的约束较为严格：《基本法》第 21 条规定任何"侵犯自由民主的基本秩序，或威胁到德意志联邦共和国的生存"的政党都是违反宪法的；② 此外，德国各州和联邦议会还设置了得票率 5% 的议会门槛，这就将大批小党拦在了议会大门之外。

然而必须看到：极右翼势力在德国对主流政治施加影响，并不完全依赖于直接进入议会，"亲自"践行其政治诉求。极右思想极具煽动性，极右翼势力通常会借助社会热点问题，挑起具有极右色彩的话题，掀起大范围的讨论。一旦这些糅杂了极右思想的话题影响力扩大，主流政党为了争取选民，就不得不重视极右翼政党提出的议题，甚至将其纳入自身纲领。自叙利亚危机爆发以来，默克尔政府秉承人道主义精神，采取开放的难民政策，然而几乎超出控制范围的难民潮给德国带来了诸多社会问题。极右翼团体利用德国民众的不满情绪，通过制造网络讨论、举办游行示威活动等，传播"反对开放的难民政策"、"反对默克尔政府"等言论，在一定程度上影响了民意走向。据德国权威杂志《焦点》（Focus）2015 年 10 月的报道，由于不满其难民政策，有 1/3 的德国人希望默克尔下台。③ 2016 年 9 月，面对地方选举的失利、党内党外的舆论压力，默克尔在基民盟党内高层会议后召开的新闻发布会上承认自己的难民政策存在一些问题。④ 随后，默克尔

---

① 参见 Torsten Oppelland，" Nationaldemokratische Partei Deutschlands，" http://www.bpb.de/politik/grundfragen/parteien-in-deutschland/42205/npd，最后访问日期：2017 年 8 月 10 日。

② 参见 http://www.gesetze-im-internet.de/gg/art_21.html，最后访问日期：2017 年 10 月 7 日。

③ 参见 http://www.focus.de/politik/deutschland/drastische-forderung-wegen-fluechtlingspolitik-jeder-dritte-deutsche-will-merkels-rueecktritt_id_5008727.html，最后访问日期：2017 年 6 月 1 日。

④ 参见 http://news.xinhuanet.com/mrdx/2016-09/23/c_135708201.htm，最后访问日期：2017 年 6 月 1 日。

对其难民政策进行了一些修改。此外，极右翼势力还与德国选择党①这类比传统保守党更为偏右的政党保持积极的联系，试图通过这类政党实现自己的政治诉求。2017年德国大选，德国国家民主党只获得了0.4%（2013年为1.2%）的选票，许多极右翼分子以及极右思想支持者纷纷转向更有"机会"的德国选择党，使这一成立不足五年的小党以12.6%的选票一跃成为德国联邦议会内第三大党。由此可见，即使是站在议会的门槛之外，极右翼政党也可以在一定程度上影响主流政治。

虽然迄今极右翼政党在选举方面所取得的成绩还并不可观，但德国国家民主党"三进州议会"、极右翼分子造势下德国选择党支持率突破两位数等"成果"已经证明极右翼势力在参与选举、吸引选民方面的潜力。这种以新的社会热点为话题，用种族主义思维方式进行讨论，利用民粹主义的政治动员方式，紧跟青年亚文化潮流的极右翼力量，是否能在将来取得更大的选举成绩，答案也许并不一定是否定的。

六　结语

2017年3月22日，德国新任联邦总统弗兰克·瓦尔特·施泰因迈尔在宣誓就职的演讲中，先后32次提到"民主"一词，并告诫民众要警惕德国现在存在的民粹主义威胁。② 自二战结束以来，德国经过六七十年代漫长而深刻的反思，不断完善民主制度的建设，时时警惕纳粹思想等极端思想的抬头。在打击极右翼势力方面，德国政府也是不遗余力。但是由于极右思想几乎可以寄生于任何一种社会矛盾之中，而现代民主制度的发展又无法从根本上消除现实社会中所存在的诸多问题，因此，极右翼势力总能在社会危机爆发时死灰复燃，无孔不入地侵蚀民主政体，试图将历史的车头倒回不堪的时代。

仅两德统一以来的二十几年间，极右翼势力在德国就曾多次卷土重来。在社会危机爆发、民众恐慌、信任危机出现的情况下，极右翼势力的活动

---

① 截至2017年10月10日，联邦宪法保卫局还未将德国选择党正式定性为"极右翼政党"。

② 参见 www.bundespraesident.de：Der Bundespräsident/Reden/Vereidigung des Bundespräsidenten，最后访问日期：2017年3月23日。

就会变得更加频繁，而且行为的激烈程度、暴力程度也会明显提高。此外，由于社会背景的变化、政府越发收紧的监管工作等因素，近年来极右翼分子人数有所下降，且极右翼团体内的女性成员占比也有所上升。表面看来，极右翼势力的危险度有所降低。在组织架构的建设方面，极右翼团体也在逐步向主流传统政党靠拢，机制的民主程度似乎有所提高。但是必须指出，一方面极右翼势力中的核心力量、坚定的极右翼分子依然潜伏在社会之中，给社会稳定带来的威胁依旧不容小觑；另一方面，"民主"的面纱之下，极右翼团体的各个机构仍然服务于其"反民主、反宪政"的核心政治诉求，这一面纱不但没有改变极右翼危险的本质，反而使其更具欺骗性和隐蔽性。因此，极右翼势力一直未能被彻底清除，并在不同时期借助爆发的危机，通过符合时代背景的新主题，采取新的宣传与动员策略，掀起新的浪潮。在这样的背景下，民主制度所面临的挑战其实是越发严峻的。然而，无论极右翼势力在主题选取上做出了怎样的改变，采取何种新的策略，其"反对民主制度"的出发点没有改变，因此必定是违背时代潮流，违背民心所向的。所以，极右翼政党虽然曾经在几次地方选举中取得成果，但总体来看，目前为止仍没有哪一个极右翼政党直接取得过可观的选举成绩，并且可以预见，极右翼政党未来还会继续因各方的制约而难以取得突破性的成绩。

虽然目前德国极右翼势力还未造成巨大灾难，但这种势力的再抬头态势也不得不引起警惕。为了应对可能存在的威胁，不仅需要加强政府监管，加快制度的建立与完善，加大打击力度，也需要更多地发挥媒体在引导社会思潮方面的作用。同时还应重视教育的意义，开启民智，提高民众判断力，使其能够自觉抵制极端思想的侵袭，从源头上消灭极端思想的存在空间。

后危机时代的"德国问题"新探

——地缘经济现实下的中等强国理论视角

陈 扬[*]

从 2009 年欧债危机爆发至危机初步缓解，有关"德国的欧洲"和"欧洲的德国"的"德国问题"几度引起热议——与欧洲南 – 北分野进一步凸显、东 – 西隔阂进一步加深形成鲜明对比的，是德国经济实力和政治影响力的不断提升；与趋于停滞的欧洲一体化相对的，是德国外交积极有为信号的频频释放。[①] 此外值得注意的是，伴随着"德国问题"阶段性地历久弥新，欧盟"外围"成员国对德国的诟病也更具悖论性——对德国单干式领导的抗拒与对其政策不作为的不满并存。

那么，如何评价和解读当前德国与欧洲的关系？德国以怎样的外交表现扮演了何种区域及全球角色？一些学者认为，"德国的欧洲"是从古至今存在的客观事实，德国已成为正常化国家，而"欧洲的德国"则为实施"德国的欧洲"提供了原则性框架。[②] 然而，鉴于后危机时代国家现实政治的逐占上风、欧洲理想政治的有所退潮，无论是"德国的欧洲"还是"欧洲的德国"抑或是两者的结合，都不足以构成后危机时代德国外交实践及外交战略的平行线。对此，本文将从德国以地缘经济为基础的中等强国身

---

   * 陈扬，北京外国语大学德语系德语语言文学专业 2016 级博士研究生。

① Angela Merkel, *Wir gestalten Deutschlands Zukunft*, *Regierungserklärung der Bundeskanzlerin bei der 10. Sitzung des 18. Deutschen Bundestages*, Das Parlament, January 29, 2014.

② 连玉如：《再论"德国的欧洲"与"欧洲的德国"》，《国际政治研究》2014 年第 6 期。

份入手，先演绎后归纳，考察德国当前在区域及国际视域下的积极外交表现及其特征，由此进一步分析影响其国家身份的主要因素，进而从当代"德国问题"中求出新解。

一　地缘和经济现实下的德国中等强国身份

"中等强国"概念基于对国家权力的三分法，最早可追溯至近代早期：意大利学者乔万尼·波特罗（Giovanni Botero）认为，中等强国应有足够实力在国际上独立处理问题，并有成为大国的机会和潜质；[①]　而军事理论家卡尔·冯·克劳塞维茨（Karl von Clausewitz）强调，除实力因素外，中等强国还应具备一定的地缘、政治和战略特质。[②]　二战后，加拿大率先将中等强国的概念现代化，首次提出其参与国际事务的"机能原则"（functional principle）——中等强国并不会因为享有外交政策的独立性而谋求成为大国，而是以大国之间的缓冲和"平衡手"角色为定位；它致力于通过与其他中等强国的联合行动，构建和维持和平稳定的国际发展环境。[③]　总体来看，中等强国的主要外交行为特征包括：在特定领域（特别是非安全领域）的国际领导力和协调力、奉行独立自主的外交政策、重视多边合作和国际组织的作用、不谋求世界或区域霸权等。

从中等强国理论的发展脉络可以看出，学者多倾向于描述性地界定"中等强国实力"，但对于界定标准却一直存在争议。最为经典的国力测量标准是摩根索在其著作《国家间政治》中提出的现实主义权力九要素，即"地缘、自然资源、工业能力、战备、人口、国民性格、国民士气、外交质量和政府质量"。[④]　依此标准，九要素基本处于中等水平的国家即为中等强国。然而这其中的首要问题是，九要素在具体分析中应有怎样的权重？其次，制度、规范和文化等软权力要素在其中的缺位，是否会影响界定？

[①] Giovanni Botero, *The Reasons of State* (London: Routledge & Kegan Paul, 1956), pp. 3 – 4.

[②] Carsten Holbraad, *Middle Powers in International Politics* (London: Macmillan Press, 1984), pp. 14, 23.

[③] Lyon W., King M., *Postwar International Organization. The Functional Principle*, July 9, 1943.

[④] 汉斯·摩根索：《国家间政治——为了权力与和平的斗争》，李晖、孙芳译，海南出版社，2008，第139—185页。

　　考虑到实证分析的操作性、可行性以及德国国家实力的特殊性，本文选取相对稳定的地缘和处在变化中的经济实力（工业能力）作为评定德国国家权力的两个核心界定要素。这是因为，一方面，无论是 17 世纪和 18 世纪法国文化的盛极一时，还是 20 世纪至今美国文化的全球强势地位，这种非物质性权力的强势话语权均在很大程度上依托于各国家相应时期的相对物质性权力，即经济和军事实力两大支柱，其中的军备实力又以物质财富为保障；而在科学技术迅猛发展、生产方式与核心生产要素急剧变革、全球化纵深发展的知识经济时代，强劲的经济实力正是一国在人力、技术、资源资本以及核心产业领域优势的综合反映。另一方面，地缘不仅对大国来说是战略利益考量的重要因素，对处于核心地带的中等强国的发展更具有决定性意义：西亚北非、东北亚、巴尔干半岛、高加索等地区因其地理的联结性和资源优势，始终是大国外交的核心战略地带和国际政治的热点地区；地缘条件和优势更是决定了近代英国以及当代美国长期的世界霸主地位。此外，诸如民族性、外交决策及导向等其他国家权力要素，在很大程度上也归因于地缘环境和经济实力产生的影响。

　　对于德国，作为限制性要素的地缘与作为促进性要素的经济这两者之间的博弈无疑是决定其外交走向和特殊发展道路的一组核心要素。一方面，德国是欧洲拥有较多邻国、位于欧洲中部的发达国家，有着独特的地缘政治性。在此影响下，这一曾作为两次世界大战策源地和战败国、防务安全能力至今受限的军事弱国，经过半个多世纪的发展已然成为国民收入全球排名第四、经济总量全球排名第三的世界工业强国。[①] 对此，英国政治学家汉斯·孔德纳尼（Hans Kundnani）提出"地缘经济强权"（geo-economic power）的理论构想，阐明德国越来越善于通过经济手段实现战略目标，以及以经济目标为决策主导向的事实，由此他认为德国扮演的是欧洲"半霸权"（Halbhegemon）角色。[②] 不容置疑，固有地理要素带来的消极历史记忆

---

① http://finance. sina. com. cn/worldmac/indicator _ NY. GNP. MKTP. CD. shtml，最后访问日期：2017 年 7 月 13 日。

② Hans Kundnani, *German Power*, *Das Paradox der deutschen Stärke*（München：C. H. Beck Verlag 2016），pp. 64 - 74.

和教训将持续影响着德国的外交政策风格——趋于谨慎、理性，以"理智力"① 为原则；在较少涉及国家核心利益的欧洲问题上，历史敏感性也会使德国更多地采取应声而上而非主动出击的行动方针，以避开谋求地区霸权地位之嫌。不过，欧洲差异性一体化和全球政治经济形势的不稳定性加剧，为相对稳定的地缘要素增添了变数；而这一新的动态地缘要素和德国工业实力权重的提高等新的经济要素，又在一定程度上淡化历史以及静态地缘要素对德国整体外交的消极制动影响——欧债危机期间，南欧国家对德国的悖论性诟病便是这一新现实的突出表现。在后危机时代，新地缘经济现实下的中等强国身份，开辟出了德国外交正常化的新路径。

二　后危机时代德国外交的"有所作为"

1. 欧洲事务："贸易立国"显现化，合作范式"非常规化"

德国自统一以来逐渐形成了以"文明力量"（Zivilmacht）② 为外壳、"贸易国家"（Handelsstaat）③ 为内核的外交战略。④ 随着欧债危机的缓解及德国国际地位的提升，其贸易立国的内核也更加显现，特别是在欧洲事务方面，本国利益优先的务实性短线思维显然比欧洲利益优先的战略性长线思维占上风。

首先在经贸领域，德国数年来稳居欧洲第一贸易顺差国并多次荣膺全球"出口冠军"。2016 年，德国以 12069 亿欧元的对外出口总额再创历史新高，而高达 2520 亿欧元的贸易顺差也创下二战以来的最高纪录，⑤ 德国在

---

① Frank-Walter Steinmeier, "Rede von Bundespräsident Frank-Walter Steinmeier zu '500 Jahre Reformation：Europa zwischen Einheit und Vielfalt'," https://www. bundesregierung. de/Content/DE/Bulletin/2017/10/100 – 1-bpr-rom-kirche. html, 最后访问日期：2017 年 7 月 13 日。

② Hanns W. Maull, "Deutschland als Zivilmacht," in Siegmar Schmidt, Gunther Hellmann and Reinhard Wolf, eds., *Handbuch zur deutschen Außenpolitik. 1. Auflage* (Wiesbaden：VS Verlag für Sozialwissenschaften, 2007), pp. 73 – 84.

③ Michael Staack, *Handelsstaat Deutschland. Deutsche Außenpolitik in einem neuen internationalen System* (Paderborn：Schöningh, 2000).

④ 参见连玉如《"权力国家"乎？"贸易国家"乎？"文明国家"乎？——"新德国问题"理论探索》，《国际政治研究》2002 年第 3 期。

⑤ Statistisches Bundesamt, "Deutsche Exporte im Jahr 2016 um 1, 1 % gestiegen," https://www. destatis. de/DE/ZahlenFakten/GesamtwirtschaftUmwelt/Aussenhandel/GesamtentwicklungJahr. html, 最后访问日期：2017 年 7 月 13 日。

巩固和扩大出口优势方面的当仁不让是长期以来最为西方诟病的事实。其次，德国在欧债危机的缓解阶段仍肩负着欧盟净支付国和财政监工的双重角色，尤其重视在监管成员国财政和结构性改革方面的严格标准，致使欧洲民间敌德情绪上升。尽管"欧猪五国"（PIIGS）① 政府最终同意推行结构性改革，但其实施效果却因国内政治阻力而大打折扣。而更值得注意的是，德国在最具政府独立性的货币和金融政策等与经贸发展密切相关的领域也加快了行动步伐：2017 年初，德国表态支持德国央行行长接任下一届欧央行行长之位，并致力于使总部在伦敦的欧洲银行业管理局（EBA）在英国正式脱欧后迁至德国境内。可以预见，即使这两项愿景能艰难坐实，以南欧国家为首的民间反德和疑欧势力必将对相应机构和职能的执行力产生较大的限制作用。

同样，在欧洲事务决策机制的巩固和非常规重组上，德国发挥的引领作用更加突出。鉴于欧洲经济社会发展的差异性有所扩大，为能在维护本国利益的前提下同时与欧盟层面的利益尽可能达成一致，德国逐渐将"最小化多边主义"（Minilateralism）② 的非常规合作范式作为主导欧洲事务决策、应对欧盟多重危机、增强德国话语权的首选机制。该机制既涉及在欧盟内部部分成员国间达成的小范围协议，也包括跨区域性的政府间合作。2017 年 3 月 6 日，法、德、意、西四国首脑在巴黎凡尔赛宫举行非正式峰会，支持欧盟走向"多速欧洲"（Das Europa der verschiedenen Geschwindigkeiten）③的一体化模式。欧洲核心大国对差异性一体化的共识，成为德国跳出欧盟的超国家层面框架，率先联合其他核心国进行倡议、决策和行动的前提。难民危机爆发之初，瑞典和丹麦曾先后实施边境管控以遏制难民

---

① 即受到欧债危机重创的五个疲软经济体葡萄牙（Portugal）、意大利（Italy）、爱尔兰（Ireland）、希腊（Greece）、西班牙（Spain）。该概念最早见于 Juliane Von Reppert-Bismarck, "Why Pigs Can't Fly," *Newsweek*, July 28, 2008, http://www.newsweek.com/why-southern-europes-economies-dont-compete-91053, 最后访问日期：2017 年 7 月 13 日。

② 即由影响力尽可能大、数量尽可能少的国家谋求共识的协商模式。参见 Stewart Patrick, "The Unruled World. The Case for Good Enough Global Governance," *Foreign Affairs* 93（Jan-Feb, 2014）, https://www.foreignaffairs.com/articles/2013 - 12 - 06/unruled-world, 最后访问日期：2017 年 7 月 16 日。

③ cf. Wolfgang Schöuble, Karl Lamers, *Überlegungen zur europäischen Politik. Positionspapier der deutschen CDU-Politiker und Karl Lamers vom September 1994*, https://www.cducsu.de/upload/schaeublelamers94.pdf, 最后访问日期：2017 年 7 月 13 日。

涌入。对此，欧委会紧急召集两国及德国政府官员商讨移民及申根边境问题。在德国的积极努力下，瑞丹两国最终就保障申根区的自由流动达成原则性一致，并承诺将管控举措维持在最低限度。而在此后难民危机的应对中，尽管欧委会通过了德国主导的 12 万名难民摊派决议，但各国的普遍抵制使该协议的落实不尽如人意。在此情况下，德国将视野转向欧盟外，力推欧盟与土耳其最终达成"以金钱换难民"的欧土协议，通过对外输出的方式为难民问题减负。这一系列举措，既是德国对欧洲差异性一体化及欧盟机构权力调整做出的主动适应，亦是其基于经济实力而不得不去敲响欧洲"定音鼓"的被动选择。随着联邦主义的欧洲理想让位于务实主义的国家利益，德国在欧盟的领导力面临更多合法性考验。

2. 危机预防及管理：以经济手段为基础的选择式进取

从国际金融危机爆发至今，维护经贸利益、确保本国经济发展的安全环境成为德国参与国际事务的首要动机。不过，德国并非以彻底解决冲突，而是以防止危机扩散作为危机管理的核心导向，其首要目标是以危机管控缓解国际和地区冲突。因此，尽管 2014 年默克尔明确提出"德国的外交安全政策需要民事和军事手段的有机结合"，[1] 德国军事行动的频度也随之有所提高，但其军事干预范围仅限于危及国内经济和安全利益的北非地区，多边主义框架下的外交谈判、经济制裁、人道主义救助等民事手段仍为首选。

为争取更多的话语权和经济利益，德国外交决策的关键往往在于如何积极操作正向（发展援助）和反向（经济制裁）的经济外交手段。譬如，德国副总理加布里尔曾以取消对非发展援助为要挟，促使北非国家接收在德国申请避难被拒的国民；同时，为从根源上应对难民危机，德国联邦经济合作与发展部表示将进一步提高对非发展援助及有效投资，并带头推动出台所谓的"非洲版"马歇尔计划，预计 1200 亿欧元援非资金将在 2030 年前到位；德国承诺今后 4 年向叙利亚追加 26 亿美元人道主义援助。在应对乌克兰危机与解决伊朗核问题的过程中，德国在多边外交和国际组织框架下不时发起外交攻势，其关键性介入成为危机走向的关键；鉴于同俄罗

① Angela Merkel, *Wir gestalten Deutschlands Zukunft*, *Regierungserklärung der Bundeskanzlerin bei der 10. Sitzung des 18. Deutschen Bundestages*, Das Parlament, January 29, 2014.

斯及伊朗在能源领域的密切合作关系，德国对是否对俄实施经济制裁的态度暧昧；在经济制裁对德俄经贸关系的不利影响与放弃制裁导致软实力受损这两个选项之间进行权衡后，德国在"诺曼底模式"（Normandy format）①四国峰会上拍板决定实施对俄制裁并根据情况加以延长。最终，欧盟在德国力主下实行支持乌克兰、制裁俄罗斯、坚持政治磋商的"三和弦"外交方针。以经济换稳定、借经济实力谋大国影响力的外交路线图越来越多地被予以实践。

此外，德国在危机预防的传统安全领域有选择地进取，实行双向的"两条腿"走路方针：

（1）减少军费支出比例的同时提高军事软实力投入。数十年来，德国咬住"军控"目标不放松，其军费支出占国民生产总值的比例维持在1.2%—1.4%，2013 年起则稳定在 1.2% 的低水平，明显低于法国（2.3%）、希腊（2.6%）、英国（1.9%）。与此同时，德国政府在军备科研支出、网络安全、战略升级等关注度较低的软实力领域增加了资金、政策和人力投入：2017 年 2 月，德国国防部宣布将在原有的中期规划基础上增大扩军规模，到2024 年使现役军人总数达到 19.8 万人，有意扭转此前限制现役军人规模发展的政策；2017 年 6 月，德国军方成立网络信息空间指挥部，完善战略方面的部署。由此，德国利用经济实力之长项，另辟蹊径地增强其军事软实力，以弥补地缘限制造成的军事硬实力短板。

（2）增进对北约战略性支持的同时扩大双边性的军贸合作。一方面，德国加强对北约在中东欧国家军事演练及驻防部署的战略性配合，借以补足地缘历史因素形成的军事能力短板：北约驻立陶宛多国部队的德国军人占半数以上，而德国除承担立陶宛营的领导责任外，亦派遣相当数量的战斗人员及战机参加了北约最大规模的"联合勇士"（Joint Warrior）军事演习；2017 年 4 月 11 日，德国参与了欧盟和北约多国在赫尔辛基举办的谅解备忘录签署仪式，共同决定在赫尔辛基建立欧洲反混合威胁卓越中心。另一方面，随着奥巴马任内美国在欧洲和中东地区的战略收缩及特朗普上台后这一战略导向的延续，德国加强了在安全与国防领域的多元化合作，而

①　2014 年 6 月在法国举行诺曼底登陆 70 周年纪念活动期间，德、法、俄、乌四国领导人就乌克兰局势进行了一系列磋商，致力于解决乌克兰危机的"诺曼底模式"由此产生。

经济援助及军备输出则是主要手段。在经济援助方面，2016 年 10 月，默克尔在访问尼泊尔期间承诺向其提供 2700 万欧元援助用以资助军事计划和推动尼泊尔北部发展。在军备输出领域，除了印度、巴西等发展中国家，德国也愈加重视与危机地区国家及其他北约成员国的合作，如德国联邦议会于 2014 年 9 月决议同意向伊拉克北部库尔德人提供装甲车、地雷探测器、防弹背心等非致命性军事设备，由此开创德国向战争地区输送武器的先例——受西亚北非乱局影响，德国的武器出口额自 2015 年起出现明显增长，一度跃居全球第三大武器出口国；2017 年 2 月，挪威进一步深化同德国海军的长期性合作，并决定将德国作为发展潜艇力量的战略合作伙伴，其中包括向德方购买 4 艘新潜艇等。

3. 全球经济治理：创新性融入、主导性建构

随着后危机时期经济实力及外交主权意识的提升，作为欧洲中部大国的德国更加主动、有效地参与到国际事务中。除积极谋求联合国安理会常任理事国地位、在气候变化等可持续发展议题上发挥积极作用外，德国对全球经济治理机制及其理念发展的贡献尤为突出，成为构建、融入全球政治经济多边主义新秩序的关键力量。

长期以来，西方工业国家定期举办的八国集团（G8）峰会一直是发达国家协调全球经济治理战略的首要平台。随着发展中国家国际地位及影响力的不断提升，八国集团峰会早在 2003 年就邀请中国、印度、巴西、南非和墨西哥五国参加非正式会议；2007 年德国任八国集团轮值主席国期间，主张将"G8 + 5"机制固定下来，德法两国亦建议中国正式加入 G8，但始终遭美日两国的强烈反对。然而，后危机时代发达国家的经济增长疲软和新兴国家的崛起，使德国愈加重视二十国集团（G20）在全球经济治理领域的机制作用，并通过在国际金融监管与稳定、国际贸易、区域经济发展等领域的议题设置，同中国等力主自由贸易的发展中国家形成"议题联盟"，以彰显其国家软实力——在 2008 年 G20 华盛顿峰会上，德方提出坚持市场开放、抵制贸易保护主义、建立预警与危机管控机制的提议并得到中方的支持；在第五届 G20 首尔峰会上，德中两国联合抵制美国提出的限定各国贸易净出口额小于 GDP 的 4% 的提议；G20 戛纳峰会期间，德中均主张加快落实国际货币体系改革，增加新兴国家在国际货币基金组织的代表性和话语权；德中两国还积极推动稳定汇率、加强金融监管和抗风险能力、防止

跨境逃税等议题的操作落实，2015 年 7 月，G20 财长和央行行长会议发表的《成都会议联合公报》重申各国应遵守汇率承诺。作为 2017 年的 G20 轮值主席国，德国进一步完善上届主席国（中国）提出的促进世界经济互联互通、促进制造业创新升级、关注非洲国家发展等后危机时代的关键议题。

此外，德国是最早加入由中国创立的亚洲基础设施投资银行的国家之一，也是 157 个亚投行创始成员国中的第四大股东和非亚洲国家中的最大股东国；德国亦是最早支持并积极响应中国"一带一路"倡议的欧洲国家之一。与此同时，德国通过促进主要欧洲国家与美国达成共识，助力中国参与到西方原有的治理机制中：2015 年 12 月 14 日，以德国为首的国家正式批准中国加入欧洲复兴开发银行。① 可见，不同于过去囿于历史因素的被动性融入，德国借助多样化的政府间合作机制，实现了对全球经济治理的创新性融入和主导性建构。

总体来看，当前德国外交的表现带有后危机时代地缘经济现实的明显烙印。在新型地缘要素的牵制与新型经济实力要素的推动作用下，德国外交实现了对"德国问题"两维度的转型：一方面，相比于敏感的"半霸权"角色，以经济实力立位的德国通过理念式主导及最小化多边主义合作，适度强化了其作为"平衡性力量"的欧洲责任，部分减弱了地缘的限制作用，"德国的欧洲"走向软着陆的实践模式；另一方面，随着经济外交进一步跨国化、跨区域化以及多元化、显现化，全球经济治理成为德国保障其经济利益并进一步发挥协调力、领导力和榜样作用的优势领域——地区的领导力逐步转变为区域化和全球化视野下的中等强国角色，德国灵活务实的外交风格尽显，"欧洲的德国"有所弱化。

三　影响德国地缘经济现实的内外因素

可以看出，无论是双边、区域抑或是国际层面，后危机时代德国外交的"经济"特色既反映了德国在欧洲领导力失衡的结构性缺陷，又表明"欧洲的德国"呈现局部化发展的事实，德国外交路径的这一新特点根植于

---

① 李罡：《全球经济治理中的中国贡献》，《今日中国》2016 年 1 月 25 日，http://www. aiwei-bang. com/yuedu/84028589.html，最后访问日期：2016 年 12 月 5 日。

地缘与经济博弈之下的中等强国身份。而地缘新环境与经济新现实的形成，则是后危机时期内外因素共同作用的结果。

1. 国内政治生态及社会舆情

内政是外交的延续。二战后联邦德国确立的协商式民主决定了政府决策的"半主权性"（Semisouveränität），[①] 这表现在内政因素对政府判断自身地缘和经济现实的影响。特别是在国内经济、社会发展、安全等民生议题上，国内政治生态及社会舆情对政府外交决策有着明显的导向作用。

一方面，默克尔政府对欧元区危机和难民危机的应对不力，直接导致德国选择党（Alternative für Deutschland）2013 年趁势崛起，政府决策的"否决者"（veto player）力量进一步加强，[②] 这对默克尔政府随后的难民政策调整以及欧盟内难民分摊计划的推出均产生了直接影响。在 2017 年的联邦议会选举中，德国选择党成为 20 世纪 60 年代以来首个进入联邦议会的极右翼党派，党派光谱的变化对德国外交决策的影响可期。另一方面，在安全外交政策领域，随着德国区域和国际相对地位、人们对社会生活满意度和对欧洲一体化支持度的提高，民众对提高安全政策投入不再持以一贯的冷漠乃至反感态度，而是更加支持政府有限度地增加投入。此外，随着法国 2015 年、德国 2016 年接连遭遇恐袭，安全问题萦绕德国社会的方方面面，德国民众对欧洲团结的热度有所降低，转而更加欢迎和支持政府采取积极、自主的外交政策。德国联邦安全政策学院（Bundesakademie für Sicherheitspolitik）2016 年的研究调查表明，超过 2/3 的民众希望德国政府采取更加积极的外交政策。[③] 2017 年 2 月，德国社会研究和数据分析机构福沙（forsa）研究所公布的调查结果显示，超过半数（52%）的德国人希望

---

① cf. Manfred G. Schmidt, "The Impact of Political Parties, Constitutional Structures and Veto Players on Public Policy," in Hans Keman, eds., *Comparative Democratic Politics* (London: SAGE Publications Ltd, 2002), pp. 166 – 184.

② George Tsebelis, *Veto Players. How Political Institutions Work* (Princeton, N. l.: Princeton University Press, 2002), p. 79.

③ Bundesakademie für Sicherheitspolitik, "Deutsche befürworten aktive Außenpolitik," https://www. baks. bund. de/de/aktuelles/deutsche-befuerworten-aktive-aussenpolitik, 最后访问日期：2017 年 7 月 29 日。

希腊退出欧元区，同时53%的受访者不赞成对希腊进行债务减免。[1]

2. 多重危机下的欧盟内部权力架构

金融危机和欧债危机的阴霾尚未散尽，乌克兰危机、难民危机、恐怖主义威胁、英国脱欧等一系列问题接踵而至，使欧盟陷入政治、经济、安全、文化的多重困境，欧盟内部的权力架构格局也因此有所调整。这种地缘环境的变数明显影响了德国在欧洲领导力的模式和合法性。

首先，曾一度在经贸领域与德国站成一队、竭力拥护欧盟的中东欧国家，在难民分摊、经济改革等诸多关涉国家利益的问题上与德国直接龃龉：“维谢格拉德集团四国”（Visegrád Group）[2]均拒绝实施由欧盟推出、德国主导的难民分摊计划，逆一体化现象在波兰、匈牙利等国频频出现，德国的“中东欧代言人”角色不复存在。此外，多次有效引领欧洲走出困境的“德法发动机”如今也面临熄火的风险：一方面，法国国内政治、经济的双重危机加剧了德法轴心的结构性不对称；另一方面，两国与新老欧洲国家在“多速欧洲”理念、安全防务合作、难民危机等问题的不同立场表明，“德法双引擎”无法再以欧盟成员国差异性诉求的核心代表身份去发挥中间协调作用。

尽管欧洲一体化的差异性发展削弱和限制着德国加强欧洲联合的行动力和可能性，但处于多重困境的欧盟，却比以往任何时候都更加需要一个能够协调、聚合各国的引领者。而综合对地缘因素和经济实力的考虑，有能力担此角色的国家非德国莫属。这种可能性和必要性共同决定了德国外交在欧洲政策的战略投入大于实质投入，理念式主导多于建设性行动，亦促使德国加强在欧盟内借助最小化的多边合作，与其他核心成员国共塑灵活的领导力模式。

3. 国际及区域政治经济新变数

对德国的地缘经济现实产生直接影响的政治经济新变数主要表现在：信息及通信技术的迅猛发展、民粹主义等“反建制”力量的崛起、传统西

---

[1] Stern-Umfrage, "Knappe Mehrheit der Deutschen würde Austritt Griechenlands aus der Euro-Zone in Kauf nehmen," http://www.presseportal.de/pm/6329/3567018，最后访问日期：2017年7月22日。

[2] 即捷克、匈牙利、波兰、斯洛伐克四国组成的政治、文化合作组织，于1991年2月15日在匈牙利的维谢格拉德城堡成立。

方内部认同的弱化。

首先，通信及电子技术迅猛发展催生的数字化和智能化革命，提高了跨国公司、非政府组织等行为体在国际和区域事务的参与度，进而影响全球及区域经济、政治的生态及走向。与此同时，民族国家危机的跨国化以及区域挑战的国际化，提高了缩小全球治理赤字的可能性和必要性，增加了各国加强国际和跨区域合作的动力，这对于以外向型经济为特色的德国来说更是如此。

此外，"反建制"力量和民粹主义在全球范围的上扬，加剧了国际和地区政治的不确定性和不稳定性，各国外交的务实风格进一步凸显。这一方面反映在国家的单方面、非常规行动增多，如俄罗斯对叙利亚军事干涉、奥地利等欧洲国家单方面封锁移民通道、特朗普上台后美国退出《跨太平洋伙伴关系协定》（TPP）及《巴黎协定》等；另一方面则表现在传统西方世界内部裂痕增多，但东西方之间的认同与合作增进——自特朗普任美国总统以来，作为传统西方阵营代表的德美两国在经贸关系、难民移民、对外关系准则等多方面的价值观分歧加深；而德国与同样支持贸易自由化、气候保护目标及可持续发展目标的中国及其他地区国家在经贸、安全、文化等领域加强了全方位的战略性双边和多边合作，以期在欧洲之外的国际格局中有效捍卫本国利益，提高区域和国际影响力。

四　结语

毋庸置疑，处于欧洲中部的经济强国，只有借力欧洲这一跳板才能最大程度地发挥其区域和国际性影响力。然而德国外交的正常化路径表明，如果囿于在"德国问题"的两极之间做出选择，我们就无法全面、合理地解读德欧关系及德国角色，原因是：其一，德国在欧盟的领导地位虽毋庸置疑，但在欧盟困于危机之时国家利益至上、领导力结构性失衡加剧等主客观因素，决定了其既无意又无力谋求欧洲霸权，而德国扮演关键"平衡手"和裁判角色的必要性和优势却进一步凸显；其二，面对欧洲一体化陷入多重危机的形势，德国一方面继续强调增进欧洲联合和欧盟内团结，另一方面却在操作上偏离欧洲一体化和"超国家主义"理想，并注重通过务实性的政府间协商和倡议，提高在双边、地区和国际性事务中的影响力，特别是欧洲内部的次区域组合、欧洲外的区域及国际多边和双边机制逐渐成为德国施加多样化影响的重要舞台。

地缘经济新旧现实下的中等强国身份，从本质上决定了后危机时代德国角色的特点：以经济外交为核心、欧洲政策中的现实政治至上、重视双多边及国际性合作、无能力亦不谋求世界或区域性霸权；外交政策的主动性与灵活性提高、在特定领域的国际影响力增大。这一新的外交正常化路径是国内政治生态及社会舆情、欧洲差异性一体化发展及传统西方世界内的认同弱化、国际形势不稳定性加剧、历史因素等内外因素共同作用的结果，从不同维度启发着德国从老问题中求得新解。

为更好地应对当下的多重挑战及潜在的不确定性，德国在以中等强国的身份进行国际"长线"部署的同时，也要考虑地缘和经济的双重现实性，避免在欧盟区域的"中线"上失利，避免国家实力上升与欧洲影响力衰退并行的局面。对于德国外交战略所缺乏的欧洲情结和战略性，德国学界和政界已有不少忧虑之声。为此，政府有必要提高对平衡欧盟各成员国利益的重视，将地缘因素的限制作用最小化，并在此基础上将经济因素的促进作用发挥到最大。只有在欧洲层面促成"经济＋互信"的外交双筹码，增强"远见、敏锐、耐心和沉着"，[1] 德国才能在新的地缘经济现实中扮演好自己的角色。

---

[1]　Herfried Münkler, *Macht in der Mitte: Die Neuen Aufgaben Deutschlands in Europa* (Hamburg: Körber-Stiftung, 2015), p. 192.

默克尔政府与记忆文化建构[*]

王丹妮[**]

　　2016 年 11 月 20 日，德国总理默克尔宣布参加 2017 年 9 月 24 日的总理选举，[①] 在 2016 年 12 月 6 日的基民盟党代会上默克尔以 89.5% 的支持率再次当选基民盟主席，这是她自竞选基民盟主席以来除了 2004 年的 88.4% 的支持率之外得到的最差成绩。[②] 这一较低的党内支持率很大程度上源于默克尔的难民政策在国内及国际社会引发的怀疑与批判。但 2017 年 9 月 27 日德国第 19 届联邦议会大选结果则显示，这位 2005 年上任的德国第一位女总理最终还是经受住了难民政策引发的国内外舆论压力与内政冲击。2015 年德国年度夏季总理记者会上，默克尔宣布开放德国边境的决定使得这位政坛"铁娘子"在国际层面赢得了良好声誉；在欧美民粹主义势力风起云涌之际，德国大选前夕，美国前总统奥巴马在 2017 年 5 月 25 日在柏林举行的德国"新教教会日"（Kirchentag）上，更是公开表达了对默克尔难民政策的赞同。可以说，默克尔的难民政策甚至在一定程度上从其所谓的"重大失误"转变成其参与大选的有利筹码。在这次具有德国特色印记的难民危机

　　[*] 本文为国家社会科学基金重点项目"德国联邦议会与'记忆文化'建构研究（1990—2015）"（项目号：16ASS003）的阶段性成果。

　　[**] 王丹妮，中国人民大学外国语学院德语语言文学专业 2016 级硕士研究生。

　　[①] 参见 "CDU/CSU-Die Union Angela Merkel Kanzlerkandidatin für die Union," https://bundestagswahl‐2017. com/cdu-csu-die-union/#fn‐24‐1，最后访问日期：2017 年 4 月 18 日。

　　[②] 参见 "CDU-PARTEITAG: Schlechtestes Ergebnis während Merkels Kanzlerschaft," https://www. welt. de/politik/deutschland/article160041837/Schlechtestes-Ergebnis-waehrend-Merkels-Kanzlerschaft. html，最后访问日期：2017 年 4 月 18 日。

中，"记忆文化"这一概念也由于德国独特的战争记忆因素变得越来越具有研究价值。"记忆文化建构"更是成为德国重要党团竞选宣言中不可或缺的一部分。①

国内外对默克尔的研究开始得比较早，但多集中于默克尔个人成长经历及仕途历程，与之相比，对于默克尔的历史、文化观点及政策的关注却相对较少，相关研究成果也大多集中于论述默克尔的民主德国生活经历对其执政的影响。本文从记忆文化相关概念诠释引入，并通过默克尔难民政策背后的记忆文化因素分析例证说明记忆文化对现实政治分析的重要意义，然后介绍默克尔政府记忆文化建构的新举措，并举例分析记忆文化作为一种文化政策对默克尔内政外交策略的服务价值，最后做出对默克尔政府记忆文化建构的总体评价。

一　记忆文化作为政治分析的新视角

20 世纪 20 年代，对记忆的研究首次由法国哲学与社会学家哈布瓦赫（Maurice Halbwachs）从弗洛伊德的个体意识带入社会意识范畴。在哈布瓦赫的研究基础上，20 世纪 80 年代，扬·阿斯曼（Jan Assmann）提出"交际与文化记忆"（das kommunikative und kulturelle Gedächtnis）理论，将对记忆的研究转入文化层面。"交际记忆"立足于日常沟通之中，因此有着最多 3—4 代人，即约 80 年的传承年限，而"文化记忆"则可以在历史见证者逝去的情况下通过文字、图像、建筑、仪式等物质形式保存。②扬·阿斯曼将这两种记忆形式统归于"集体记忆"（Kollektives Gedächtnis）并指出，通过"集体记忆"，对过去的重建在长达数千年的时间周期里仍旧可能。像大屠杀这样的事件为过去的重建以证据的形式提供了根据，且对过去的重建总是与现实因素紧密相关。③换句话说，每个社会都在纪念一个他们在当前环境

---

① 参见"Alle Wahl-programme für die Bundestags-wahl 2017,"https://bundestagswahl-2017.com/wahlprogramm/，最后访问日期：2017 年 9 月 18 日。

② 参见 Jan Assmann, *Das kulturelle Gedächtnis. Schrift, Erinnerung und politische Identität in frühen Hochkulturen*（München：Beck, 1992），S. 48 – 59。

③ 参见 Jan Assmann, "Kollektives Gedächtnis und kulturelle Identität," in Ders. / Hölscher, Tonio（Hg.），*Kultur und Gedächtnis*（Frankfurt a. M.：Suhrkamp, 1988），S. 9 – 19。

下需要的过去。① 从这里就可以看出，对历史记忆的构建受现实因素的制约，同样也必然对现实政治具有一定的服务效用。

德国当代著名史学家海因里希·奥古斯特·温克勒（Heinrich August Winkler）在德国前总理赫尔穆特·施密特（Helmut Schmidt）的 85 岁生日宴会上于以"1945 年后的德国历史与政治的关系"为主题的报告中称："所有的历史都是争夺历史解读权的历史，没有哪个政治组织会放弃通过历史为自己的政治思想例证的机会。"②历史建构与国家政治相结合的一个重要表现就是"国家记忆"（Nationales Gedächtnis）的建构。"国家记忆"是集体记忆的重要部分，瑞典学者罗尔夫·胡果逊（Rolf Hugoson）也曾阐述过"国家记忆"理论，在他看来，"国家记忆"是"一种话语，严格说来，它是一种意识形态或一种学说，是一种具有相当的灵活性的政策，在这种政策中，过去被用来服务于当前的政治目标，当前的决策也依赖于过去的样本"。③ 阿莱达·阿斯曼（Aleida Assmann）指出，对国家记忆的建构近年来出现了一个转折，与之前的纯粹地对英雄与胜利历史的纪念不同，民族罪责与耻辱也慢慢被列入国家记忆的范畴。④ 正是这一国家记忆构建的转变促成了德国正面历史罪责、积极反思历史的记忆文化。记忆文化因其与政治的交叉性而逐渐成为政治分析的重要视角。

二　记忆文化视角下的默克尔难民政策

2015 年难民危机爆发以来，对默克尔难民政策的质疑层出不穷，特别

---

① 参见 Sarah Krüger，"Erinnerung an den Holocaust-Gedächtnistheorien von Maurice Halbwachs und Jan Assmann，" http://www. zukunft-braucht-erinnerung. de/erinnerung-an-den-holocaust-gedaecht-nistheorien-von-maurice-halbwachs-und-jan-assmann/#_ftnref1，最后访问日期：2017 年 6 月 2 日。

② Heinrich August Winkler，"Aus der Geschichte lernen？ —Zum Verhältnis von Historie und Politik in Deutschland nach 1945，" http://www. zeit. de/2004/14/winkler，最后访问日期：2017 年 4 月 18 日。

③ 鲍尔康泊、黄艳红：《民族记忆与欧洲记忆文化的诞生：二战后德国人与其邻人和解的曲折道路》，《史学理论研究》2011 年第 1 期，第 10—15 页。详见 Rolf Hugoson，"History and Memory in Support of Neutrality：The Case of Sweden，" in Kerstin von Lingen ed. ，*Kriegserfahrung und nationale Identität in Europa nach 1945*（Paderbonn，2009），S. 206 – 224。

④ 参见 Aleida Assmann，"Kollektives Gedächtnis，" http://www. bpb. de/geschichte/zeitgeschichte/geschichte-und-erinnerung/39802/kollektives-gedaechtnis，最后访问日期：2017 年 6 月 2 日。

是 2016 年科隆新年夜集体性侵案以及柏林圣诞集市卡车袭击事件等多起暴力事件的发生一度将默克尔及其难民政策推向舆论顶峰。针对默克尔政府的难民政策，部分政治家与学者指出，德国的人道主义援助有其民族罪责记忆根源。对于这种联系，一方代表批判德国人企图通过建立一个道德标杆来洗刷历史罪责，并认为这种将自己的国家带入危机的不理智行为是愚蠢的，且这种企图清算历史罪责的尝试是不可能实现的；① 另一方则并不为德国难民政策中可能存在的历史记忆情结辩解，而是从积极的角度来赞扬德国积极的记忆文化通过实际政策所促成的良好影响。2016 年 10 月 27 日，德国文化部部长莫妮卡·格鲁特（Monika Grütter）在柏林于以 "德国记忆文化" 为主题的讲话中就从德国人 "基督教价值观和历史经历" 的角度出发赞扬默克尔在难民危机中表现出来的仁慈。② 丹麦女作家简·泰勒（Janne Teller）在其于《法兰克福汇报》上发表的《德国的罪恶感是如何拯救欧洲的名誉的》一文中总结道，德国对难民的接纳与寻求一个欧洲共同解决方案的努力的一个决定性的根源就是德国人从大屠杀和二战中得到的教育。③《明镜》评论员雅克布·奥格斯坦（Jakob Augstein）针对国际舆论对德国人道主义援助 "目的不纯粹" 的指责则大方表态："事实上，如果我们从奥斯维辛学到的不是这些，那应该是什么呢？如果德国不在这里履行它独特的义务，那么应该在哪里呢？"④ 2016 年国际大屠杀纪念日上，集中营幸存者奥地利女作家露特·克鲁格（Ruth Klüger）也称赞德国通过在难民危机中的行为创造了与纳粹统治时期的残暴行径完全相反的模范，她援引默克尔在 2015 年 9 月做出开放边境时所强调的 "我们可以做到"（Wir

---

① 参见 Jakob Augstein, "Weil Opa für Adolf gekämpft hat," http://www. spiegel. de/politik/deutsch-land/fluechtlinge-debatte-ueber-willkommenskultur-augstein-kolumne-a-1072524. html，最后访问日期：2017 年 4 月 18 日。

② 参见 "Rede von Kulturstaatsministerin Grütters zur deutschen Erinnerungskultur im Rahmen der Plötzenseer Abende," https://www. bundesregierung. de/Content/DE/Rede/2016/10/2016 – 10 – 27-gruetters-gedenkstaette-ploetzensee. html，最后访问日期：2017 年 4 月 18 日。

③ 参见 Janne Teller, "Last der Geschichte-Wie das deutsche Schuldgefühl die europäische Ehre rettet," http://www. faz. net/aktuell/feuilleton/debatten/janne-teller-zur-last-der-deutschen-geschichte-14221785. html，最后访问日期：2017 年 4 月 18 日。

④ Jakob Augstein, "Weil Opa für Adolf gekämpft hat," http://www. spiegel. de/politik/deutschland/fluechtlinge-debatte-ueber-willkommenskultur-augstein-kolumne-a-1072524. html，最后访问日期：2017 年 4 月 18 日。

schaffen das），称这句话是一个朴实无华但英勇无畏的标语。①

也有部分学者认为德国对于难民危机不同寻常的开放态度源于德国人历史上的集体逃亡记忆。同济大学学者郑春荣教授在接受采访时就提出："德国人在历史上有过多次逃亡与被驱逐的体验，这种历史记忆使得他们对难民的经历感同身受，愿意伸出援助之手。默克尔的态度转变也与其个人背景有关，她从小在东德长大，有过逃亡的经历。"②默克尔对于叙利亚难民的同情实际上早在2013年参加德国"流亡、被驱逐、和解"基金会于德国历史博物馆建立文献中心的开工仪式上就体现过："对历史中苦难的纪念也使我们更清晰地观察当下的苦难，时至今日仍有许多人在仇恨与暴力的强迫下被迫离开自己的家乡……当下特别是叙利亚的难民将这一话题的现实性痛苦地展现在了我们面前。"③在2014年4月9日的"被驱逐者联盟"年会上，默克尔再次提到叙利亚危机："我可以想象到，在座当中特别是年轻时经历过流亡的老人们可以理解近些天从可怕的内战逃亡的成千上万的叙利亚人民的苦难……你们懂得，必须踏上一条完全未知的旅程意味着什么。"④德国前总统高克也曾在"逃亡与被驱逐受难者纪念日"上回忆德国人的被驱逐和逃亡经历，希望德国人自己的逃亡和被驱逐经历可以加深德国人对当下寻求帮助的难民的理解。⑤ 许多帮助难民的德国人在接受采访时也多次提到自己的逃亡或被驱逐经历。

无论是出于弥补历史罪责的愿望还是纯粹源于感同身受的同情，任何

① 参见"KZ-Überlebende nennt Merkel-Satz heroisch,"http://www.spiegel.de/politik/deutschland/wir-schaffen-das-kz-ueberlebende-lobt-fluechtlingspolitik-a-1074209.html，最后访问日期：2017年4月18日。

② 《郑春荣接受〈南方都市报〉专访：德国难民政策与默克尔的困局》，http://german-studiesonline.tongji.edu.cn/66/4d/c13a26189/page.htm，最后访问日期：2017年4月18日。

③ "Rede von Bundeskanzlerin Merkel bei Baubeginn eines Dokumentationszentrums der Stiftung Flucht, Vertreibung, Versöhnung im Deutschlandhaus,"https://www.bundeskanzlerin.de/ContentArchiv/DE/Archiv17/Reden/2013/06/2013 - 06 - 11-rede-merkel-stiftung-vertreibung.html?nn=614982#Start，最后访问日期：2017年4月18日。

④ "Rede von Bundeskanzlerin Merkel anlässlich des Jahresempfangs des Bundes der Vertriebenen am 9. April 2014,"https://www.bundeskanzlerin.de/Content/DE/Rede/2014/04/2014 - 04-merkelbdv.html，最后访问日期：2017年4月18日。

⑤ 参见"Gauck fordert Deutsche auf, Flüchtlinge zu integrieren,"http://www.zeit.de/politik/deutschland/2015 - 06/joachim-gauck-bundespraesident-fluechtlinge，最后访问日期：2017年4月18日。

忽视记忆文化对德国难民政策的影响的解读都是片面的。当然有部分人士过于强调难民政策中德国集体记忆对现实政策的导向作用，将难民政策全然归结为德国关于二战与大流亡的集体记忆或者是默克尔个人生活记忆影响的结果，而忽视了现实政治因素的影响作用，这样的分析也是不够客观的。但无论如何，通过国际社会对这一问题的争论也可以观察到，记忆文化已经成为政治分析的一个重要视角。

三　默克尔政府推动记忆文化建构的新举措

默克尔政府的记忆文化政策总体上还是沿袭了德国历代政府积极的历史反思传统，即承认德国历史罪责，同时强调对历史的真实还原与传承。这首先体现在作为政府首脑的默克尔于一些重大历史纪念活动中为德国罪责的诚恳道歉与对历史的正面反思上。默克尔任职期间出席了以色列建国60周年（2008）、"水晶之夜"70周年（2008）、二战爆发70周年（2009）、希特勒上台80周年（2013）、一战爆发100周年（2014）、诺曼底登陆70周年（2014）、柏林墙倒塌25周年（2014）、二战结束70周年（2015）、奥斯维辛集中营解放70周年（2015）等重大历史事件纪念活动并发表讲话，代表德国人向二战受难者致歉，呼吁牢记历史教训。同时，默克尔政府的记忆文化建构工作也呈现其独特的反思特点及新趋势。

首先，默克尔政府重视并在公众面前强调历史纪念场所与机构的历史传承作用。默克尔曾于2009年6月5日陪同奥巴马参观布痕瓦尔德集中营旧址，2013年她作为首位参观达豪集中营的德国总理，在这个前德国境内最大的集中营的纪念馆中与幸存者交谈，同时强调记忆场所对防止历史悲剧重演的警示作用："这样的地点警示我们每个人去行动，保证类似的悲剧再也不会发生，保证再也不会冷漠地、只是耸耸肩甚至欢欣鼓舞地任由他人受到歧视、压迫与迫害。"① 2015年她再次出席达豪集中营解放70周年纪念活动，赞扬纪念场所工作人员对历史传承与民主教育的贡献，认为特别

① "Rede von Bundeskanzlerin Merkel beim Besuch der KZ-Gedenkstätte Dachau am 20. August 2013," https://www.bundesregierung.de/ContentArchiv/DE/Archiv17/Reden/2013/08/2013 - 08 - 20-merkel-kz-dachau.html，最后访问日期：2017年4月18日。

是在历史见证者逐渐逝去的情况下："像达豪集中营纪念馆这样的场所所具有的广博且多样的教育和传达意义，给再高的评价都是不够的。"默克尔政府对纪念场所的强调还体现在对在德国历史博物馆建立"德国大流亡文献中心"的支持与推动上。在开工仪式上，默克尔指出，虽然反对这一工程的声音很大，但"我是不会疑虑的，因为记忆需要空间，而这个空间我们现在就要创造出来"。①2017 年 8 月 11 日，大选前一个多月默克尔还拜访了位于柏林－霍恩施豪恩（Berlin-Hohenschönhausen）的前民主德国关押政治犯的史塔西监狱，1951—1989 年这里曾关押过 11000 名前民主德国政权的所谓国家公敌，默克尔在讲话中再次强调勿忘历史、维护法制自由的重要性。②

　　其次，默克尔政府尤其注重对青年一代的历史反思教育，特别是在历史事件见证者逝去的时代背景下。1991—1994 年任联邦妇女和青年部部长的默克尔多次强调对历史纪念场所的重视一定程度上也源于这些场所对年轻人历史教育的特殊作用。她曾在 2009 年陪同奥巴马参观布痕瓦尔德集中营旧址时强调："我非常感谢在这个纪念场所中，通过与时代见证人的对话，通过文献资料以及广泛的教育建议，与年轻人的对话同样也被置于中心地位。"③2015 年她在出席达豪集中营解放 70 周年纪念活动上强调在历史见证者逐渐逝去的情况下，纪念场所对年轻人认识历史的重要意义："作为未来一代的学习场所，它们（纪念场所）使得历史能够被保存并传承下去——特别是当有一天我们中间再也没有纳粹时期的见证者和幸存者的时候。"④针对家庭纳粹记忆渐渐模糊且这种淡忘已经普遍化的现象，默克尔在二战结束 70 周年纪念活动前的采访中呼吁德国民众尤其是年轻一代，绝对

---

① "Rede von Bundeskanzlerin Merkel bei Baubeginn eines Dokumentationszentrums der Stiftung Flucht, Vertreibung, Versöhnung im Deutschlandhaus," https://www.bundeskanzlerin.de/ContentArchiv/DE/Archiv17/Reden/2013/06/2013 - 06 - 11-rede-merkel-stiftung-vertreibung.html? nn = 614982#Start，最后访问日期：2017 年 4 月 18 日。

② 参见 Jefferson Chase，"Stasi-Knast als Wahlkampfbühne," http://www.dw.com/de/stasi-knast-als-wahlkampfbühne/a-40062802，最后访问日期：2017 年 8 月 15 日。

③ "Ansprache von Bundeskanzlerin Angela Merkel," https://www.buchenwald.de/911/，最后访问日期：2017 年 4 月 18 日。

④ "Rede von Bundeskanzlerin Merkel bei der Gedenkveranstaltung zum 70. Jahrestag der Befreiung des KZ Dachau am 3. Mai 2015," https://www.bundeskanzlerin.de/Content/DE/Rede/2015/05/2015 - 05 - 04-merkel-dachau.html，最后访问日期：2017 年 4 月 18 日。

不能因为时间的流逝、历史见证者的逝去而给"历史画上句点":"我们德国人更有特殊的责任,认真、敏感同样内行地对待我们在纳粹时期对其他国家造成的伤害与担忧。"① 她还提出了加强青年人历史教育的现实意义:"我们需要共同努力,特别是防止年轻人遭受极端主义煽动者的毒害。因此政府支持多样的鼓励宽容、加强社交能力和民主理解力的活动和项目,特别是在青年和父母教育工作中。"② 在 2016 年两德统一 26 周年之际,默克尔在采访中提出新一代的年轻人没有经历过柏林墙带来的痛苦是幸运的,但绝不能因此而忽视历史,因为"谁不知道自己从何处来,不知道自己的国家经历过什么,他就很难建设未来",默克尔还强调未来应该有更多优质的历史课程促进年轻人的历史教育。③

最后,默克尔政府的记忆文化政策不仅集中于反省德国人的历史罪责,同样也呈现出展现德国人作为二战以及民主德国极权政府受难者形象的趋势。这一趋势在默克尔之前的 1985 年科尔政府期间里根拜访比特堡公墓就可见端倪。默克尔执政期间对德国受难经历的强调集中体现在其对重点纪念二战后德国大流亡历史的"流亡、被驱逐、和解"基金会的支持上。在国内外长达数年的争论中,尤其是在邻国波兰的舆论压力下,默克尔所在的基民盟将此基金会计划在德国历史博物馆建立文献中心的要求放入 2005 年大选的竞选纲领中。2008 年 3 月联邦政府通过决定,在位于柏林的德国历史博物馆建立"流亡、被驱逐、和解"基金会。④ 在基金会文献中心开工仪式上,默克尔称,"流亡、被驱逐、和解"基金会文献中心未来的长期展

---

① "Video-Podcast der Bundeskanzlerin #15/2015," https://www.bundeskanzlerin.de/Content/DE/Podcast/2015/2015 - 05 - 02-Video-Podcast/links/download-PDF.pdf? _ blob = publicationFile& v = 4,最后访问日期:2017 年 4 月 18 日。

② "Rede von Bundeskanzlerin Merkel bei der Gedenkveranstaltung zum 70. Jahrestag der Befreiung des KZ Dachau am 3. Mai 2015," https://www.bundeskanzlerin.de/Content/DE/Rede/2015/05/2015 - 05 - 04-merkel-dachau.html,最后访问日期:2017 年 4 月 18 日。

③ 参见"Merkel: Seit der Wiedervereinigung viel geschafft," http://www.bundeskanzlerin.de/Webs/BKin/DE/Mediathek/Einstieg/mediathek_einstieg_podcasts_node.html? id = 2022802&cat = podcasts,最后访问日期:2017 年 5 月 4 日。

④ 参见 Wolfgang Benz, "Zur Debatte: Flucht, Vertreibung, Versöhnung," http://www.bpb.de/geschichte/zeitgeschichte/geschichte-und-erinnerung/39826/flucht-vertreibung-versoehnung? p = all,最后访问日期:2017 年 4 月 18 日。

览将会填补德国博物馆和纪念风貌的一个空缺。① 在 2014 年 4 月 9 日 "被驱逐者联盟" 年会上，默克尔强调道："纪念一部分人的苦难不意味着将另一部分人的痛苦遗忘。我们很清楚，德国在第二次世界大战和大屠杀中给成千上万的人带去的苦难，到战争结束的时候终究是又回到了德国人自己身上。"②默克尔政府对德国受难历史的强调还体现在 "德国难民日" 的确立上。德国内阁于 2014 年 8 月 27 日决定，从 2015 年开始接轨世界难民日将 6 月 20 日同样定为德国的难民日，这一天除纪念世界范围内的流亡与被驱逐的受害者，还特别要祭奠二战结束后被驱逐的成千上万的德国受难者。③ 2017 年 3 月 28 日的 "被驱逐者联盟" 年会上默克尔再次强调："我们只有在对自己的历史也了解的情况下才能创建共同的未来……这段历史包括纳粹时期的错误，但同样包含数百万被从前德国地区驱逐的受难者。"④

从以上默克尔政府推动记忆文化建构的新举措中可以观察到，面对二战时代的远去与历史直接见证者的逐渐逝去，默克尔政府一方面注重历史纪念场所的教育意义，推动大众尤其是年青一代的历史教育，警示对历史的遗忘；另一方面，一直向 "正常国家" 努力的德国也逐步完善自己的历史反思风貌，将德国人的受难历史同样纳入纪念与反思活动的主体范围之中。

四　记忆文化建构对默克尔执政的现实意义

默克尔执政期间的记忆文化建构是对历代德国政府历史反思政策的继

---

① 参见 "Rede von Bundeskanzlerin Merkel bei Baubeginn eines Dokumentationszentrums der Stiftung Flucht, Vertreibung, Versöhnung im Deutschlandhaus," https://www. bundeskanzlerin. de/ContentArchiv/DE/Archiv17/Reden/2013/06/2013 – 06 – 11-rede-merkel-stiftung-vertreibung. html? nn =614982#Start，最后访问日期：2017 年 4 月 18 日。

② "Rede von Bundeskanzlerin Merkel anlässlich des Jahresempfangs des Bundes der Vertriebenen am 9. April 2014," https://www. bundesregierung. de/Content/DE/Rede/2014/04/2014 – 04-merkel-bdv. html，最后访问日期：2017 年 4 月 18 日。

③ 参见 "20. Juni wird Gedenktag für Opfer von Flucht und Vertreibung," https://www. bmi. bund. de/SharedDocs/Kurzmeldungen/DE/2014/08/gedenktag-fuer-die-opfer-von-flucht-und-vertreibung. html，最后访问日期：2017 年 4 月 18 日。

④ "Rede von Bundeskanzlerin Merkel beim Jahresempfang des Bundes der Vertriebenen am 28. März 2017 in Berlin," https://www. bundeskanzlerin. de/Content/DE/Rede/2017/03/2017 – 03 – 28-rede-merkel-bund-der-vertriebenen. html，最后访问日期：2017 年 4 月 18 日。

承与发展。不仅是记忆文化对处于记忆框架下的默克尔及其执政具有重要意义，反过来默克尔作为执政者，即作为记忆文化的重要承载者对国家记忆的解释与最新展示也必然会产生重要影响。从这个角度考虑，记忆文化完全可以转变为一种文化政策服务于默克尔的内政外交政策。

　　首先，默克尔的记忆文化建构是其反对极端主义、恐怖主义、反犹主义、排外主义、种族主义等势力，稳定国内局势的重要内政政策。她多次通过纪念活动讲话提醒民众警惕国内反犹主义、种族主义的重生，多次强调犹太生活是德国认同的一部分。她在达豪集中营解放70周年纪念活动中指出，"我们需要毫不犹豫地动员起来并明确地表明，犹太生活是德国认同的一部分"，她强调反对"歧视、排斥、反犹主义"是"我们国家以及公民的义务"。① 在"水晶之夜"70周年纪念日上默克尔告诫民众："冷漠是将对我们不可或缺的价值置于危险境地的第一步……德国需要一种促进刚正不阿的环境……种族主义、排外主义和反犹主义不仅在欧洲，而且在欧洲之外都不能有任何机会……无论是一个犹太教经师在大庭广众之下被袭击，还是一个犹太墓地遭到破坏，对此我们都不可以沉默。"② 这也被德国媒体视为对犹太人文化团体会长夏洛特·柯诺伯洛赫（Charlotte Knobloch）的回应。柯诺伯洛赫曾在此前批判德国缺乏反对极右翼分子的行动力，且要求对德国新纳粹政治组织德国国家民主党（Die Nationaldemokratische Partei Deutschlands）实施禁令。③ 在2013年参观达豪集中营时默克尔也通过历史记忆强调维护人权的重要性："像达豪集中营这样的地方应该警示我们，没有人应该因为他们的出身、信仰、政治态度或者性取向而被剥夺尊严和生

---

① "Rede von Bundeskanzlerin Merkel bei der Gedenkveranstaltung zum 70. Jahrestag der Befreiung des KZ Dachau am 3. Mai 2015," https://www.bundeskanzlerin.de/Content/DE/Rede/2015/05/2015-05-04-merkel-dachau.html, 最后访问日期：2017年4月18日。

② "Rede von Bundeskanzlerin Dr. Angela Merkel auf der gemeinsamen Gedenkveranstaltung der Bundesregierung und des Zentralrats der Juden in Deutschland zum 70. Jahrestag der Pogromnacht am 9. November 2008 in Berlin," https://www.bundesregierung.de/Content/DE/Bulletin/2008/11/118-2-bkin-progromnacht.html, 最后访问日期：2017年4月18日。

③ 参见 "Merkel warnt vor den Gefahren des Antisemitismus," https://www.welt.de/politik/article2697515/Merkel-warnt-vor-den-Gefahren-des-Antisemitismus.html, 最后访问日期：2017年4月18日。

存权利。"① 针对国内极右翼势力的崛起，默克尔出席了以希特勒上台 80 周年为历史背景而举办的"柏林 1933——走向专制之路"展览会，并称："纳粹主义之所以变成可能，正是因为精英群体的参与，以及很大一部分人假装没有看到，选择了沉默。"②面对世界各地的紧张局势，默克尔将纪念柏林墙倒塌 25 周年（2014）的讲话变成了一场正面危机的号召（Krisen-Appell）："我们是有能力通过努力将事情变好的，这是柏林墙倒塌传达给我们的信息。这个信息现在也将适用于乌克兰、叙利亚、伊拉克和世界上许多其他地区。"③

其次，默克尔同样将记忆文化内化于自己的外交政策中，作为国际关系的黏结剂和国际协商对话的契机。德国政治及历史学家迪特尔·宾根（Dieter Bingen）以德国与波兰 25 年来的关系为例总结道，多数二战历史纪念活动已成为国家外交政策的一部分，是国际关系中的黏结剂。④ 他列举了二战后德波两国领导人以历史事件为契机的往来活动，评价道："所有这些情况都与一种荣誉相关，它为一种象征性的资本聚集着，而这些资本在德波日常或者在更深层意义下服务于积极分子。"⑤这一黏结剂作用虽然削弱了历史事件的纪念意义，但也增强了历史记忆的现实意义，操作得当，通过积极的记忆文化政策也可以缓解国际紧张形势，推动国家之间的和平对话。针对欧洲分裂思想的增强，特别是法国极右翼政党的崛起，默克尔在纪念凡尔登战役 100 周年活动（2016）上强调和平的来之不易，警示民族国家

---

① "Rede von Bundeskanzlerin Merkel beim Besuch der KZ-Gedenkstätte Dachau am 20. August 2013，" https：//www. bundesregierung. de/ContentArchiv/DE/Archiv17/Reden/2013/08/2013 - 08 - 20-merkel-kz-dachau. html，最后访问日期：2017 年 4 月 18 日。

② "Merkel fordert aktiven Einsatz für Demokratie und Freiheit，" https：//www. welt. de/newsticker/news3/article113240457/Merkel-fordert-aktiven-Einsatz-fuer-Demokratie-und-Freiheit. html，最后访问日期：2017 年 4 月 18 日。

③ Annett Meiritz，"Gedenkfeier in Berlin：Merkel macht aus Mauerfall-Rede einen Krisen-Appell，" http：//www. spiegel. de/politik/deutschland/mauerfall-merkel-bezeichnet-ddr-als-unrechtsstaat-a-1001883. html，最后访问日期：2017 年 4 月 18 日。

④ 参见 Dieter Bingen，"Analyse：25 Jahre deutsch-polnische Partnerschaft. Politische Freundschaft auf Bewährung，" http：//www. bpb. de/internationales/europa/polen/225325/analyse-25-jahre-deutsch-polnische-partnerschaft-politische-freundschaft-auf-bewaehrung，最后访问日期：2017 年 4 月 18 日。

⑤ Dieter Bingen，"Analyse：25 Jahre deutsch-polnische Partnerschaft. Politische Freundschaft auf Bewährung，"最后访问日期：2017 年 4 月 18 日。

主义的消极影响：“纯粹的国家民族主义思想和行为会将我们的和平努力付之一炬……这体现在欧洲债务危机的处理上和我们对待向我们寻求帮助的难民的态度上，以及所有其他我们时代的巨大挑战上。”① 2015 年在俄罗斯卫国战争胜利日纪念活动上，默克尔将反思历史作为与普京就乌克兰危机进行会谈的铺垫：“从我们痛苦的经历中，我们学会了要在困难的条件下合作，这就像现在所处的困境一样，需要寻找外交手段解决复杂问题。”② 这样的诚意给双方探讨乌克兰危机创造了良好的气氛。以历史反思为契机处理国际问题的一个更著名的例子便是“诺曼底模式”（Normandy Format），这一模式源于 2014 年 6 月在法国举行诺曼底登陆 70 周年国际纪念仪式契机下形成的俄罗斯、德国、法国、乌克兰四国领导人在活动期间就乌克兰局势进行一系列磋商机制的历史事件。这一模式至今仍发挥着重大作用。据俄罗斯卫星网 2017 年 5 月 3 日报道，俄罗斯总统普京在与默克尔会晤后表示，法国总统大选以后会继续以“诺曼底模式”解决乌克兰问题。③

最后，默克尔政府不仅通过记忆文化政策促进欧洲和解，缓和国际关系，同时也通过记忆文化与外交的结合寻求政治影响力，默克尔政府对记忆文化价值观的强调一定程度上成为德国寻求政治影响力的有力跳板。这一点也可以在德国的价值外交上观察到。对默克尔政府价值外交的原因分析有一个长期被普遍接受的观点，即作为现代德国历史上第一位出生于前民主德国的总理，民主德国的生活记忆对默克尔执政期间对民主、人权的强调具有重要影响。默克尔身边的高级智囊斯特凡·弗里德里希就曾在《国际先驱导报》的采访中肯定了这种影响，他表示：“默克尔在一些问题，尤其是人权问题上，长期以来有自己的立场和底线，这与她的信仰和出身

① "Rede von Bundeskanzlerin Merkel im Rahmen der Gedenkfeier '100 Jahre Schlacht um Verdun' am 29. Mai 2016 vor der Nationalnekropole von Douaumont," https://www. bundesregierung. de/Content/DE/Rede/2016/05/2016 – 05 – 30-bkin-gedenkfeier-verdun. html，最后访问日期：2017 年 4 月 18 日。

② "Pressekonferenz von Bundeskanzlerin Merkel und Staatspräsident Putin am 10. Mai 2015 in Moskau," https://www. bundeskanzlerin. de/Content/DE/Mitschrift/Pressekonferenzen/2015/05/2015 – 05 – 10-pk-merkel-putin. html，最后访问日期：2017 年 4 月 18 日。

③ 参见查希《俄总统普京：将继续以“诺曼底模式”解决乌克兰问题》，http://world. huanqiu. com/exclusive/2017 – 05/10581727. html，访问日期：2017 年 5 月 3 日。

东德有关。"①不可否认，这种民主德国记忆在一定程度上内化于默克尔执政前期一度将价值观作为重要准则的价值外交政策中，但价值外交不仅在一定意义上是记忆文化的产物，从现实政治的角度考虑，它同样是德国政府在当时现实政治环境下对自身优缺点进行盘算后做出的决策。在"德国的欧盟"不宣自明的压力下，德国在寻求政治地位时必须格外小心，默克尔政府通过记忆文化来塑造的"价值观外交"（即价值外交）符合德国在对国内外局势进行现实权衡后诉求政治影响力的现实需要。②作为历史反思的"世界冠军"③，德国甚至通过强调记忆文化价值观实现了价值输出，提高了国际威望。影响甚大的便是默克尔 2015 年在东京访问时鼓励日本积极对待历史遗留问题的讲话。在二战结束 70 周年纪念日之际，中国和韩国对日本无视其历史罪责做出强烈指责。默克尔在与安倍的会谈中提出："我并非要告诉日本应该怎么办……而是展示德国是怎样反思历史的。"④默克尔指出德国的历史反思也经历过痛苦的过程，并强调了欧洲统一进程对历史反思与和解的重要意义，从而鼓励日本正视历史罪责，寻求与邻国的和解，推动亚洲和平事业的发展。这一举动受到了国际社会的广泛称赞，进一步提高了德国的国际威望。

以上各点体现出，默克尔政府的记忆文化建构在推动历史反思以及民主法治发展的同时也对德国的内政安全以及外交突破具有不可忽视的积极作用。默克尔政府通过记忆文化建构促成的价值观输出是对德国历代政府记忆文化建构工作的巨大突破与发展。

五　结语

记忆文化建构的重要意义集中体现在其对国家政治的影响与服务价值

---

① 聂立涛、时翔：《智囊解析默克尔对华态度》，http://news.cctv.com/world/20070830/104935.shtml，最后访问日期：2017 年 4 月 18 日。

② 参见冯映宇《从德国思想史的嬗变看默克尔政府的"价值观外交"》，硕士学位论文，上海师范大学，2010，第 45 页。

③ 此说法在德国网站上多次出现。

④ "Merkel ermutigt Japan zu Auseinandersetzung mit Vergangenheit," http://de.euronews.com/2015/03/09/zweiter-weltkrieg-merkel-ermutigt-japan-zu-auseinandersetzung-mit-vergangenheit，最后访问日期：2017 年 4 月 18 日。

上。一方面，记忆文化以集体记忆的形式影响并制约着国家政治的运行。2015 年默克尔政府广受争议的难民政策背后就有德国人二战罪责记忆与大流亡时期的历史记忆因素，关于默克尔政府早期一度以民主价值观为导向的价值外交也普遍被学术界与默克尔本人的民主德国生活记忆相联系。这两点也体现出，记忆文化因其对现实政治潜移默化的影响已经逐渐成为政治分析的重要视角。默克尔政府的记忆文化建构总体上符合德国历届政府比较积极的历史反思态度，虽然在建构方式上没有巨大创新，但也显示出默克尔政府的特色，比如对纪念场所历史教育意义的重视、在历史直接见证者逝去背景下对年青一代历史反思教育的强调以及对德国人受难历史的关注。

记忆文化建构的另一个现实意义在于，记忆文化作为一种文化政策对现实政治具有不可忽视的服务价值。默克尔通过活化民众关于纳粹历史的集体记忆，强调维护民主法治等价值观的重要性，抵制国内反民主反法治倾向思想，在这层意义上，记忆文化在一定程度上成为服务默克尔政府处理国内矛盾与危机的内政策略；同样默克尔以历史为沟通契机与铺垫，也有利于鼓励国际协商对话，缓和国际紧张氛围，当下在处理国际关系上仍然起重要作用的"诺曼底模式"就是历史记忆对促进国际冲突的解决具有重要意义的最好例证；同时对记忆文化价值观的强调也是德国寻求国际影响力的重要跳板：德国通过强调民主价值观的外交政策降低了国际社会对这一前战争责任国的警戒，有助于德国战后重新步入国际政治舞台。默克尔 2015 年在东京访问时鼓励日本积极对待历史遗留问题的举动更是大大改善了德国在国际上的形象，提高了德国的政治影响力。

以上各点都反映出，记忆文化不仅从道德层面影响着国家政策，也通过活化于当前的政治生态而影响着现实政治格局。后一种现象长期为历史学家所诟病。历史反思的现实导向化利用虽然脱离了对历史事件纯粹的纪念目的，但增强了历史记忆的现实指导意义，且笔者认为这种批判应该针对以谋求不正当的现实利益而对历史教训进行错误解读与恶意利用的行为。德国为还原历史事实所做出的努力及通过历史反思促进民主法制价值的传播还是值得鼓励的。暂且不论默克尔政府是带着何种目的进行记忆文化的建构、强调历史记忆传达出的价值观的，德国政府在政策上时刻严防法西斯主义、反犹主义等消极势力复燃的政治态度，很大程度上使得德国的极右翼政党在欧洲极右翼势力猖獗的大环境下仍旧难以对民主法制造成巨大威胁，保障了德国的内政和谐与民主法制的发展。德国时刻以战争罪人自居的谦虚姿态以及与邻国的积极和解也为国际社会上处理历史遗留问题提供了一个可资效仿的历史反思范本。

德国政府对土耳其政策的两难困境

梅　霖[*]

　　德国与土耳其长期以来维持着良好且亲密的双边关系，德国外交部网站这样定义德土关系："两国拥有特别丰富且非常深厚的双边关系，这样的关系可追溯几个世纪。"① 然而，一直发展良好的双边关系近来却面临诸多挑战。

一　德土关系面临诸多挑战

　　首先，土耳其境内安全形势严峻，影响两国经济、人文交流。2016 年 1 月 12 日，伊斯坦布尔旅游景区苏丹艾哈迈德广场发生自杀式袭击，造成 11 名德国游客遇难。此后土耳其首都安卡拉与最大城市伊斯坦布尔还发生多起重大袭击事件，死伤众多。2016 年 7 月 15 日，土耳其武装部队总参谋部部分军官企图发动军事政变。16 日中午，土耳其军方宣布已挫败政变企图。7 月 20 日土耳其开始实施紧急状态，至今仍未解除。总统埃尔多安指责流亡美国的宗教人士费图拉·居伦领导的"居伦运动"主导此次政变，并发起了大规模整肃行动，清除未遂政变带来的"流毒"。土耳其当局迄今已逮

---

　　* 梅霖，北京外国语大学德语系德语语言文学专业 2016 级博士研究生。
　　① Auswärtiges Amt, "Beziehungen zu Deutschland," http://www.auswaertiges-amt.de/DE/Aussen-politik/Laender/Laenderinfos/Tuerkei/Bilateral_node.html#doc336370bodyText2，最后访问日期：2017 年 5 月 19 日。

捕 4.7 万人，开除和暂停 10 万人的公职，其中包括警察、法官、公务员和教育工作者。

　　由于土耳其境内严峻的安全形势以及紧张的政治局势，土耳其旅游业严重受挫，2016 年旅游业收入同比下降近 30%，来自德国的旅游者比上年同期减少约 170 万人。[①] 德国外交部建议在土耳其的德国游客注意人身安全，要求长期居住在土耳其的公民在德国驻土代表处网站登记信息，建议德国公民不要前往土耳其与叙利亚、伊拉克边境旅行。

　　其次，土耳其加入欧盟[②]谈判进程迟缓，土欧关系遇冷。土耳其于 20世纪 60 年代成为欧盟联系伙伴国，1987 年申请加入欧盟，12 年后获得候选国资格，2005 年启动入盟谈判。但由于多种原因，入盟谈判时断时续、进展缓慢。欧盟委员会主席容克在 2016 年 8 月明确表示土耳其不会在近几年成为欧盟成员国。[③] 2015 年底，受叙利亚战争影响，大批难民涌入德国、法国等欧洲国家，欧洲面临二战以来最大的难民危机。2016 年 3 月 18 日，欧盟与土耳其就合作解决难民危机达成协议。为阻止非法难民从土耳其入境欧盟，双方同意自 3 月 20 日起，所有从土耳其入境希腊的非法难民将被遣返回土耳其；每从希腊遣返回土耳其一名叙利亚难民，将参照联合国相关标准，从土耳其安置另一名叙利亚难民进入欧盟境内；欧盟加快向土耳其发放 30 亿欧元用于资助卫生、教育等难民相关项目，并于 2018 年底前启动额外的 30 亿欧元资助资金。双方还同意，加快土耳其居民进入欧盟国家的签证自由化进程，在达到所有标准的情况下，最迟在 2016 年 6 月底之前解除签证要求。但由于目前土耳其只满足欧盟全部 72 项条款中的 67 项，且拒绝按照欧盟标准修改反恐法案，对土免签至今仍未实现。总统埃尔多安曾多次拿难民合作协议威胁欧盟，以加快实现对土免签并在其他有争议问题上取得有利条件。

　　2017 年 4 月 16 日，土耳其修宪公投成功，标志着土耳其政治体制将由

①　Tagesschau, "Türkei-Tourismus in der Krise," http://www.tagesschau.de/wirtschaft/tourismus-tuerkei-101.html，最后访问日期：2017 年 5 月 19 日。

②　1993 年 11 月 1 日欧盟正式成立，其前身为 1967 年 7 月 1 日成立的欧共体，本文中一般统称为"欧盟"。

③　Zeit Online, "Türkei will den EU-Beitritt zum 100. Geburtstag," http://www.zeit.de/politik/ausland/2016 – 08/tuerkei-eu-beitritt-hundert-jahre-geburtstag，最后访问日期：2017 年 5 月 20 日。

议会制改为总统制。由于不少拥有投票资格的土耳其选民生活在欧洲多国，土耳其政府在公投前夕派出多位内阁部长出访欧洲国家，却遭遇了荷兰、德国、奥地利等国的"闭门羹"。欧洲各国拒绝土高官访问触怒了土耳其政府，埃尔多安更称荷兰、德国为"纳粹残余"、"纳粹主义分子"。本就因难民合作进展不利而下降的欧土关系进一步跌入低谷。土耳其修宪公投成功后，欧盟就是否中断与土耳其的入欧谈判展开了讨论。而埃尔多安则在接受采访时表示，"土耳其为什么仍须等待？我们已经进行了近45年的对话"，并称有可能就是否加入欧盟举行公投。① 在未遂政变发生后，埃尔多安曾多次提出重新引入死刑，而土耳其此前为争取加入欧盟已于2004年废除死刑。欧盟外交和安全政策高级代表莫盖里尼明确表示："任何留有死刑的国家都绝对不可能加入欧盟。"②

　　土耳其与俄罗斯关系回暖，为本就危机重重的欧土关系更添不利因素。原本良好的欧盟与俄罗斯关系由于乌克兰危机全面崩溃，德国国防部2016年6月发布的《国防白皮书》中，不再将俄罗斯定义为伙伴关系。而土耳其出于对西方盟友的失望，转而向原本关系紧张的俄罗斯示好。总统埃尔多安将政变发生后的首次出访地选在莫斯科，意在改善此前因土耳其击落俄罗斯战机而恶化的双边关系。2016年10月10日，俄罗斯总统普京访问土耳其，此行促使土耳其与俄罗斯签署天然气管道建设协议。2017年3月和5月，埃尔多安两个月内两次出访俄罗斯，均就叙利亚局势与俄罗斯展开对话，并在相互取消制裁问题上取得巨大进展。

　　最后，德土两国政府外交摩擦不断，双边关系持续恶化。2016年7月17日，土耳其政变失败后，埃尔多安的支持者和反对者在科隆举行示威游行，德国拒绝了埃尔多安向支持者发表视频讲话的要求，土耳其青少年和体育部部长克勒奇随后发表讲话抨击德国政界与媒体对待埃尔多安的态度。另外，经德国内政部证实，未遂政变发生以来共收到约7700份来自土耳其的避难申请，截至2017年5月初共有414位土耳其军人、法官、外交人员和高官及其家属在德国寻求政治避难。5月8日，第一批土耳其军人及其家

---

①　Tagesschau, "Erdogan Über EU-Beitritt: Warum sollen wir noch länger warten?" http://www.tagesschau.de/ausland/erdogan-eu-113.html, 最后访问日期：2017年5月20日。

②　Tagesschau, "Kein EU-Beitritt mit Todesstrafe," http://www.tagesschau.de/ausland/tuerkei-put-sch-139.html, 最后访问日期：2017年5月20日。

属获得德国提供的避难身份。此举引起土方强烈不满，土政府随即禁止多名德国议员访问驻扎在土耳其因吉尔利克空军基地的联邦国防军。德方表示现已考虑将军事基地迁往约旦。此前，土耳其就曾因"亚美尼亚决议"禁止德国议员代表团前往因吉尔利克基地。2016 年 6 月 2 日，德国联邦议会通过决议，将第一次世界大战期间发生的大批亚美尼亚人死亡事件定性为种族屠杀。土耳其总理耶尔德勒姆于当天宣布召回驻柏林大使，并表示德国议会这项决定是错误的。2016 年 8 月，德国电视一台（ARD）披露了被定为机密级别的政府文件，文件中德国联邦政府将土耳其称作"伊斯兰极端主义组织的核心活动平台"，还称土耳其总统埃尔多安积极支持中东地区的伊斯兰军事组织。[①] 2017 年 3 月 28 日，德国媒体爆出土耳其间谍在德国境内从事间谍活动，对居伦运动支持者进行秘密监控。内政部部长德迈齐埃对此表示，土耳其这一举动是犯罪行为，对德国来说不可接受。德国刑事侦查机构现已对 20 名有可能从事间谍活动的土耳其嫌疑人展开调查。

此外，德土两国围绕新闻和言论自由的争论不断。2016 年 4 月 1 日，土耳其总统埃尔多安本人以受到侮辱为由对讽刺节目主持人伯默尔曼（Jan Böhmermann）提起刑事诉讼。原因是其于 3 月 31 日在德国电视二台播出的讽刺节目"Neo Magazin Royal"中朗读了一首关于埃尔多安的讽刺诗歌。美因茨检察院 10 月 4 日判定伯默尔曼无罪，认为其讽刺作品受艺术创作自由的保护。埃尔多安的代理律师当即对美因茨检察院的判决表示不满，汉堡法院于 11 月开始重审此案，并于 2017 年 1 月公布判决结果：伯默尔曼承担 80% 的诉讼费用，并禁止再次播出这首"损害埃尔多安名誉"的讽刺诗歌。2016 年 9 月 5 日，德国之声时政专栏节目"交锋区域"（"Conflict Zone"）的主持人弗里德曼（Michel Friedman）在安卡拉对土耳其青少年和体育部部长克勒奇进行了采访，问题涉及 7 月土耳其的未遂政变、其后的大规模撤职和逮捕浪潮、新闻自由以及妇女在土耳其社会的地位。采访结束后，克勒奇的新闻发言人表示不能播出此次采访并没收了录像资料。德国政府对德国之声表示了支持，并要求土方归还录像资料。德国政府发言人赛博特称，

---

① Tagesschau, "Türkei 'Aktionsplattform' für Islamisten," https://www.tagesschau.de/inland/tuerkei-619.html, 最后访问日期：2017 年 5 月 21 日。

无论在国内还是在国外，"新闻自由对我们而言是一项重要且不容商议的权利"。① 2017 年 2 月 14 日，土耳其警方逮捕了德国《世界报》记者德尼茨·于切尔，指控该记者涉嫌参与恐怖组织，并违规使用资料进行恐怖宣传。默克尔在会见前来参加慕尼黑安全会议的土耳其总理耶尔德勒姆时表示，应给予于切尔领事保护，并要求土方保障其公平和合乎法治国家的对待。② 她还在 3 月 1 日的讲话中要求释放于切尔。埃尔多安则在一次电视采访中反问，默克尔"为何藏匿恐怖分子"。③ 于切尔事件后，土耳其警方在 4 月 30 日再次逮捕了一名德籍女记者，指控其为恐怖组织进行宣传。

二 德国政府对土政策面临两难困境

在德土关系不断遇冷的背景下，德国政府对土政策的调整受制于土耳其与欧盟价值观矛盾和土耳其重要的经济、社会以及政治作用的两难困境：

一方面，价值观矛盾是土耳其与德国以及欧盟国家摩擦不断的根本原因。土耳其已于多年前申请加入欧盟，随后提出申请的保加利亚、罗马尼亚却早已成为欧盟成员国，就连前南斯拉夫国家克罗地亚也于 2013 年加入欧盟。欧盟迟迟不肯接纳土耳其的首要原因是其伊斯兰国家身份，虽然土耳其社会已经十分世俗化，但欧盟各国已是完全世俗化国家并且是以基督教为主流。其次，土耳其的经济水平与主要欧盟国家仍有差距，而土耳其国内的人权状况也长期为欧盟所诟病。此外，双方在库尔德问题上的矛盾不可调和，土方多次表示不可能修改现行反恐法，欧盟则将其视为对土免签的前提条件。土耳其现行的反恐法依然认定南部库尔德工人党武装为恐怖组织，双方的武装冲突持续多年。而欧美西方国家则要求土耳其政府承

① Spiegel Online, "Bundesregierung unterstützt Deutsche Welle gegen Türkei," http://www. spiegel. de/politik/ausland/tuerkei-bundesregierung-stellt-sich-hinter-deutsche-welle-a-1111287. html, 最后访问日期：2016 年 10 月 21 日。

② Zeit Online, "Merkel fordert faire Behandlung für deutschen Journalisten," http://www. zeit. de/politik/ausland/2017 - 02/tuerkei-benali-yildirim-auftritt-oberhausen-deniz-yuecel, 最后访问日期：2017 年 5 月 20 日。

③ Zeit Online, "Erdogan wirft Merkel Unterstützung von Terrorismus vor," http://www. zeit. de/politik/ausland/2017 -03/deniz-yuecel-recep-tayyip-erdogan-spion-angela-merkel-terrorismus, 最后访问日期：2017 年 5 月 20 日。

认库尔德人的少数民族地位，并在一定程度上与叙利亚、伊拉克境内的库尔德武装展开合作，以打击这一地区的恐怖主义势力。

这种价值观上的分歧，在土耳其发生军事政变后愈加严重。比起未遂政变本身，西方媒体的目光更多地聚焦在政变失败后土耳其政府发起的"大清洗"上。总统埃尔多安在政变后大搞对政府反对者和居兰支持者的肃清运动，引起西方乃至国际社会的担忧。土当局则认为，美欧国家对此次政变态度暧昧，并未表现出对土耳其政府的支持。土耳其驻欧盟大使叶尼尔（Yenel）在接受德国电视一台采访时说："没有从欧盟国家收到所期待的支持令我们十分失望。"① 不仅如此，西方媒体用"镇压"、"报复"、"清洗"等词形容土耳其政府的"善后"行动，也引起了土方的不悦。修宪公投成功后，欧盟更添对土耳其民主倒退的担忧。美国总统特朗普第一时间电话祝贺埃尔多安在修宪公投中获胜，而德国仅表示"尊重土耳其公民决定他们自己的宪政秩序的权利"，同时"希望土耳其政府在尊重的基础上同国内各方进行对话，并呼吁土耳其尽快与欧盟展开政治对话"。② 总统埃尔多安欲重新引入死刑的言论，更是触动了欧盟在人权问题上的红线。德国政府发言人赛博特对此表示："我们严正拒绝死刑。执行死刑的国家不可能成为欧盟成员。"赛博特还说："欧盟是一个价值观共同体，欧盟国家一致认为死刑不符合其共同价值观。"③

另一方面，现有约 300 万土耳其裔生活在德国，其中一半以上拥有德国国籍，他们不仅深入参与到德国社会、文化和政治生活中，同时还对土耳其国内政治产生了相当的影响力。据统计，140 万在德土耳其选民近半数参与了修宪公投，63.1% 支持政体改为总统制，大大超过土耳其本土 51.4% 的支持率。在 2015 年土耳其议会选举中，埃尔多安领导的正义与发展党于

① Tagesschau, "Türkei glaubt an schnelle Visa-Einigung," http://www. tagesschau. de/ausland/eu-tuerkei-visumsfreiheit-101. html，最后访问日期：2017 年 5 月 21 日。

② Bundesregierung, "Zum Referendum Über eine Verfassungsänderung in der Türkei erklären Bundes-kanzlerin Angela Merkel und Außenminister Sigmar Gabriel," https://www. bundesregierung. de/Content/DE/Pressemitteilungen/BPA/2017/04/2017 – 04 – 17-referendum-tuerkei. html，最后访问日期：2017 年 5 月 21 日。

③ Welt, "Bundesregierung erklärt die Todesstrafe in Türkei zur roten Linie," https://www. welt. de/politik/article157124814/Bundesregierung-erklaert-Todesstrafe-in-Tuerkei-zur-roten-Linie. html，最后访问日期：2017 年 5 月 20 日。

在德土耳其选民中就曾获得 59.7% 的支持率，远高于正义与发展党在土耳其本土的支持率。这种现象的产生与在德土耳其裔融入困难、受到歧视和宗教信仰等不无关系。① 公投结果公布后，德国经济界也表示出对德土关系恶化的担忧。2016 年德土贸易总额达 370 亿欧元，土耳其是德国最重要的 20 个贸易伙伴国之一，超过 6800 家德国企业在土耳其建有分公司或子公司。德国工业联合会（BDI）主席肯普夫（Kempf）呼吁确保经济往来的信任度和可预测性。②

2015 年底爆发的难民危机使默克尔政府面临前所未有的内忧外患。2016 年科隆大规模性侵案件以及愈加频繁的发生在德国和其他欧洲国家的恐怖袭击事件，使得默克尔政府开放的难民政策广受诟病，就连联盟党内部也不乏对其讨伐之声。默克尔本人支持率一度下滑，其所领导的联盟党在 9 月举行的梅克伦堡 - 前波美拉尼亚州选举中仅获 19% 的选票，低于极右翼政党德国选择党。面对联盟党在自己家乡的失利，默克尔也不得不松口表示应在做出开放边境决策前做好应对难民危机的准备。德国政府一直努力在欧盟内部达成难民分配政策，希望各国共同承担庇护难民的国际责任。然而欧盟与土耳其北部接壤，土耳其与希腊之间的爱琴海最短距离不足五公里，故土耳其被视作叙利亚难民前往欧洲避难的主要跳板。2015 年进入欧盟的难民有 100 多万，其中大多是借道土耳其，横渡爱琴海进入欧洲门户希腊。德国总理默克尔和总统施泰因迈尔曾多次在不同场合强调"欧盟 - 土耳其协议"（EU-Türkei-Deal）的重要性。

三　德国政府谨慎管理双边关系

鉴于德土经贸关系的重要地位以及在德土裔的融入问题，尤其是在欧盟缓解难民危机的关键时期，默克尔政府不得不在不涉及自由、民主等基

---

① Anna Reimann, "Aus Deutschland für Erdogan," http://www. spiegel. de/politik/deutschland/warum-deutsch-tuerken-fuer-erdogans-praesidialsystem-stimmen-a-1143688. html，最后访问日期：2017 年 5 月 21 日。

② Spiegel Online, "Deutsche Wirtschaft sorgt sich um Türkei," http://www. spiegel. de/wirtschaft/soziales/nach-referendum-deutsche-wirtschaft-sorgt-sich-um-tuerkei-a-1143737. html，最后访问日期：2017 年 5 月 21 日。

本原则的问题上，尽可能放低姿态向土耳其示弱，以保障安置难民合作的继续。

在伯默尔曼事件发生后，默克尔致电时任土耳其总理达武特奥卢，批评节目中播出的诗属蓄意中伤，但她同时强调，德国政府高度重视新闻和言论自由。德国政府发言人赛博特在引述默克尔表态时亦补充指出，上述自由并不是"无限制的"。① 德国联邦议会亚美尼亚决议一度造成两国关系紧张，但值得注意的是，总理默克尔和外长施泰因迈尔均未出席此次议会投票。默克尔第一时间表示，德国政府将促成土耳其与亚美尼亚就此事进行对话。由于土方明确要求德国政府对德国联邦议会亚美尼亚决议不予认同，赛博特代表政府表态："联邦议会的决策对德国政府不具法律效力。"② 随后，默克尔在一次电视采访中否认了不认同议会决策的说法，但同时重申"亚美尼亚决议不具备法律效力，仅是政治表述"。③ 德国政府的回应促使土方重新同意联邦议会代表团访问驻土联邦国防军，议会各党团代表于10月4日抵达因吉尔利克空军基地。在此之前，德国国防部向驻土联邦国防军投入5800万欧元用于德国侦察机飞行基地、移动指挥部以及士兵宿地的建造，积极消除土方疑虑。10月7日，土耳其当局在亚美尼亚决议通过后召回的驻德大使重新回到柏林。2017年2月2日，默克尔访问土耳其，赞扬了土耳其在接受难民中所做的贡献，并承诺德国将每月接收500名难民。她同时还强调在土耳其实现三权分立和言论自由的重要性。土耳其修宪公投成功后，联盟党内部对在德土裔双重国籍产生疑虑，默克尔则坚决保护双重国籍，她认为"拥有双重国籍的土耳其裔可以像只有德国国籍的土耳其裔一样忠诚于德国"。④

---

① Spiegel Online, "Wie geht es weiter in der Affäre Böhmermann?" http://www. spiegel. de/kultur/tv/jan-boehmermann-wie-geht-es-weiter-in-der-affaere-um-die-erdogan-beleidigung-a-1115152. html, 最后访问日期：2016年10月28日。

② Spiegel Online, "Bundesregierung steht zu Armenien-Resolution," http://www. zeit. de/politik/deutschland/2016 – 09/angela-merkel-armenien-resolution-bundestag-tuerkei? page = 14, 最后访问日期：2016年10月21日。

③ Bundesregierung, "Keine Distanzierung von Armenien-Resolution," https://www. bundesregierung. de/Content/DE/Artikel/2016/09/2016 – 09 – 02-seibert-armenien. html, 最后访问日期：2017年5月21日。

④ Tagesschau, "Merkel verteidigt den Doppelpass," http://www. tagesschau. de/inland/merkel-doppelpass-101. html, 最后访问日期：2017年5月21日。

除双边方式外，德国政府还在欧盟层面积极促进与土耳其的谈判。2016年9月，德国总理默克尔在杭州出席20国集团领导人会议时，与土耳其总统埃尔多安会面，希望其与欧盟能继续就免签事宜进行讨论。土耳其欧盟代表与欧盟外长会议后，时任外长施泰因迈尔称双方已告别"相互争论"（Übereinander-Reden），进入"共同讨论"（Miteinander-Redens）的阶段。[①]欧盟在土耳其修宪公投成功后讨论冻结土耳其入欧谈判，"德国政府坚决反对中止与土耳其对话"，德国外长加布里尔表示："我们为什么要把土耳其推向俄罗斯？"他还建议欧盟首先对反对修宪公投的土耳其知识分子和艺术家实行免签。[②]

可以预见，德国政府在短期内仍将谨慎调整对土政策。欧洲一体化和欧盟构成德国外交的框架和方向，强大的欧洲是德国应对全球化挑战的最重要手段，德国政府一直以来将与欧洲盟友的合作视为外交政策的重中之重。在欧盟面临债务危机、英国脱欧、民粹主义势力上升、恐怖主义威胁等多重危机的背景下，"欧盟－土耳其协议"将对缓解难民危机发挥重要作用。加之考虑到德土经贸关系的重要性，德国政府不建议中断土耳其入盟谈判，并将继续通过双边和多边方式促进土耳其与欧盟对话。

但出于德国内政因素，德国政府对土态度将较之前更为强硬。根据德国《图片报》委托INSA研究机构进行的一项调查，62.4%的受访者支持中止土耳其入盟谈判。此前，德国巴登－符腾堡州加格瑙市政府取消了土耳其司法部部长于修宪公投前的演讲，土耳其总统埃尔多安将德国的做法同"纳粹行径"相比，引发德国民众的强烈不满。在同一时间举行的荷兰大选中，现任首相吕特凭借对土耳其的强硬立场，战胜此前颇被看好的极右翼政党自由党党魁威尔德斯，成功获得连任，由此可见欧洲民众对土耳其现政府的态度。默克尔也在近来与土耳其的交往中多次强调新闻言论自由和民主法制等价值观，对土政策不再一味委曲求全。

从土耳其方面来看，土当局加入欧盟的意愿和可能性都在降低。2016年5月，埃尔多安亲信耶尔德勒姆接任土耳其总理，而前总理达武特奥卢正

---

① Tagesschau, "Vorsichtige Zeichen der Annäherung," http://www.tagesschau.de/ausland/bratislava-115.html, 最后访问日期：2017年5月21日。

② Tagesschau, "Berlin will den Dialog nicht beenden," http://www.tagesschau.de/ausland/eu-tuerkei-169.html, 最后访问日期：2017年5月19日。

是"欧盟－土耳其协议"的积极推动者。埃尔多安在修宪公投成功后，更直言可能就是否加入欧盟举行公投。与此同时，作为冷战时期与苏联对立的北约成员国，土耳其与俄罗斯越走越近，土俄关系的正常化无疑标志着土耳其与欧洲的进一步疏离。土耳其积极参与打击叙利亚和伊拉克地区"伊斯兰国"的行动，也被视作其争当地区大国的举措。但即便土耳其加入欧盟的意愿不如往昔，土当局依然不会放弃与欧盟的谈判，因为无论免签待遇还是提供安置难民资金都符合土耳其的经济利益。此外，德国从1980年起稳居土耳其最大外来投资国地位，是土耳其最重要的贸易伙伴之一，且考虑到德国境内庞大的土耳其裔团体对土国内政治的影响力，土耳其政府任由德土关系恶化的可能性很低。

综上所述，德土双边关系未来仍将面临安全形势和国内外矛盾等问题的挑战，德国政府面对价值观矛盾和现实利益的两难困境，将谨慎调整对土政策，与土耳其政府保持对话的同时，在涉及欧洲基本价值观问题上态度更加强硬。

中国公众对于德国的国家印象
（2012—2016）

魏立豪　李银波[*]

外国民众对中国的印象是当前的一个研究热门课题。本文另辟蹊径，研究中国公众对于德国的国家印象。新浪微博作为国内最大的公共舆论平台，在某种程度上可以代表中国公众，特别是年轻民众。本文通过新浪微博资料来研究德国在中国公众心目中的形象及其变化，不仅可以了解中国公众对德国的认知程度与态度取向，还可以考察中德交往与关系状况，为促进两国官方和民间的跨文化交流提供指导和借鉴，更可以探讨新时代新媒体环境下跨文化传播的特点及影响因素，从而推进跨文化传播研究的发展。

一　研究方法

1. 调查法

本研究采用抽样调查法，以 2012—2016 年发布在新浪微博平台带有关键词"德国"的所有微博为总体，由于新浪微博在 2014 年之前的内容无法

* 魏立豪，武汉理工大学文法学院传播系 2016 级硕士研究生；李银波，武汉理工大学文法学院传播系副教授。

按照热度进行排序，因此 2012—2013 年的微博数据是笔者按照月份，在每月中随机选取一个日期进行抽取。2014—2016 年的微博则按照新浪微博高级搜索功能中的热门程度进行排序然后抽取。因为研究目的是调查中国公众对于德国的印象和态度，所以在抽取时全部选取对德国带有主观态度倾向的微博。抽取过程中需要笔者根据经验先进行主观判断再抽取，因此是非随机抽样。抽取的样本数量如表 1，需要说明的是，因为 2012—2013 年的数据无法按照热门程度进行排序，因此抽取的样本数量较多，以尽量反映总体情况。

表 1　在新浪微博抽取的 2012—2016 年样本数量

年份	样本数量
2012	213
2013	140
2014	75
2015	94
2016	91
总计	613

2. 内容分析法

本研究主要运用内容分析法对于采集到的样本数据进行内容的判断、提取、分类和分析，从而研究中国公众对于德国各方面的整体态度以及这种态度的变化趋势。

二　基于微博抽样的德国国家印象分析

笔者首先对抽样调查提取到的 613 条微博进行归纳和分类，构建本研究中中国公众的德国国家印象轮廓。因为涉及内容庞杂、无序，笔者本着化繁为简、去粗取精的原则，将所有内容归类为 3 个一级条目，分别为政治、文化、经济。9 个二级条目，分别为社会治理、媒体、历史、消费文化、教育、国民性、商业制度、商品制造、基础设施建设。消费文化部分由于涉及内容众多，因此在此之下设立了 4 个三级条目，分别为体育、饮食、音乐、文艺。具体划分如图1。

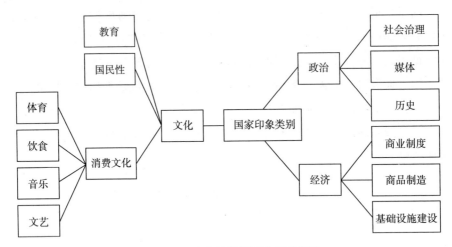

图 1　中国公众的德国国家印象类别

（一）政治领域

为避免条目冗杂混乱，笔者将媒体和历史也纳入政治条目下。经过整理，2012—2016 年的样本中一共出现了 55 条与政治相关的微博。表 2 是德国政治类别样本的情感倾向情况以及高频关键词，按照年份进行排列。若当年该类别无相关样本则用斜杠表示，文中的所有表格都适用于这条说明。

表 2　2012—2016 年政治类别样本的情感倾向情况及其高频关键词

年份	类别	正面	负面	总数	关键词
2012	社会治理	8	1	9	民主、交通、治安、社会保障
	媒体				
	历史	0	3	3	民粹、二战
2013	社会治理	5	0	5	交通、行政、自然保护、社会保障
	媒体	0	1	1	不实报道
	历史	1	0	1	二战反省

续表

年份	类别	正面	负面	总数	关键词
2014	社会治理	3	0	3	社会保障、福利制度、流浪动物保护
	媒体	0	1	1	不实报道
	历史	0	2	2	二战罪行
2015	社会治理				
	媒体				
	历史	0	5	5	二战罪行、推卸罪责
2016	社会治理	2	21	23	难民政策、难民管理、法律健全、交通规则、治安差、消极反恐
	媒体	0	1	1	选择性报道
	历史	0	1	1	一战侵略
总计（单项）	社会治理	18	22	40	
	媒体	0	3	3	
	历史	1	11	12	
总计（全体）		19	36	55	

根据表 2 可以看出，德国政治类别样本的情感倾向总体呈现负面态度。样本整体正面和负面情感倾向的比例为 19∶36。在社会治理方面的正负面情感倾向比例为 18∶22，媒体为 0∶3，历史为 1∶11。另外抽取样本在德国政治领域的关注热点集中在社会治理方面，其次为历史方面和媒体方面。

（二）文化领域

本研究所界定的文化主要指由德国出产的精神产品，如音乐、体育、文艺、饮食，然后是德国人的国民性及教育。

在抽取的总共 613 条样本中，涉及德国文化的样本一共有 329 条之多，可见德国文化在中国公众的德国国家印象中占据重要地位。表 3 是文化类别下的样本数量、整体占比及正面态度占比情况。

表3 文化类别下的样本数量、整体占比及正面态度占比

类别	样本数量	整体占比	正面态度占比
消费文化	240	73%	96%
国民性	61	18%	85%
教育	28	9%	86%

可以看出在德国文化领域，中国公众关注热点集中在消费文化方面，其次是国民性方面和教育方面。在情感倾向中，中国公众对于德国消费文化方面的好感度较高，正面态度占比高达96%。相比之下，中国公众对于德国国民性以及教育的好感度略低于消费文化，但正面态度占比也维持在85%左右。可以说中国公众对于德国文化的好感度大大高于对于德国政治的好感度。

表4是各年份文化类别样本情感倾向的具体分布情况。

表4 2012—2016年文化类别样本的情感倾向情况

年份	类别	正面	负面	总数
2012	消费文化	112	3	115
	国民性	18	1	19
	教育	3	2	5
2013	消费文化	47	4	51
	国民性	10	0	10
	教育	13	2	15
2014	消费文化	28	0	28
	国民性	9	0	9
	教育			
2015	消费文化	23	2	25
	国民性	10	4	14
	教育	1	0	1
2016	消费文化	22	1	23
	国民性	5	4	9
	教育	7	0	7

（三）经济领域

本文中笔者将德国经济类别的样本分为商品制造、商业制度、基础设施建设3个类别。商品制造主要包括由德国本土或德国品牌生产制造的商品，商业制度主要包括德国一切与经济相关的体系、制度、理念等，基础设施建设为德国国内的基础设施建设。以上3个类别的样本数量、整体占比及正面态度占比情况如表5所示。

表5 经济类别样本数量、整体占比及正面态度占比

类别	样本数量	整体占比	正面态度占比
商品制造	165	72%	96%
商业制度	43	19%	84%
基础设施建设	21	9%	71%

可以看出在德国经济领域，中国公众关注度最高的是商品制造，整体占比达72%。而德国的商业制度和基础设施建设的关注度则无法与德国的商品制造相比。在情感倾向上面，中国公众对于德国商品制造的正面态度占比达到惊人的96%，特别是在样本数量较多的情况下，这个比例也说明了德国商品在中国有极高的美誉度。相比之下，德国的商业制度和基础设施建设的正面态度占比分别为84%和71%，总体呈现正面态度。

表6是各年份经济类别样本情感倾向的具体分布情况。表7是经济类别样本的高频关键词。

表6 2012—2016年经济类别样本的情感倾向情况

年份	类别	正面	负面	总计
2012	商品制造	38	0	38
	商业制度	13	3	16
	基础设施建设	8	0	8
2013	商品制造	53	0	53
	商业制度	3	0	3
	基础设施建设	2	1	3

续表

年份	类别	正面	负面	总计
2014	商品制造	15	0	15
2014	商业制度	11	1	12
2014	基础设施建设	3	3	6
2015	商品制造	29	7	36
2015	商业制度	8	1	9
2015	基础设施建设	2	2	4
2016	商品制造	21	2	23
2016	商业制度	2	2	4
2016	基础设施建设			

表7　经济类别样本的高频关键词

商品制造	汽车（38）、建筑设计（15）、厨具（13）、重工业机械（13）、日用品（10）、化妆品（10）、产品设计（10）、食品（8）、军工（6）
商业制度	高技术研发（16）、工作制度（9）、物价水平（6）、工业标准（4）
基础设施建设	市政工程（13）、交通运输（8）

三　研究结论

根据本次微博抽样调查所采集到的数据，笔者对上文数据所呈现的类型、特点等进行归纳总结，得出2012—2016年中国公众对于德国的国家印象。

（一）政治方面

1. 社会治理

图2为2012—2016年社会治理类别样本的情感倾向变化情况。

可以看出样本对于德国社会治理的总体情感倾向由2012—2015年的正面态度，走向2016年的负面态度。2012—2015年，对于德国社会治理的正面评价主要集中在德国的民主制度、社会保障、法律法规、交通制度、

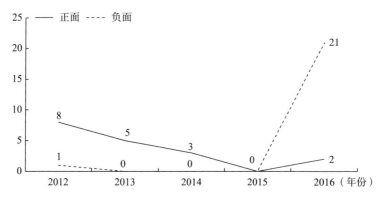

图 2　2012—2016 年社会治理类别样本的情感倾向变化

动物保护等方面。而在 2016 年，对于德国社会治理的整体舆论风向转为负面，且主要集中在德国对于难民的接收政策上，其次为德国的治安管理、反恐政策。

2. 媒体

因为笔者在样本抽取时发现，对德国媒体带有主观倾向的样本全部跟政治相关，因此将媒体放入政治类别。在仅有的 3 条样本中，对德国媒体的不实报道和选择性报道呈现批评态度。

3. 历史

需要指出的是笔者之所以将历史放入政治类别，是因为样本关于德国历史的情感倾向绝大部分是有关纳粹德国的。因此样本对于德国历史的情感倾向整体呈现负面，集中在纳粹德国的屠杀罪行、建立集中营、对于中国青岛的殖民、二战中的民粹主义等，少部分正面评价体现在德国二战后的反省态度上。

（二）文化方面

1. 消费文化

在抽取样本中，消费文化类别样本占德国文化类别样本的比例达到 73%，该类别涉及内容多且复杂，因此笔者将消费文化类别样本又细分为 4 个类别，分别为饮食、音乐、文艺和体育。消费文化类别样本的高频关键词如表 8 所示。

表 8　消费文化类别样本的高频关键词

类别	关键词
饮食	啤酒（30）、猪肘（24）、奶粉（10）、零食（10）、葡萄酒（4）
音乐	流行音乐（22）、古典音乐（7）、电子音乐（4）、重金属（4）
文艺	电影（18）、绘画（10）、文学（9）、摄影（7）、艺术家（6）
体育	德国队（28）、欧洲杯（10）、拜仁（7）、德甲（3）

（1）饮食

在饮食方面，中国公众对于德国啤酒最为认同，其次是猪肘、奶粉、零食等。饮食类别样本的占比很高，显示出中国公众对于饮食的特别喜好，奶粉较高的出现频率则更多来源于中国公众对于国产奶粉质量的担忧。

（2）音乐

德国流行音乐在中国公众中具有一定的影响力，包括德国的电子音乐、摇滚音乐等。相反在主流文化中为人们所熟知的以贝多芬、巴赫、舒曼等为代表的德国古典音乐在样本中所反映的热度并不如流行音乐高，这也与在以年轻人居多的互联网平台进行抽样有关。

（3）文艺

德国电影热度最高，涉及微博样本大多是电影推荐，其次是介绍德国小众艺术家，涉及涂鸦艺术、插画、水彩画等领域，最后是文学和摄影作品介绍和推荐。

（4）体育

在体育方面，绝大部分样本是关于德国足球，涉及德国国家队、拜仁、德甲等，且在足球方面的情感倾向全部为正面，内容大多是对德国国家队及相关球员的鼓励、赞扬等。

2. 国民性

在文化方面，关于德国人国民性的话题热度同样较高，仅次于包含内容众多的消费文化。在样本中，中国公众对于德国人严谨、理性、守序的公民素质印象深刻。可以说严谨几乎已经成为描述德国人特点的专有名词，但也不乏对于德国人古板、机械性格的负面评价，以及对德国境内种族歧视现象普遍的批评之声。在历史问题上，德国人对于二战罪行的反省行为得到了中国公众的充分认同和赞扬。需要指出的是，笔者在整理数据时发现国民性类别样本对德国国民性的情感倾向跟时间存在相关性，如图3所示。

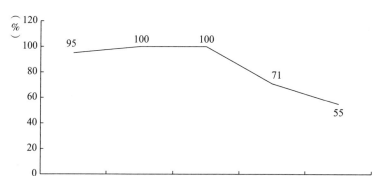

图3　2012—2016年国民性类别样本正面态度占比变化

由图3可以看出国民性类别样本对德国国民性的情感倾向从2012—2014年接近100%的正面态度下滑至2016年的55%。但因为2012—2014年的样本数量较多，因此在绝对数量上正面态度占比依然维持在85%左右。从2015年开始，样本中对德国人的负面评价甚至包括了之前正面评价的相反观点，例如对于德国人低素质行为、不守时、狡诈的批评。这种趋势也反映了中国公众早年对于德国人国民性的神化以及这种神化的破灭和理性的回归。

3. 教育

抽取样本对于德国教育的关注热度明显不如消费文化和国民性。教育类别样本关注的重点主要集中在德国的教育制度、优良的家庭教育理念、健全的职业教育体系，而负面评价主要集中在德国相对中国较高的文盲率，此外还有对于德国教育普惠性的批评。

（三）经济方面

1. 商品制造

可以看出，中国公众对于德国商品制造的关注重点主要集中在德国的汽车产业上，除汽车外，中国公众对于德国商品制造的关注还体现在从日常用品到重工业产品以及建筑等领域，且美誉度极高，这也反映了德国健全和高品质的工业体系和门类。少数负面评价主要集中在2015年下半年发生的大众汽车尾气排放造假事件以及同年发生的爱他美奶粉氯酸盐超标事件。但总体来看，德国商品在中国公众心目中仍然是高品质的代名词。

2. 商业制度

抽取样本对于商业制度的关注集中在德国高技术研发领域，主要表现为对德国创新制度和研发能力的高度评价，也有对德国知识产权保护制度的介绍。但在对德国工作制度的评价上褒贬不一，持正面态度的多侧重于德国弹性、较少的工作时间和良好的福利制度。负面评价与之相对，批评上述工作制度带来的效率低下以及商店过早关门带来的生活不便。除此之外，德国相对欧洲各国较低的物价水平也受到中国公众的青睐。

3. 基础设施建设

抽取样本中对于德国基础设施建设的评价十分有趣。早年在中国网络流传着一系列反映经济、社会等情况的谣言，其中关于德国 20 世纪初在中国青岛修建的高质量下水道的故事流传广泛，而该故事事后被证明为杜撰。但其不同版本仍在中国互联网上继续广泛传播，因此在中国公众中形成了德国基础设施高质量的认识，样本中的正面评价也多来自于此，而对德国基础设施的负面评价也主要为对上述观念的辟谣和反驳。

四　影响因素分析

图 4 反映了 2012—2016 年抽取样本的负面态度占比变化情况。

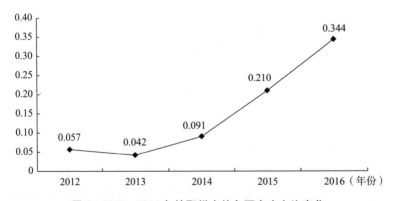

图 4　2012—2016 年抽取样本的负面态度占比变化

从图 4 可以看出，2012—2016 年中国公众对于德国的正面国家印象占比呈现一个逐渐下滑的趋势。从 2012—2013 年不到 10% 的负面评价上升至

2016 年 34% 的负面评价，特别是 2014—2016 年上升较快。

图 5 反映了 2012—2016 年各类别样本的负面态度占比情况。

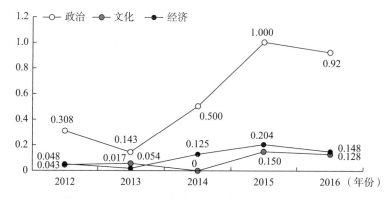

图 5　2012—2016 年各类别样本的负面态度占比变化

从图 5 可以看出，中国公众对于德国的正面国家印象主要集中在经济和文化领域，而负面国家印象集中在政治领域。总体而言，中国公众对于德国的负面国家印象占比呈现上升趋势。

辩证唯物主义认识论指出，实践是认识的来源，但认识并不是全部来自于实践。获得认识的途径有两种，一种是通过自身实践获得实际知识，也就是直接经验；另一种是从他人那里获得的认识，即间接经验。同样，中国公众对于德国的认识也通过这两种途径。

因此，笔者将影响中国公众对于德国国家印象的因素分为直接经验和间接经验两个部分。直接经验包括赴德旅游、留学以及使用由德国生产制造的物质、精神产品所获得的认识，间接经验则包括新闻媒体报道、舆论领袖引导以及他人的经验等。下文中选取赴德旅游、德国制造进口情况以及新闻媒体报道进行分析。

（一）直接经验

笔者没能查到 2012—2016 年中国公众赴德旅游人数的具体数据，但《环球时报》2016 年 3 月的一篇报道提到："2002 年 7 月，德国正式成为中国公民因私出境的目的地国家，此后中国来德旅游人数总体呈增加趋势，到 2005 年，中国公民来德人数已增长到 22.97 万人，比上年增长 3.1%。2012 年，德国已经成为中国公民欧洲游的首选目的地，中国旅客的过夜次数从 2009 年至 2012 年增长近两倍。而 2015 年，中国来德国游客人数同比增长 34.8%，来德旅游的中国游客增长速度已经领先于欧洲平均水平。"①

图 6 反映了 2012—2016 年中国公民出境游人数变化情况。

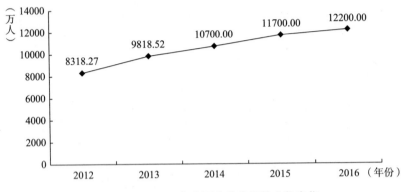

图 6　2012—2016 年中国公民出境游人数变化

以上均可反映，中国公民赴德旅游人数在 2012—2016 年呈现增长态势，德国已经成为中国公民欧洲游的重要目的地。中国公民赴德旅游人数的增加使得中国公众关于德国的直接经验增加，与此同时对于德国的整体好感度下降。

图 7 反映了 2012—2016 年中国自德国进口商品总额变化情况。

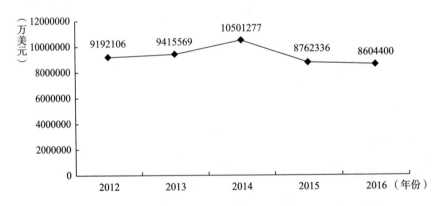

图 7　2012—2016 年中国自德国进口商品总额变化

资料来源：http://www.cnta.gov.cn/zwgk/lysj/index_2.shtml，最后访问日期：2017 年 5 月 2 日。

---

① 《统计显示 2015 年赴德国中国游客数目破纪录》，http://go.huanqiu.com/news/2016－03/8744677.html，最后访问日期：2017 年 5 月 2 日。

由图 7 可以看出，中国自德国进口商品总额在 2012—2014 年呈上升趋势，到 2014 年达到峰值，从 2014 年开始呈现下降趋势。数据的变化与中国民众对于德国的国家印象变化并无相关性。

（二）间接经验

图 4 和图 5 无疑表明中国公众对于德国的负面国家印象主要集中于政治领域，而抽取样本中的政治类别负面样本主要反映了中国公众对与德国难民问题相伴生的恐袭、治安等问题的担忧。笔者重点考察了样本中反映最多的恐袭问题，图 8 是笔者从马里兰大学旗下的全球恐怖主义研究数据库（Global Terrorism Database）获取的 2012—2015 年欧洲部分地区恐怖袭击热点分布情况。

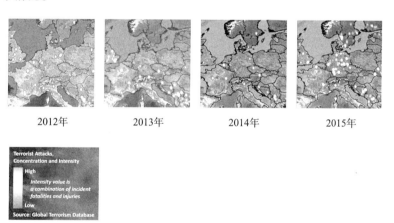

图 8　2012—2015 年欧洲部分地区恐怖袭击热点分布情况

资料来源：http://www. start. umd. edu/gtd/，最后访问日期：2017 年 5 月 2 日。

从图 8 可以明显看出，2014 年之前德国境内的恐袭强度和欧洲其他国家相比并不高，从 2014 年开始德国境内的恐袭强度明显提高，2015 年已经明显超过其他欧洲国家，因为当前数据库并未发布 2016 年的数据，所以笔者只获取了 2012—2015 年的情况。德国恐袭的数量增多明显体现在新闻报道上，因此民众接受的关于德国恐袭的报道数量变化趋势应与此一致。经过对比可以看出，这种趋势与上文中政治类别样本的负面态度占比变化趋势一致。

五　结语

在本文中笔者以新浪微博作为中国网络公共舆论场的代表，研究2012—2016年中国公众对于德国的国家印象，试图构建出中国公众印象中的德国国家形象。当然这个形象并不是一成不变的，而是随着时间的推移不断变化。研究显示中国公众对于德国的看法在政治领域（也包括基础设施建设方面、国民性方面）经历了一个先神化然后逐步回归客观理性的过程。特别是中国公众对于近年来德国的难民政策以及国内治安基本持负面评价。而对于德国出产的文化、物质产品以及商业制度，中国公众长期维持着比例极高的正面评价。德国制造和德国消费文化对于中国公众的吸引力有增无减。

从对德直接经验来看，中国公众对德国国家印象的变化与赴德旅游人数的增加有一定关系，与德国直接接触的增加使得中国公众对于德国的认识趋于理性和客观，这直接体现在中国公众对德国好感度的下降上；从间接经验来看，德国近年来因大量引入难民造成一系列政治经济问题，特别是为媒体所关注的频繁发生的恐怖袭击事件成为中国公众对德国的负面国家印象的主要来源。

中国公众对于德国的国家印象，反映了中国公众对于高质量产品和高水平文化的向往，以及对于国家政治、社会稳定的珍惜。而中国公众对于德国总体好感度下降，在某种程度上也反映了中国公众伴随中国经济社会发展而逐渐成熟与理性的国民心理和中国公众对于中国自信心的增强。

中国媒体中的德国形象

——以 2016 年《人民日报》关于
德国的报道为例

王益嘉　李银波*

国家形象是国际传播和跨文化传播研究的重要内容。德意志联邦共和国是欧盟的创始国之一，是欧洲第一大经济体。自 1972 年中德建交以来，两国在政治、经济、文化、科技和教育等领域都建立了友好合作关系。《人民日报》（*People's Daily*）作为中国共产党中央委员会机关报和中国第一大报，其对德国的报道在国内外有广泛的影响。对该报上有关德国的报道进行分析，有利于真实地呈现中国官方媒体对德国形象的反映与塑造。本文以 2016 年《人民日报》关于德国的报道为基础，试图揭示其所展现的德国形象。

一　研究方法

本文采取内容分析法，以系统的方式结合使用定性分析和定量分析，并借助半自动的内容分析和计算机辅助内容分析。本文的研究对象主要来源于《人民日报》纸质版和《人民日报》图文数据库，运用文本分析法，

* 王益嘉，武汉理工大学文法学院传播系 2016 级硕士研究生；李银波，武汉理工大学文法学院传播系副教授。

以标题和主要内容为关键词搜索筛选。本研究中的数据分析部分将使用 SPSS 19.0，对研究对象进行频数分析，并运用语料库在线网站进行词频统计，最后用 Excel 软件将分析结果予以图表化。

二 内容分析

1. 报道数量递增，平均频次分布均衡

笔者首先选取 2016 年全年的《人民日报》，将标题和主要内容涉及德国的报道抽取出来，总数量为 98 篇，平均每月发表 8 篇，每周则为 2 篇，基本维持在一个平均水平。每个月的具体分布频数如图 1 所示。

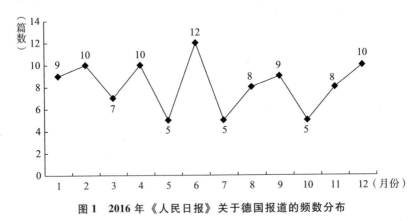

图1　2016 年《人民日报》关于德国报道的频数分布

2010 年《人民日报》上关于德国的报道共 46 篇,[1] 相比 2010 年，2016 年关于德国的报道数量呈上升状态。总体来看，关于德国的报道在有限的版面内保持一定的比例，可见关于德国的报道在《人民日报》的编辑与选择中占有重要的位置，也是德国在国际上占较为重要位置的一种体现。

2. 报道主题多元化，搭建基本认知框架

对 2016 年《人民日报》的 98 篇报道进行主题分类，具体分类如下：政治报道、经济报道、社会报道、科教文体、环保报道。从表 1 可以看出，2016 年《人民日报》关于德国的报道主要集中在政治报道方面，共42 篇，占报道总量的 42.8%；排在第二位和第三位的分别是经济报道和

---

① 王博、余娟、付宝慧、杜鸿：《中国官方媒体下的德国形象——以 2010 年〈人民日报〉为例》，《才智》2014 年第 3 期。

社会报道。

表1   2016年《人民日报》关于德国的报道分主题统计

主题	总计	占比
政治报道	42	42.8%
经济报道	27	27.6%
社会报道	14	14.3%
科教文体	11	11.2%
环保报道	4	4.1%
总计	98	100%

由此可见，《人民日报》关于德国的报道涉及多个主题，《人民日报》在塑造德国形象时形成了多元化的视角，让中国读者从不同的侧面来了解德国，但在特定的板块又有侧重点，为读者了解德国现实搭建了基本的认知框架。

3. 报道信息来源单一，依赖本报记者和本国通讯社

这里所说的信息来源是指"提供资讯给媒体组织用以换取新闻报道的个人与团体，如特殊利益团体、公开活动或其他新闻媒体（如通讯社）"。① 信息来源的重要性不言而喻，它是新闻生产的第一道环节，也是体现媒体在新闻选择上的态度和方针的重要环节。2016年《人民日报》关于德国的报道信息来源主要为《人民日报》驻德记者（冯雪珺、管克江、田媛媛、李伟红等），来自《人民日报》驻德记者的报道共87篇，占总量的88.8%。此外，有6篇报道为新华社供稿，这部分报道主要是国事访问，且多含有彩色照片，占据报纸的头版头条。剩下一些特定的板块，如"国际副刊"和"经济透视"等，则采用征稿的形式，来展现不同视角下的德国。

4. 报道版面固定

在版面分布上，关于德国的报道所在的版面较为固定（见表2），数量最多的为国际版66篇，占所有报道的67.35%，这也符合国际版的内容

---

① P. J. Reese, S. D. Shoemaker, *Mediating the Message: Theories of Influence on Mass Media Content* (NY: Longman, 1991)，转引自臧国仁《新闻媒体与消息来源——媒介框架与真实建构之论述》，台北：三民书局，1999，第126页。

定位。

表 2　2016 年《人民日报》关于德国的报道版面分布

版面	数量	占比
国际版	66	67.35%
要闻版	26	26.53%
头版	4	4.08%
国际副刊版	2	2.04%
总计	98	100%

从报纸编辑学的角度来看，头版头条是该日所有新闻中新闻价值最大的。头版出现关于德国的报道的频率较低，因为《人民日报》传达的多为关于党、政府和国计民生的消息。4 篇关于德国的报道出现在头版，4 篇都是关于中德两国领导人会谈的政治新闻，说明了《人民日报》对中德外交关系予以高度关注。要闻版中有关德国的报道，集中在领导人的会晤、中德双方的合作信息。国际版刊登除中国以外其他国家或组织的新闻，所以关于德国的报道主要集中在该板块。在版面安排中，《人民日报》遵循了基本的排版原则，没有刻意强化对德国的报道。

5. 报道态度较为客观，以正面报道为主

据以往统计，在 2010 年《人民日报》关于德国的报道中，只有 4 篇是负面报道，占全部报道的 9%，其余 42 篇报道都是客观的、正面的报道，占了 91%。① 通过对报道内容和遣词造句的分析，可以将报道态度分为客观、客观带批判和客观带赞赏 3 种态度。2016 年《人民日报》关于德国的报道中，有 23 篇是负面报道（见表 3），以社会新闻中的突发事件为主，也涉及政治、经济方面，占全部报道的 23.47%，其中 19 篇为客观的报道态度，遣词造句中批评或讽刺口吻少，只有 4 篇为客观带批判的报道态度。纪实报道为 47 篇，占全部报道的 47.96%，全部为客观的报道态度。正面报道为 28 篇，占全部报道的 28.57%，其中 13 篇为客观的报道态度，15 篇为客观带赞赏的报道态度。

---

① 王博、余娟、付宝慧、杜鸿：《中国官方媒体下的德国形象——以 2010 年〈人民日报〉为例》，《才智》2014 年第 3 期。

表3　2016年《人民日报》关于德国的报道分类统计

报道态度 报道类型	客观	客观带批判	客观带赞赏	总计
正面报道	13	0	15	28
负面报道	19	4	0	23
纪实报道	47	0	0	47

综上所述，《人民日报》在对德国的形象塑造中以纪实和正面为主，也会客观地报道其负面新闻。在实践中，作者通过修改标题，遣词造句，编排文章结构，以显示感情倾向。

三　文本分析

1. 报道主题趋势分析

政治报道涉及国内政治和国际关系两大类。国内政治报道主要阐明德国国内政策问题，但值得注意的是与难民政策有关的报道有7篇，如《德国拟出台难民政策新计划》（2016年1月29日，第11版）。除此之外，国内政治报道还涉及政府的军事政策、交通计划、网络监管等方面的内容，介绍德国政府的国家治理情况。国际关系报道主要涉及德国外交动态及德国对外政策。

经济报道涉及德国的经济状况、经济举措、行业运营情况以及德国与其他国家的经济往来。具体来看，多集中在德国的经济发展现状，如《德国2015年失业率降至1992年水平》（2016年1月7日，第22版）；经济举措包括国内的经济举措和对外的经济举措，如《德国启动4亿欧元能源转型项目》（2016年4月7日，第22版），《德国经济部长赞成逐步取消对俄经济制裁》（2016年5月27日，第21版）。德国作为欧洲的第一大经济体，其经济宏观和微观层面的发展在一定程度能够体现欧洲的发展方向和趋势，因此《人民日报》转为重视德国的经济报道。

社会报道主要报道突发事件，如《德国发生火车相撞事故》（2016年2月10日，第3版）；社会中各个行业的问题，如《德国汉莎航空因罢工取消近900趟航班》（2016年4月27日，第22版）。社会报道共14篇，7篇涉及突发事件，这些事件给社会造成了危害，包括性侵案、火车事故、枪击、爆炸袭击等内容。《人民日报》也注重新闻报道的连续性，关于性侵案和火车事故都有后续报道，将事件的真相和发展情况展示给读者。

2. 报道用词与语气分析

2016 年《人民日报》关于德国的报道多为客观纪实的报道，以客观超然的态度向读者传递信息。如载于 2016 年 2 月 10 日第 3 版的《德国发生火车相撞事故》，全文传递的主要信息为事故发生的时间、地点和伤亡人数，后续的报道中介绍了事故原因。这与 2016 年《人民日报》的报道以消息和通讯为主有关，此外还有传递积极态度、引导正面舆论的报道。2016 年 2 月 28 日第 3 版刊载的《德国"欢乐春节"拉近距离》一文，报道了柏林中国文化中心与柏林市政府合作举办的"欢乐春节"新春文艺晚会，报道中体现此次节目受欢迎的词语有"驻足观看"和"慕名前来"等，对活动赞扬的语句有"丰富多彩的节目"、"现场的气氛推向高潮"和"精彩的表演赢得了现场观众雷鸣般的掌声"，这些都反映出文艺晚会举办的成功，也能体现作者的赞赏态度。《人民日报》关于德国的报道中除了正面态度的外，也有批判态度的报道。2016 年 10 月 28 日第 22 版刊载的《德国保护主义抬头伤害了谁？》一文报道在中国与德国的合作中，德国存在贸易保护主义。文章第一段有"德国有关政府部门近来一些举动令人不安"和"担忧"等带有负面色彩的用语。文章从三个方面来表达对此事的看法：当地舆论表示联邦部门举动"完全出乎人们的意料"，"矛头明显指向中国"；经济界人士认为"不能关闭自己的市场，又指望别国向德国开放市场"；德国中国商会指出保护主义倾向将最终损害德国乃至欧洲经济。无论是用语还是三方意见的选择，都能表明作者对此事的态度为消极和带有批判性的的。

为了进一步解读关于德国的报道的用词和态度，笔者利用语料库在线网站对 2016 年《人民日报》关于德国的 98 篇报道的标题（包括副标题）进行了词频统计。同时为了保证数据可靠有效，根据词频进行排序，将"德国"和"德"剔除，选取排在前 10 位的词语进行分析。具体情况如表 4 所示。

表 4　2016 年《人民日报》关于德国的报道的标题词频统计结果

排名	词语	词频	占比
1	经济	14	14.2%
2	总理	10	10.2%
3	难民	10	10.2%
4	政策	6	6.1%
5	"一带一路"	5	5.1%
6	李克强	4	4.1%
7	习近平	4	4.1%
8	加强	4	4.1%
9	合作	4	4.1%
10	发生	4	4.1%

从表 4 可以看出，排在第一位和第二位的词语为"经济"与"总理"，与政治报道和经济报道在 2006 年《人民日报》关于德国的报道主题排名中为前两名的统计结果相符。"难民"排在第三位，除了 7 篇关于难民政策的报道外，在突发事件如性侵事件报道的副标题中，可见关于难民危机影响的文字。值得注意是"一带一路"一词，统计结果表明"一带一路"不仅对中国有重大的影响，在全球化的背景下，在与德国的交往中"一带一路"也成为热门话题。相关的中国元素词还有"习近平"和"李克强"等，表明中国和德国保持着友好的合作关系。从"加强"一词来看，其是指就某一方面加强管理或监控，目的为朝着好的方向发展，如《德国电商税收监管亟待加强》（2016 年 12 月 14 日，第 22 版）。含有"合作"的报道共 4 篇，从标题和内容来看 4 篇报道都与德国与法国、中国通力合作更进一步推动双方互利共赢有关。从整体概况来看，除"难民"外，《人民日报》关于德国的报道是偏向正面的、积极的。

四　研究结论

2016 年《人民日报》塑造的德国形象，主要有以下几个特征。

1. 经济态势良好的德国

经济报道是 2016 年所有报道主题中比例最高的，相应的也能给读者一个较为深刻的印象，刻画出一个经济呈增长趋势，政府加强引导和监管的国家形象。《人民日报》客观地报道了德国 2015 年经济增长 1.5%，2016 年第一季度经济加速扩张，启动 4 亿欧元能源转型项目和对电商税收监管等内容。与此同时，《人民日报》也有民众对德国"宽松"经济抱怨的报道，以及关于德国与中国贸易中存在保护主义等负面报道。从《人民日报》对德国经济态势的一系列报道中，可以看出德国经济态势良好。

2. 积极与华合作的德国

2016 年《人民日报》关于德国的报道中，有 39 篇是关于中国与德国的报道，这些报道内容涵盖国事访问、经济合作、文化交流，而报道对象有政府、企业和民众。其中涉及德国领导人访问中国的报道居多，中德合作的经济报道中带有"客观而赞赏"的态度，在两篇国际副刊报道中，一篇是关于德国医生在中国的报道，另一篇是对柏林戏剧节的详细介绍，可见中德两国无论是外交、经济还是文化方面都保持着友好的关系。

3. 承担责任的德国

2015 年 9 月，叙利亚男童艾兰·科迪在偷渡去希腊的海路上溺亡，尸体被海水冲上土耳其海滩。难民危机是整个欧洲面临的一个问题，德国作为欧洲的一部分也不例外。2016 年《人民日报》关于难民的报道多围绕"难民政策"，从报道可知德国自性侵案发生后，为了稳定社会治安，不断推行新的政策，进一步规范已有的难民政策，德国还与法国就难民危机加深合作，可见其对难民问题的重视。

4. 谦虚谨慎的德国人

2016 年 4 月 4 日《人民日报》国际副刊中刊载了《"来自德国的医生"》一文，整篇报道的态度为"客观带赞赏"，塑造了一个"来自德国的中国妇女之友"形象。文章第一段中对缪克医生的描述为"没有日耳曼人的魁梧身材，却秉承德国人严谨高效的工作态度"。文章最后一段对缪克的正面描写有"谦虚"、"兴奋"。

5. 科教文体和环保全面发展的德国

科教文体报道主要涉及中国文化在德国的传播和德国文化对中国的影响，如《首届柏林华语电影节开幕》（2016 年 2 月 26 日，第 21 版）。教育方面，报道了德国数字化教育和德国汉语教学，突出其对教育的重视，如《德国汉语教学走过三百年》（2016 年 12 月 14 日，第 3 版）；科技方面，主要报道了德国送货无人机的发展，反映了德国先进的科技实力，如《德国送货无人机试验进入新阶段》（2016 年 2 月 4 日，第 22 版）。环保报道数量不多，仅有 4 篇，主要涉及空气、水、废气、固体废品 4 个不同的方面，报道德国的污染现状或对策，展现德国环保事业的发展，如《德国　水质监控装上"千里眼"》（2016 年 1 月 20 日，第 22 版），反映德国采取的一系列环保对策。

五　影响因素

影响《人民日报》对德国形象塑造的主要因素为新闻本源、外交政策、媒介运作模式以及既有文化背景。

1. 新闻本源

先有事实，后有新闻。①《人民日报》关于德国的所有报道，都是基于已发生的事实。形象是建立在已有的事实之上的，如无事实本源，形象也无从谈起。国家形象并非虚无的，它反映在主权国家的基本存在中，并通过主权国家的各种具体活动以及成果映射到国内外公众头脑中。② 媒介在报道新闻时，应保持客观、公正的原则。2016 年《人民日报》关于德国的报道正是坚持该原则，如《千人性侵案震惊德国》（2016 年 1 月 7 日，第 21 版），该报道关于性侵案并未描写具体细节，直接告诉读者发生了性侵案件，在后续的报道中介绍了犯罪嫌疑人的移民背景，此内容也是来源于德国官员，由此可见《人民日报》在报道中基于事实向受众报道新闻。在难民的报道中，《人民日报》不仅介绍难民危机所产生的社会危害，还介绍了德国推行的政策等；《人民日报》在报道中也会引用政府发言人、《赫芬顿邮报》、明镜在线等多方的观点，保证报道不偏不倚。

2. 中国外交政策

《人民日报》对德国形象的塑造与中国的外交政策③息息相关。国家形

---

① 李良荣：《新闻学概论》，复旦大学出版社，2013，第 35 页.
② 张昆：《国家形象传播》，复旦大学出版社，2005，第 181 页.
③ 中国的外交政策指的是我国在处理同包括社会主义国家在内的一切国家的各方面关系如政治、经济、文化、外交、边界关系中，一贯坚持和平共处五项原则等，以及在和平共处五项原则的基础上发展演变而来的其他政策、措施、处理办法。在外交政策的指导下，中国已经同许多国家建立和发展了友好合作关系。

象在国际关系中是非常重要的，不仅影响着各国政府、组织和人民如何交往，而且也能影响国家的外交政策。① 我国与德国保持了长期的良好外交关系，两国间国事访问频繁，在"一带一路"建设中也开展了深入合作。中国高度重视与德国的友好关系，《人民日报》对关于德国的报道予以重视也无可厚非，对德国正面政治形象的构建符合中国国际关系发展战略，符合中国的外交政策。总体来看，2016 年《人民日报》关于德国的报道虽在经济和政治上有所侧重，但报道以事实为本，客观、公正、全面，形象的塑造以正面为主且格调温和。这是《人民日报》作为中国共产党党报应有的报道水准，同时也是中国对德友好的体现，向读者呈现真实的德国形象的同时，将进一步促进中德关系的良性发展。

3.《人民日报》的运作模式

中国的新闻媒介是在"发展新闻学"的模式下运作的。新闻媒介作为国家建设的舆论工具是用来帮助建设国家的。② 决定《人民日报》运作模式的主要因素为媒介性质、编辑方针与政策。《人民日报》为党报，所以在塑造德国国家形象时，与中国政府价值观和利益观保持高度一致。如当德国与中国的经济合作取得进展时，《人民日报》的报道态度为"客观带赞赏"；当德国与中国的贸易中存在"保护主义"时，报道态度则为"客观带批判"。

4. 文化背景

中国和德国是不同的国家，中国为发展中国家，实行社会主义制度；德国是发达国家，实行资本主义制度。中国的文化背景倾向于将德国定义为西方先进国家，在报道中也以正面报道为主。中国的文化背景与德国的文化背景有着较大的差异，所以在跨文化传播中媒体对德国国家形象进行塑造和传播时，这种差异会影响报纸报道什么、不报道什么、如何报道，也会影响报道的深度、广度、立场、观点等。

六　结语

2017 年为中国与德国建交 45 周年，作为世界重要经济体和全球化的坚

---

① 刘继南主编《国际传播——现代传播文集》，北京广播学院出版社，2000，第 28 页。
② 刘继南主编《国际传播——现代传播文集》，第 39 页。

定支持者，双方加强合作符合两国根本利益，双方在经济、文化、科技等领域的合作将不断深入与扩大。本文通过对 2016 年《人民日报》关于德国的报道的分析，向读者介绍了德国各方面的真实情况，并勾勒出德国的形象全貌。《人民日报》对德国正面国家形象的塑造，将推动中国与德国共同建设开放型世界经济，也有利于深化中国同欧盟的关系。

图书在版编目（CIP）数据

历史语境下的德国与欧洲／李维，胡晓琛主编. --

北京：社会科学文献出版社，2018.10

（北京大学史学丛书）

ISBN 978 - 7 - 5201 - 2865 - 0

Ⅰ.①历… Ⅱ.①李… ②胡… Ⅲ.①德国 - 历史 -

研究 Ⅳ.①K516.07

中国版本图书馆 CIP 数据核字（2018）第 115484 号

北京大学史学丛书

历史语境下的德国与欧洲

主　　编／李　维　胡晓琛

出 版 人／谢寿光
项目统筹／邵璐璐
责任编辑／邵璐璐　楚洋洋　肖世伟　郭锡超

出　　版／社会科学文献出版社·近代史编辑室（010）59367256
　　　　　地址：北京市北三环中路甲 29 号院华龙大厦　邮编：100029
　　　　　网址：www.ssap.com.cn
发　　行／市场营销中心（010）59367081　59367018
印　　装／三河市尚艺印装有限公司

规　　格／开本：787mm × 1092mm　1/16
　　　　　印张：30.25　字数：490 千字
版　　次／2018 年 10 月第 1 版　2018 年 10 月第 1 次印刷
书　　号／ISBN 978 - 7 - 5201 - 2865 - 0
定　　价／158.00 元

本书如有印装质量问题，请与读者服务中心（010 - 59367028）联系